INDICE ARMORIAL
OV
Sommaire Explication des mots
vsitez au Blason des Armoiries
Par
LOVVAN GELIOT
Aduocat au parlement de Dijon
et Dedié
A Monseigneur le Prince
A PARIS
Chez PIERRE BILLAINE,
ruë S. Iacques, a la Bonne
Foy, deuant S. Yues.
M.DC.XXXV.
BONA FIDE
Auec priuilege du Roy

COMME CES ROYALES ARMES N'ONT POINT DE PAIR, NON PLVS QVE LE CIEL QVI NOVS LES A DONNÉES, I'AY CREV LES DEVOIR TIRER HORS D'ŒVVRE, ET LES SEPARER DV CORPS DE CE LIVRE POVR LES LOGER EN CETTE PLACE D'HONNEVR, NON PAS POVR Y EXPLIQVER LE MYSTERE DE LEVRS CHAMPS, ET DES PIECES QVI LES COMPOSENT. LE TOVT SE VERRA EN SON RANG SVIVANT L'ORDRE QVE I'AY ENTREPRIS, OV IE RENVOYE LE LECTEVR.

A

TRES-HAVT, TRES-EXCELLENT,
ET PVISSANT PRINCE

MONSEIGNEVR

HENRY DE BOVRBON,

PRINCE DE CONDÉ,

PREMIER PRINCE DV SANG,
PREMIER PAIR DE FRANCE,
Duc d'Anguyen, de Chasteau-Roux & de Mommorency,
Gouuerneur & Lieutenant general pour le Roy
és Prouinces de Bourgongne, Bresse, & Berry.

ONSEIGNEVR,

Voicy les Trophées que tant de Rois, & de Princes, dont vous estes issu, ont rapportez de l'Ennemy du nom Chrestien: Voicy les marques des recompenses, & honneurs militaires, que cette braue & genereuse Noblesse Françoise a gaignez au prix de son sang dans les Terres estrangeres. Ie les offre à vos pieds: C'est à vostre ALTESSE *de les releuer, &*

les appendre au Temple de la Gloire, où ſi ſouuent vous ſacrifiez à l'Honneur par tant d'actes heroïques, enfans de la fecondité de voſtre jugement, & de la force de voſtre bras inuincible. L'Ouurage ſort du trauail de la Plume qui ne reſſent que la Paix, bien que le ſubiect en ſoit tout Martial. Mais qui ne ſçait que les Armes, & Armoiries qui ſe timbrent d'vn Heaume, ſe couurent, & s'ombragent en meſme temps de Plumes, & de Pennaches: C'eſt de là que i'en ay tiré vne pour crayonner vn ſi grand nombre d'Eſcus que i'ay mis à la ſuitte du voſtre, lequel, outre les Royales Fleurs dont il eſt enrichy, porte pour briſure le baſton de Commandement, pour nous faire entendre qu'il n'y a que les Princes du Nom de BOVRBON qui doiuent commander apres les Enfans de France, quoy qu'à la verité cette prerogatiue de commander ne vous ſoit pas mieux deüe par voſtre Naiſſance qu'elle vous eſt acquiſe par le priuilege de vos rares & eminentes vertus. C'eſt, MONSEIGNEVR, ce qui me fait eſperer que parmi la preſſe de tant de milliers d'hommes qui font vanité de receuoir les commandemens de voſtre ALTESSE, elle aura pour agreable que ce liure d'Armes ſe jette au monde à l'ombre des ailes de ces Anges myſterieux qui ſeruent de ſupports aux voſtres, & qu'elle ſouffrira que ie me donne la gloire de me pouuoir dire à iamais de voſtre ALTESSE

MONSEIGNEVR,

Le tres-humble, tres-obeyſſant,
& tres-fidelle ſeruiteur,

GELIOT.

L'AVTHEVR A SON LIVRE.

VA, mon Fils, ou plutost le Fils de ma Douleur : Si Dieu ne m'eust priué de celuy qu'il m'auoit fait esleuer vnique, tu n'aurois iamais esté conceu; sa mort t'a donné la vie, & si tost qu'il cessa de parler, ma langue deuint muette au Barreau, pour me donner le loisir de former les traicts de ton visage, & les blasonner de Figures, Emaus, & ornemens sortables à ta condition. Si l'Esprit qui t'anime n'a ny la viuacité, ny la politesse du temps, n'en accuse que la foiblesse du mien; & pour ton habit qui se treuuera manquer en beaucoup d'endroits, rejettes-en les deffauts sur l'incurie des Ouuriers, lesquels y ont trauaillé en mon absence. Va donc le Fils de ma Douleur, & t'asseure que si tu me rapportes quelque contentement, ie te baptiseray d'vn autre Nom, & me rendray curieux de te faire faire vn nouuel accoustrement.

AD AVTHOREM.

In huius libri Tutelare Numen,

EPIGRAMMA.

QVIS iactat clypei pondus septemplicis orbis?
En Clypeos victrix sustinet vna Manus.

PETRVS LE BELIN.
Senator Diuionensis.

PRIVILEGE DV ROY.

LOVIS par la grace de Dieu Roy de France & de Nauarre. A nos amez & feaux Conseillers, les gens tenans nos Cours de Parlements, Baillifs, Seneschaux, Preuosts, ou leurs Lieutenans, & à chacun d'eux endroit soy, ainsi qu'il appartiendra, Salut: Nostre bien amé Pierre Billaine Marchand Libraire en nostre bonne ville de Paris, nous a fait remonstrer, qu'il a recouuert vn liure intitulé, *Indice armorial, ou sommaire explication des mots vsitez au Blason des Armoiries, par Louuan Geliot Aduocat au Parlement de Dijon*: lequel liure il desireroit faire imprimer, mais il craint qu'apres qu'il auroit fait de grands frais, tant pour l'impression, qu'à faire grauer quātité de figures pour ledit liure, quelqu'autres ne le voulussent entreprendre, s'il n'estoit pourueu de nos Lettres necessaires, lequel nous a fait humblement supplier luy vouloir accorder. A ces causes, desirant fauorablement traicter ledit Exposant, luy auons permis & accordé, permettons & accordons, d'imprimer ou faire imprimer ledit liure par telles personnes que bon luy semblera, & qui auront droict de luy: iceluy vendre & exposer durant le temps de dix ans, à compter du iour qu'il aura esté acheué d'imprimer: pendant lequel temps nous auons faict & faisons tres-expresses inhibitions & deffenses à tous autres Imprimeurs & Libraires de faire imprimer ledit liure, à peine de cinq cens liures d'amende, confiscation des exemplaires, despens, dommages & interests; Et afin qu'ils n'en pretendent cause d'ignorance, Nous voulons qu'en faisant mettre en fin des exemplaires autant des presentes, elles soient tenuës pour certifiées. A la charge toutefois de mettre deux exemplaires dudit liure dans nostre Bibliotheque des Cordeliers à Paris, & vn exemplaire d'iceluy és mains de nostre Amé & feal Cheualier, Garde des Seaux de France, le sieur Seguier, d'Autruy. Car tel est nostre plaisir. Nonobstant Clameur de haro, Chartres Normandes, & Lettres à ce contraires. Donné à Paris le 7. iour de May, l'an de grace 1635. & de nostre Regne le vingt-cinquiesme.

PAR LE ROY EN SON CONSEIL,

Signé, MATAREL.

Et seellé du grand seau de cire jaune.

INDICE ARMORIAL OV SOMMAIRE EXPLICATION DES MOTS VSITEZ AV BLASON DES ARMOIRIES.

A

ABYSME. C'est assez à propos que ce mot se rencontre le premier, suiuant l'ordre alphabetique que nous auons entrepris de suiure en ce petit ouurage, puisque ainsi est, que la cognoissance des diuerses especes d'Armoiries, & des parties dont elles sont composées, est tellement abstruse, & les termes si peu vsitez dans les autres sujets d'escrire, ou de parler, qu'il faut plusieurs années pour sonder le fond de cet abysme, & vne longue experience, pour penetrer iusques au cœur & dans le centre de ce chaos. Ainsi l'entend Scohier Chanoine de Berghes en Haynault, au traité qu'il a fait de l'estat & comportement des armes, quant au chap. 18. il dit, *Que, qui n'a pratiqué l'office d'Armes par trente ou quarante ans continuels, il y a matiere d'apprendre, d'autant que c'est vn art Peregrin, non cognu à tous, & quelques doctes & versez qu'ils soient és droicts & loix;* Et là dessus, il prend sujet de blasmer nostre Chasseneu pour en auoir discouru assez obscurement & y auoir eu quelque doubte.

ABYSME donc est le cœur de l'Escu, comme quand l'on dit mis en abysme, c'est à dire au milieu de l'Escu sans que ce qui se met en cet endroit touche ny charge aucune piece quelle qu'elle soit. L'exemple s'en peut tirer des armes de la premiere Maison Royale de la Chrestienté, lesquelles aussi bien que le mot d'Abysme treuueront à ce sujet & fort à propos, la premiere place en cet indice BOVRBON *porte de France au Baston de gueules:* l'adjouste, *Pery ou mis en Abysme.* Parce que ce Baston ne broche plus sur le tout, comme autrefois, ains est racourcy, en telle sorte qu'il ne touche plus les extremitez de l'Escu, & ne passe point mesmes sur les Fleurs de Lys, mais demeure au milieu & au centre de l'Escu, qui est le lieu & la place de l'Abysme.

Il est vray, que bien que ce Baston brochast sur le tout és armoiries de Iean Duc de Bourbonnois & d'Auuergne, comme en celles de Charles de Bourbon Comte de Montpensier, tous deux successiuement Connestables, l'vn soubs les Roys Louys XI. & Charles VIII. & l'autre soubs François I. Le Feron ne laisse pas d'vser de ces termes *Pery en Bande*, mais qui ne void qu'il s'est mespris, tant au mot particulier de *Pery*, qu'en cette adionction de *Pery en Bande*. La raison est que pour lors ce Baston ne pouuoit estre qualifié Pery, puisqu'il subsistoit entier & se continuoit en tout le trauers de l'Escu, tirant de l'angle dextre du chef, au costé senestre de la poincte: Autrement il faudroit dire, que toutes les Bandes & les Cotices qui sont posées de biais de la mesme longueur, & au mesme endroit que le Baston brochant sur les armes desdits Connestables, sont peries sous pretexte qu'elles se perdent, & finissent aux bords de l'Escu qui seroit vne absurdité. D'ailleurs il a vsé superfluëment & par vne surabondance inutile de cette adionction *Pery en Bande*, si tant est qu'il ait voulu donner à entendre que le Baston auoit son assiette dans l'Escu, & y estoit posé comme la Bande, parce qu'il est vulgaire, que c'est la nature & de la Bande, & de la Cotice, & du Baston d'estre posez les vns comme les autres. Aussi le Feron luy mesme se contrarie en d'autres endroits où il y a des bastons entiers, les qualifiant purement & simplement brochants sur le tout, comme és armes des Connestables Bertrand du Guesclin du temps de Charles V. en l'an 1371. lequel portoit d'argent à l'aigle esployé de sable, membré, & becqué de gueules, au Baston de mesme, brochant sur le tout, sans vser du mot de *Pery*; partant il faut conclure que *Monsieur le Prince Henry de Bourbon, premier Prince du sang, premier Pair de France, Duc d'Anguyen, de Chasteau-Roux & de Montmorency, Gouuerneur pour le Roy en Bourgongne, Bresse & Berry; porte de France, au Baston pery de gueules, ou bien au Baston de gueules mis en abysme.*

ACCOLLE' ſe prend de trois ſortes; 1. Vne eſcarboucle accollée & pommetée, comme eſt celle dont Bara blaſonne les armes de Nauarre, de gueules aux rais d'eſcarboucle accollée, & pommetée d'or en lieu de la double chaiſne que d'autres donnent pour armoiries à ce Royaume là, & qui furent priſes par le Roy Sance le Fort VIII. du nom, pour memoire de la bataille qu'il gagna ſur les Maures, en l'an 1212. où il rompit la Paliſſade enchaiſnée, de Aben Mahomad, grand Miramomelin d'Afrique. Vois en d'auantage ſous le mot Armes.

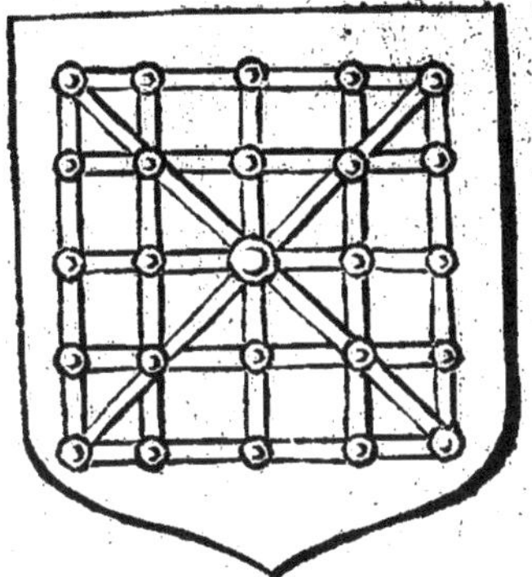

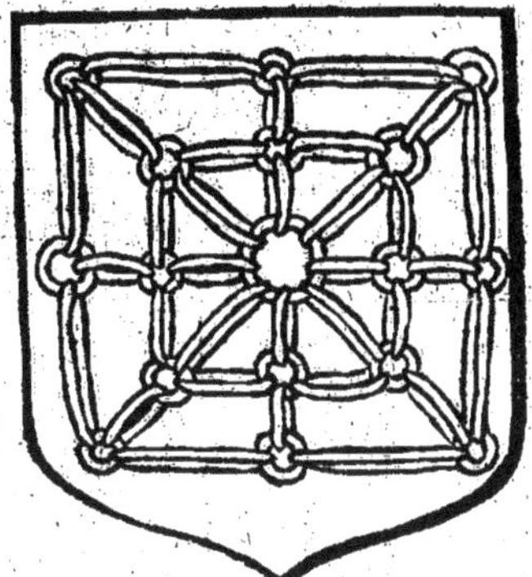

2. Accollé veut dire garny de collier, comme vn leurier ou autre animal, qui a vn collier iuſques aux lyons.

Trois Preuoſts de Paris du nom de Touteuille, Iean, Robert, & Iacques, ſoubs les Roys Charles VII. Louys XI. & Charles VIII. *portoient burelé d'argent & de gueules au lyon de ſable armé lampaſſé & accollé d'or.* Ie dy burelé ſans en repreſenter la figure à cauſe qu'en cet endroit elle eſt inutile pour l'inſtruction du lecteur.

3. Accollé ſe dit d'vn arbre qui eſt entouré de lierre.

N. *portoit de gueules à vn arbre d'or accollé d'vn lierre de ſynople.*

ACCOMPAGNE', ou enuironné, lors que autour d'vne piece principale, comme est la croix, le sautoir, la bande, il y a plusieurs autres pieces és cantons.

Louys Mouton Seigneur de Blainuille, Mareschal de France du temps des Roys Charles V. & Charles VI. portoit d'azur à la croix d'argent, accompagnée de vingt croix, au pied fiche d'or. Et les Princes d'Iuetot de la maison du Bellay, portent d'argent à la bande fuzelée de gueules, accompagnée de six Fleurs de lys d'azur mises en orle, trois en chef, & trois en poincte.

ACCORNE' qui porte cornes, comme les trois moutons des anciennes armes de Mantouë, qui estoient de sable, à trois moutons d'argent accornez & clarinez d'or: Armes qui furent depuis changées, ainsi qu'il sera monstré cy apres sur les mots Armes & Armoiries.

ADEXTRE' qui se met au costé dextre de l'Escu, comme au contraire ce qui se pose au costé senestre, se dit senestré, & se treuuent des Escussons qui sont partis de telle sorte, que les deux parts sont de metal, & la tierce de couleur, & au contraire

N. *portoit de synople à trois treffles d'argent adextré d'vne croix d'or.*

Le Vicomte d'Antain *portoit d'or à trois tourteaux de gueules, senestrez d'vne clef de mesme perie en pal.*

N. *portoit d'or adextré de gueules.*

N. *portoit d'azur senestré d'argent.*

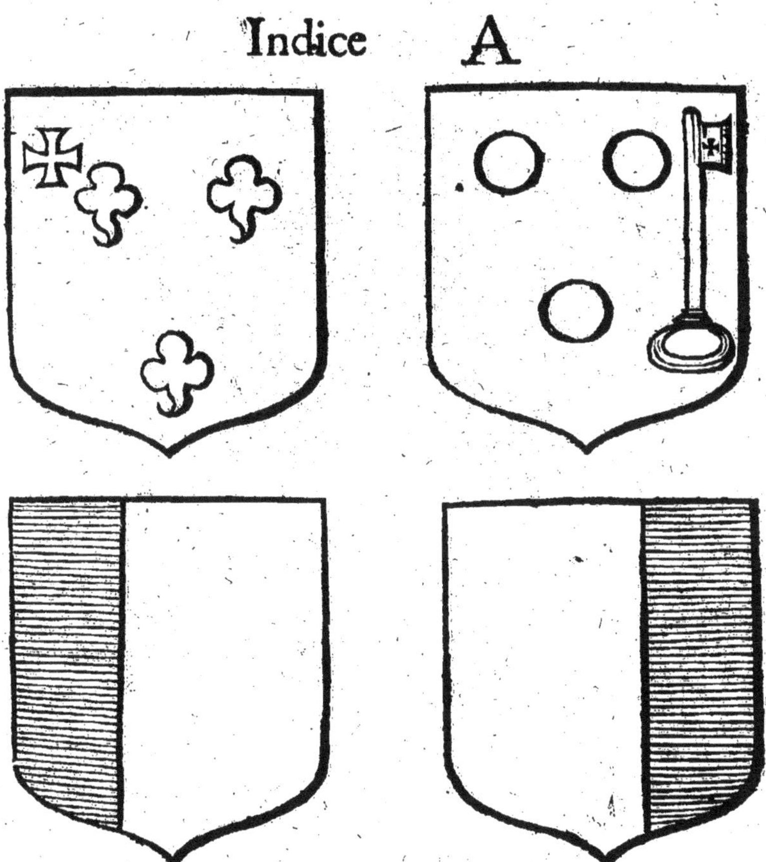

ADORSE' ou adossé, tourné dos contre dos; ayant le dos contre le dos de son pareil. Le contraire de affronté: le Duché de Bar porte d'azur à deux bars ou barbeaux adossez d'or semé de croix recroisettées, au pied fiche de mesme.

Les croissans peuuent estre dits adorsez lors que leurs flancs sont l'vn contre l'autre, & que leurs cornes tournent contre les flancs de l'Escu.

N. *porte d'azur à deux croissans adorsez d'argent.*

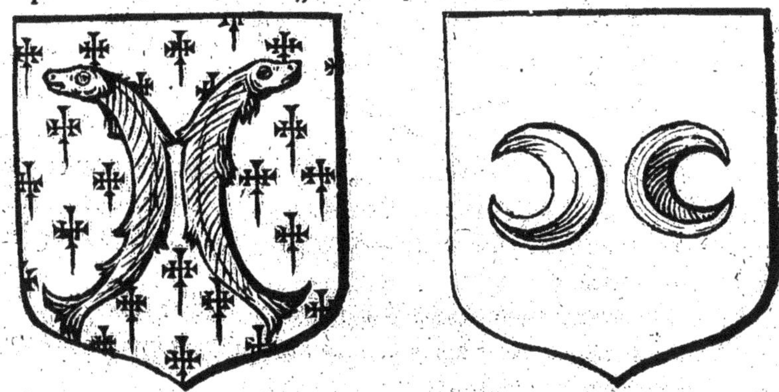

AFFRONTE', le contraire d'adorsé, lors que deux animaux debout, comme deux lyons, deux loups, deux chiens se regardent l'vn l'autre.

Le Connestable de Luynes Charles d'Albert, *portoit au deuxiesme quartier d'azur à deux louues affrontées d'argent.*

AIGLE, comme il est le symbole de la Royauté, suiuant Xenophon & Philostrate, aussi est-il le Roy des oyseaux, soit à cause de la force de ses ailes, soit pour auoir l'œil si vif & arresté qu'il est capable de contre-lutter le Soleil, & opposer ses rayons visuels aux raix ardents de ce grand flambeau: Aussi à peine est-il esclos que sa mere l'espreuue, & des trois qu'elle couue elle n'en retient qu'vn,

Tres parit, atque duos nido eijcit, educat vnum.

C'est à vn de cette qualité que l'on fait porter & les armes & les amours de Iupiter; à ce sujet on l'a tenu pour vn augure de prosperité & de grandeur, comme lors qu'il osta le chapeau de la teste du vieil Tarquin allant à Rome, & celuy de Diadumenus fils de l'Empereur Macrin; lors aussi qu'il s'arresta, tantost sur la maison Dægon, afin d'induire les Argiens à le choisir pour leur Roy, apres que la famille des Heraclites fut esteinte; tantost sur le logis de Tibere, en la ville de Rhodes, où il ne s'en estoit point encore veu: & ores sur le bouclier d'Hieron, ieune homme & de basse condition, comme presageant dés la premiere rencontre, qu'il fit à la guerre qu'il requeroit vn iour sur les siens; & vne autrefois, sur l'espaule de Caius le premier iour de son consulat, à quoy l'on peut adiouster l'aigle qui enleua du berceau Aurelian, & le porta sur l'autel sans l'offencer; & les deux, qui au moment de la naissance du grand Alexandre, voloient aux enuirons du Louure de Macedoine, non pas pour luy prescrire son droit d'aisnesse au circuit des appartenances de la maison paternelle, comme faict le vol du chappon par quelques coustumes de ce Royaume, mais pour faire entendre qu'à l'aduenir il domineroit & estendroit sa puissance sur les deux Empires de l'Europe, & de l'Asie, & semble que le profond Aristote, parmy les beaux enseignemens, dont il enrichit & les mœurs & l'esprit de ce grand Prince, pouuoit & deuoit luy faire prendre pour armes cet oyseau, comme il luy donna pour deuise le serpent, en memoire de ce que Iupiter du surnom d'Ammon, l'auoit engendré en Olimpias soubs la figure d'vn serpent: A quoy il deuoit de tant plustost estre porté, qu'au fort de la bataille d'Arbelle, & au plus douteux du combat, vne aigle ne l'abandonna iamais, voletant si doucement sur sa teste, qu'elle sembloit y estre plustost suspenduë que volante, sans que ny le bruit des armes, ny le cry des soldats, ny le hannissement de Bucephale, luy donnassent aucune frayeur. Mais comment, & pourquoy m'arrester d'auantage aux puissances de l'aigle, puisque nous sçauons que le plus subtil, & le plus sublime des sacrez Euangelistes a esté figuré par l'aigle. Pour ceux qui s'en sont seruis en armoiries, ils l'ont diuersifié, representant par fois l'aigle à vne teste, tantost auec deux, & en ce dernier cas on la qualifiée aigle esployée; Mais pourtant elle n'a iamais eu qu'vn corps, deux iambes, & deux ailes, tousiours ouuertes & estenduës. Celle de l'Empire est figurée de cette sorte. Au surplus les premiers qui se treuuent auoir porté l'aigle en leurs enseignes, sont les Persans, & en France entre les quarante premiers Connestables, il y en a 22. qui ont ou vne aigle seule, ou nombre en leurs armoiries, tant les grands hommes ont faict estat de cet oyseau.

L'aigle à vne teste, se represente quelquefois sans couronne, & d'vn seul email sans specifier ny membre ny bec.

L'ancienne maison de Vienne descenduë d'vn puisné des Comtes de Bourgongne de laquelle est aujourd'huy chef Charles de Vienne Comte de Commarram Lieutenant au gouuernement du Duché, *portoit de gueules à l'aigle d'or.*

D'autresfois on luy donne vne couronne qui est de l'email du corps.

N. *portoit de gueules à l'aigle couronnée d'argent, ou bien à l'aigle d'argent couronnée de mesme.*

Par fois la couronne est d'autre email que le corps, & l'on dit,

N. *portoit de gueules à l'aigle d'or couronnée d'argent.*

Que si le bec & les iambes sont d'autres email que le corps l'on blasonne.

N. *portoit d'azur à l'aigle d'argent membrée & becquée de gueules.*

Ou bien si l'aigle est couronnée d'autre email, l'on dit,

N. *portoit d'argent à l'aigle d'azur membrée de synople couronné d'or.* Ainsi des autres.

Gaspart de Colligny Seigneur de Chastillon Mareschal de France soubs le Roy François I. *portoit de gueules à l'aigle d'argent membré becqué & couronné d'azur.* L'autheur du supplement du Feron dit autrement des armes de l'Admiral fils de ce Mareschal, luy faisant *porter de gueules à l'aigle d'argent, membré & becqué d'azur armé & lampassé d'or.* Et la Masserie Morin donne à Charles de Colligny Sieur d'Andelot Mareschal de France, *de gueules à l'aigle esployé d'argent couronné & membré d'or*, en quoy il y a faute.

Car quand l'on blasonne vn oyseau membré & becqué, c'est superfluëment que l'on adiouste armé, d'autant que les membres qui sont les iambes comprennent les mains & griffes.

Mal à propos aussi, voire contre les regles de l'art, l'on blasonne l'aigle lampassé, n'y ayant aucun oyseau auquel on face tirer la langue.

Il y

Il y a aussi vne autre faute de qualifier esployée l'aigle de Colligny puisque elle n'a qu'vne teste.

AIGLONS ou AIGLETTES diminutif: ainsi dites lors qu'il s'en treuue plusieurs ensemble en vn Escu, comme en celuy de la Trimoüille, qui est d'or au cheuron de gueules accompagné de trois Aiglons d'azur.

Ils ont bec & iambes, aussi bien que les aigles, & souuent ils sont becquez & membrez d'autre couleur ou metal que le gros du corps, comme ceux-cy, qui le sont de gueules. Et quand ils n'ont ny bec ny iambe on les appelle Allelions ou Allerions. Voy cy apres Allerions.

AILE de quelque oyſeau que ce ſoit, quand elle eſt ſeule, elle ſe blaſonne vn demy-vol, & vn vol lors qu'il y en a deux. Mathurin Martineau Sieur du Pont, Herauld & Roy d'armes des Ordres du Roy en l'an 1619. *portoit d'azur au demy-vol d'argent, au chef d'or chargé d'vn croiſſant montant de ſable accoſté, de deux eſtoilles de meſme.* Keux le Seneſchal Cheualier de la Table Ronde, *portoit d'azur à vn vol, ou à deux ailes d'argent, les ailerons en bas.*

AILE' qui a des ailes comme vn dragon, ou ſerpent ailé.

Galehault le Blanc, auſſi Cheualier de la Table Ronde, *portoit d'or à vn dragon de gueules armé & langué de ſable.*

ALIZÉ, ALAIZÉ, arresté, abbaissé ou racourcy, se dit de la fasce, de la croix, du sautoir, lors que leurs extremitez ne touchent pas les bords de l'Escu.

N. portoit d'argent à la croix alaizée de gueules.

N. portoit de d'azur au sautoir alaizé d'or.

Lors qu'vne bande ou fasce est chargée de croix, telles croix sont tousiours alaizées : car estant en nombre & d'vne suite, elles ne peuuent estre pleines commes est la croix commune.

Henry de Meulenc ou Mauloüé, Chancelier de France du temps du Roy Iean 1360. *portoit d'or à la bande d'argent chargée de trois croix de gueules.* Ces croix sont alaizées, & neantmoins il n'est pas necessaire de l'exprimer.

ALLELIONS ou ALLERIONS, ce sont petites aigles qui n'ont ny bec ny iambes, non plus que les merlettes, & different pourtant les vnes des autres, en ce que les merlettes ont les ailes serrées, & sont comme passantes, là où les Allerions sont debout, & en pal, & ont les ailes espandües, comme les Aigles & Aiglons. Autrefois ceux de Montmorency *portoient d'or à la croix de gueules, accompagnée de quatre Allerions d'azur.* Depuis, & du temps de l'Empereur Othon IV. le pere de Bouchard de Montmorency, dit à la Barbe, prit 16. Allerions en memoire des 16. drappeaux qu'il gaigna sur les ennemis de la foy Chrestienne. Il y en a qui ont escrit qu'il arbora pareillement la croix rouge, ou de gueules, en lieu de celle d'argent, à cause du grand nombre de Chreſtiens qui verſerent leur ſang en cette bataille là. Ce qui n'eſt pas vray ſemblable, ains faut croire qu'ils portoient de tout temps la croix rouge, autrement leurs armes euſſent eſté faulſes.

ALLVME' ſe dit des yeux : les freres Saincte-Marthe, *geminum ſidus*, enfans du grand Sceuole, liure XI. de l'hiſtoire Genealogique de France, au tiltre de Renée de Bourbon Ducheſſe de Lorraine, parlant des armes du Duché de Bar cy deſſus repreſentées ſoubs le mot Adorſé, blaſonnent les Barbeaux qui y ſeruent de piece principalle dentez & allumez d'argent.

AMMANCHE'. Voy Emmanché.

AMPHISTERE. C'eſt vn ſerpent ailé, qui a la teſte d'vn autre ſerpent à la queüe. Comme on le voit en l'eſcart des armoiries de Anthoine Potier, Sieur de Seaux, Greffier des Ordres du Roy Louys XIII.

Ce mot eſt corrompu du Grec *Amphisbæna*, *gemino capite ſerpens*, *hoc eſt ad caput, & caudam, tanquam parum eſſet, vno ore fundi venenum.* Plin. *lib.* 8. *cap.* 23. Ælian luy donne vne autre proprieté, le faiſant marcher comme vne eſcreuiſſe, & le depeint *monſtrum altero in cauda corpore, alterutroque cum lubet progredi, vel regredi, nunc pro cauda, nunc pro corpore vtitur.*

Ledit Sieur de Seaux *portoit au ſecond quartier de ſes armes d'azur à la cotice de pourpre accompagnée de deux Amphiſteres ou ſerpents ailez d'or.* Sera noté que ces armes ſont faulſes, ſi l'on ne prend le pourpre pour metal, comme nous dirons cy apres ſoubs le mot Pourpre.

ANCRE. Ces armoiries ont esté naturelles à ceux de la famille de Seleucus, qui auoient vne ancre empreinte sur la cuisse, ainsi que les Spartiates vn serpent, & les Seines vne lance.

Nos Admiraux de France mettent vne ancre au derriere de leur Escu, le fer de laquelle passe au bas, & au dessous de la poincte, & luy sert comme de support, & la stangue paroist par le hault, auec vne partie de la trabe, en lieu de Timbre & de Cimier. Iules Cæsar pour monstrer le souuerain gouuernement de l'Empire grauoit en sa monnoye vn gouuernail auec vn ancre. Sainct Paul aux Hebrieux chap. 6. la prend pour l'esperance, *Confugimus ad tenendem propositam spem, quam veluti ancoram habemus animæ tutam, ac firmam.* Et parce que l'esperance n'est autre chose que l'attente d'vn bien, que nous desirons nous estre asseurée, il y en a, qui pour denoter cette stabilité prennent deux ancres, à l'exemple des Nauires lesquelles estant arrestées de la sorte,

Ventorum temnunt rabiem fluctusque sonantes.

Les Indiens s'en seruoient de Caducée, & en cet equipage Apollonius receut leur Mercure, quand il s'abboucha auec leurs Sages.

ANCRÉ à cause de cette forme d'ancre, nous appellons des croix Ancrées, lors que leurs extremitez se diuisent & se recourbent des deux costez. Voy la difference qu'il y a entre Ancré & Nyllé, ou Nellé sur le mot Nellé.

N. portoit d'or à l'ancre de sable, la stangue d'azur, la trabe de synople, & la gumene ; c'est à dire la corde de gueules.

N. portoit de gueules à la croix ancrée d'argent.

ANGEMME ou ANGENIN, c'eſt vne fleur faitiſſe & imaginaire, auſſi bien que le crequier l'eſt entre les arbres: cette fleur a ſix fueilles comme la quinte-fueille n'en a que cinq, ſuiuant ſon nom. L'vne & l'autre ſont quelquefois percées, autrefois non, & ne le faut exprimer ſinon quand elles ſont percées. Ainſi l'on dit Vergy, maiſon des plus anciennes de Bourgongne, *portoit de gueules à trois quinte-fueilles percées d'or.*

Le Comte de Tanquaruille dans Bara, *porte de gueules à vn Eſcuſſon d'argent à la bordure d'Angemmes d'or,* qui ſont vrayes quinte-fueilles: & neantmoins pour la difference des quinte-fueilles les Angemmes en deuroient auoir ſix ſuiuant mon manuſcrit, & ainſi ie les repreſente.

N. portoit d'argent à trois Angemmes de gueules.

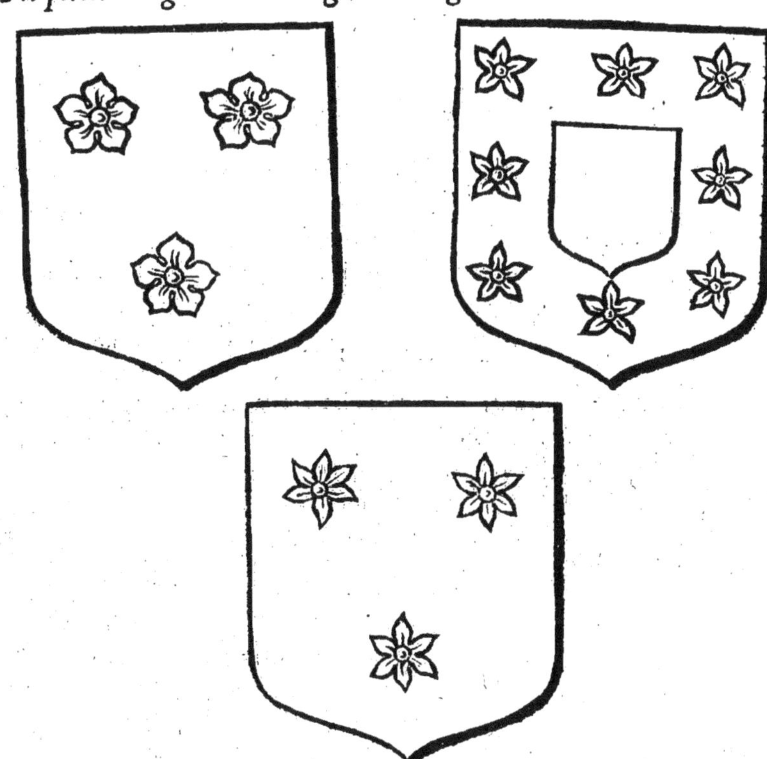

ANILE eſt vne figure en forme de deux doubles crochets adorſez & liez enſemble par le milieu. Imbert de la Platiere ſieur de Bourdillon Mareſchal de France ſouz Charles IX. portoit *d'argent au cheuron de gueules à trois aniles de ſable.*

Il y en a qui appellent anile vn fer de moulin, qui approche fort les aniles dudit Sieur Mareſchal, ſinon que ces deux crochets qui ſont adorſez ne ſe touchent pas, & qu'en lieu d'vn lien il y en a deux.

N. portoit *d'argent à vn fer de moulin de ſable.*

ANIMAVS.

Par vne regle generale, ſe doiuent repreſenter en leur aſſiette, ou poſture la plus naturelle, comme le lyon rampant & debout, le leopard paſſant ou marchant, le cheual ſe cabrant, & à ce ſujet il eſt appellé par aucuns poulain gay, & par d'autres cheual effrayé, tel qu'on le voit dans l'Eſcu de Sauoye au premier quartier: il eſt vray qu'il eſt contourné en lieu que regulierement tous animaux doiuent regarder la dextre.

Le loup ſe blaſonne rauiſſant, ou rampant, & ainſi eſt il dans les armes de ce grand Capitaine le Mareſchal de Monluc, lequel portoit déja d'azur au loup d'or, eſcartela d'vne louue, armoiries des Siennois, que les habitans le prierent de prendre, en memoire de ce qu'il les auoit deffendu contre les forces de l'Empereur Charles V.

Le taureau ſe repreſente furieux, le chat effarouché ou heriſſonné, le belier ſautant, la brebis paſſante, l'agneau paiſſant, & en toutes ces poſtures quand l'vn des pieds ſe doit auancer, c'eſt touſiours le dextre.

Animaux se peuuent nombrer en armes iusques à seize, autrement il faut dire sans nombre ou semé. Voy les figures sur chaque mot particulier.

ANNEAV. Comme il est de figure ronde, on le prend tantost pour vn Cercle, & ores pour vne Boucle : sa denomination vient de l'an *Annus*, *Annulus*, parce que l'vn & l'autre le tournent à l'infiny, comme le serpent des Egyptiens, qui mord sa queüe : il n'y a point de fin non plus que de commencement. Aussi ne sçait on quand l'on commença d'en porter, ny qui en fut l'inuenteur, quoy que de toute ancienneté l'on ait depeint Promethee auec vn anneau de fer, plustost pour denoter sa prison, dit Pline, prenant l'anneau pour vne boucle, que pour coustume qu'il eust de porter vne bague au doigt, suiuant Isidore, & en ce cas l'anneau seroit la marque de l'esclauage, en lieu que l'anneau d'or estoit l'enseigne de l'ingenuité, quand l'Empereur le donnoit à l'affranchy, *toto titulo, de Iure aureorum annulorum*, par vne corruption du siecle : car auparauant il n'y auoit que les Cheualiers qui le portassent, pour faire connoistre leur qualité, & en recompense de leur vertu militaire : d'où quelques Iurisconsultes font descendre l'origine de nos armoiries. Les Senateurs le portoient aussi, & tous au quatriesme doigt de la main gauche, pour seruir d'ornement à vne vaine qui de là tire au cœur, ou à vn nerf fort mince & delié qui se porte au mesme endroit, par le tesmoignage des Anatomiste, rapportez par Macrobe & Aulugelle.

Le luxe croissant, les femmes percerent leurs oreilles pour y en mettre, comme si elles n'eussent plus eu de doigts. *Vt opinor digitos in manibus non habent, quia incedunt cum annulatis auribus*, Plaute.

Les mieux aduisez se sont seruis de l'anneau en diuers mysteres : il tient lieu d'arrhes en nos espousailles, *Pronubus annulus*. *Digito pignus fortasse dedisti*. Et

Et en ce cas, c'est le symbole de la fidelité. A ce sujet nos Euesques en portent, comme espoux de l'Eglise.

Les Ducs de Venise & de Milan ne prennent point possession de leurs Duchez, sinon en iettant dans la mer vn anneau d'or, pour asseurance du mariage qu'ils contractent auec ce puissant element: Ils tirent de là leur puissance, & se rendent maistres & dominateurs de la souueraineté, à cause que l'anneau est le signe de l'inuestiture, c. *Ex ore de his quæ fiunt à majori parte, capit. apud Gregor.* Aussi bien que la Lance, le Sceptre, & le Baston, en la coustume des fiefs.

L'Anneau tenoit lieu de sceau & de fermeture, ainsi qu'il fait encore entre nous, pour la conseruation des choses mobiliaires que l'on met soubs la garde de la Iustice, par l'impression du cachet, soit du Roy, soit d'vn Iusticier inferieur.

Il seruoit aussi de seing & de paraphe, *Annulus signatorius. l. Signatorius. De verbor. signific.* Non seulement du temps des Romains, mais en France du temps de S. Bernard, *Sigillum non erat ad manum, sed qui legit, agnoscet stilum, quia ipse dictaui.* Pour raison des mysteres qui sont en l'anneau, l'on en a quelquefois meublé le champ de l'Escu, tantost en forme d'vn simple cercle ou d'vne boucle, tantost auec vn chaton garny d'vne pierre precieuse. La ville de Chalon *porte d'azur à trois anneaux ou cercles d'or.* Voy Cercle.

N. *portoit de gueules à trois anneaux d'or, au chaton de mesme, garny d'vne pointe de diamant d'argent.*

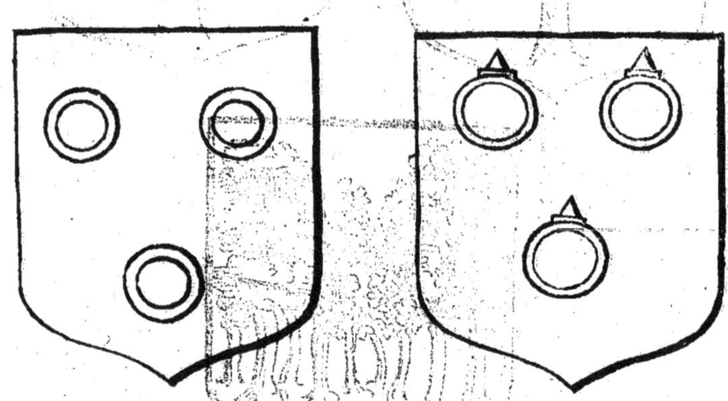

ARBRE se blasonne par fois sec, par fois auec ses fueilles. Quand on le blasonne sec, il faut le specifier.

N. portoit d'argent à vn arbre sec de sable.

Ce qui n'est pas necessaire lors qu'il est en vigueur, ains on dit seulement, il *porte de gueules à vn palmier d'or.* Quand c'est vn arbre fruictier, l'on dit, il *porte de pourpre à vn oliuier d'argent, son fruict de synople.* Il n'y a que le chesne, duquel l'on denote particulierement le fruict, en ces termes: Il *porte d'argent à vn chesne de gueules, englanté d'or.* D'autresfois on fait distinction du tronc & des branches par la diuersité des esmaux, & en ce cas on blaſonne ainſi : il *portoit d'argent à vn bois de ſynople fuſté de gueules*, par ce mot fuſté le tronc eſtant deſigné.

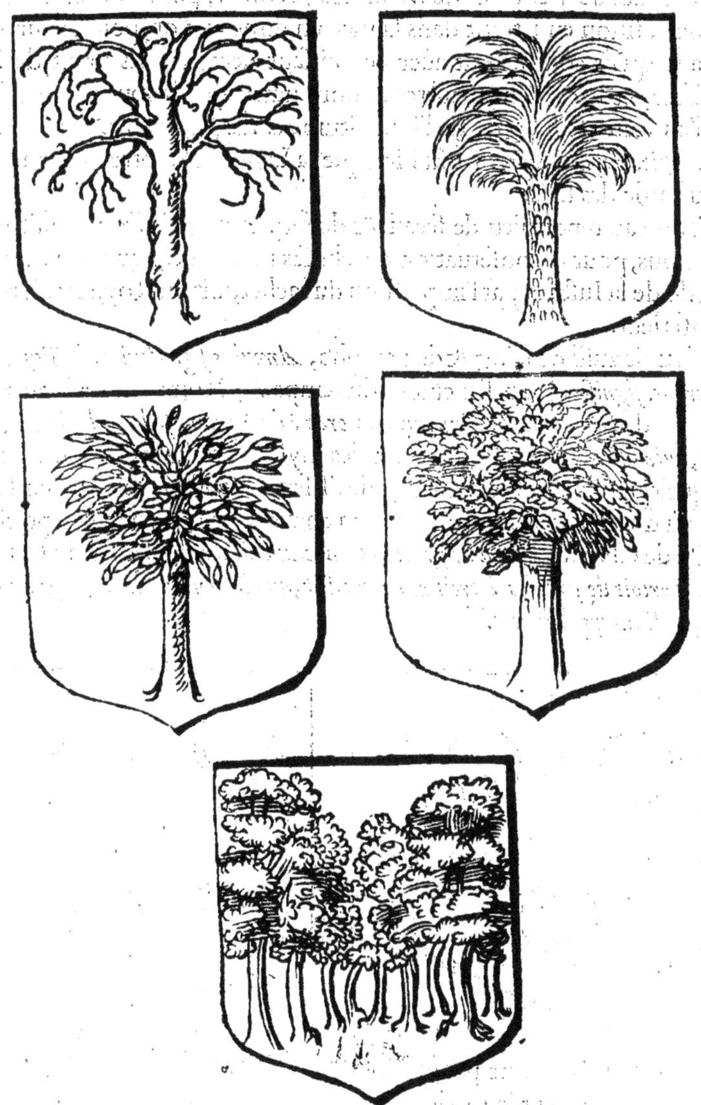

ARGENT c'eſt le ſecond des metaux dont l'on ſe ſert, és blaſons des armoiries, l'or eſtant le premier. Quelques vns y adiouſtent le pourpre, qu'ils font neutre, ou pluſtoſt luy font tenir lieu tantoſt de metal, tantoſt de couleur. Parce que l'argent eſt blanc, ceux qui ont blaſonné les couleurs en ſuite des armoiries luy donnent diuerſes ſignifications, entre autres Bara dit qu'il denote la pureté, l'innocence, l'honneſteté, l'humilité, la beauté, la victoire, & la felicité, ce qu'il a emprunté de Sicile Herault du Roy Alphonce d'Arragon, qui a fait vn traité du blason des armes, & vn plus ample du blason des couleurs. Ce dernier approprie la couleur blanche à vne vertu particuliere pour certaines qualitez de personnes, quand il escrit : qu'en la Femme elle signifie chasteté, en la Fille virginité, au Iuge iustice, & aux Riches humilité. Et de vray il est dict en l'Apocalypse chap. 9. les nopces de l'agneau sont venuës, & son espouse s'est preparée, & luy a esté ordonné qu'elle se vestiroit de fin lin blanc & luisant.

Les Vierges Vestales quoy que voüées au seruice des faux Dieux, s'habilloient de blanc pour marque de leur virginité. Et la iustice, qui est pareillement vierge, suiuant Hesiode, Orphée & Platon, doit aussi auoir vne robbe blanche, pour marque de la candeur & pureté, qui doit estre en la conscience des Iuges, les noms desquels s'escriuoient chez les Romains *In albo*, soit que ce blanc fust ou de papier, ou vne table d'attente, ou vne muraille plastrée & blanchie, i'en laisse la dispute entre Suidas, Alciat, Turnebe & autres, & pour la preuue de la derniere proposition du Herauld Sicile, qu'il se contente comme des autres d'affermer sans aucune authorité, comme s'il eust esté disciple de Pythagoras. Nous remarquons l'humeur des plus riches de Rome quand ils aspiroient à quelque dignité, se vestans de blanc, *Vnde candidati*, pour mendier les suffrages du peuple. Et en l'histoire de Iosephe, le grand Prestre Iadus, suiuy de son Clergé & de tous les plus puissants de Hierusalem, alla en robbes blanches, se prosterner aux pieds du grand Alexandre, pour le destourner de mettre le siege deuant leur ville.

Cette couleur Blanche qui est le fondement des couleurs moyennes, & vne couleur engendrée de lumiere, claire & grande, dit le Herauld, & plus proprement suiuant *Pierius Valerianus in Iside, prima veluti materia quadam, in quam colores, quotquot volueris, perinde ac in vniuersalem illam poßis omnes species inducere.*

Cette couleur dy-je, qui contient tant de mysteres, nous fait croire que vraysemblablement les premiers qui se seruirent du metal d'argent en leurs deuises & armoiries, auoient intention de denoter par la Blancheur de leur Escu, quelqu'vne des vertus cy dessus figurées.

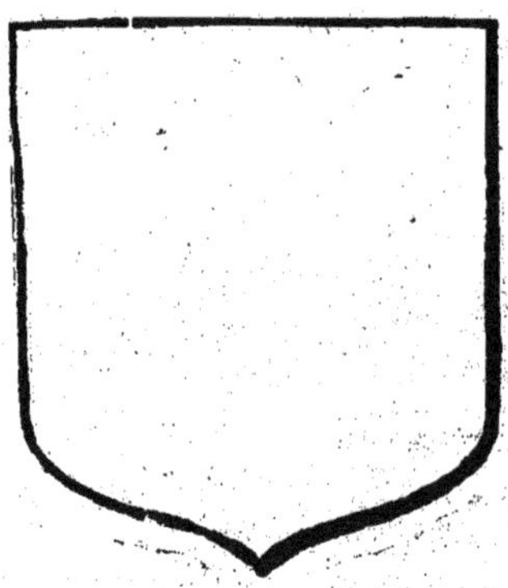

ARME' se dit des animaux à quatre pieds, & des dragons, ainsi que l'on dit membré pour ce qui est des oyseaux. Vne beste est armée qui a ongles & autres parties que la nature luy a données pour sa deffence; comme la dent au Sanglier. Le Lyon se blasonne armé lors que ses ongles sont d'autre email que le reste du corps, l'on y adiouste parfois lampassé, car ces deux vont communément ensemble. Le Duché de Iuilliers *porte d'or à vn Lyon d'azur, armé & lampassé de gueules.*

ARMES, ARMOIRIES. Au sujet de cet Indice ces deux mots sont synonymes. Hors de là, le mot *Armes* signifie tous bastons de guerre, & autres qui seruent ou pour offencer ou pour se deffendre, de quelque forme & matiere qu'ils soient, *Arma sunt omnia tela, hoc est & fustes & lapides, non solum, gladij hastæ, frameæ seu rompheæ. Vlpian. l. quod est. D. de vi. & vi armata, & l. armorum de verbor. signific.* En laquelle derniere Loy est à remarquer que *Armorum appellatione etiam scuta & galeæ continentur*, comme entre nous l'on comprend parmy les Armes ce que nous appellons plus proprement Armures, les cuirasses, casques, boucliers, & autres pieces qui ne seruent sinon pour la deffensiue, & les ouuriers nous les nommons Armuriers.

De ces Armes ou Armures ont pris leur denomination les ARMOIRIES, qui sont certaines figures soit de choses animées, soit de plantes & fruicts, soit d'autres substances, soit encore de lineaments tirez & gouuernez à fantaisie, peints & grauez, ou ciselez & releuez sur les Escus, corcelets, & cottes d'Armes.

De quel temps l'on s'est seruy de ces enseignes & marques d'honneur, & à quel sujet, ceux qui en ont escrit ne s'accordent pas. Car de prendre des deuises ou lettres hieroglyfiques pour Armoiries, ce seroit abuser de la vraye signification. Non pas que ie ne sçache que quelques vnes ont commencé par deuises, qui depuis ont esté vrayement qualifiées Armes lors qu'elles ont passé à la posterité, & se sont perpetuées dans les Familles. Ainsi ie ne peux estre de l'opinion de ceux qui voulans rendre les Armoiries plus antiques que l'Arche de Noë, de mesme que ces peuples Leucades qui se disoient plus anciens que la Lune, ont mis en ce rang les enseignements muets que les Rabbins disent auoir esté donnez par les enfans de Seth fils d'Adam, à ceux de Cain pour les retirer de l'Idolatrie par la representation de quelques animaux, plantes, & autres choses visibles qui tombent sous le sens, afin de leur faire connoistre les effects admirables de la toute puissance de Dieu, par la conduite & proprieté de telles creatures. I'en dis autant de ceux qui donnent pour armoiries à Osiris vn sceptre surmonté d'vn œil, en lieu que c'est le simbole & la marque de la Royauté, tout Prince souuerain deuant auoir l'œil au bout de son sceptre, c'est à dire l'œil ouuert pour remarquer tout ce qui se passe aux extremitez de son Royaume, & selon d'autres ce sceptre là est la figure mesme d'Osiris, par la composition & conionction de ces deux mots OS. & IRI. dont le premier en langue Egyptienne signifie beaucoup, & l'autre œil: comme qui diroit qui a beaucoup d'yeux. Pierius & Lilius Giraldus apres Plutarque & Eusebe. L'on pourroit plustost prendre pour vrayes armoiries les enseignes qui firent distinguer & reconnoistre les Familles particulieres des descendans de Noë depuis qu'ils se furent multipliez. Enseignes lesquelles ainsi que le remarque Zonaras leur furent données par leur pere, & depuis augmentées par Iacob parmy les douze tribus d'Israël, & conseruées sous Moyse par le commandement exprés de Dieu: *Locutus est Dominus cum Moyse & Aarone, dicens: Singuli iuxta vexillum suum & sub signis domus patrum suorum castra ponant.* Saül & Dauid en firent de mesme, *Vicit leo de tribu Iuda.*

Pour les Payens, nous trouuons que les Perses portoient pour enseignes l'aigle d'or dans vn drapeau blanc par le tesmoiguage de Xenophon. La liurée blanche fut retenuë par Alexandre apres qu'il eut transferé la Monarchie des Medes & des Perses en la Grece, dit Plutarque en la vie de Artaxerxes. Mais en lieu de l'aigle qu'il deuoit garder pour d'autres considerations par nous touchées cy deuant sur le mot aigle, il prit le lyon de gueules, outre la deuise du serpent, à cause que son pere Philippes songea la premiere nuict de ses nopces qu'il appliquoit sur sa femme Olimpias vn cachet ayant vn lyon pour empreinte.

Si nous croyons Herodote, les Cariens furent les autheurs de ces enseignes. D'autres en donnent l'honneur aux Pictes Septentrionaux, & d'autres encore aux Assyriens plus anciens que les Perses.

Les Corinthiens portoient le cheual ailé Pegase, dit Casaubon sur le prologue de Perse. Quoy que ce soit, il n'y a nation qui n'en ait vsé, & de si longue main que l'on peut dire, que comme il n'y a iamais eu guerre sans Enseigne ou Guidon pour conduire & guider les Soldats, les Enseignes & les Guidons sont autant anciens que la guerre. De dire que les Armoiries soient de mesme, il ne faut pas estre si hardy, par ce que les vrayes Armoiries reuestuës de leurs esmaux sont venuës depuis. Dés leur naissance les Lacedemoniens prindent la lettre Grecque Λ. les Messeniens vn M. les Atheniens vne choüette ou cheuesche. Il est vray que d'autres peuples ne se sont pas tousiours arrestez à vn mesme corps, ny à vne seule figure en mesme temps. Du commencement & soubs Romulus, dit Seruius sur Virgile, les Romains attacherent au bout d'vne perche vne poignée de foin pour se reconnoistre à la guerre. ————*erat reuerentia fœno.*

Quantam nunc aquilas cernis habere tuas.

De cette poignée de foin vint le nom de *Manipulus* pour signifier vne compagnie de soldats, comme nous disons auiourd'huy vne poignée de gens: de là aussi *Manipularis miles* dit Varron, & apres luy Ouide,

Pertica suspensos portabat longa maniplos,
Vnde maniplaris nomina miles habet.

Depuis ils porterent tantost la louue nourrice de leurs premiers Roys, tantost le minotaure non pas indifferemment & en toutes occasions, ains seulement lors qu'ils vouloient executer secrettement quelque entreprise ils arboroient pour signal & mot du guet le minotaure, donnans à entendre par là que comme les destours du labirinthe siege & demeure de ce monstre de Crete estoient inconnus, de mesme les conseils des grands Capitaines deuoient estre tenus secrets: *Tutißimum in expeditionibus creditur, facienda nesciri,* Vegece. Par fois aussi ils esleuoient en mesme temps & la figure d'vn cheual, & celle d'vn sanglier: En fin l'année du deuxiesme Consulat de Marius, ils s'arresterent à l'aigle, laquelle ils faisoient porter en plein relief d'argent au bout d'vne iaueline, les ailes estenduës & auec vne teste seulement, sans que pourtant ils la prissent pour armoiries, cette pratique n'estant pas encore en vsage, ains seulement pour leur enseigne colonnelle dans les armées. Par succession de temps ils porterent deux & trois enseignes semblables: ce qui a fait l'aigle esployée, ou à deux testes, suiuant l'opinion de Cuspinian en la vie d'Auguste, où parlant de la bataille que cet Empereur perdit en Alemagne, *Variana & Loliana clade*, il dit qu'il y eut trois legions mises en desroute, les enseignes de deux desquelles furent prises & gardées par les Germains, & comme c'estoient des aigles en relief ils les mirent l'vne contre l'autre, si bien que les ailes & les iambes ouuertes de l'vne couurirent celles de l'autre, n'y ayant que les testes, qui se diuiserent, se iettans des deux costez comme en demy cercles. *Non enim biceps est aquila, vt imperitum vulgus credit, sed duæ simul, quarum altera alteram expansis alis obtegit*, & là dessus il nous veut faire croire que la façon de peindre l'aigle à deux testes est venuë de là. Il y a bien plus de vray-semblance que c'est de l'industrie & de l'authorité du grand Constantin, lequel ayant partagé comme en deux portions, & diuisé l'Empire Romain en celuy d'Orient & en celuy d'Occident, & transporté le siege de Rome à Byzance, qu'il honnora depuis de son nom, laissant vn Exarque & Lieutenant en Italie, pour la garde & conseruation de l'Occident, il fit depeindre & representer l'aigle Romaine, à deux testes cerclées, que l'on dit esployées auec vn corps seulement, pour denoter par vne espece de hieroglyphique, que bien que l'administration & la puissance fussent diuisées en deux, ce n'estoit pourtant tousiours qu'vn corps & qu'vn Empire.

Quant aux Esmaux il y a diuersité d'opinions entre les Historiographes. Car outre que celle qui seruoit de coronnelle ou colonnelle aux legions Romaines par l'ordonnance de C. Marius l'an de son deuxiesme Consulat estoit en relief & à vne reste seulement, & de fin argent. Les vns ont tenu qu'estant mise en banniere par Constantin auec deux testes, il les fit d'or en champ de gueules, ou de pourpre à la couronne d'or.

Que depuis Charlemagne estant paruenu à l'Empire auoit pris les esmaux de France, *d'azur à l'aigle d'or*, & que long-temps apres ceux de Saxe l'eschangerent, y mettant les esmaux de leur maison, *d'or à l'aigle de sable*. D'autres ont asseuré que Charlemagne garda le metal & la couleur qu'il y treuua, & qu'il se contenta de charger la poitrine de l'aigle de l'Escu de France, tout ainsi que Heraclius pere de Berthe femme du Roy Pepin & mere de ce grand Charles. En suite de cela quelques autres Empereurs de Constantinople chargerent cette mesme aigle d'vn Escusson de gueules à la croix d'or accompagnée de quatre fuzils, ou plustost quatre B. de mesme.

Auiourd'huy l'aigle de l'Empire est simplement esployée de sable en champ d'or.

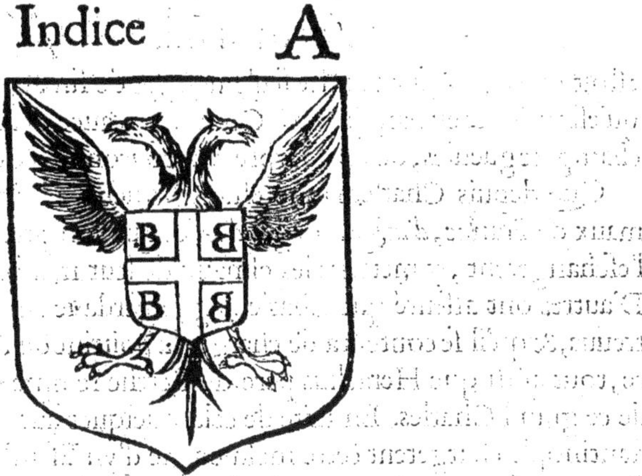

FRANCS ou FRANÇOIS SICAMBRIENS portoient comme les Germains, *d'azur au Lyon d'or*. Depuis & auant qu'ils passassent le Rhin, ils auoient pour armes le nauire. Fauin, apres Methodius Placatus, Sidonius Apollinaris, Rhenanus, & autres. Et leurs Roys particuliers chargerent trois Couronnes ou Diademes de gueules en champ d'argent, suiuant Paul Emile. Et au recit de quelques autres, ces premiers Roys là auoient gardé le lyon de leurs predecesseurs, deschirant de ses armes de derriere la teste de l'aigle imperiale, qui est plustost deuise que armoiries, pour monstrer que les François commençoient à deplumer ce pauure aigle Romain par la conqueste des Gaules.

Pour Clouis il auoit pris l'Escu de gueules à trois Croissants d'argent, qu'il quitta lors de son Sacre, pour prendre les trois Lys d'or, descendus du Ciel, dit Gaguin au liu. 2. de son abregé de l'Histoire de France, *Lilia aurea quibus subest cœli sereni color, quem asurum Franci dicunt*; en champ d'azur. Non pas que cet autheur en apporte aucun autre tesmoignage, sinon la commune fame & renommée, & la traditiue des anciens iusques à luy *perseuerante ad hanc meam ætatem famâ vulgatum accepi. Vo. Lud. Viualdus de Monte regali,* Docteur de l'Ordre des freres Prescheurs, qui viuoit en mesme temps sous le regne de Louys XII. n'en parle point d'autre sorte, *Clodoueo, qui mysterium Incarnationis Christi integra mente suscepit, tria aurea Lilia de cœlo lapsa sunt.* Ces lys furent conseruez en l'Escu de France auec leur nombre ternaire par les autres Roys successeurs de Clouis, & augmentez sans nombre par la seconde lignée descenduë de Martel, & continuez en la troisiesme iusques à Charles VI. qui reduisit ces Fleurs celestes aux trois premieres. Nous en dirons dauantage sous le mot LIS. debuant seulement estre icy remarqué que c'est vne ineptie de croire que aucun de nos Roys ait oncques porté des crapaux. Au contraire ce qui en a esté escrit est venu de l'inuention des ennemis de l'honneur François, & en derision de ce que ils estoient yssus des Paluds Meotides, où ce sale & infect animal abonde comme en tous autres lieux boüeux & marescageux.

NOS BOVRGVIGNONS qui ont esté regis par Roys & par Ducs de diuerses lignées portoient à leur aduenement *la banniere d'argent à la giure tortillée de synople, à la gueule beante de gueules.* Depuis estans paisibles possesseurs de la contrée qui a retenu iusques auiourd'huy le nom de Bourgongne par la conqueste qu'ils en firent sur les Gaulois, lesquels *portoient d'azur au lyon d'or*: Comme ils furent inuestis du pays, pour la marque de cette inuestiture, ils retindrent la peau de ce lyon, & la firent porter à la giure de leurs armes. Depuis encore que quelques vns ayent escrit que ce fut pour deuise qu'ils prindrent le chat, & neantmoins Paradin le donne pour armoiries à Clotilde femme de Clouis Roy de France, & fille de Chilperic Roy de Bourgongne, & niepce de Gondebauld vsurpateur. Et pour monstrer que c'est pour armes, il l'accomplit des esmaux necessaires, à l'Escu *d'or au chat de sable tuant vn rat.* Sigismond Roy de Bourgongne portoit *d'or à la couronne d'azur en chef*, dit Lasius. Il fut ietté dans vn puis par Clodomire Roy d'Orleans en l'an 520.

Le tort fait à Clotilde vangé, & le Royaume de Bourgongne ioinct à celuy de France, quatre fils delaissez par Clouis demembrerent ce grand Estat, & en firent autant de Royaumes: la Bourgongne perdit sa qualité & se fondit dans le Royaume d'Orleans qui auoit pour armes *l'azur semé de cailloux d'or.*

Enfin la Bourgongne estant absolument vnie & incorporée au Royaume de France, Clotaire II. fit Maire du Palais d'Austrasie, & Patrice ou Gouuerneur de celuy de Bourgongne Vuernaire Prince Bourguignon, par la sage & vaillante conduitte duquel il s'estoit estably en ce riche & beau pays, & Vuernaire prit pour armes *bandé d'or & de gueules de six pieces*, lesquelles armoiries Vuernaire transmit à ses descendans: l'vn desquels nommé Samson fut creé Duc de Bourgongne par Charlemagne Empereur. A ces bandes ou cotices fut adiousté vne bordure de gueules par Guillaume dit le Deuotieux, second fils de Samson, par forme de brisure & difference des armes de Thierry son aisné. Encore que de tous ceux qui ont escrit de l'art des armoiries qu'ils appellent Heraldique, il n'y en a point qui fasse l'introduction des brisures plus anciennes que le President Fauchet, lequel les met du regne de Louys le Gros, qui vint trois cens ans apres ce Guillaume le Deuotieux. Et bien que ce Guillaume n'ait point esté Duc de Bourgongne, neantmoins ceux qui ont porté ce tiltre n'ont pas laissé de porter cette bordure.

Il est vray que depuis que ce Duché fut vny à la Couronne de France par l'inuasion du Roy Robert, fils de Huë Capet, contre les pretentions de Othe Guillaume adopté par Henry vray Duc de Bourgongne son beau pere en l'an 1001. & de Landry Comte de Neuers esleu Duc par les Estats du pays, lequel Othe Guillaume est enterré au Cloistre de l'Abbaye Sainct Benigne de Dijon auec cet Epitaphe.

NOBILITER NATVS GVLIELMVS ET OTHO VOCATVS
PAVSAT IN HAC FOSSA, CVIVS LAPIS HIC TEGIT OSSA.
QVI DVCIS ET COMITIS DVPLICI DITATVS HONORE
ARTIFICES SCELERVM PACIS REPRIMEBAT AMORE.
ANNO DOMINI 1027. 11. CALEND. OCTOBRIS.

Le Duché de Bourgongne fut donné en apennage par Henry Roy de France fils de Robert, à Robert son frere, dit Robert le Fort, qui print les esmaux de France & *porta bandé ou coticé d'or & d'azur de six pieces*, retenant la bordure de gueules, qui sont les pleines armes de Bourgongne que nous appellons maintenant de l'ancienne Bourgongne pour la difference des armoiries de la moderne, qui sont *de France sans nombre à la bordure componée d'argent & de gueules*, que Philippes le Hardy fils du Roy Iean mit au premier quartier de son Escu, l'escartelant de l'ancienne Bourgongne. Ce sont ces mesmes armes dont il honnora sa ville de Dijon ma chere patrie, lors que par ses patentes du 22. de Septembre 1391. il donna pouuoir au Corps des habitans d'icelle de porter en bataille & en tous autres lieux priuez & publics l'Escu de gueules tout plein qu'ils auoient d'ancienneté, & le charger du chef de ses propres armes en perpetuel honneur & tesmoignage de superiorité entre toutes les autres villes de Bourgongne. Ainsi les armes de Dijon sont vn Escu de gueules qui n'est remply d'aucune piece en poincte, ains seulement chargé en sa partie superieure qui coupe l'Escu esgalement par moitié. Il a par forme de partage les deux Escus de Bourgongne ancienne & moderne.

Iean fils de Philippes & second Duc de cette derniere lignée à cause de Marguerite de Malain ou de Male, ou pour mieux dire de Flandres, mit sur le tout des armes de son pere, l'Escu de Flandre qui est *d'or au lyon de sable armé & lampassé de gueules*.

Philippes II. dit le Bon, autheur de l'Ordre de la Toison d'or y adiousta Braban & Luxembourg: si bien que il portoit au 1. quartier de Bourgongne moderne escartelé de l'ancienne, party de Braban qui est *de sable au lyon d'or*: au 3. quartier, de l'ancienne Bourgongne party de Luxembourg, qui est *d'argent au lyon de gueules la queüe passée en sautoir*, & au dernier de Bourgongne moderne, & sur le tout de Flandres.

Charles Comte de Charolois & depuis dernier Duc de Bourgongne, portoit de mesme.

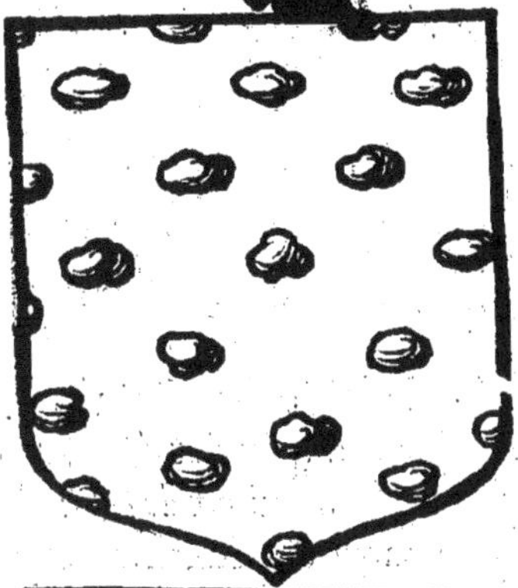

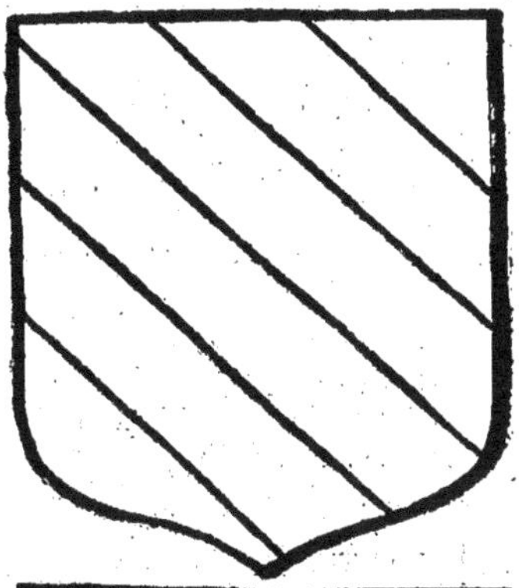

Et puisque ces Ducs portoient sur le tout de FLANDRES, il est bon de faire sçauoir icy que les Forestiers de Flandres depuis Lyderic dit de Buc fils vnique de Saluart Prince de Dijon estably premier gouuerneur soubs ce tiltre de Forestier à cause de la forest Charbonniere par Dagobert Roy de France en l'an 621. *porterent gironné d'or & d'azur de dix pieces, & au milieu vn escusson de gueules*, ce qui se continua par Boudouyn Bras-de-fer VIII. Forestier & nommé I. Comte de Flandres par Charles le Chauue Empereur & Roy de France, à la reserue toutefois de la souueraineté iusques à Philippes d'Alsace XII. Comte, lequel ayant esté deux foix en Syrie au secours du Roy de Hierusalem son cousin, remporta à son premier voyage l'Escu d'or au Lyon de sable mouflé de gris qu'il auoit gaigné sur Nobilion Roy d'Albanie Turc, apres l'auoir occis de ses propres mains enuiron l'an 1160. qui est le lyon que les Roys d'Espagne Comtes de Flandres portent encore auiourd'huy, tiré de Corneille Martin Zelandois : I'adiousteray que ce mouflé de gris ne se voit point dans l'Escu de Flandres : & qu'en lieu de ce le lyon est armé & lampassé de gueules. A ce propos est assez remarquable ce que Louys d'Orleans en ses Remonstrances aux Ouuertures du Parlement de Paris pendant les troubles de la Ligue, dit que pour punition de ce que Iean d'Auennes l'vn des fils du premier lict de la Comtesse de Flandres Marguerite debatant auant le têps le Comté de Flandres, contre Guillaume de Dampierre premier fils du second lict, auoit injurié sa mere en la presence de S. Louys. Ce Roy, dont la iustice ne pouuoit souffrir vn acte tant indigne, condamna ce Iean d'Auennes, & sa posterité, de ne porter desormais en ses armes le lyon langué ny onglé, comme voulant dire que quiconque deschire l'honneur de sa mere & le viole de la langue, merite de ne porter ny langue ny ongles. Histoire qui peut estre veritable, encore que il y a quelque vray semblance pour le contraire. Car comme ce mauuais fils ne pouuoit porter en armes le lyon de Flandres, tant par ce que sa mere, qui en estoit la Comtesse de son chef comme fille de Baudouyn Empereur de Constantinople, viuoit encore, que pour autant qu'il estoit illegitime par la conjonction incestueuse de Bochard d'Auennes auec sa pupille : lequel d'Auennes *portoit bandé d'or & de gueules de six pieces*, & que d'abondant ce mesme Comté fut adiugé à Guillaume: il n'est pas vray semblable dis-ie que le Roy eust fait telles deffences.

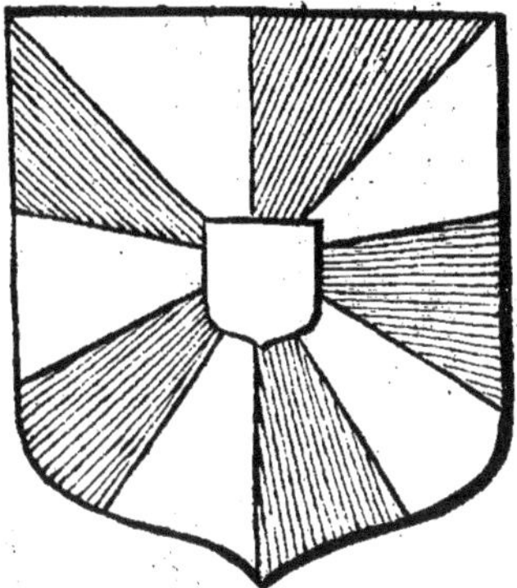

Les COMTES DE BOVRGONGNE autrement de la FRANCHE-COMTE' auoient pour anciennes armes *de gueules à l'aigle d'argent*. Goulut en ses memoires dit auoir veu vn vieil tiltre du bon Duc Philippes, qui ordonne l'entretien d'vn estandart qui se gardoit en la ville de Salins chargé de ces armes là. L'on tient que cet aigle estoit celuy de la maison de Vienne descendus d'vn troisiesme fils des Comtes de Bourgongne. Il est vray qu'ils *portent de gueules à l'aigle d'or*, quoy qu'il en soit, & de quelque metal qu'il fut, il se trouue auoir esté changé par Otho Comte de Bourgongne par le commandement de Frederic Empereur son pere, lors qu'il fut estably Regent perpetuel du Royaume d'Arles ou Bourgongne, de laquelle la Prouence, Daulphiné, Forqualquier, Salusse, Nice, Suze, Sauoye, Morienne, Suisse, Bresse, & autres Seigneuries dependoient, & en lieu de cet aigle Otho arbora *d'azur au lyon d'or*, qui estoient les armes de sa maison de Suaube ou Hoestauffen. Quant aux billettes d'or desquelles le champ est à present semé Alix III. arriere fille d'Otho espousant Hugues de Vienne son vassal, les Estats du pays prescriuirent à ce mary qu'il signeroit de Bourgongne, & qu'il porteroit pour armes *d'azur au lyon d'or billetté de mesme*. Qui sont les armes que le Comté de Bourgongne porte encore à present.

Les Roys, Ducs & Comtes de BRETAGNE, ainsi les Historiens varient les qualitez des Princes qui ont dominé cette partie de France qui borde la mer Oceane vers le Nord-oest, entre le Septentrion & l'Occident. Ces Princes *portoient la banniere d'azur au lyon d'or*. Armes depuis changées *de gueules en macles d'or*, par vn certain Maclianus qui regnoit du temps de nostre Roy Clouis, & retenuës par les Seigneurs de Rohan que l'on dit estre descendus de cette Tige ancienne. D'autres sont d'aduis que les vrayes armes de Bretagne estoient *d'azur à trois gerbes de bled liées d'or*. Quelques vns ont escrit qu'elles estoient *de sable à vne croix d'argent*, & que depuis l'on changea le champ de sable à celuy d'argent, & la croix d'argent au semé de croisettes de sable, en lieu de dire que pour la croix seule on supposa d'hermines, soubs pretexte qu'ils s'imaginent que les mouchetures noires d'hermines soient vne espece de croisettes au pied longuet & paté. Quoy qu'il en soit, les Ducs de Bretagne qui ont subsisté iusques à Anne de Bretagne, femme en premieres nopces de Charles VIII. & en secondes de Louys XII. *portoient d'hermines*. Ainsi faut-il simplement dire sans aucune autre description des parties qui font les armes, par ce que le mot d'Hermines qui est l'vne des deux sortes de Pannes qui seruent en armoiries, porte sa signification auec soy.

Ce changement d'armoiries est attribué à vn certain Duc, qui vit au Ciel, à ce que l'on dit, vne image de la Vierge sacrée, vestuë d'vn manteau d'Hermines, d'où il prit sujet de quitter ses trois gerbes pour prendre d'Hermines. Et ce qui fait iuger qu'autrefois ils auoient porté les trois gerbes d'or, est que l'Ordre de Cheualerie qui fut institué par François I. du nom Duc de Bretagne, en l'an 1450. s'appelloit l'Ordre de l'Hermine, parce que au bas du Collier pendoit à deux chainettes d'or vne petite beste blanche comme la neige, dicte vulgairement Hermine. Cet Ordre fut aussi nommé l'Ordre de l'Espic, d'autant que le grand Collier estoit composé en façon d'espics de bled entrelassez en saultoir.

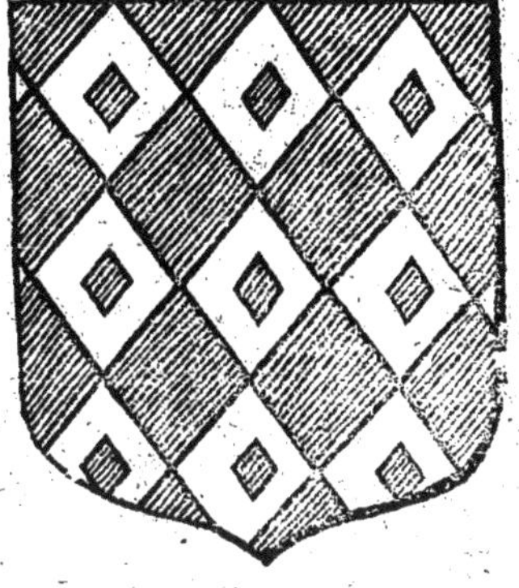
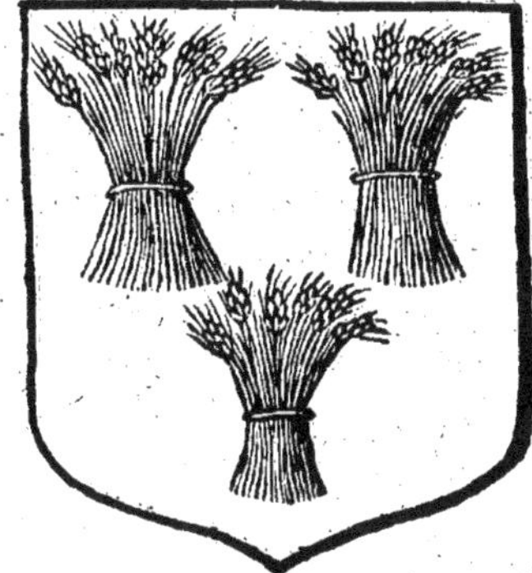

LES ANGLOIS ou pluſtoſt BRETONS, puis que c'eſt leur ancien nom, & que Iacques I. ſucceſſeur de la grande Elizabeth en ce Royaume là, & de Marie Stuart ſa mere en celuy d'Eſcoſſe, a touſiours pris le tiltre de Roy de la Grand' Bretagne : les Anglois dis-ie ſous leur premier Prince Brutus, qui viuoit vnze cens ans auant la naiſſance du Sauueur, *portoient d'or au lyon de gueules eſcartelé d'azur à trois couronnes d'or miſes en pal*, Gurgintus leur XXII. Roy poſant le lyon ſe contenta de la *banniere d'azur aux trois couronnes*, le nombre deſquelles fut augmenté par Artus duquel l'on a fait tant de contes fabuleux auſſi bien que des Cheualiers de la Table Ronde dont il eſtoit le chef. Fauin dit qu'il a vn petit liure de Blaſons enluminez qui luy donne *d'azur à treize couronnes d'or*; d'autres *de ſinople au* 1. *&* 4. *quartier vne croix d'argent*, *le* 1. *canton chargé d'vn Soleil d'or*, *ayant au milieu & au centre de ſes rayons l'image de la Vierge Marie*, *le* 2. *&* 3. *quartier de gueules à trois couronnes d'or miſes en pal*. Le meſme Fauin dit qu'il n'y auoit ſinon vingt-quatre Cheualiers de la Table Ronde, & en vn autre endroit il dit auoir trouué auec beaucoup de trauail (comme à la verité la France doit beaucoup & à ſon honneur & à ſon trauail,) les noms & les armes d'vn bien plus grand nombre. Ce qu'il faut entendre qu'à la premiere inſtitution, il n'y en eut que vingt-quatre, & que depuis en d'autres Chapitres l'on crea les autres. Mais quelque recherche curieuſe qu'il ait faite il ne les a pas tous trouuez. Car en lieu de cent cinquante & quatre dont il rapporte les

les noms & les Blasons, ie peux dire auoir vn autre liuret pareillement enluminé, & d'vne impression des plus anciennes, où il y a 177. blasons auec les noms des Cheualiers, & à la teste est vn Escu d'azur à treize couronnes d'or 3. 3. 3. 3. & 1. Au dessus duquel est escrit LE ROY ARTVS & au bas, *le Roy Artus portoit en ses armes d'azur à 13. couronnes d'or, cettuy cy fut grand conquerant & fit nobles & preuses vaillantises : il institua l'ordre de la Table Ronde au pays de la Grand'Bretaigne, à laquelle deuoient comparoir & assister vne fois l'an au iour de la Pentecoste, tous les Cheualiers Errans.* Le deuxiesme Cheualier en ordre est LANCELOT DV LAC qui portoit en ses armes *d'argent à trois bandes de Belif, ou gueules, il estoit preux & hardy, & vn des plus nobles & eminens de la Table Ronde qui aima à secret la belle Genieure femme du Roy Artus, & fit choses si admirables qu'on a composé de luy vn grand liure contenant ses faicts & ses prouësses.* Ce liuret finit par vn discours de quatre pages qui porte entre autres choses, *qu'au iour de leur assemblée tous les Cheualiers Errans se rangeoient à la Table Ronde & estoient assis en grand honneur & reuerence, beuuans & mangeans en la compagnie du Roy ledit Artus, & dauantage estoit vn chacun Cheualier de cet ordre, tenu dire & raconter tous les faicts, questes & conquestes qu'ils auoient exploictées à la sueur de leur corps pour l'honneur de Noblesse & estat de Cheualerie, tant pour l'honneur des Dames que pour autres choses, tendantes à tout honneur & gloire.* Ce sont les propres termes de mon liuret.

Dix Roys ayans regné depuis ce grand Artus: les Saxons subiuguerent la grand'Bretagne : Pour le temps les Historiens varient, les vns le mettant en l'an de grace 444. d'autres en 492. & d'autres en *686*.

LES ANGLOIS autre peuple venu d'Allemagne, encore que l'on die que le nom d'Angleterre à esté donné au pays, comme qui diroit ANGLE DE TERRE à cause que c'est vne Isle., partagerent toute cette contrée là, & la diuiserent en sept principautez, chacune desquelles prit de differentes armes. Le Royaume principal estoit celuy des Saxons, autrement des Nordanimbres, au Roy desquels les anciens Romanciers attribuent pour armes, *d'azur à la croix fleurancée d'or, cantonnée de 4. merlettes & vne en pointe de mesme.* Aucuns escriuent que ces armes furent données par Charlemagne & Ardulphe lors qu'il le remit en son Royaume du Pontificat de Leon III. Ces armes furent conseruées par les successeurs Roys iusques au regne de Guillaume le conquerant, Bastard aduoüé de Robert Duc de Normandie, lequel les abolit pour y faire arborer les siennes, qui estoient *de gueules à trois leopards d'or l'vn sur l'autre*, si tost qu'il eut deffait en bataille Harolde qui pretendoit le Royaume à son exclusion.

Auiourd'huy les Roys d'Angleterre les portent encore.

Vray que Edoüard III. en suite de ses pretensions sur le Royaume de France, à cause de sa mere Dame Isabeau de France, contre le Roy Philippe de Valois escartela de France & d'Angleterre, lequel escart tous les Roys suiuans ont gardé iusques à Iacques VI. d'Escosse, & I. de ce nom Roy d'Angleterre, lequel contr'escartela d'Escosse & d'Ibernie, en sorte que les armes d'Angleterre se blasonnent maintenant de la sorte, *au 1. & 4. escartelé de France & d'Angleterre, au 2. d'Escosse au 3. de gueules alias d'azur à la harpe d'or qui est d'Irlande.*

Il faut adiouster icy une merlette en pointe

Les ESCOSSOIS ont esté plus constans, ayans gardé iusques à present le lyon de gueules que Fergus (lequel ils font leur premier Roy) mit en son Escu d'or 330. ans auant l'incarnation de nostre Redempteur. Seulement ils se treuuent y auoir adiousté le double ESSONNIER ou TRES CHEVR fleuré & contre-fleuré de gueules, duquel Charlemagne permit à Achains Roy d'Escosse d'enfermer le Lyon de ses armes pour memoire à la posterité de l'alliance offensiue & deffensiue enuers & contre tous, qu'ils contracterent entre eux & leurs subjects en l'an 809.

Vn siecle auparauant seulement, & en l'an 716. le Royaume de NAVARRE prit son commencement, par Garcia Ximenes que l'on fait Prince

François & qui passa les monts Pyrenées pour combatre les mores d'Afrique & les chasser de cette prouince d'Espagne, qui ioinct la Biscaye & l'Aragon elle estoit nommée SVBRARBE & depuis NAVARRE. On dit qu'il eut certaine vision qui luy fit prendre pour armes *d'or au chesne de Synople à la croix de gueules pommetée en chef*, en lieu de l'Escu de gueules sans aucun ornement qu'il tenoit de ses ancestres, ceux de BISCAYE contigus portoient aussi *vn chesne de synople en champ d'argent*, non pas pour le mesme suject: mais par ce qu'ils faisoient toutes leurs assemblées tant de conseil que de réjoüissance dessous l'arbre de Garniga.

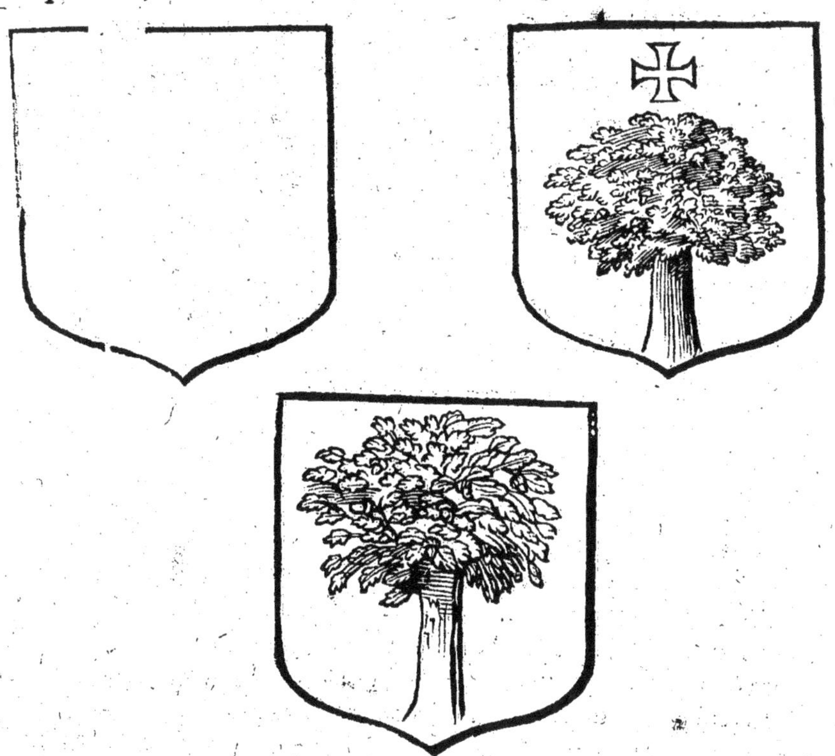

Depuis ce pays de Subrarbe fut appellé Nauarre, soit à cause de la riuiere Nauia qui l'arrose, soit par ce que la plus part du pays consiste en vne grande pleine, ce que ces deux mots NAVA & ERRIA signifient comme en vieil François ALIMAGNE, veut dire la mesme chose, & de là, l'Alimagne d'Auuergne.

Reuenant aux armes des Nauarrois, tous les descendans de Garcia Ximenes porterent *le chesne & la croix* ainsi que nous les auons blasonnez cy-dessus.

Inigo Ximenes VI. Roy de Nauarre fut surnommé Arista, à cause qu'il auoit pris pour deuise 13. *espics de bled d'or, champez de gueules*, à laquelle deuise il ne s'arresta, pas prenant pour armes du Royaume la seule croix pommetée changeant les esmaux anciens, car il porta *d'azur à la croix pomme-*

tée d'argent. Le sujet de ce changement fut pareil à celuy que prit Garcia, car Inigo estant vne nuict en prieres à Sainct Sauueur de Leyra il luy apparut vn Ange, lequel auec vn estandart de soye bleuë chargé d'vne croix blanche pommetée, luy donna courage de guerroyer les Mores de l'Espagne comme l'autre auoit fait, il mourut l'an 867.

Les Comtes d'Albert descendus de cette maison Royale retindrent l'Escu seul de gueules simplement iusques à Charles d'Albret Comte de Dreux, Seigneur de Silly & de Craon, Connestable de France, lequel par le benefice de Charles VI. porta, & les siens apres luy, *escartelé au 1. & 4 semé de France & aux 2. & 3. de gueules.*

En l'an 1212. Sance le fort VIII. du nom & XXI. Roy de Nauarre portoit encore cette croix là, en la bataille remarquable de Muradal autrement des Naues de Tolose, lieu qui est entre les montagnes que les Romains appelloiét *Montes Marianos*, à present la *Sierra Moreña*, en laquelle bataille tous les Princes d'Espagne auec beaucoup d'autres Chrestiens se treuuerent, & iusques à cent mille hommes de pied, & seize mille de cheual, cette croisade se fit contre Aben Mahomad grand Miramomelin d'Afrique, lequel entre trois cent mil hommes de guerre qu'il auoit amassez, faisoit garder son chariot en forme de trosne par quatre-vingts mil Mores à cheual, entourez d'vne palissade & enceinte de bois, garnie de chaines de fer. Entre tous les Princes qui combattirent le Roy de Nauarre fut celuy qui faussa cette pallissade enchainée, tua vingt mil Mores, & se rendit le maistre du throsne de Miramomelin, ensemble des chaines qui l'enfermoient, & pour en conseruer la memoire, il s'en fit de nouuelles armes, qui sont vn treillis composé *de Croix, Sautoir, & orle de 2. pieces de chaines d'or en champ de gueules.*

Armoiries retenuës iusques à maintenant par tous les Roys de Nauarre, ce qui a esté ignoré par Bara, quand blasonnant les armes de Nauarre, il les a dépeintes de gueules aux Rays d'escarboucles pommetez d'or.

Au surplus, il ne faut mettre au rang des armoiries de ce Royaume là, celles que les descendans de Sance II. du nom IX. Roy, surnommé Abarca, decedez en l'an 920. prindrent auec ce sobriquet, sçauoir, *d'or à 2. galoches de sable echiquetées d'or*, à cause que ce Prince se plaisoit à porter des gamaches ou botines de cuir, auec des galoches de bois & de cuir noir, que l'on appelle en Espagne Abarcas.

Bien semble-il deuoir estre fait estat de l'écart qui y fut mis par le XXX. Roy, Philippes III. du nom, dit le bon Comte d'Eureux, mary de Ieanne Reyne de Nauarre, decedée en l'an 1343. *de France sans nombre au baston componé d'argent & de gueules brochant sur le tout*, par ce que c'estoient de vrayes armes, & les armes de la maison d'Eureux dont il estoit yssu.

De mesme ceux de Foix estans paruenus à la couronne, ils porterent les armes de Nauarre, parties des escarts de Foix & de Bearn *d'or à deux vaches passantes de gueules, accornees, accollees, & elarinées d'azur.* Ce qui dura fort peu, car Gaston Comte de Foix & Prince de Bearn, espousant Eleonor Royne de Nauarre, il espousa par mesme moyen le Royaume: & ayant eu vn fils & vne fille de ce mariage, le fils, François Phœbus regna apres luy, & mourans sans enfans, Catherine de Foix sa sœur porta la couronne dans le lict de Iean d'Albret, sur lequel Ferdinauld Roy d'Arragon l'vsurpa l'an 1513. apres l'interdit du Pape Iules II. qui est la mesme année que les Suisses retournans d'Italie, & mal-contens des François, assiegerent nostre ville de Dijon sans autre effet, sinon qu'on leur paya vne partie de leurs pensions de la maison d'Albret, le Royaume passa en vne autre vrayement Royale, par le mariage de Ieanne d'Albret auec Anthoine de Bourbon pere & mere de HENRY LE GRAND, lequel par ses lettres patentes du

l'vnit pour iamais à la Couronne de France, non pour aucun proffit & vtilité presente, ains seulement pour imprimer dans le courage des Roys ses successeurs vn desir glorieux de retirer des mains sacrileges de l'vsurpateur general des petites principautez les places principales de ce gentil Royaume.

Ainsi dans Pampelonne puissent-ils quelque iour reprendre leur Couronne.

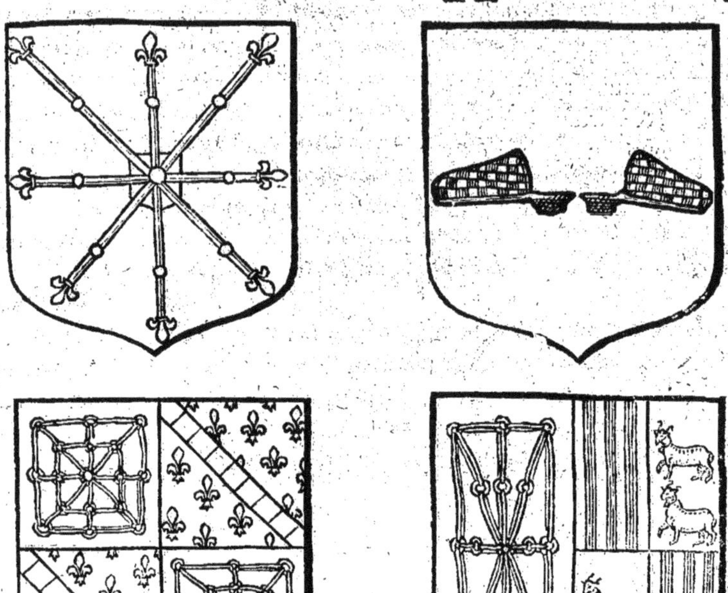

Les Roys de LEON ont varié comme les autres, non pas que l'on soit asseuré quelles armes portoit Pelage le premier d'iceux, & qui en l'an 719. deffit Alchaman Capitaine Afriquain auec vingt milles Mores. Quelques Historiens Espagnols disent qu'en l'an 722. il prit la ville de Leon appellée des Romains *Legio gemina* bastie par l'Empereur Trajan & par mesme moyen il chargea l'Escu d'argent au lyon de gueules. Autres comme Ambroise Moralez ont escrit que Pelage ne fut iamais maistre de la ville, ains seulement de Gigion, qui portoit *d'argent à cinq lyons de gueules en saultoir, à la bordure de gueules chargée de huict saultoirs d'or*: ce mesme Autheur donne aux Roys de Leon *d'argent à vne croix ancrée d'or*, qui est pour enquerir: il adiouste le sujet d'vne vision arriuée à Dom Alphonse le chaste en l'an 824. & que cette croix fut portée long-temps apres par ses successeurs, mais iusques à quand il n'en parle point, si ce n'est iusques à Raymond de Bourgongne de la maison des Comtes de Bourgongne, yssuë de celle de France, lequel ayant pris à femme Vrraca Reyne de Leon fille d'Alphonce VI. prit le tiltre de Roy de Leon, & cependãt il porta tousiours d'azur à trois fleurs de lys d'or, disent les Historiens Espagnols: neantmoins Goulut qui parle de ce mariage au liure 5. de ses memoires chap. 2. ne fait aucune mention du Royaumne de Leon, bien dit-il que, *Alonzo Fernandez Emperador de las Españas*, sur-nommé *el Brauo*, donna en dot à sa fille Vrraca, mariée à Raymond de Bourgongne le Comté de Galice, & qu'apres le decez d'Alonzo, qui eſt Alphonce, Vrraca regna. Quoy qu'il en ſoit, les vrayes armes de Leon ſont *d'argent au Lyon de gueules*, & telles le Roy d'Eſpagne qui poſſede auiourd'huy ce Royaume là, les porte, en l'vn des Cantons de ſes armes, & partant Barra a failly quand il a blaſonné ce Lyon armé lampaſſé & couronné d'or.

CASTILLE n'a pas touſiours eu la qualité de Royaume, non pas meſme la ſouueraineté, au contraire c'eſtoit vne Prouince qui dépendoit du Royaume de Leon, & qui eſtoit regie & gouuernée par des Comtes nommez & eſtablis par les Roys de Leon, & à cette occaſion nous ne parlerons pas des armoiries de ces Comtes là, ains ſeulement de celles que les Roys de Caſtille, depuis que cette Prouince fut erigée en Royaume, par vne affection dereglée ſuiuie de la nonchalance de Sance I. du nom & XIX. Roy de Leon. L'hiſtoire porte que Sance ayant getté l'œil ſur vn genet & ſur vn eſpriuier qui appartenoient à Fernauld Gonçale ou Gouçalue Comte de Caſtille, Sance les acheta à credit, & ſouz cette condition que ou le payement ne s'en feroit dans le terme prefix, il doubleroit de iour à autre, ſi bien que Sance ayant eſté en demeure vn fort long temps ſans payer, lors que Gonçale en fit la demande, ce prix là ſe trouua monter à vne telle ſomme que tous les threſors du Royaume n'eſtoient pas ſuffiſans pour la payer, ce qui fut cauſe que pour s'en acquiter le Roy Sance quitta à Gonçalue la proprieté & ſouueraineté de Caſtille en l'an 1465. Quelles armes eut ce Gonçalue nous

nous ne le voyons pas, non plus quelles furent celles de Ferdinand II. fils de Sance le Grand, en faueur duquel son pere erigea le Comté de Castille en Royaume l'an 1034. Si bien qu'il faut presupposer que les armes de Castille n'ont iamais esté autres que celles d'apresent, qui sont *de gueules au Chasteau sommé de 3. Tours d'or*, à cause principalement qu'elles sont prises sur le nom du pays, comme celles de Leon, & autres Royaumes de l'Espagne, qui toutes chantent. Partant il semble estre impertinent ce que quelques vns ont escrit, que ce Chasteau ne fut pris pour armes sinon par Alphonse IX. pere de Blanche mere de Sainct Louys, apres la bataille de Muradal, en memoire du Chasteau de Ferral: & qu'auparauant les Roys de Castille n'auoient autre seau ny armes que leur figure à cheual, à quoy contrarie ce que ces mesmes Historiens ont escrit, & que nous auons touché cy dessus que Raymond de Bourgongne Roy de Leon & de Castille, à cause de sa femme Vrraca, & Alphonse Raymond leur fils, qui regnerent cent ans auant Alphonse, portoient de France.

ARRAGON ne s'est pas contenté de ses premieres armes, qui n'estoient qu'vn simple escu d'or, qui fut depuis orné de 4. *pals de gueules* par Charles le Chauue Roy de France, & Empereur des Romains, en faueur de Geoffroy le Velu, lequel estant venu tout couuert de sang qui decouloit de ses playes apres la bataille contre les Normands; cet Empereur voyant l'Escu de ce Prince estre simplement d'or sans autre ornement, il trempa dans le sang d'iceluy les 4. doigts de sa main dextre, & puis les glissa du haut en bas de l'Escu, faisant par ce moyen la figure de 4. pals, à la couleur de sang & de gueules, depuis lequel temps les Comtes de Barcelone & de Prouence, & les Roys d'Arragon, les ont retenus iusques à present, à cause que Geoffroy le Velu possedoit ces terres-là. Seulement Pierre I. du nom & III. Roy d'Arragon en memoire de la bataille d'Alarces gaignée sur 4. Roys Mores au siege de Huesca en l'an 1096. prit *l'Escu d'argent à la Croix de gueules, cantonnée de 4. testes de Roys Mores au bandeau Royal de mesme.* Mais ces armes furent quittees par Ramir II. du nom, & V. Roy, auparauant Moine Profex de l'Abbaye de S. Pons de Tomieres, l'an 1134. lequel reprit les anciennes armes de Geoffroy le Velu, & telles nous les voyons parmy celles des Cheualiers de la Toison d'or en l'Eglise de la Sainte Chappelle à Dijon, souz le tiltre d'Alphonse Roy d'Arragon.

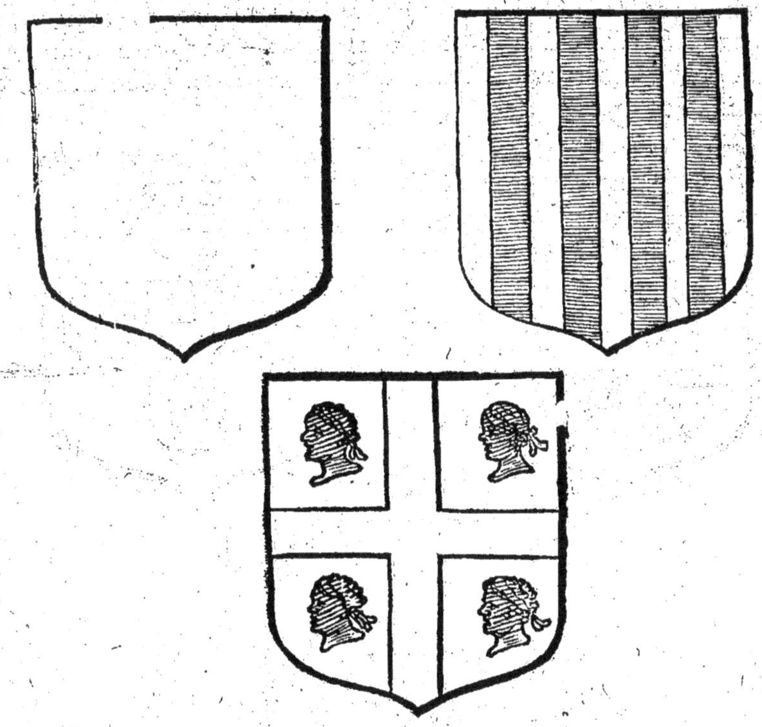

PORTVGAL a encores eu moins de tenuë: car si nous mettons au rang les Comtes auant que parler des Roys, nous trouuerons que Henry de Bologne, ou de Bezançon I. Comte hereditaire de Portugal, portoit *d'or à 3. faces d'azur semées de France sans nombre à la bordure de gueules*, armes qu'Alphonse Henriquez son fils retint tant qu'il fut Comte, & encore depuis qu'il prit le tiltre de Roy de Portugal, & iusques à ce qu'ayant surmonté cinq Roys Mores en bataille rangée, & gaigné leurs bannieres à Ouriques en l'an 1139. il prit pour armes *l'Escu d'argent chargé de 5. Escussons d'azur mis en croix*, & chargea chaque Escusson de 5. *besans d'argent rangez en saultoir, en l'honneur des 5. playes de nostre Sauueur*, que l'on dit qu'il vid au Ciel le iour de la bataille, apres auoir reclamé son aide. D'autres escriuent qu'il se donna ces armes là à cause des 30. deniers que Iudas prit des Iuifs pour leur liurer son Maistre: car les 5. escus chargez de 25. deniers font le nombre de 30. D'autres encores asseurent qu'en cette bataille là Alphonse gaigna six drappeaux sur autant de Princes Mores, en memoire dequoy il prit l'Escu d'argent chargé de 5. autres Escus d'azur qui en font 6. Quant à la bordure de gueules chargée de 7. Chasteaux d'or, vn autre Alphonse III. du nom, & V. en ordre, l'y adiousta en faueur de la maison de Castille, où il auoit pris à femme Dogne Beatrix donnée d'Alphonse le Sage. A ces Armes Iean II. du nom, qui mourut en l'an 1495. ayant ouy dire que le Pelican deschiroit auec son bec sa poitrine, afin de redonner par l'effusion de son sang la vie à ses petits morts de morsures de serpents, fit adiouster le portrait de cet oyseau, pour faire entendre qu'il estoit prest d'en faire autant pour le salut de son peuple. Osorius liu. 1. de l'histoire Portugal.

Pour la LORRAINE, les Historiens ne s'accordent pas. L'Archidiacre de Verdun dit, que cette maison portoit *d'argent à la Croix de gueules aux rais d'Escarboucles d'or pommetez & fleuronnez de 8. pieces*. Coquille en l'Histoire de Neuers luy donne les mesmes armes qu'à celle d'Austriche, *de gueules à vne face d'argent*. Le Feron au catalogue des Connestables parlant d'Eleuthere de Mozelane qui florissoit en l'an 600. le fait descendre de Lucian Duc de Lorraine, & luy donne pour armes *d'argent au Cerf au naturel*, qui est *de gueules sommé d'or sans nombre*, qu'il dit estre les anciennes armes de Lorraine. Et Fauin parlant de Clotaire II. recogneu Roy d'Austrasie & de Bourgongne, dit qu'il n'y auoit point d'autre difference entre les armes de l'vn & de l'autre de ces pays, sinon la bordure de gueules qui est en l'Escu de Bourgongne, & que l'Austrasie portoit *bandé d'or & d'azur de six pieces* sans bordure. A present la Lorraine porte *d'or à vne bande de gueules chargée de 3. allerions d'argent*, depuis que Geoffroy de Buillon son Duc enfila d'vn coup de fleche trois oyseaux, tirant contre l'vne des tours de Hierusalem, dite la Tour Dauid. Il est vray que ces allerions sont mis sur la Tour, ayans les Ducs de Lorraine orné leur Escu de huict quartiers, portans les armes de 4. Royaumes & de 4. Duchez. Ainsi faut-il dire que le Duc de Lorraine porte *coupé de huict pieces, 4. en chef & 4. en pointe*. La premiere du chef de Hongrie, qui est *facé d'argent & de gueules*. La 2. de Naples ou Sicile, qui est *de France au lambel de gueules*. La 3. de Hierusalem, qui est *d'argent à la Croix potencée d'or, cantonnée de quatre Croix couppees de mesme*. La 4. d'Arragon, qui est *d'or au Pal de quatre pieces de gueules*. La premiere de la pointe d'Anjou, qui est *de France à la bordure de gueules*. La 2. de Gueldres, qui est *d'azur au Lyon contourné d'or armé & couronné de gueules*. La 3. de Flandres, qui est *d'or au Lyon de sable, armé & lampassé de gueules*. La 4. de Bar, qui est *d'azur à deux bars d'or addossez, semé de Croix recroisetees, au pied fiché de mesme*. Sur le tout *d'or à la bande de gueules, chargée de trois alerions d'argent*, qui sont les armes de Lorraine.

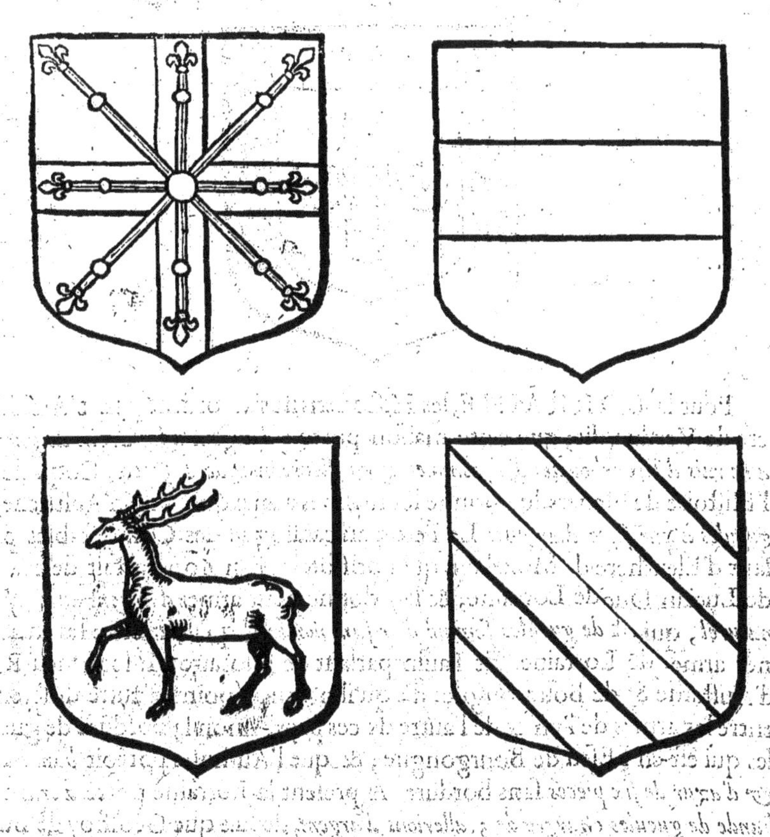

En ALEMAGNE il y a diuers Royaumes & autres Principautez qui ont esté sujectes au change comme celles que nous auons remarquées cy deuant.

Ceux de HONGRIE, qui de toute ancienneté portoient *de sable au loup passant d'argent*, en depit des Empereurs Romains qui viuoient de leur temps, *pour faire douleur aux vaincus*, suiuant le prouerbe ancien des Gaulois rapporté par Plutarque, ils prindrent *d'argent à l'aigle esployé de synople*. Armes retenuës par les Princes de Hongrie iusques au premier Roy Chrestien Geysa, lequel prit *d'argent à trois mottes de terres de synople à la croix Archiepiscopale* ou *Patriarchale de gueules en cœur*, pour conseruer la memoire de l'Eglise de Strigonie qu'il auoit commencé à bastir, & qui fut paracheuée par son fils & successeur Sainct Estienne, lequel y ordonna vn siege Metropolitain en l'an 997. Depuis encore (mais en quel temps & par qui on l'ignore) ces armes furent changées en l'Escu de Hongrie *burelé d'argent & de gueules de huict pieces*: dont les quatre faces d'argẽt represẽtẽt les quatre principales riuieres, qui lauent la Hongrie, à sçauoir le Danube, la Sane, le Niss & la Draue: & les quatre autres fasces de gueules ou rouge denotent le terroir & solage du mesme pays plantureux & fertil en mineraux.

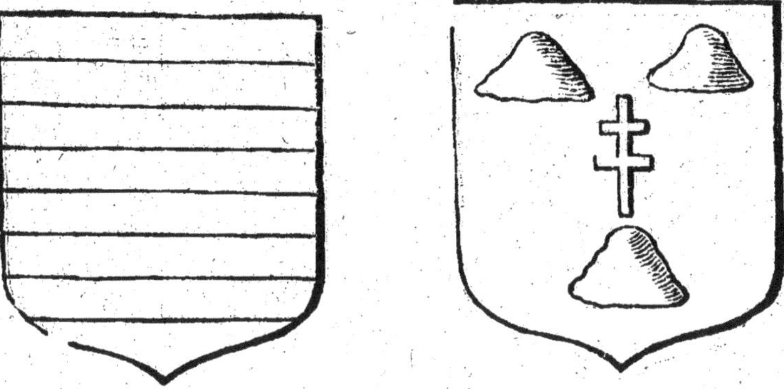

BOHEME. Othon II. du nom Empereur permist à Bisetislas son gendre Duc de Boheme de porter de l'Empire *de gueules à l'aigle esployé d'or, eschiqueté de sable*, armes retenuës iusques à ce iourd'huy par les Marquis de Morauie, & par les descendans de ce Bisetislas iusques à Iean de Luxembourg, lequel estant Roy de Boheme se contenta des armes de sa maison *d'argent au lyon de gueules couronné d'or*, faut adiouster *à la queuë passée en saultoir.* Les Roys de la maison d'Austriche les ont gardées, portans de *Hongrie escartelé de Boheme, & sur le tout d'Austriche party de Bourgongne ancienne.*

AVSTRICHE n'a esté autrefois qu'vne simple Seigneurie appartenant aux Comtes de Habspourg en Suisse. Depuis elle fut erigée en Marquisat, en apres en Duché, & le premier qui prit ce nom d'Austriche fut Albert fils de Rodolphe de Habspourg esleu Empereur en l'an 1273. Depuis encore en l'an 1411. Federic III. aussi Empereur de cette maison prit le tiltre d'Archiduc d'Austriche, & apres luy tous ceux qui en sont descendus l'ont pareillement pris sans distinction de degré ny de ligne, quoy qu'ils n'y eussent aucun droict.

Quant à leurs armes, les Marquis d'Austriche & les deux premiers Ducs qui leur succederent, porterent *d'azur à cinq aloüettes d'or en saultoir*, à cause disent quelques vns de la dixiesme legion des Romains surnommée *Alauda*, aloüette, que l'Empereur Traian mit en garnison en la ville de Vienne souz la conduitte de Marcus Aurelius.

Ces armes furent changées comme nous le raconte Oliuier de la Marche par Frederic frere maisné ou cadet de Iaspar. Autres disent Leopolde II. Duc d'Austriche en l'an 1193. à cause que se treuuant en bataille contre les infidelles, & ayant luy & son frere perdu toutes leurs Bannieres, il prit son Escharpe blanche, & la serrant par le milieu auec la main, la trempa dans le sang des morts, & par ce moyen toute l'escharpe qu'ils appellent volet fut entierement teinte de couleur rouge, fors l'endroict qu'il tenoit dans sa main. Lequel demeura blanc, & de ce il fit vne banniere, & s'escria *Austriche seruiteur de* IESVS CHRIST. Ses soldats là dessus ayant repris courage, il mit tous les Sarrazins en deroute, auec tant de playes neantmoins que la cotte d'Armes qu'il portoit de blanche qu'elle estoit deuint pareillement rouge, excepté ce qui estoit souz la ceinture de son espée, qui fit fasce aussi bien que le milieu de son volet. Et pour marque de cette victoire, ce Frederic par le conseil de sa Noblesse chargea *l'Escu de gueules à la fasce d'argent*.

Les Allemans qui ne sont pas trop bons amis des Espagnols tirent le sujet de telles armes de la nature & qualité de la terre d'Austriche, laquelle, disent-ils, estant rouge, & trauersée du grand fleuue argentin du Danube comme d'vne ceinture, a blasonné telles nouuelles armes sans aucun artifice.

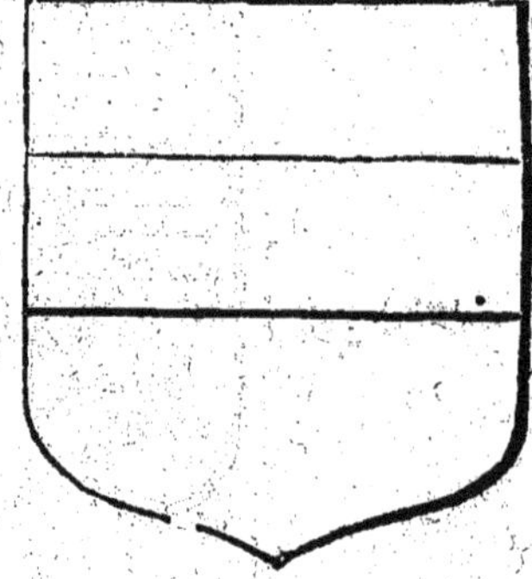

Les POLONOIS ou POLAQVES trouuerent leurs armes en iettant les fondemens de la premiere ville, que leur chef LEKO venu de Croacie ou Esclauonie dite des Latins *Illiria* enuiron l'an 550. bastit à six mil du fleuue de la Vuarte & qu'il appelle Gnasdo pour denoter le nid d'Aiglons au poil blanc & folet qu'ils descouurirent au premier coup de hoyau. Car dés lors ils prindrent *vn Escu de gueules à vn aigle d'argent.* Il est vray qu'en l'an 1434. Ladislas VI. du nom, qui auant son baptesme s'appelloit Iagello XXIII. Roy de Pologne, partit son Escu des armes de Lituanie, qui sont *de gueules au Cauallier armé d'argent à la Rondelle d'azur chargée d'vne croix Patriarchale d'or.* Ce que les Roys de Polongne ont retenu iusques à present, & telles les portoit nostre Monarque HENRY III. Roy de France & de Pologne.

Beatrix fille de Theodoric ou Thierry Seigneur du pays de CLEVES en l'an 711. portoit *d'argent à vne teste de bœuf de gueules, accornée de sable au musle bouclé d'argent.* Elle fut mariée à vn estranger qui estoit abordé au pied de son Chasteau dans vn nauire sur le fleuue du Rhin. Il se qualifioit Cheualier du Cygne & auoit nom Helias. Il portoit pour armes *vn Escu de gueules chargé d'vn autre Escu d'argent ayant vn torteau de synople en cœur, duquel sortoient huict sceptres pommetez & fleuronnez d'or*, remplissant tout l'Escu comme en forme de raix, qui sont auiourd'huy les vrayes armes de Cleues.

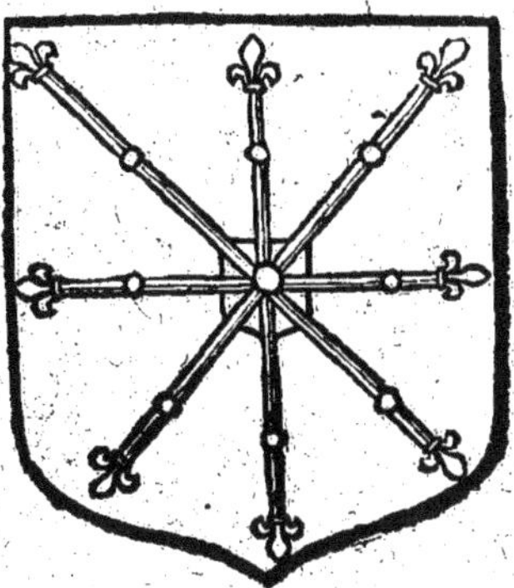

La SAVOYE a premierement changé les Esmaux de ses armes anciennes *d'argent au poulain gay*, ou *cheual effrayé de sable*, qui estoient de Saxe, à cause que les Comtes de Sauoye estoient descendus des Ducs de Saxe, ayant pris *de gueules au poulain gay contourné d'argent* depuis qu'ils eurent embrassé le Christianisme, qui fut en l'an 820.

Ils y adiousterent puis apres, partissans *d'or & de sable de six pieces en face*, *à la couronne de ruë*, ou *de sinople mise en bande*, *enté par le milieu du bas d'argent à trois bouts d'espée faits en croissant montant de gueules*.

Philibert Pingon en la genealogie des Ducs de Sauoye, dit que Alix de Sauoye fille de Humbert Comte de Sauoye, & femme de Louys le Gros Roy de France, portoit *Sauoye* qui estoit lors *d'or à l'aigle de sable à deux testes membré & becqué de gueules ayant sur la poictrine vn Escu de gueules au cheual rampant d'argent*, ce sont ses propres termes. Paradin en ses Alliances genealogiques nomme la femme de Louys le Gros Ælis ou Adele fille de Humbert Comte de Maurienne & Marquis de Suze pere de Amé I. Comte de Sauoye. Ceste Ælis ou Alix portoit (dit-il) *party de France & de Maurienne* qui est *d'or à l'aigle de sable membré & diadesmé de gueules*, auec l'Escu de Saxe au milieu de la poitrine, qui est *facé de sable & d'or de six pieces auec vne couronne de sinople brochant sur le tout en bande*. Sera remarqué que ce mesme Paradin donne pour armes à Batilde ou Baudour fille Saxonne, femme de Clouis, & depuis appellée Sainct Bautour, mesparty *de gueules à vn cheual rampant d'argent & facé de sable & d'or de six pieces*, *chargé d'vne couronne de sinople mise en bande*. Elle viuoit en l'an 645. Il donne encore de pareilles armes à Hermingarde fille du Comte Ingran de la maison de Saxe, premiere femme de Louys Debonnaire regnant en l'an 815. Faut noter que ce cheual regarde de costé dextre. Fauin dit que les anciens Gouuerneurs de Saxe pendant qu'ils estoient idolastres portoient *le poulain gay* de la sorte & des mesmes esmaux, mais que depuis que Charlemagne leur eut fait embrasser le Christianisme, ils prindrent *de gueules au poulain gay tourné d'argent*; Et que depuis encore cette maison de Saxe estant tombée en diuerses familles, outre les armes anciennes en prindrent de modernes, qui sont *facé d'or & de sable de six pieces à la couronne de ruë pery en bande de sinople*, qui est le premier canton de l'Escu de Sauoye d'apresent.

Amedée IIII. dit le grand à la priere des Cheualiers de Rhodes, qu'il auoit assisté de ses forces & de sa personne contre la puissance du Turc, quitta ces armes là, & prit celles de l'Ordre qui sont *de gueules à la plaine croix d'argent* auec ce mot pour deuise F. E. R. T. chaque lettre faisant vn autre mot. *Fortitudo Eius Rhodum Tenuit*, sa force soutint Rhodes. Il y en a qui donnent vn sens amoureux à ces lettres, Fauce Enfonce Romps Tout. Ce Comte mourut en Auignon le sainct Siege y estant en l'an 1323.

Edouard son fils reprit les premieres armes de Saxe, les escartelant *au 2. quartier de Chablais* qui est *d'argent semé de billetes à vn lyon de sable*: & *au 3. d'Aouste*, qui est *de sable à vn lyon d'argent armé & lampassé de gueules*: mettant sur le tout la croix de Rhodes que l'on dit à present de Sauoye. Ce que i'y treuue à dire est que la croix de Rhodes est patée, & celle de Sauoye est esgale par tout, & touche de toutes ses branches les bords de l'Escu, & est cette croix là tenuë pour les vrayes armes de Sauoye à cause d'Amedée le Grand qui la prit toute seule quittant les armes de Saxe, maison originelle des Comtes de Sauoye comme nous venons de le remarquer.

Il y a des Ducs qui ont ioint à leurs armes celles de diuerses terres par eux possedées, comme de Piedmont, de Cypre, Suze, Baugey, Vaux, Nice, Foucigny, Montferrat, & autres: mesme de celles qu'ils ne possedent plus par l'eschange du Marquisat de Saluces en l'an 1600.

MANTOVE a de tout temps despendu de l'Empire, & se treuue que l'Empereur Othon II. du nom en fit Gouuerneur en fief hereditaire *Thetalde* Comte de Canosse, dont la lignée dura iusques en l'an 1220. que Ezelin de Padouë fut chassé par le Vicomte de Goite, sur la race desquels les Bonacolsy s'emparerét de Mãtouë, & le tindrét iusques en l'année 1419. que Passarin Bonacolsy fut despoüillé de cet Estat par Guy de Gonzague Seigneur de Lombardie, le fils duquel nommé Louys de Gonzague prit le tiltre de Seigneur de Mantouë l'an 1428. & en l'an 1433. le 22. de Septẽbre Iean François de Gonzague fut crée premier Marquis hereditaire de Mantouë, & Vicaire perpetuel du sainct Empire par l'Empereur Sigismond, & pour marque de cette inuestiture il abolit les anciennes armes de Gonsague, qui portoient *de sable à*

trois moutons d'argent accornez & clarinez d'or, & leur donna *d'argent à la croix patée de gueules, cantonnée de quatre aigles de sable armez & lampassez de gueules*, l'on a depuis adiousté au cœur de cette croix *vn Escu de gueules à vn lyon d'or à trois faces de sable*, qui sont les armes dont ils se seruent en leur monnoye.

Federic II. de Marquis fut creé premier Duc de Mantouë par l'Empereur Charles V. apres son couronnement à Bologne en l'an 1533. le siecle reuolu. Ie ne parle point du grand nombre d'alliances qu'ils y ont meslées, principallement Charles de Gonzagues Duc de Neuers, & à present Duc de Mantouë. Contre les regles de l'art Heraldique, qui tient les armes les plus simples pour les plus belles, les lys François en vn seul Escu estouffent de leur ombrage toutes les fastueuses bigarrures de celuy d'Espagne.

HIERVSALEM en l'an 799. Thomas Patriarche de Hierusalem enuoya l'vn de ses moines à Charlemagne auec plusieurs reliques, & l'année suiuante le Gonfanon de la Saincte Cité, qui estoit vne banniere & drapeau quarré de sendal, c'est à dire de soye blanche tissuë, à vne croix potencée, cantonnée de quatre croisettes plaines de soye rouge pareillement tissuë, pour representer les cinq playes du Sauueur du monde. auec vne declaration tres ample, comme les Chrestiens de la terre Saincte le recognoissoient &

receuoient pour leur Prince, protecteur & bien-faicteur. Et en l'an 1099. trois siecles iustement reuolus, Godefroy de Buillon ayant pris la ville de Hierusalem, il en fut esleu Roy par l'armée Chrestienne, & au mesme instant il fut ordonné par les Princes & grands Seigneurs qui l'auoient suiuy que tant luy que ses successeurs Roys porteroient les armes de Hierusalem, mais autrement blasonnées, sçauoir *d'argent à la croix potencée d'or & cantonnée de quatre croisettes simples de mesmes*, qui est metal sur metal, & faulseté en armes. Pour en querre, & afin que quand quelqu'vn les verroit il eust occasion de s'enquerir pourquoy vn si grand Roy portoit telles armes, & par ainsi peust estre informé de sa conqueste. Les armoiries de ce Prince auant qu'il fist ce voyage estoient de Lorraine *d'argent au cerf de gueules, sommé d'or sans nombre*. Durant le siege il prit pour deuise *d'or à la bande de gueules chargée de trois allerions d'argent*, que les descendants de ses freres tant masles que femelles ont retenuë pour armes, & depuis ceux de Lorraine l'ont mis sur le tout. Ie me contenteray d'auoir fait ces remarques au sujet du changement des armes de quelques Royaumes, Principautez & Prouinces, sans toucher à celles de familles particulieres, ce qui meriteroit vn liure à part.

ARRACHE'. Testes arrachées, comme de Lyon, d'Aigle, de Perdrix, & autres, quand le poil ou la plume couure la chair à l'endroit où elles sont separées du col. George de Montagu Seigneur de Lystenois, grand Maistre de France l'an 1488. souz Charles VIII. portoit *d'azur à trois testes de lyon arrachées.*

Ie fay cette difference entre les testes arrachées & celles qui sont couppées, parce qu'estant coupées l'on voit la chair. Ce qui aduient par le moyen de ce que couppant vne teste l'on couppe pareillement le poil ou la plume, là où en l'arrachant la racine du poil ou de la plume suit la teste, & emporte auec soy tout ce qui est & du poil & de la plume, & par ainsi fait que l'on ne voit point la chair. Claude & Louys de la Chastre pere & fils Mareschaux de France, portoient en l'escart de leurs armes *de gueules à trois testes de loup couppées d'argent, qui est de Sainct Amadour.*

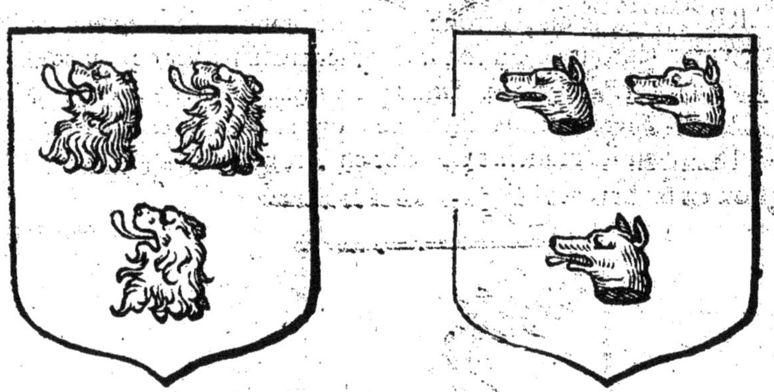

ARRESTE', racourcy, alisé ou alaisé, lors qu'vne piece principale, comme vne face, vne croix, ou vn sautoir, ne touche pas les bords & les extremitez de l'Escu : on dit vne face arrestée, vne croix racourcie, vn sautoir alizé, & ainsi des autres.

N. portoit d'or à la croix arrestée de sinople.
N. portoit d'argent au sautoir arresté d'azur.
N. portoit de gueules à la face arrestée d'or.

ARRONDI se dit du tronc ou d'vne branche d'arbre peint en couleur ou metal autour de son rond. Carimerus Chancelier de France portoit *d'aZur au laneret d'argent portant au bec vn rainseau d'oliuier de synople arrondi d'or*: l'aimerois mieux dire fusté d'or par ce, que c'est le bois lequel en sa tige ou en ses branches est peint en sa rondeur.

AZVR Couleur celeste, le symbole de la iustice fille aisnée du Ciel. Couleur qui remplit le champ de l'Escu de France à cause que les lys qui y sont semez & y seruent d'ornement ont esté apportez du Ciel. Couleur qui soustient la figure du S. Esprit au bout du noble Cordon bleu des Cheualiers de cet ordre: Couleur encore qui estant representée par le Saphir mis en la robe du grand Prestre selon l'ordre de Melchisedech, & estant figurée en la ressemblance d'vn throsne dans Ezechiel, nous fait entendre qu'elle est le Hierogliphique & de l'Empire & du Sacerdoce qui doit demeurer à iamais ferme & stable, de mesme que le Ciel empirée qu'il represenre pareillement, *Intuebantur Pij quæ sub pedibus Dei sunt quasi opus lapidis saphirei*, ainsi disoit M. Fronto dans Aulugelle que celle qui estoit appellée par les Grecs *Glaucopis*, entendant parler de Pallas, estoit nommée par les anciens Latins *Cæsia quasi Cælia*, parce qu'elle auoit les yeux bleus. Couleur aussi appropriée à l'air qui sert d'interstice & de milieu entre le Ciel & nous, suiuant la doctrine de Iosephe en son histoire indaigne, ou parlant des couleurs du voile ou tapis Babilonien qui estoit au temple de Hierusalem, qu'il enrichit de hiacinthe, de pourpre, d'escarlate, & de fin lin, il adiouste que par l'escarlate ce tapis sembloit designer le feu, par le fin lin la terre où il croist, par le pourpre la mer dans laquelle le poisson de ce nom s'engendre, & par le hiacinthe l'air: à cause dit Genebrard sur ce passage que les Hebrieux, en la langue desquels il estoit tres sçauant, disent que le hyacinte est de couleur bleue semblable à celle du Ciel. Cet azur ou couleur bleuë est l'vne de celles qui seruent au blason des armoiries, & plus souuent pour le fond & champ de l'Escu que pour aucune des pieces qui s'y posent.

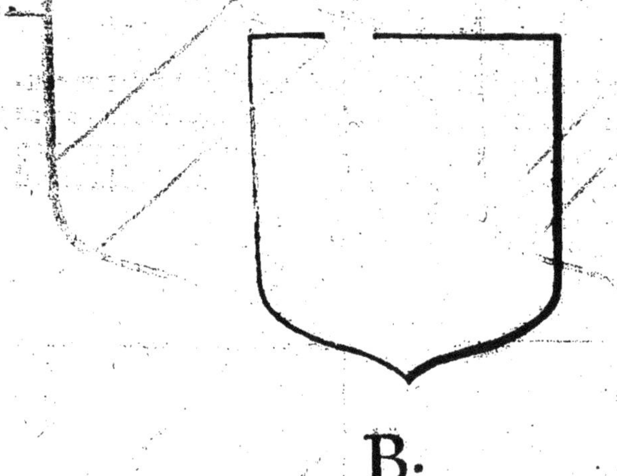

B.

BANDE. C'est l'vne des pieces appellées honnorables ordinaires qui diuisent l'Escu, & doiuent regulierement occuper la tierce partie d'iceluy lors qu'elles sont seules. Ce qui neantmoins n'est pas ponctuellement obserué par les Peintres & Sculpteurs. La bande descend de la partie dextre du chef en biaisant à la senestre de la pointe. Iean de Trie Mareschal de France en l'an 1409. du temps de Charles VI. portoit *d'or à la bande d'azur.*

Ceux de Longuy Seigneurs de Giury en Bourgongne, tout au contraire, *d'azur à la bande d'or.*

Que si la bande est plus estroitte que le tiers de l'Escu, & qu'elle ne contienne que les deux tiers de son ordinaire, elle s'appelle cotice en bande: si le tiers seulement, on la nomme bande en deuise. Ce qui se doit entendre quand il n'y en a qu'vne en tout l'Escu, ainsi que de la vraye bande. Voy cy bas les mots Cotice & Deuise.

N. portoit d'argent à la cotice de sable.

N. portoit de sinople à la bande en deuise d'or.

Mais s'il y en a nombre elles ne perdent point le nom & la qualité de bandes, ains l'on dit, Antoine Hercules de Budos Marquis de Portes portoit *d'azur à la bande de trois pieces d'or.*

Iean de Souuré Marquis de Courtenuaux portoit *d'azur à vne bande d'or de cinq pieces.*

Que si le champ ne paroist pas en plus d'endroits que les pieces, l'on ne fait point de mention du champ, ains l'on se contente de dire, il porte *bande de six pieces d'or & d'azur*, comme Bourgongne l'ancienne: & ainsi du plus & du moins.

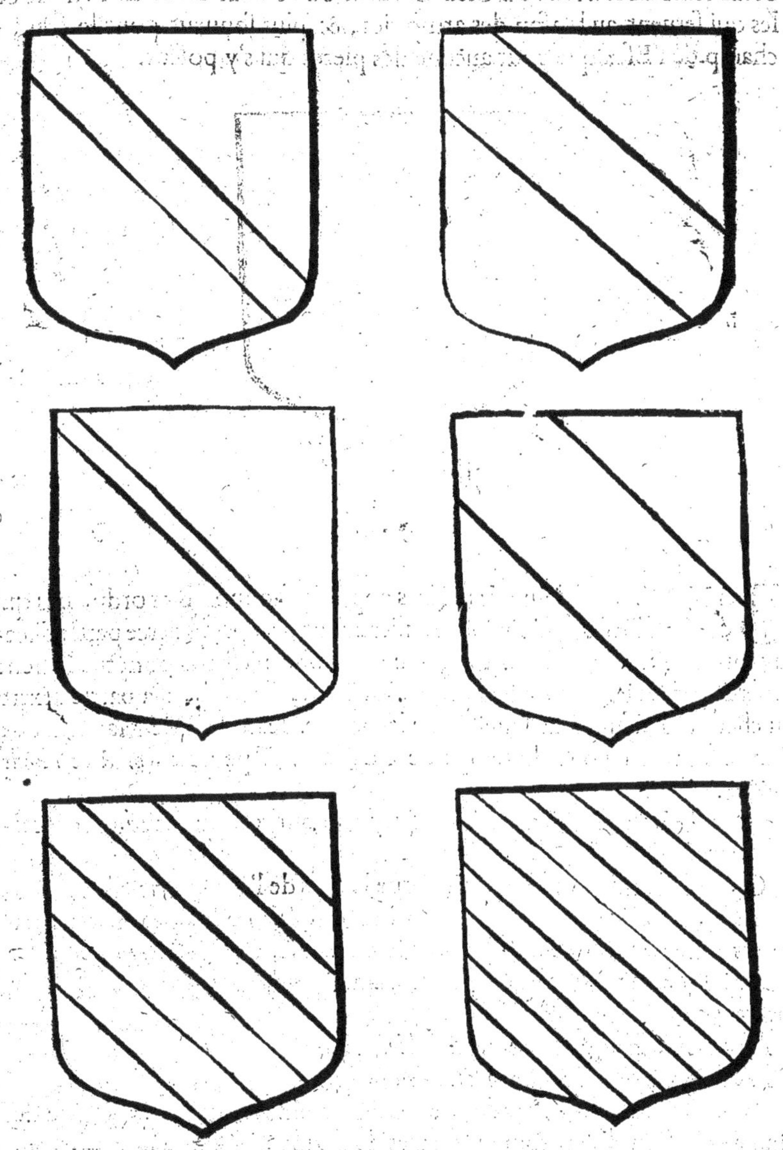

La BANDE n'est pas tousiours simple, ains l'on en void de bretessées ou cranelées, d'autres iumelées, feüillées de sie, componées, endenchées, couppées, potencées, eschiquetées, & d'autres encore chargées d'animaux, de pannes, croix, coquilles, fleurs. Chacune desquelles sortes s'expliquent en son lieu.

Quand la bande est seule, fort estroitte & ronde, c'est vn baston, voicy apres baston.

De ce mot de bande vient.

BANDEROLE, qui est vne petite BANNIERE telle qu'on porte au bout d'vne lance, ou que l'on met au dessus des maisons nobles ou franches, vn pennon, ou pennonceau, vne giroüette; & à ce propos de bande & banniere, le docte Pasquier dit que les escharpes que portent les soldats sont bannieres, puis qu'elles se portent en bande; i'eusse plustost dit que les bandouillieres, qui sont les baudriers du temps present, en ont pris leur denomination.

Il est vray que.

BANNIERE en sa vraye signification est vne enseigne qui sert de guide aux gens de guerre, nous l'appellons auiourd'huy drapeau, *par vne hypocrisie ambitieuse des Capitaines*, dit le mesme Pasquier, *lesquels pour faire paroistre auoir esté és lieux ou l'on remuoit les mains, veulent representer au public leurs enseignes auoir esté dechirées & mises en drappeaux, encore que peut estre il n'en soit rien.* Et parce que la forme des bannieres est quarrée, les armoiries qui sont de mesme s'appellent armoiries quarrées, ou en banniere & telles sont celles des deux Mareschaux de Biron pere & fils, purement escartelées d'or & gueules sans aucun ornement. Celles de Neuchezes Desfrans dont est sorty le sieur Reuerend Euesque de Chalons, qui porte *de gueules à neuf molettes d'argent*, sont aussi en banniere, conformemēt à l'art. premier du tiltre des fiefs & iurisdiction en la coustume de Poictou, de laquelle Prouince ceux de cette maison sont originaires. Ce que ie remarque, d'autant qu'il s'en voit fort peu maintenant, & que (fors en Bretagne) l'vsage s'en est aboly, quoy que plus noble. Aussi le Cheualier Banneret qui a pris son nom de ce qu'il auoit droit de porter *banniere à ses armes*, marchoit auant le simple Cheualier, & auoit vne double solde, & lors qu'on l'inuestoit & mettoit-on en possession d'vn fief, c'estoit tousiours du plus eminent, & par la banniere *per vexillum*, en lieu que les autres fiefs se conferoient par le baston. Voyez-en dauantage dans Ragneau, en son indice des droicts Royaux sur le mot Bannerets, dans le profond Pithou, en ses memoires des Comtes de Champagne, & dans le curieux Philippes Moreau Aduocat Bourdelois, au Tableau des armoiries de France chap. 10. Au surplus il y a vne grande difference entre la banniere, le guidon, le pennon, & la cornette. La BANNIERE estoit autrefois vn peu plus longue que large, & maintenant elle est toute quarrée, non pas à la façon de celles de nos Eglises decoupées par le bas, ainsi qu'vn gonfanon d'Italie, armes anciennes de la maison de Bologne, selon quelques vns, ou du Comte d'Auuergne suiuant d'autres, portées par le moyen dvn baston trauersant le milieu par derriere, mais par vn baston à l'vn des bouts d'icelle du costé duquel baston, doit tousiours tourner & auoir son aspect la partie premiere & plus noble des armoiries peintes dans la banniere, par le precepte de Bartole ; c'est à dire que s'il y a vn lyon ou autre animal, qui serue d'armes la teste doit estre tournée contre le baston, & d'autant que telles enseignes doiuent estre à deux faces, les mesmes testes peintes des deux costez, doiuent se rencontrer & auoir leur aspect contre le baston tout ainsi que s'il n'y auoit qu'vne figure dont la peinture penetrast le corps de la toile ou du taffetas de la banniere. L'enseigne d'vne compagnie de gens d'armes qui sont gens de cheual finit en poincte à deux queuës & s'appelle guidon, la cornette est quarrée ainsi que la banniere de France & celles des Barons & Cheualiers bannerets. Les Templiers portoient leur banniere partie de blanc & de noir qu'ils appelloient beau seant, parce qu'ils estoient & paroissoient tout blancs, doux & affables, à l'endroit des Chrestiens, & au contraire noirs & terribles aux mescreans, ce disent Guillaume Archeuesque de Tir, Iacques de Vitry, & autres qui ont escrit de la Terre Saincte.

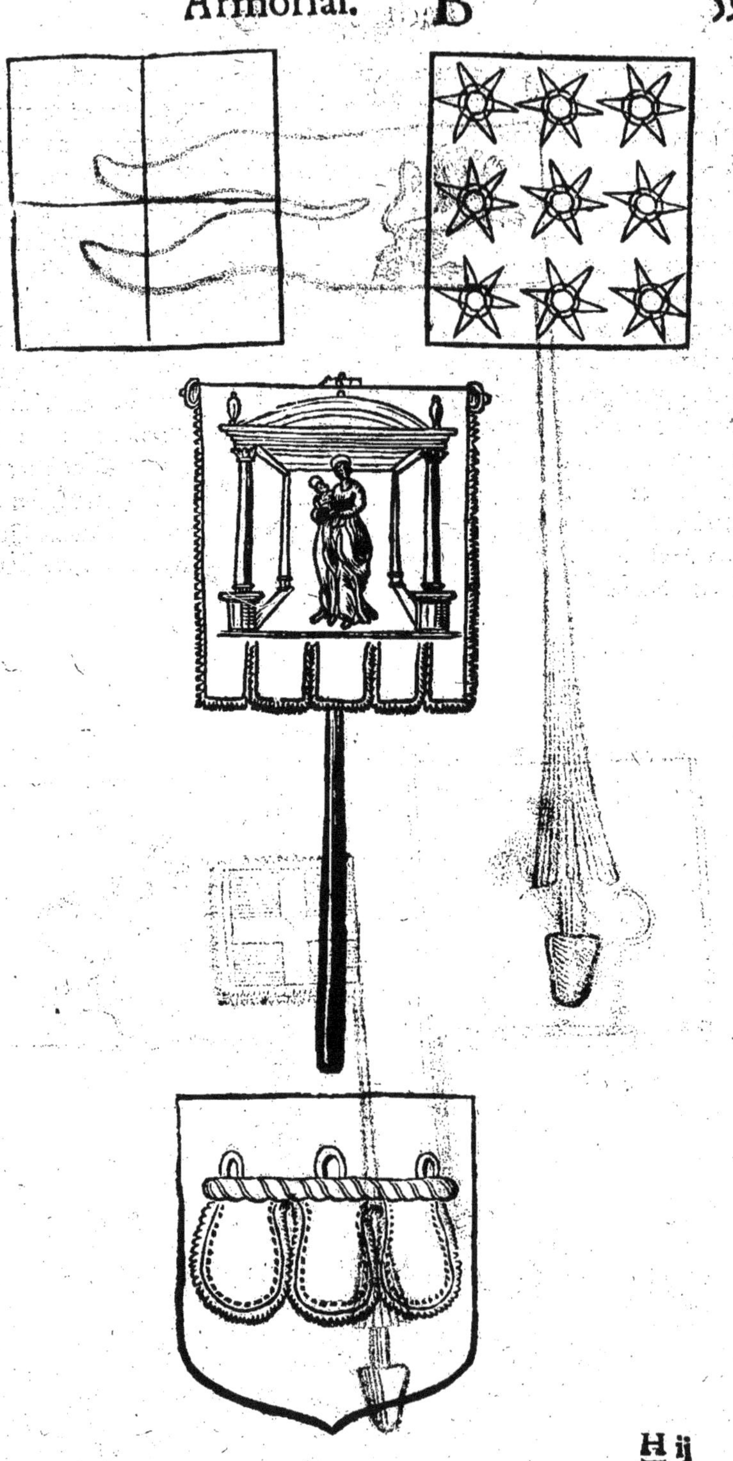

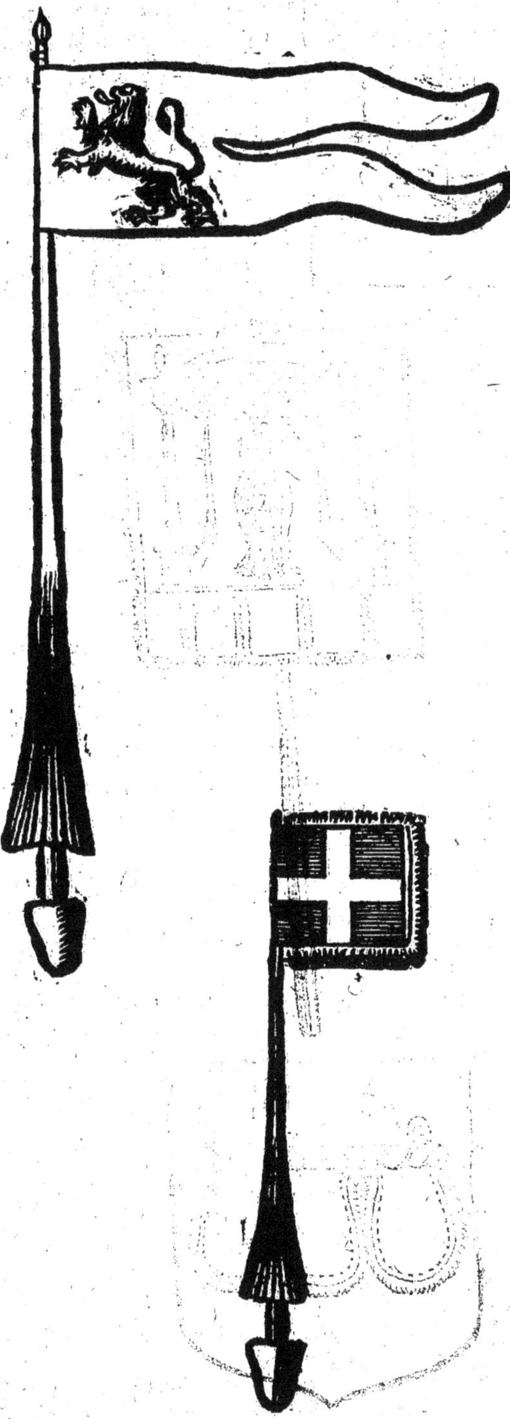

BARBE', comme qui diroit barbu, ou qui à barbe, se dit principalement du coq, le Mareschal de Vitry, porte sur le tout *de gueules au coq d'argent cresté, becqué, barbé, membré d'or, tenant vn escusson d'azur à vne fleur de lys d'or*, ce coq est de l'Hospital nom de sa maison: l'escusson & la fleur de lys furent données par le Roy Henry le Grand, à Louys de l'Hospital Sieur de Vitry, apres la reduction de Meaux.

BARRE est suiuant quelques vns, vne des pieces honorables ordinaires de la mesme largeur que la bande, la difference est que la bande tire du costé dextre d'en hault au costé senestre d'en bas, là ou la barre commence au costé senestre & descend au costé dextre de la pointe, elle sert communement pour les bastards, comme venus (dit le prouerbe) du costé gauche. Guy de Roye, Cheualier de la Toison d'or portoit *d'azur à la bande d'or*.

Hugues de Coursy Preuost de Paris en l'an 1327. souz Charles IIII. depuis Premier President au Parlement de Paris portoit, *d'argent à la barre engreslée de gueules*.

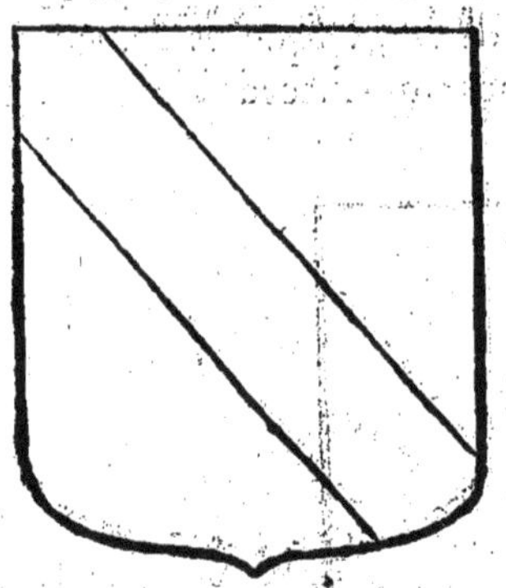

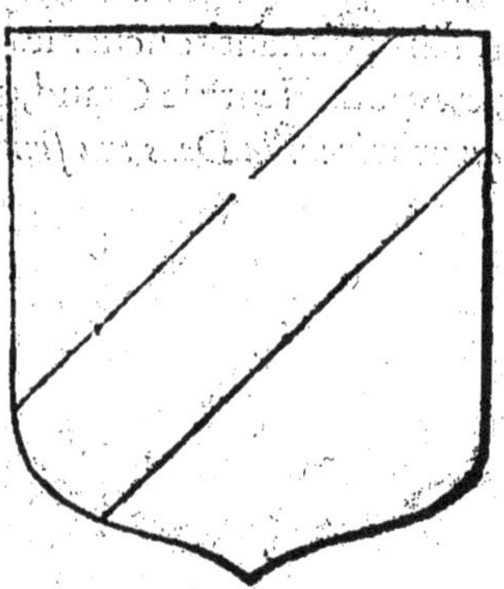

BASSE-BARRE est vne figure faite à fantaisie qui n'a point de reigle certaine, voy Champagne & rebattement.

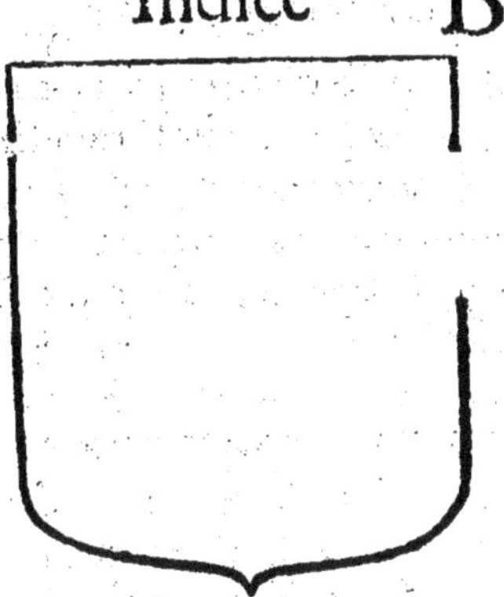

BASTON. Ce mot est assez commun, & ne requiert point d'autre esclaircissement, sinon qu'il se pose comme la bande, & que par fois il tire de l'vne des extremitez de l'Escu à l'autre, & en ce cas on dit brochant sur le tout; nous en auons mis cy dessus vn exemple tiré des armes du Connestable Guesclin, qui portoit *d'argent à l'aigle esployé de sable membré, & becqué de gueules au baston de mesme brochant sur le tout*. D'autrefois le baston s'arreste au milieu de l'Escu, & est vrayement alaisé. Quand il est racoursi de cette sorte on le qualifie pery en bande, mais ie voudrois oster cette adionction en bande comme superfluë, & le nommer seulement pery, ou bien mis en abisme, pour les raisons cy dessus touchées, souz le mot abisme. Le baston de la maison Royale de Bourbon est de cette sorte, depuis qu'Antoine de Bourbon Roy de Nauarre se treuua estre le plus ancien Prince du Sang, apres la branche du Roy François I. qui estoit de Valois, quoy que Charles de Bourbon Connestable qui le deuançoit d'vn degré, eust porté le baston entier & brochant sur le tout. Sera icy remarqué pour vn accident miraculeux, que le premier d'Aoust 1589. iour que Henry III. Roy de France & de Pologne fut traistreusement assassiné, vn coup de foudre donna contre les vitres de la Chapelle de Bourbon en la ville de Bourbon Archimbaud, & brisa le baston qui seruoit de brisure aux armes de cette maison, sans pourtant toucher les trois fleurs de lys, lesquelles demeurerent entieres pour Henry le Grand, qui au mesme temps succeda à la Couronne. *O quam mirabilia Deus tua sunt iudicia.*

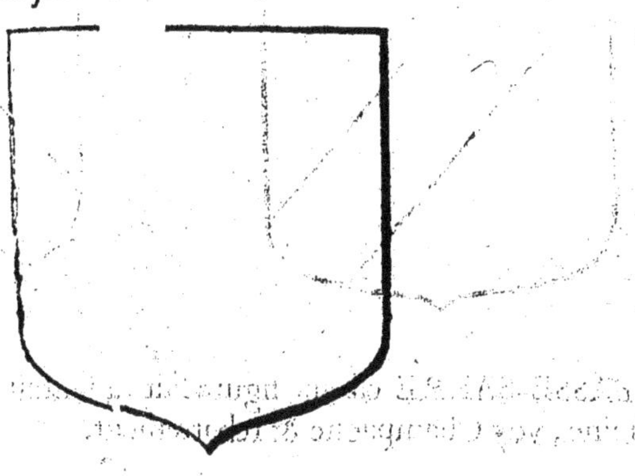

BASTARDS, que l'on appelle d'vn mot plus doux, enfans naturels, par la disposition de droict n'ont ny gent ny famille, & ne peuuent se dire estre de la maison, famille & agnation de leurs peres ; & par consequent, quoy que sortis de peres nobles, ils ne peuuent retenir leur noblesse ny porter les marques, enseignes, & armoiries d'iceux. *L. enunciatio de verbor. significat: Bartol. in l. nuptiæ D. de statu hominum, & in l. tutelas D. de capit. diminut. Ioan. Andreas in addition. ad specul. in rubr. qui filij sint legitimi. Bald. in C. nonnulli* §. 1. *de rescript. Tiraquell. de nobilit. cap.* 15. *collat.* 10. 17. & 18. Neantmoins selon l'opinion de plusieurs, le contraire s'obserue par l'vsance & coustume generale de France. Car entre nous les enfants naturels de peres nobles, & par luy recogneus, sont tenus & reputez nobles, & en cette qualité ils peuuent porter le nom & les armes de la maison de leur pere : mesmes ils sont exempts des Tailles, ausquelles les Bourgeois & Roturiers sont contribuables. Ainsi le tiennent Guid. Pape question. 580. Boër. decision 127. *nostre Chasseneu des successions des Bastards* §. 3. Il n'y a que le reglement general des Tailles donné à Paris en l'an 1600. lequel en l'art. 26. les priue du titre & qualité de Gentilhomme, s'ils n'obtiennent lettres d'annoblissement. Et Charondas là dessus dit, que quand ils seroient legitimez par le Prince, ils ne seroient pourtant nobles, mais bien par vn subsequent mariage. Car par ce moyen ils entreroient en la race legitime & en la noblesse de leur pere, *iuxta l. cum quis* C. *de natural. liber nouel.* 74. *quib. mod. natur.* Pour les armes quand ils les prennent, c'est auec quelque difference, comme d'vne barre qui n'a esté introduitte sinon à ce suject, vne cotice ou vn filet tirant de l'angle senestre du hault de l'Escu à l'angle dextre du bas, & brochans les vns & les autres sur le tout, si ce ne sont les donnez de France, lesquels depuis soixante ans en ça, portent le baston alaisé, ou mis en abisme du mesme costé que la barre. Ainsi voyons-nous les armes d'Anthoine Bastard, de Philippes le Bon Duc de Bourgongne Cheualier de la toison d'or, estre trauersees du filet de gueules. Et celles du Bastard de Sainct Paul Seigneur de Haut-Bourdin, aussi Cheualier auec vn filet de sable. Iean Comte de Dunois Bastard d'Orleans le portoit pareillement de sable. Mais depuis, *pour ses faicts heroïques*, dit l'Histoire, *le siege d'Orleans leué, & autres victoires gaignees sur les Anglois, le Roy Charles VII. luy permit de porter le filet d'argent, de la dextre à la senestre, sur les armes de France.* Charles de Valois Comte d'Auuergne, & depuis Duc d'Angolesme, porte la cotice du costé senestre. Que si Cæsar Duc de Vandosme donné de HENRY LE GRAND la porte droite & chargée de 5. lyonceaux d'argent, il sera consideré que ce sont les pleines armes de Vandosme dont il porte le nom, & dont le Duché luy a esté donné par forme d'apennage. Schoier chap. 1. dit, *Que du passé les Bastards des maisons nobles souloient porter vn Escu d'or ou d'argent que l'on nommoit vn Escu faux, & sur le premier canton ils mettoient les armes de leur pere, monstrans par ce moyen leur Bastardise.* Les iumeaux de Saincte Marthe escriuent tout au rebours, que Philippes de Melin en Berry & de Mont le Hery fils naturel de Philippes premier du nom Roy de France, & de Bertrade, ou Bertrande, de Montfort Comtesse d'Anjou, portoit *semé de France au premier canton de gueules*. Et Scohier au lieu cy deuant cotté, que les Bastards du bon Duc Philippes de Bourgongne, & leur posterité, quoy que Cheualiers de la Toison, & portans qualité de Marquis, ont porté iusques en son temps vne Chouette pour leur timbre, il veut dire cimier, ce qui est vray, & s'en void vne au naturel becquée & membrée d'or sur les armes d'Anthoine Bastard dudit Duc, lesquelles sont peintes au rang des Cheualiers de cet Ordre, au chœur de la Saincte Chappelle du Roy à Dijon, qui estoit la Chappelle de nos Ducs.

Adiouste le mesme Scohier que les donnez du Duc Iean qui estoit pere de Philippes le Bon, & fils de Philippes le Hardy, portoient aussi pour cimier vn arbre d'or.

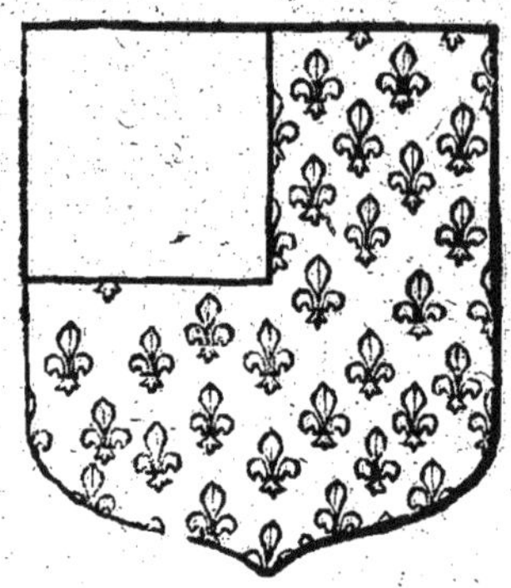

BASTILLE' garny de tours, ce mot vient de Bastille qui signifie vne forteresse, tesmoin la Citadelle ou Bastille qui est à Paris.

N. portoit d'argent à la ville d'argent, bastillée d'or.

BATAILLE' BATELLE', *vne cloche d'argent bataillée qui a le batail de gueules.*

La cloche qui est sur le tout des armes de Iean Louys de Nogaret Duc d'Espernon, & sur celle de Roger Duc de Bellegarde n'est point bataillée, c'est à dire, que le batail n'est pas d'autre esmail que la cloche, ains l'vne & l'autre sont d'argent en champ d'azur.

Eurard ou Æguihard, ou Eymard Chancellier de France du temps de Charlemagne l'an 804. portoit *de sinople à la croix de Vair, acompagnée de quatre cloches d'or batellées d'azur.*

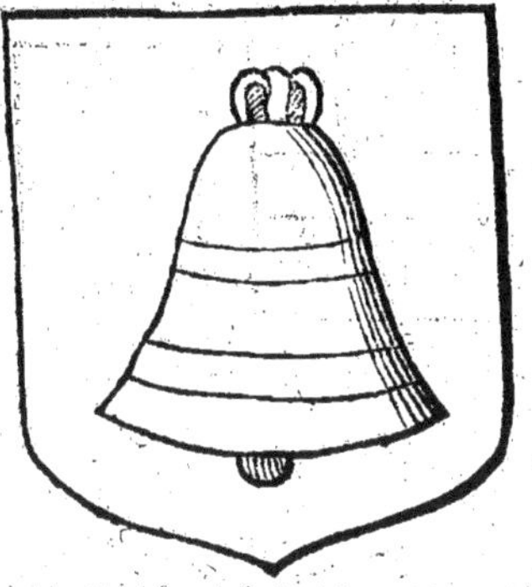

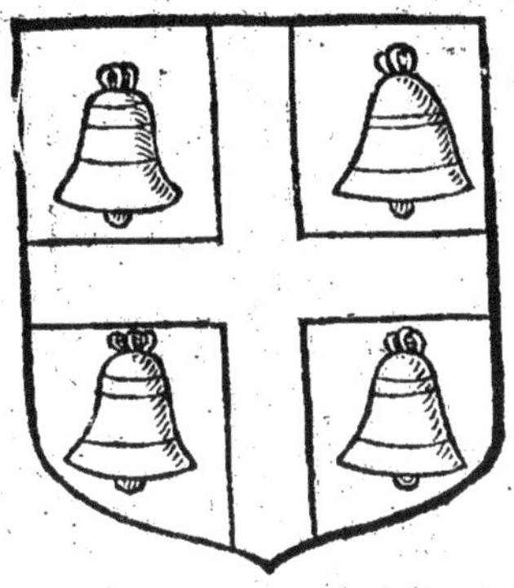

Becqué vn oyseau qui a le bec d'autre email que le reste du corps.
N. portoit d'argent au coq d'azur, becqué de sinople.

BELIC, BELIF, ou BEL-IF par deux mots distincts & separez, c'est gueules, l'vne des couleurs dont l'on se sert en armoiries, voy le mot gueules. Ne faut icy obmettre vne remarque assez curieuse que ie tire de Pline, il dit que l'IF qui est le Similax des Grecs, & le taxus des latins est seul entre tous les arbres portans boutons qui n'a point de sang; d'ou peut estre nos Heraults d'armes par vne antiphrase ont denoté la couleur sanguine de gueules par ce terme IF ou BEL-IF qui n'a rien qui en approche puisque cet arbre là n'a point de sang, ainsi que l'on dit, *Lucus quod minime luceat, parcæ quod minime parcant.* Ce que i'ay bien voulu toucher en passant pour mesgayer & par forme de coniecture seulement.

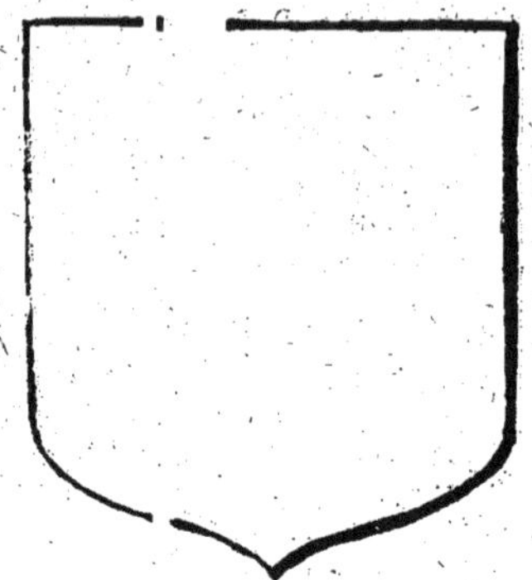

BEVF il est assez commun en armoiries, & se porte le plus souuent par ceux qui portent ce nom ou quelque autre qui en approche, & quelquefois par forme de deuise à cause que cet animal est la figure du trauail & de l'abstinence *patere & abstine* parmy les emblemes d'Alciat. Aussi se prend il pour la fertilité, dans les medailles de l'Empereur Vespasian & de Caius Marius l'on representoit deux bœufs accouplez souz vn mesme ioug : les Atheniens de mesme en grauerent vn en leur monnoye, d'ou vient le prouerbe grec *le bœuf sur la langue* contre les orateurs, lesquels corrompus par argent preuariquoient és causes dont il s'estoient chargez, ainsi fit Demosthene iusques à se vanter qu'il auoit plus gaigné pour se taire que d'autres a parler longtemps, Plutarque tesmoigne que Thesée fut l'autheur de cette monnoye soit en memoire du Taureau qu'il auoit surmonté en Marathon, soit du minotaure qu'il auoit estouffé au labyrinte de Crete. Non seulement la figure de cet animal a seruy de marque a la monnoye, mais son cuir a tenu lieu de billon & d'alloy. Ainsi l'escrit Donatus sur Virgile, parlant du traffic de Didon, Suetone, Tranquille dit pareillement que Numa & quelques Grecs auant luy faisoient de la monnoye de cuir de bœuf, & que posterieurement suiuant la necessité des affaires, quelques generaux d'armée manquans de monnoye en ont fabriqué de cette sorte là, laquelle ils retiroient par apres en payant la iuste valeur pour laquelle ils l'auoient exposée. On se sert de la figure de cet animal en armoiries, par fois tout entier, par fois en sa partie interieure seulement, comme les Astrologues nous depeignent dans leurs globes, & en l'escharpe du Zodiaque, le signe du taureau, & tels qu'estoiêt les 12. Bœufs qui supportoient le bassin d'airain posé à l'entrée du temple pour lauer les mains. Ce que Sainct Gregoire dit auoir esté fait mystiquement & pour vn Hieroglyphique des pasteurs des Eglises les actions publiques desquels nous sont connuës, mais pource qu'ils font en cachette, & au dedans de leurs maisons, il faut en laisser le iugement à Dieu. Diuerses autres belles remarques se pourroient faire sur le sujet du bœuf & du taureau comme ce que l'on l'escrit que iadis entre les Escossois la teste seruoit de signe de condamnation à mort, comme entre les Grecs la lettre Θ capitale du mot Θάνατος qui signifie la mort, mais pour tout il suffira, de dire que l'Euagelifte S. Luc, eſt figuré par le bœuf ailé, ſoit à cauſe de ſa continence n'ayant iamais eu cognoiſſance de femme, ſoit parce qu'il nous a fait entendre ſouz le front myſtique d'vn bœuf IESVS CHRIST immolé en ſuite de la Prophetie de Dauid. *Quaſi bos ductus ad victimam* : Le nom de ce Sainct Euangelifte & le bœuf qui l'accompagne me font reſſouuenir de ce que dit Varron apres Verginius, expliquant ce paſſage du Poëte Ennius, *Prius pariet locuſta lucam bouem*, que *(luca bos)* entre les Latins vouloit dire vn elephant, non pas qu'ils tinſſent l'elephant pour vn eſpece de bœuf, comme eſt le buffle, que Pline dit naiſtre en Affrique & retirer à vn veau, & ſon ſçauant traducteur du Pinet en ſes nottes marginales, en Moſcouie, & en la petite Tartarie, eſtre fait comme vn bœuf de poil noir, & auoir les cornes plus grandes que les Biſonts, qui ſont bœufs ſauuages. Mais bien appelloient ils l'elephant *lucam bouem*, à cauſe que lors du voyage de Pirrhus, le plus grand animal cornu qui fut en toute l'Italie eſtoit le bœuf, tellement que voyans en l'armée de ce Roy des Epirotes des elephans auec des cornes (*nam quos dentes multi dicunt ſunt cornua*, dit le meſme Varron) ils les prindrent pour des grands bœufs, & parce qu'ils les virent premierement en cette region d'Italie *quæ lucania nũcupatur inter Apuliam & Calabriam*, ils appellerent ces elephants là, *Boues lucas, quaſi lucanos.* Ce que i'ay bien voulu toucher en paſſant par forme desbatement, quoy qu'il ne ſoit pas du tout hors de propos, puiſque quelques vns ont pris le beuf & le taureau pour blaſon de leurs armes.

La poſture du bœuf, du taureau & de la vaſche, doit eſtre paſſante, à cauſe de la douceur de leur naturel.

N. portoit d'azur au beuf paſſant d'argent.

Au contraire du lyon qui pour raiſon de ſa ferocité eſt touſiours rampant ou rauiſſant, il ſe voit neantmoins des bœufs rampants.

Pierre de Loiſeleuch Chancelier de France du temps de Philippes I. du nom l'an 1072. portoit *d'argent au bœuf rampant de gueules, onglé, accorné & acollé de ſable.*

Voy buffle, taureau, vache.

BEXANS ce ſont figures rondes & pleines ou maſſiues de meſme que les torteaux & en ce point ils different les vns & les autres des cercles, boucles & anneaux. Car ceux cy sont vuides au milieu & parce vuide là l'on voit le champ de l'Escu: les torteaux ont aussi cette difference auec les bezans qu'ils sont tousiours de couleur là ou les bezans sont aussi tousiours de metail, & iustement parce que le bezan est vne piece d'or ancienne, seruant de monnoye appellée en Latin *Bizantius vel Bizantinus ab vrbe Bizantio* auiourd'huy Constantinople, lors que le Roy Sainct Louys alla au voyage d'Ægypte, & qu'il eut pris la ville de Damiette, le Soudan fit vn edict publié en son camp à son de trompe, qu'il donneroit vn bezan d'or pour chacune teste de Chrestien qui luy seroit apportée: Nos Roys autrefois auoient accoustumé d'en presenter treize à l'offrande de la Messe de leur Sacre à Reims. Et combien que ces pieces d'or, n'eussent plus de cours, toutefois pour entretenir l'ancienne coustume, le Roy Henry en fit tout exprez forger treize pour son Sacre, & furent nommez Bizantins, vallans enuiron vn double ducat la piece.

Bezans se nomment en armoiries iusques à huict, & non plus.

Nicolas de Brichanteau Marquis de Nangis, portoit *d'azur à six bezans d'argent 3. 2. & 1.*

BEZANTE' orné ou garny de bezans comme la bordure de l'Escu d'Alençon qui est de France à la bordure de gueules bezantée de huict pieces d'argent, suiuant Fauin, & d'or suiuant Paradin, & au vray ils sont d'argent dans les armes du Duc d'Alençon.

BEZAN-TORTEAV qui est party de metail & couleur.

N. portoit de gueules party d'or à trois bezans tourteaux de l'vn en l'autre.

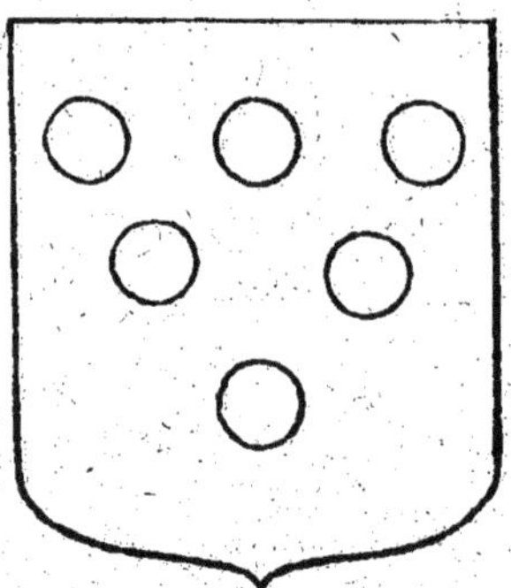

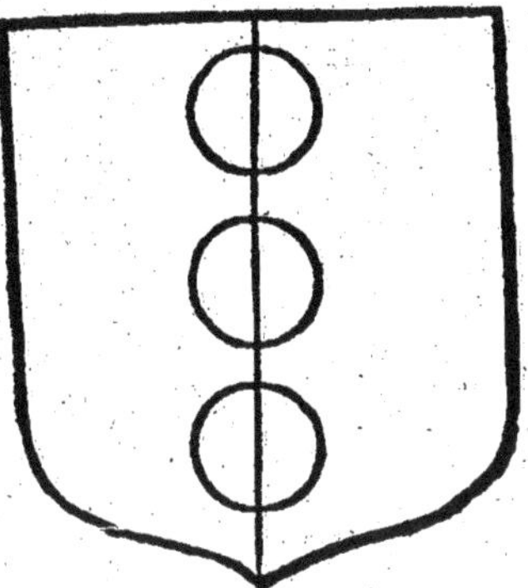

BILLETTE est vne figure massiue à quatre angles droits qui est vn peu plus haute que large les deux Chanceliers Guillaume & Guid de Rochefort freres portoient *d'azur semé de billettes d'or au chef d'argent chargé d'vn lion leopardé de gueules.* L'aisné fut au voyage d'Italie à la suite de Charles VIII. & comme les murailles de Naples tomberent miraculeusement deuant ce Prince, le Poëte Sauuazar qui estoit dedans, par vne Elegie qui se lit dans ses œuures implore la faueur de ce grand Chancelier, lequel par erreur il nomme Pierre afin d'obtenir la misericorde du Roy, pour les Napolitains.

BILLETTE-RENVERSE'E, ou couchée est vne espece de rebattement.

N. portoit d'or semé de billettes renuersées de gueules.

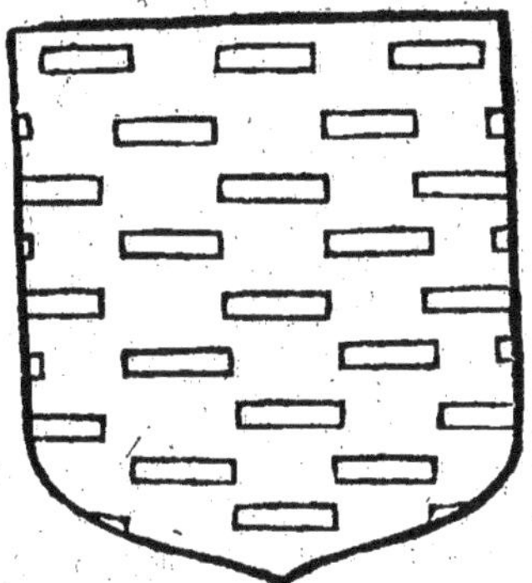

BISSE. C'est vne guyure ou giure espece de serpent, voy giure.

BLASON. BLASONNER. Ces mots ne veulent point d'autre explication que le sujet de ce liure lequel ie n'ay entrepris sinon pour faire entendre ce qui est des metaux, couleurs & figures dont les armoiries son composées qui n'est autre chose que le blason d'icelles. Si bien que BLASON proprement pris est la deuise ou armoirie qu'vn Cheualier, fut en errant & courant le pays comme les ieunes Cheualiers en faisoient mestie ou bien allant à la guerre portoit anciennement peintes en son escu de de féces, ou en sa banniere, & en sa cotte d'armes, & de ce qu'il portoit ainsi son escu, sa banniere, & sa cotte d'armes, est venu que quand nous parlons des armoiries de quelqu'vn, nous disons il porte ou il portoit *d'or à vn lyon de sable*, c'est à dire il à ou auoit pour armoiries vn lyon de sable en champ d'or. Quelques vns tiennent que blason & blasonner viennent de ce mot alemand *Blasen* qui signifie *tonare, ampullare, turgessere* & que les heraults. Blasonnans les armoiries d'vn Prince ou Seigneur ils recitent la haute & mystique signification du blason d'iceluy y adioustant ses loüanges, hazardeuses entreprises & proüesses auec des termes enflez & pleins de gloire. Pour monstrer qu'il porte tel blason à iuste cause & ainsi blasonner signifie loüer & le blason de la rose c'estoit vn poëme qui contenoit les loüanges de la rose encore qu'en sens contraire l'on prenne quelque fois blasonner pour blasmer.

BORDVRE. C'est vne espece de briseure faite comme vn passement posé de plat au bord de l'escu & qui enuironne tout le tour d'iceluy. La bordure doit tenir de largeur la sixiesme partie de l'escu, il y en a de diuerses sortes, les vnes sont simples, c'est à dire tout d'vne couleur, ou tout d'vn metail, les autres sont componées ou composées de couleur & metail, en figures à quatre angles vn peu plus longues que larges, & lesquelles és recoins de l'escu se ioignent en pied de cheure, & telles bordures se blasonnent componées & cantonnées.

Il y a encore des bordures qui sont engreslées, endentées, ou endenchées, & chargées, parties de l'vne en l'autre outre le double Essonnier ou Trescheur.

Le Duché d'Anjou porte *semé de France à la bordure de gueules.*

Bourgongne moderne porte aussi *semé de France à la bordure componée & cantonnee d'argent & de gueules.*

Le Duc d'Alençon porte pareillement *de France à la bordure de gueules chargée de huict bezans d'argent.*

Voy les autres exemples en l'ordre des pieces dont elles prennent leurs qualitez.

BOVCLE les vnes sont rondes, les autres quarrées, les rondes se confondent quelquefois auec les cercles & les anneaux. Voy anneaux, cercles, pour celles qui ont leurs ardillons elles s'appellent fermaux voy fermail.

La ville de Mascon porte *de gueules à trois boucles ou cercles d'argent.*

BOVCLE qui est garny d'vne boucle, comme celle qui est au collier d'vn leurier pour y mettre vne chaisne, l'on dit aussi bouclé blasonnant vn buffle ou Ours qui ont vne boucle au muffle.

N. porte de gueules au leurier d'argent accollé d'azur à la boucle d'or.

Vry quatriesme canton de Suisse porte *d'or à vne teste de buffle ou taureau sauuage de sable accorné & bufflé ou bouclé de gueules.*

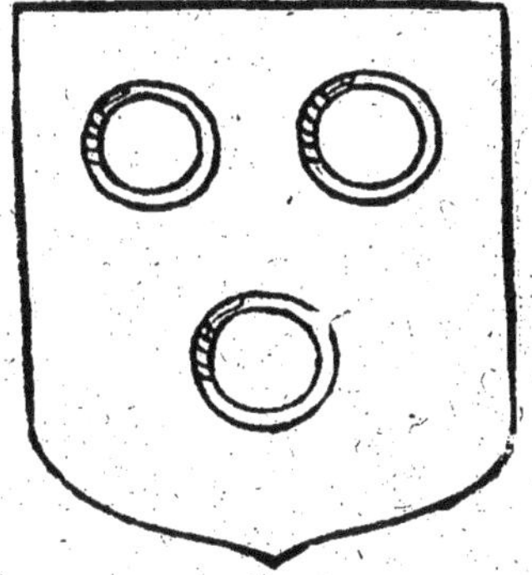

BOVRDONNE' se dit communement d'vne croix qui est garnie à ses extremitez de boutons pareils à ceux des bourdons ou bastons des Pelerins, & parce que ces boutons sont ronds comme vne pomme, l'on appelle aussi cette *croix pommetée.*

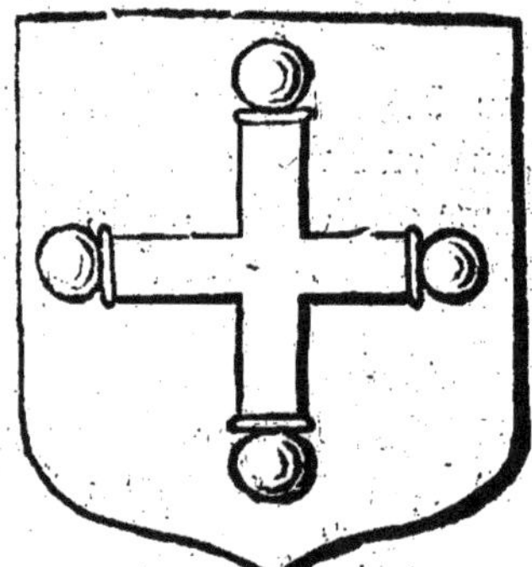

BOVTEROLE. C'est ce fer longuet & boutonné que l'on met au bout du fourreau d'vne espée.

Angrie porte *d'argent à trois bouteroles d'espée de gueules* : l'on voit ces a mes parmy les alliances de l'Escu de Sauoye & sont mises en triangle, forme d'enture à la pointe des armes de Saxe.

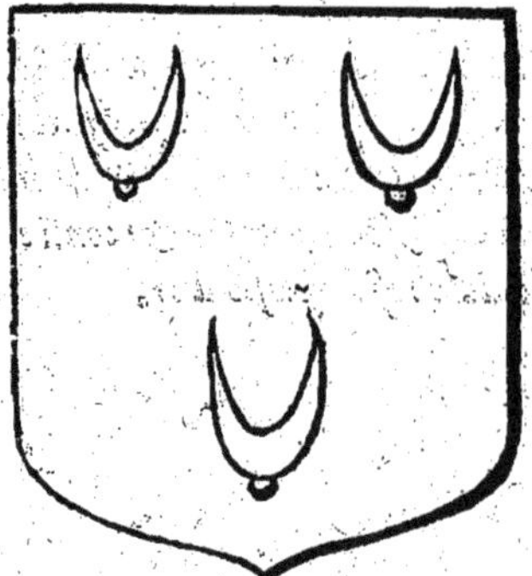

BOVTONNE' comme roses ou autres fleurs qui ont les feüilles d'vn émail & le milieu ou bouton d'vn autre.

N. porte *de gueules à la rose d'argent boutonnée d'or.*

BRETESSES ou BRETESCHES. C'est vne rangée de creneaux sur l'vn des costez d'vn blason de plate figure comme sur vne fasce, sur vne bande & faut remarquer qu'il y a difference entre Bretessé simplement, bretessé à double & contre bretessé.

BRETESSE' simplement veut dire lors que le creneau est au costé dessus de la fasce tant seulement.

BRETESSE A DOVBLE, quand il y en a des deux costez, & que la Bretesse du bas se rencontre, & est en mesme ligne perpendiculaire que celle du haut.

CONTRE-BRETESSE', lors que la Bretesse du haut se rapporte au vuide qui est entre-deux Bretesses du bas, & au reciproque la Bretesse du bas entre deux Bretesses du haut.

Le chef ne reçoit saillie d'aucune Bretesse, sinon du costé d'embas, à cause qu'il borne l'Escu par le haut.

Landry de la Tour premier grand Maistre de France, aussi bien que du cœur de Frœdegonde, portoit *d'or à la fasce de gueules, Bretessée de deux pieces & deux demies.*

Arnulphe ou Arnoul de Artemberg, aussi grand Maistre ou Comte de Paris souz Charles le simple l'an 900. portoit *de gueules à la bande Bretessée à double d'or, costoyée de six fleurs de lys de mesme.*

N. portoit *d'argent à la fasce Bretessée & contre-Bretessée de sable.*

N. portoit *de sinople au chef Bretessé d'or.*

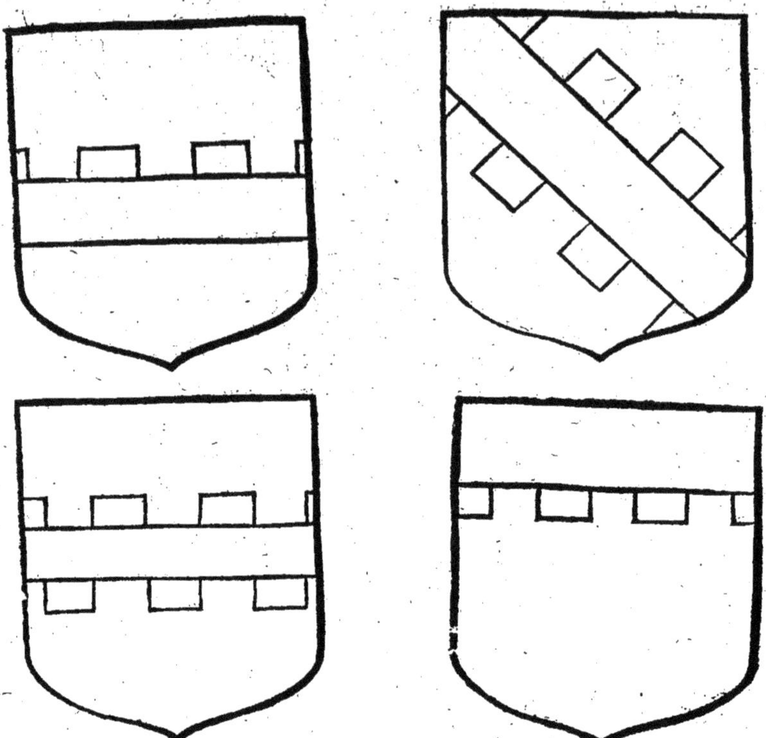

BRISVRES. Ce sont pieces qui font difference & distinction des armes pleines d'vne maison & famille entre les freres & autres descendants. Les pieces que l'on prend d'ordinaire sont *le lambel d'argent en l'Escu d'Orleans. La bordure de gueules en celuy d'Aniou, les huict bezans qui chargent la bordure de gueules en l'Escu d'Alençon. La bordure componée d'argent & de gueules en l'Escu moderne de Bourgongne* pris par Philippes le Hardy fils du Roy de France. *La bordure engreslée en celuy de Berry.*

Le lambeau d'argent de trois pieces chargé de trois croissans de gueules sur l'Escu d'Angoulesme.

Celuy *de gueules chastelé d'or de neuf pieces sur l'Escu d'Artois.*

Et le baston *de gueules mis en abisme* pour denoter la branche Royale de Bourbon, en laquelle maison comme elle a multiplié, l'on y a fait des souz-differences. Car comme par lettres patentes de Henry le Grand verifiées en toutes les Cours de Parlement en l'année 1599. Monsieur Henry de Bourbon Prince de Condé fut declaré Premier Prince du Sang, il garda seul ce *baston alizé*: outre lequel Monsieur le Comte de Soissons, quoy que son oncle chargea la *bordure de gueules*. Comme long-temps auparauant ceux des branches de Mont-pensier & de la Roche-sur-yon qui portoient *le baston brochant sur le tout le brisoient d'or en chef chargé d'vn dauphin d'azur*, pour la branche de Mont-pensier, & pour les autres d'vn petit *croissant d'argent.* Les Comtes de Vendosme à present Ducs, chargeoient tout le *baston de trois lionceaux d'argent*, comme Philippe de Bourbon, Seigneur de Beaujeu, second fils de Charles premier Duc de Bourbon, le brisoit *de trois Dauphins d'or.*

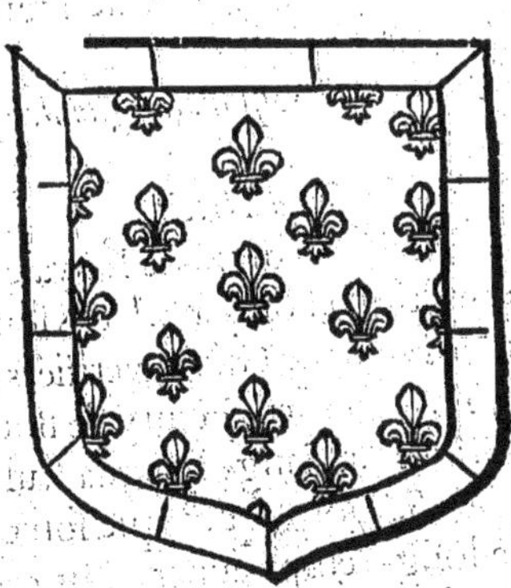

Depuis quel temps ces brisures & differences ont esté inuentées, tous les historiens demeurent bien d'accord que ce ne fut qu'en la III. race de nos Roys: mais souz quel Prince ils varient. Moreau dit que ce ne fut sinon du temps de Sainct Louys. François Lalloüette en son traité des Nobles, Belleforest aussi, & Scohier, que Philippes Auguste ordonna à tous les enfans de France qu'en se mariant ils semassent leurs escussons de fleurs de lys, encore qu'ils prinssent les armoiries de leurs femmes. Car auparauant il n'y auoit que l'aisné qui pût porter les pleines armes de France, & le President Fauchet remontant plus haut, à escrit que les armes furent hereditaires és familles de France du temps de Louys le Gros, d'où il faut inferer que pour la difference des aisnez auec les puisnez, les brisures commencerent d'auoir cours, encore que à se rapporter aux armes que Paradin donne à Robert Premier Comte d'Aniou, & duquel il dit estre descenduë la ligne Royale que nous disons Capetienne, les brisures seroient plus anciennes de deux cents quarante ans, Louys le Gros estant venu à la couronne en l'an 1110. Là où ce Robert viuoit en l'an 870. & portoit suiuant Paradin *semé de France à la bordure de gueules.*

Quel est l'ordre des brisures & differentes nostre Chasseneu en a touché vne partie & Fauin vne autre. Le premier dit *que chaque aisné à accoustumé* de porter les armes pleines & entieres de la maison sans nulle diminution ny brisures, mais que le second fils y adiouste les lambeaux: le troisieme vne bordure simple: le quatre vne bordure componée ou autrement distinguée & les autres par vne bande, barre ou autre sorte de distinction sans autre specification, Fauin passe plus outre, & dit pour le quatriesme qu'il doit porter orle, le 5. le baston, le 6. la bande.

S'il y en a dauantage, le chef. Les 1. ou dernier canton dudit chef ou bien l'ente en pointe seruiront de remarque.

Les descendants qu'il appelle assaillans de tous ces puisnez là, seront recõnus par les doubles brisures en ce que le fils aisné issu du second fils doit nir & portrer les armes paternelles auec leur brisures le lambeau de trois pieces en chef.

Le deuxiesme le lambeau de quatre pieces en chef.

Le 3. pareil lambeau mouuant du chef.

Et le 4. pareil lambeau chargé d'aigles, lyons, croissants, roses, alleryons, merlettes, ou diapré.

Le 2. fils issu du 1. troisiesme portera la bordure engreslée.

Le 3. chargée de bezans ou tourteaux.

Le 4. la bordure componée.

Le suiuant endentée ou endenchée, & les autres si dauantage y en a chargée d'annelets partie de l'vn en l'autre, ou bien le simlpe ou le double Trescheur.

Voy le reste dans Fauin liu. 1. chap. 1. I'ay fait difficulté de le rapporter icy parce que passé les degrez cy dessus, il n'y a que la fantaisie. Cependant il faut tenir pour reigle & maxime infaillible en armes *que celuy qui porte moins est le plus.*

BROCHER. C'est poser sur le gros des armoiries, vne bande, vne cotice, vne barre, ou autres pieces semblables qui peut passer de l'vn des bouts de l'escu à l'autre. Ainsi que faisoit iadis le baston de Bourbon celuy du Connestable de Guesclin, le filet du Comte de Dunois & celuy des bastards de Bourgongne & de Sainct Paul, representez cy dessus sur les mots baston & bastards.

BROYE a voir sa figure dans Scohier c'est vn feston & ornement d'architecture, Iean Sire de Ioinuille Senechal de Champagne qui a escrit la vie de Sainct Louys portoit *d'azur à trois broyes d'or liées d'argent posées* 1. 2. que Fauin dit en cheuron. Le Feron parlant des armes de Pierre de Giac Chancelier de France l'an 1381. souz Charles le Quint dit qu'il portoit, *d'or à la bande d'azur à 6. merlettes de sable alias d'azur à 3. broyes de cheual d'or* &c. Mais il n'en represente point la figure, tellement que ie tiens que la broye est vn caneçon que l'on pose.

BVFLE, le busle & le taureau tout ainsi que le bœuf (aussi les confond on en armoiries) doiuent estre representez auec le musle gros & court, & entre les cornes vn gros floquet de poil, ce que la vache n'a pas.

Voy, beuf, taureau, vasche.

BVRELLE, BVRELLE' se compose de diuerses fasces auec ces deux particularitez que le nombre en soit esgal & qu'il y en ait 10. au moins, encore que Bara en y requiere 12. Que si le nombre est inegal l'on y met vn champ tout ainsi qu'és bandes & dit on Bertrand de Chaux Archeuesque de Tours Prelat associé à l'ordre du Sainct Esprit en l'an 1619. portoit *d'azur à la face d'or de 3. pieces.*

Que s'il y a egalité & qu'il y en ait 8. au plus; on dit Hongrie porte *fasce d'argent & de gueules de 8. pieces.* Et lors qu'il y a 10. ou 12. pieces comme és armes de la Rochefoucault on dit *burellé de dix pieces d'argent & d'azur.*

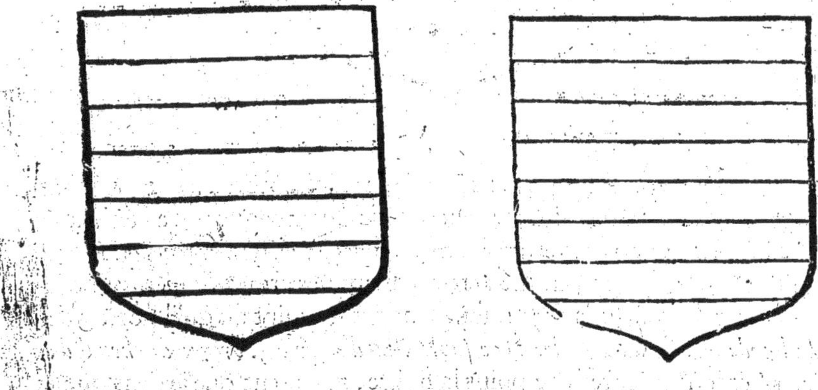

CANNETTES, petites Cannes, elles se presentent comme les Merlettes les ailes serrees, horsmis qu'elles ont becs & iambes, ce que les Merlettes n'ont pas.

N. portoit *d'argent à trois Cannettes de sable.*

CANTON, c'est vne partie de l'Escu sans proportion arrestée. Car il se prend quelquefois pour vn quartier, comme és armes d'Oudard de la Nouuille Preuost de Paris en l'an 1280. souz Philippes IV. qui estoient *d'or fretté de gueules au canton de gueules, chargé d'vn lambel d'azur bezanté d'argent.*

D'autres fois le canton se prend pour la troisiesme partie de l'Escu, ou de la moitié de l'Escu, lors que son tout ou sa moitié sont partis en pal, & diuisez en trois portions esgales, ce qui s'appelle tierce.

N. portoit tiercé au I. canton *d'or à vne estoile de sable au 2. de sinople à vn Croissant d'argent tiercé d'azur à vne croix alaisée d'or.*

Charles Sire de Crequy Mareschal de France souz Louys le Iuste, portoit couppé au premier du chef *d'or à deux Lyons Leopards de gueules, qui est de Blanchefort parti d'or au Loup rauissant ou rampant d'azur armé de gueules, qui est d'Agoult, la pointe tiercée. Le premier canton d'azur a trois Tours d'or 2. & 1. qui est de Montauban. Le second, d'azur à vn pal de trois pieces d'or au chef de mesme, qui est de Vaise. Le troisiesme & dernier, d'or à deux Lyons Leopardez d'azur qui est de Monlor, sur le tout de Crequy, qui est d'or au Crequier de gueules,*

Le CANTON differe du quartier, par ce que le quartier fait tousiours le quart, d'où vient la denomination.

CANTONNE' se dit lors qu'és 4. cantons ou vuides qui sont autour d'vne Croix, il y a quelques pieces qui ornent ce vuide là.

André Fauin Aduocat au Parlement de Paris, tres-sçauant aux lettres humaines, lequel a honoré la France de son Theatre d'honneur, portoit *d'or à vne Croix d'azur cantonnée de 4. Aiglettes de sable, couronnees & membrees de gueules*, se dit aussi de pieces qui seruent de componure és bordures lors qu'elles se ioignent sur les angles en pied de cheure, ou lignes diagonales, & non droites comme és armes de Bourgongne moderne, qui sont de France sans nombre à la bordure, *componée & cantonnée d'argent & de gueules.*

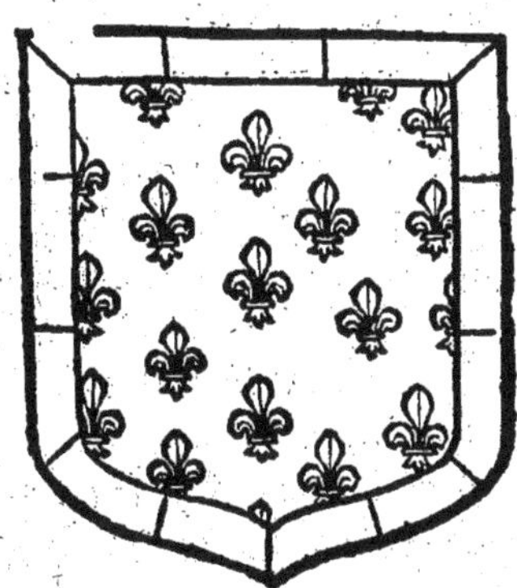

CARNEAVX, CARNELE'. Voy Creneaux.

CARTIER. Voy Quartier.

CERCLE simplement se prend pour vn anneau sans chaton, ou vne boucle sans ardillon : encore que i'aymerois mieux donner le mot d'anneau à celuy seul qui a vn chaton, & celuy de boucle quand il y a vn ardillon, & appeller cercle celuy qui est esgalement & vniment rond : & en suitte de ce blasonner les armes de la ville de Chalons size sur la riuiere de Saone en Bourgongne, *d'azur à 3. cercles d'or*, quoy qu'autrefois elle portast de gueules : ce changement de champ estant venu depuis que les Bourguignons furent soubmis à la Couronne de France, ou aux enfans de France.

Ces armes à trois cercles ont pris leur source, dit Pierre de Sainct Iulien, de ce qu'autrefois les murailles de cette ville estoient ceintes & bandées de trois cercles de brique dorée, & qu'à ce suject on lappelloit or bandale.

Il y a d'autres sortes de cercles qui sont liez, comme ceux qui se mettent és tonneaux, & en les blasonnant l'on met le lien d'autre émail que le cercle.

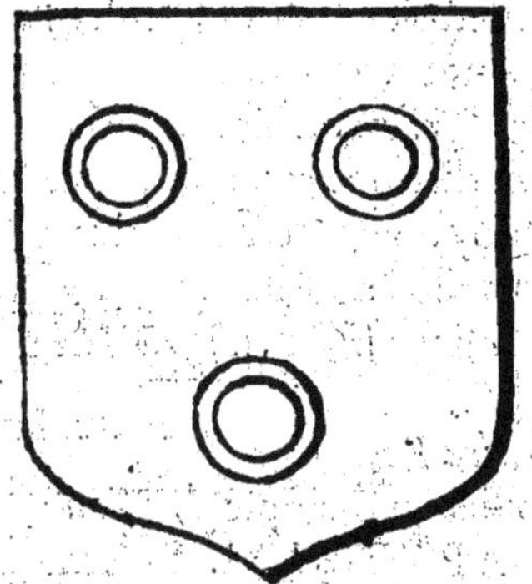

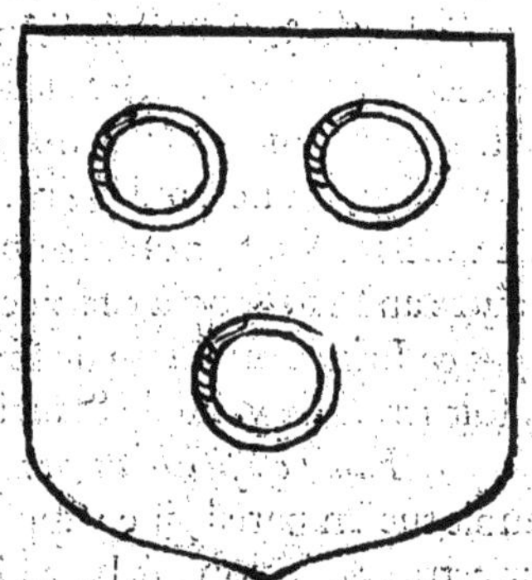

CERCLE PERLE' est vne espece de couronne telle que les Vicomtes la portent sur l'Escu de leurs armes. Ce cercle doit estre d'or pur, dit Moreau & Fauin, le donne aux Comtes. Voy Couronne.

CERF, peu s'en sont seruis en armoiries à cause que la timidité qui luy est naturelle est entieremét contraire au genereux & hardy courage qui doit accompagner la Noblesse. Que si quelque Prince ou autre Seigneur en a chargé son Escu, ses descendants l'ont effacé pour y mettre d'autres blasons. Ainsi fit Godefroy de Buillon qui en lieu du Cerf au naturel, c'est à dire de gueules, que ses predecesseurs Ducs de Lorraine portoient en champ d'argent prit *l'Escu d'or à la bande de gueules chargée de 3. allerions d'argent.* Ce n'est pas à dire pourtant que le Cerf soit entierement à reietter. Il a des proprietez lesquelles ainsi que les vertus és hommes couurent les deffauts qui s'y rencontrent: l'odeur de sa corne esloigne les serpents, & son haleine à la force d'attirer à soy du creux le plus serré & plus profond de la terre la vipere. De vray si le Cerf estoit absolument imparfait les Sainctes lettres n'en tireroient pas vne similitude pour denoter l'âme sainte & deuote qui ne respire que la fontaine viue des eaux de la grace de son Dieu, & Salomon en ses Prouerbes ne feroit point estat de l'amitié du Cerf qu'Encherius prend pour IESVS-CHRIST, le Pere & le Maistre de toute charité & dilection; & l'vn de nos Roys Charles VI. n'eust iamais pris pour sa deuise vn CERF VOLANT accollé d'vne couronne d'or, souz pretexte qu'vn iour estant à la chasse prés de Senlis, il trouua vn Cerf qui auoit au col vne chaisne de cuiure doré auec cet escrit, HOC CÆSAR MIHI DONAVIT, *Cæsar me la donné*, & depuis és lieux où l'on mettoit ces armes on les faisoit supporter par deux Cerfs au lieu de deux Anges, qui seruent de tenants aux armes de France. Du temps duquel des Cæsars ou Empereurs ce Cerf pouuoit estre, on ne void point. Si peut-on dire que ce ne fut pas de Iules Cæsar qui florissoit 1400. ans auparauãt. Quoy que le Cerf viue plus qu'aucun autre animal, & qu'à ce suject Horus Apollo l'appelle πολυχρόνιον. Agathocles ce Prince ou Tiran de Siracuse, qui estant fils d'vn Potier de terre, se faisoit seruir de vaisselle blanche,

Fama est fictilibus cœnasse Agathoclea Regem;

en auoit tué vn pareil, il en appendit le collier au Temple de Diane, qui auoit cette inscription, ΔΙΟΜΗΔΗΣ ΑΡΤΕΜΙΔΙ. En armoiries le Cerf ne monstre qu'vn œil & vne oreille. On le qualifie sommé, c'est à dire ramé, tantost de 11. ou 13. cors, tantost sans nombre. Quand l'on n'y met que la teste seule, elle doit monstrer les deux yeux & les deux oreilles. Quelques vns l'appellent massacre, Eleuthere de Mazelane que le Feron met au rang des Connestables & Chancelleries, portoit *d'argent au Cerf au naturel sommé d'or sans nombre*, qui sont les anciennes armes de Lorraine, comme il vient d'estre remarqué.

N. portoit *d'azur au massacre de Cerf d'or.*

CHAISNE, l'on a dit cy deuant que les vrayes armes du Royaume de Nauarre estoient *de gueules aux doubles chaisnes d'or*. La Masserie Morin dit seulement passées en sautoir & orles, en lieu qu'il y deuoit adiouster la croix, & dire *de gueules aux doubles chaisnes d'or passées en croix sautoir & orles*, ou bien *de gueules à l'escarboucle de chaisnes d'or mises en chef, sautoirs, croix, & orles*.

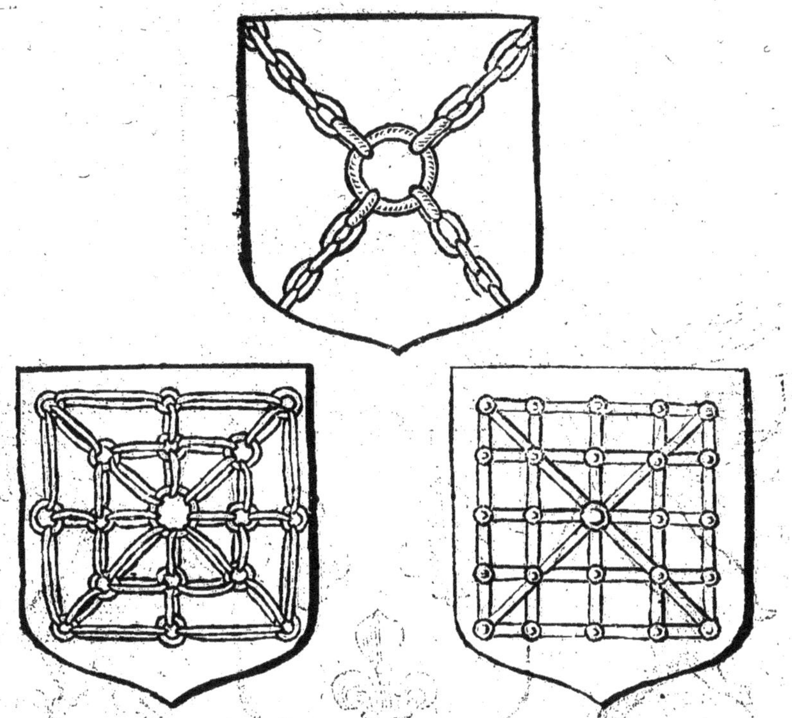

CHAMP est le fond de l'Escu sur lequel se met le metail ou la couleur qui domine dans les armoiries, & se treuue des Escus qui n'ont autre blason que leur champ.

CHAMPE' *d'or, qui a le champ d'or.*

CHAMPAGNE est vne espece de rebattement, Bara en rapporte vne figure qu'il blasonne en cette sorte.

Party en fasce, & souz icelle vers la pointe en potences d'azur & d'argent, par aucuns dit Basse-barre, & par d'autres, Champagne potencée.

C'est vne rangée de potences menuës au trauers & dessus la pointe de l'Escu.

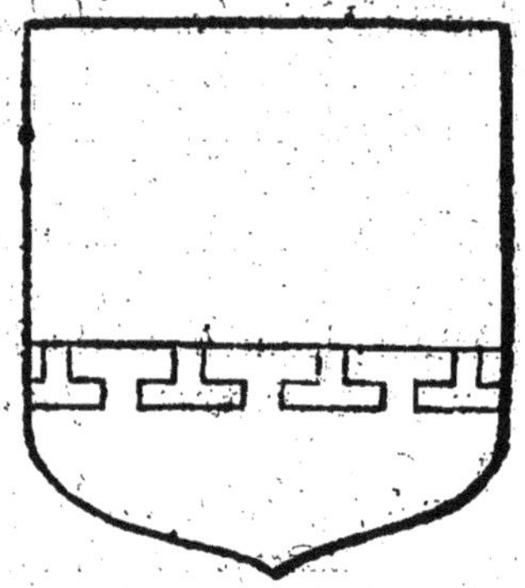

CHANTER, armes qui chantent ou armes parlantes sont celles qui se rapportent au nom de ceux qui les portent; elles ne sont pas bien legitimes, & tiennent du Rebus de Picardie.

Toutefois puis que nous voyons des Royaumes, des Duchez, des Comtez, & des grandes & nobles familles qui les ont receües de leurs ancestres par vne longue suite d'années, elles doiuent estre tollerées.

Le DAVLPHIN de France ou de Viennois porte *d'or Dau auphin d'azur.* Celuy d'Auuergne de mesme. Celuy de Foreste *de gueules au Daulphin d'or.* Autres disent d'argent, voy cy bas Daulphin.

Le Royaume de CASTILLE *de gueules au chasteau crenelé d'or sommé de 3. tours de mesme.*

LEON *d'argent au lyon de pourpre* ou *de gueules.*

GRENADE *d'or* dit Barra & la Rocque *d'argent à la grenade de gueules soustenuë & feüillée de sinople.*

GALLICE *d'azur semé de croix recroisetées au pied fiché d'argent à vne couppe ou calice couuert d'or.*

Duché de BAR *d'azur à 2. bars adorsez d'or l'Escu semé de croisettes recroisetées au pied fiché de mesme.*

La ville de FLORENCE *d'argent à la fleur de lys fleuronnée doublement,* ou *espanouye & ouuerte de gueules,* dont les Citadins se vantent auoir esté honorez par nostre Roy Charlemagne.

La ville de LION du temps qu'elle estoit le siege du conseil de nos Roys de Bourgogne, portoit *de gueules au lyon d'or* auec vn chef des cottices ou bandes en cottices de Bourgongne, depuis elle a pris le chef de France en lieu de celuy de Bourgongne, le reste demeurant en son antiquité, dit P. de Sainct Iulien.

CREQVI, *d'or au Crequier de gueules.*

CHABOT, *d'or à 3. chabots de gueules peris en pal.*

MAILLI, *d'or à 3. maillets de sinople.*

MAVLEON, *de gueules au lyon d'or Mauleon,* Malus leo.

VIGNOLES, *de sable au sep de vigne d'argent, soustenu d'vn eschalat de mesme.*

NOMPAR de Chaumont, *tiercé en bande d'or de gueules & d'azur.*

LA TOVR, *semé de France à la tour d'argent.*

Ponce de Lauzieres Baron de Themines Mareschal de France en 1616. portoit *d'argent à vn ozier de sinople.*

En Italie les COLOMNES ont vne *Colomne.*

Les VRSINS, *vn Ours,* tesmoin ce distique dressé contre vn homme de vile & esclaue extraction, lequel à l'adueu de quelques richesses, prit pour se releuer *vn Ours attaché auec vne chaisne à vne colomne & vn Aigle en chef.*

Redde aquilam Imperio colomnis redde colomnam.
Vrsam vrsis, remanet sola cathena tibi.

L'on peut en adiouster icy d'autres suiuant qu'elles viendront à la memoire du Lecteur.

CHAPPE' se dit lors que l'Escu est diuisé en cheuron plein & remply, s'il est permis d'ainsi parler, si bien que rien ne se voit du champ que ce qui est en ladite forme du cheuron plein & massif, le surplus qui est és deux costez de la pointe du cheuron luy seruant comme de manteau ou de chappe, ce qui se dit chappé.

N. portoit *d'argent chappé de gueules.*

Autres disent. N. portoit *vne pointe d'argent, le maistre de gueules.*

CHAVSSE' est le rebours du chappé & s'entend lors que l'Escu diuisé en cheuron, le cheuron est renuersé, & porte sa pointe au bas & à la pointe de l'Escu, si bien qu'estant ainsi couuert par le bas il se dit chaussé, à cause que les chausses seruent de couuerture au bas de nostre corps.

N. portoit *de sable chaussé d'or.*

CHAPPE'-CHAVSSE', se dit lors qu'vne lozange qui tient lieu de champ touche de ses quatre pointes les extremitez de l'Escu, l'vne au chef, l'autre à la pointe, & les deux autres és flancs, & que la lozange est couppée & diuisée en fasce : En ce cas l'on void en la partie haute de l'Escu vn cheuron qui à sa base posée sur le filet de separation, & est chappé par le hault; & en la partie inferieure l'on voit vn cheuron renuersé qui se ioint à ladite base, & est chaussé & couuert par le bas, lesdites deux parties doiuent estre de deux esmaux, & les cantons de mesme.

N. portoit *d'argent & de gueules chappé & chaussé de l'vn en l'autre.*

Cy apres souz le mot vestu l'on monstrera comme ces deux blasons chappé chaussé, estans ioints sans filet ny distinction d'esmaux, tout ce qui est à l'entour d'vn seul esmail tant hault que bas s'appelle vestu, cóme estant ladite lozange qui fait le corps de l'Escu vrayement vestuë, attendu qu'elle est chappée & chaussée.

CHAPPE'-ECARTELE'. Quand sur vn Escu chappé il y a vn escartelage, cette forme requiert aussi les Esmaux de l'vn en l'autre, ainsi l'on dit.

N. portoit *chappé & escartelé d'or & de sinople de l'vn en l'autre.*

CHAPPE'-CARNELLE' ou CRENNELE', lors que la chappe qui couure le champ est crenelée.

CHAPPE'-ENTE', comme les crenelures sont quarrées, si en lieu de cette figure l'on en fait des rondes, cela s'appelle enture, & estant mises sur le champ cela s'appelle chappé-enté.

N. portoit *d'argent chappé-enté d'azur.*

Cette sorte d'armoiries sont peu vsitées en France, bien en Allemagne & en Suisse.

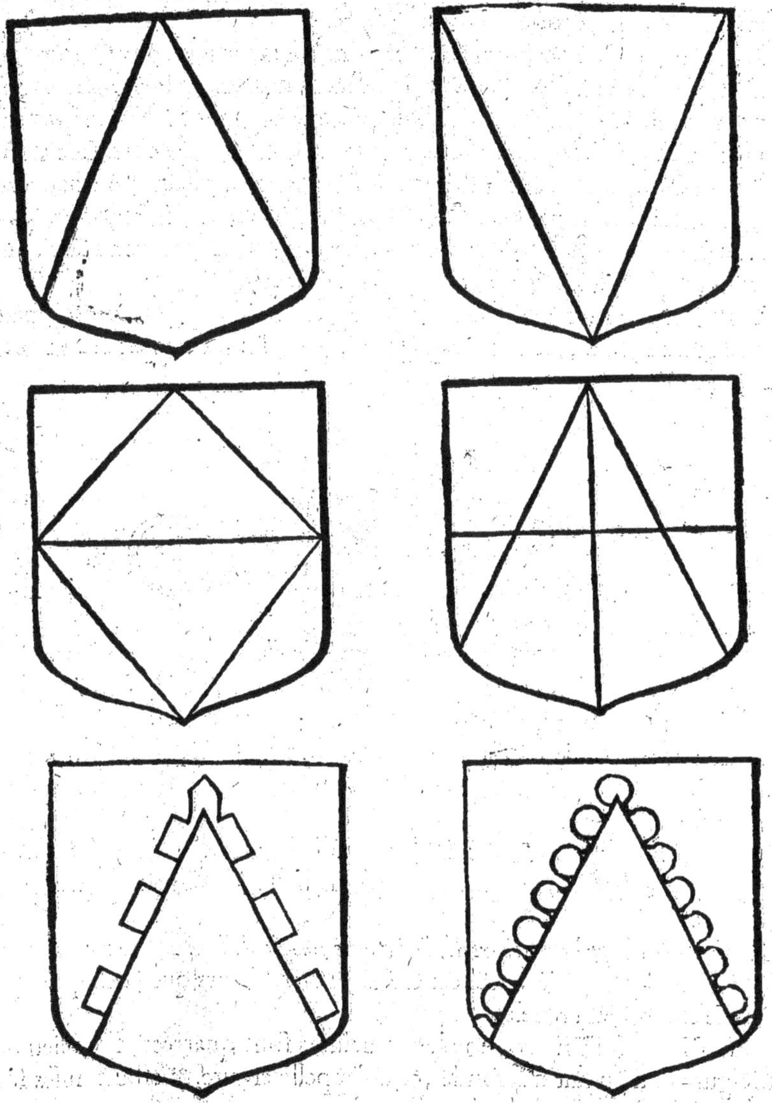

CHAPPEAV, entre les ornements des armoiries l'on y met les Thiares, les Couronnes, les Mythres, les Crosses, les Tymbres, & notamment le Chappeau propre aux Cardinaux Princes du Sainct Siege : ce Chappeau est rouge.

Aussi quand l'on en parle c'est tousiours auec cet epithete, Chappeau rouge, il est fort plat & estroit par le hault & en sa testiere, mais fort large de bords.

Il est de plus garny de longs cordons de soye entrelassez en lozange qui pendent du dedans & des deux costez auec cinq rangs de houppes qui augmentent en nombre à mesure que ces cordons tirent le bas, & font en tout pour chaque cordon quinze 1. 2. 3. 4. 5.

La couleur rouge pourprine ou sanguine est particuliere aux Cardinaux, non seulement en leur habillement de teste, mais aussi en leurs robbes, roquets & manteaux, pour les faire souuenir que comme IESVS-CHRIST espandit son sang precieux pour lauer nos pechez, ils ont esté establis dans l'Eglise militante pour la deffendre iusques à la perte du leur. Le Chappeau rouge leur fut donné par Innocent IIII. dit Volaterran, & Polydore Virgile enuiron l'an 1250. & d'autres que ce fut au Concile de Lyon l'an 1246. *Purpuratos ipsos etiam pileo rubeo, alij roseo nobilitauit.*

Les Patriarches & quelques autres prelats ont droit d'en porter, mais d'autre couleur, & à cordons de quatre rangs & à dix houppes seulement, 1. 2. 3. 4.

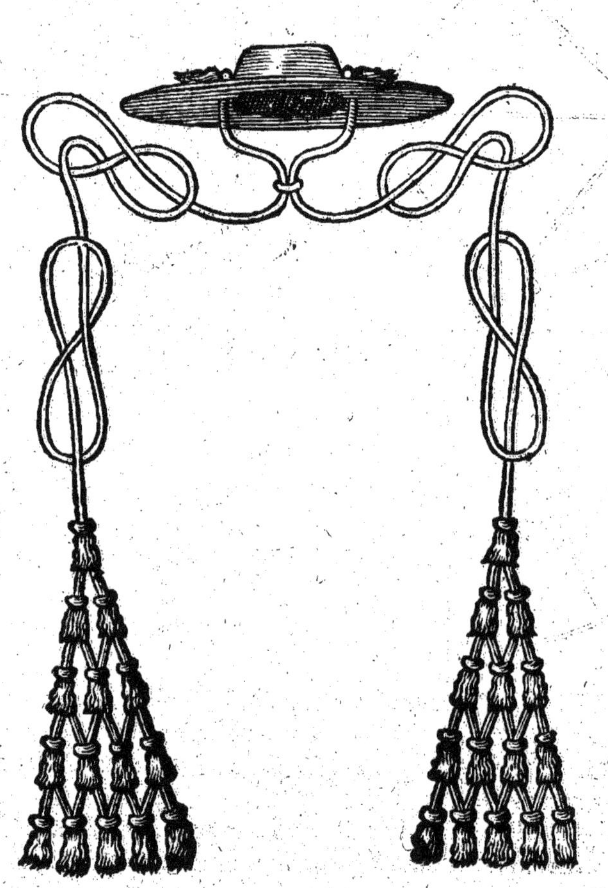

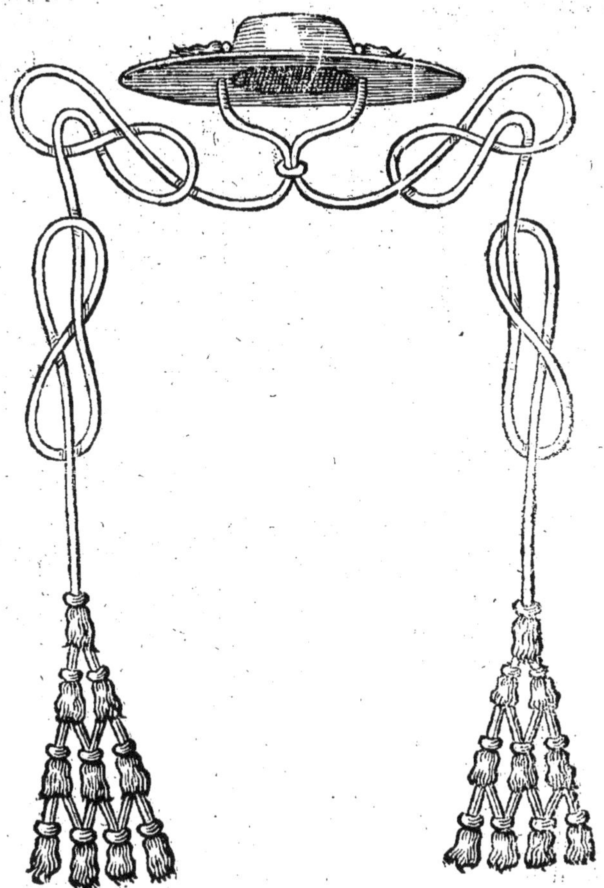

CHAPPERONNÉ se dit de l'Espreuier ou autre oyseau de proye, qui est armé de son chapperon, Claude Mangot Garde des Seaux en 1616. portoit *d'azur à trois Espreuiers d'or chapperonnez de mesme.*

CHARGÉ, est quand sur le chef, la croix, la bande, le pal, & autres pareilles pieces dites *honorables ordinaires.* Il y a quelque autre figure cóme aux armes de la maison de Montchal, qui porte *de gueules au chef d'or chargé de trois molettes d'azur.*

CHARGE' SVRCHARGE' se dit lors que sur diuers Escus escartelez l'on en met quelqu'autre, ce que l'on dit sur le tout, comme sur les armoiries de Lorraine l'on y met l'Escu *d'or à la bande de gueules, chargée de trois allerions d'argent.* Voy icy bas sur le tout.

CHARGEVRE qui se met pour difference des armes pleines, ne diminue pas tant la noblesse des armes comme fait la brisure, mais elle l'altere neantmoins, si ce n'est que l'aisné d'vne maison possede quelque terre de marque, ou qu'il soit obligé par donation, testamēt & fideicommis, ou autre contract, d'adiouster à ses armes, auquel cas il n'y a point d'alteration, & ne peut son cadet prendre pourtant les armes pleines, ains faut ou qu'il les brise ou qu'il les charge tout ainsi qu'il feroit si son aisné les portoit toutes simples. Scohier.

Iacques Chabot Comte de Charny, aisné de la maison des Chabots en Bourgongne, porte *escartelé au 1. & 4. d'or à 3. Chabots de gueules peris en pal au 2. de Luxembourg, au 3. des baux:* & peut sans porter preiudice à son droict d'ainesse, porter sur le tout les armes de Charny, qui sont *de gueules à trois escussons d'argent.*

CHASTEAV se figure en armoiries, ou simple, ou fermé, ou sans porte, ayant plusieurs tours ou portes non closes.

N. portoit *d'azur au chasteau d'argent massonné de sable*. Voy fort.

CHAT plus dommageable qu'vtile, ses mignardises plus à craindre qu'à desirer, & sa morsure mortelle, la cause est plaisante du plaisir qu'il nous fait. A l'instant de la creation du monde, dit la fable, le Soleil & la Lune voulurent à l'enuy peupler la terre d'animaux: le Soleil tout grand, tout de feu, tout lumineux, forma le lyon tout beau, tout de sang, & tout genereux. La Lune voyant les autres Dieux en admiration de ce bel ouurage, fit sortir de la terre vn CHAT, mais autant disproportionné, en beauté & en courage, qu'elle mesme est inferieure à son frere. Cette contention apporta & de la risée & de l'indignation, de la risée entre les assistans, & de l'indignation au Soleil, lequel outré de ce que la Lune auoit entrepris de vouloir aller du pair auec luy.

Crea par forme de mespris
Au mesme temps vne souris.

Elle, comme ce sexe ne se rend iamais, se rendit encore plus ridicule par la production d'vn animal le plus ridicule de tous. Ce fut d'vn singe qui causa parmy la compagnie vn ris démesuré, le feu montant au visage de la Lune, tout ainsi que lors qu'elle nous menace de l'orage d'vn vent impetueux pour vn dernier effort, & afin de se vanger eternellement du Soleil, elle fit conceuoir vne haine immortelle entre le singe & le lyon, & entre le Chat & la souris, de là vient le seul proffit que nous auons du Chat.

De là vient aussi que les Egyptiens en tailloient au plus haut de la circonference de leur sistre, ou tabourin d'airin, vne Chatte ayant face humaine pour signifier la Lune, auec laquelle le Chat à vne grande conuenance & conformité d'habitudes. Il y a des taches dans le rond de la Lune, la peau du Chat est ordinairement, variée, tachetée & mouchetée. La Lune croist & decroist de iour à autre, la prunelle des yeux du Chat s'augmente ou diminue à mesure que la Lune vient à son plein, ou à son decours: La lunaison se diuise par le nombre de sept. La Chatte ne porte que sept fois, & le nombre

nombre de tous ces chatons se regle au nombre des iours de toute vne Lune, commençant par vn en sa premiere portée, passant à deux en la deuxiesme, à trois en la troisiesme, & ainsi multipliant iusques à la septiesme sans passer plus outre. Ce n'est donc de merueille si le Chat est dangereux aussi bien que la Lune rousse de nostre Bourgongne, & m'estonne comment nos anciens Roys auoient pris pour deuise, aucuns disent pour armoiries, vn Chat : si ce n'est que comme cet animal ne fait rien que par contrainte, les Bourguignons ne peuuent estre forcez en leurs actions, & ne peut-on tirer d'eux que ce qui est de leur bonne volonté. *Tout par amour & rien par force*, portoit la legende. Si on les irrite par vne continuë, ils sont impatiens de souffrir, & en pareil cas la morsure du Chat est mortelle. P. de Sainct Iulien en ses pareilles ou paralelles en rapporte deux histoires, l'vne du Seigneur d'Oussy en Chalonnois, l'autre d'vn estranger, qui ayant esté mordu d'vne Chatte s'achemina en Italie pour en estre guary, où il mourut dans sa deuotion. Les curieux firent pendre en suitte son aduenture auec ce distique, que Villamont tesmoigne auoir veu à Lorette,

Hospes disce nouum mortis genus, improba felis
Dum trahitur digitis, mordet, & intereo.

Qu'on aille demander aux Romains pourquoy ils le portoiẽt en leurs Targues & Pauois, & encore souz diuers Blasons, & la pluspart faux. La compagnie des soldats, *ordinis augustei*, qui marchoient souz le Colonel de l'infanterie, *sub magistro peditum*, portoient en leur Escu blanc ou d'argent vn Chat de couleur prasine, qui est le sinople, ou à mieux dire le vert de mer, & autour vn cercle rouge, comme qui diroit bordé de pourpre, le Chat courant & contournant sa teste sur son dos. Vne autre compagnie du mesme regiment appellée les heureux vieillards, *felices seniores*, portoient vn *demy Chat ou Chat naissant de couleur rouge sur vn bouclier vermeil ou de gueules. In parma punicea diluciore*, qui sembloit se iouër auec ses pieds comme s'il eust voulu flatter quelqu'vn.

Souz le mesme chef, *vn troisiesme Chat de gueules passant auec vn œil & vne oreille, qui est en pourfil en vne rondelle de sinople à la bordure d'argent*, estoit porté par les soldats, *qui Alpini vocabantur*. Auiourd'huy nous ne voyons point de maisons de marque qui s'en seruent non plus que les anciennes.

Quand l'on represente le Chat c'est tout herissonné, leuant le train derrier plus haut que la teste, & on le blasonne effarouché.

Clotilde Bourguignotte femme du Roy Clouis, portoit (suiuant Paradin) *d'or au Chat de sable, tuant vn rat.* En lieu que ie ne tiens point le Chat auoir esté pris par les Bourguignons sinon pour deuise.

CHAVSSE'. Voy cy dessus Chappé.

CHEF se prend de deux sortes.

1. C'est vne partie de l'Escu, & la superieure, comme il sera monstré cy apres sur le mot de l'Escu.

Cette partie se diuise en trois à la prendre en la largeur de l'Escu, la dextre partie, le milieu, & la senestre partie du chef.

2. Le Chef se prend pour vne piece qui se met & pose dessus l'Escu en qualité d'honorable ordinaire, ainsi que la bande, la fasce, la croix & autres semblables.

Quand on taille vn Escu en pierre ou autre relief, le chef se releue & fait vne eminence par dessus le reste de l'Escu; & quand on l'emaille, si l'Escu est de couleur il doit estre metail, & au contraire: que si par fois l'on en voit qui soient de couleur aussi bien que l'Escu, ces couleurs là doiuent estre differentes, & en ce cas on l'appelle.

CHEF-COVSV autrement les armes seroient faulces. Car comme le chef se pose sur l'Escu & que couleur sur couleur ne se mettent point regulierement lors que l'on a voulu auoir vn chef de couleur, le champ en estant desia, l'on a comme rongné l'Escu par le dessus, & posé en la place de ce qui en auoit esté osté vne piece cousuë ou collée, laquelle piece garde tousiours le nom de Chef, mais auec ceste difference, qu'on la qualifie Chef cousu, en lieu que l'autre s'appelle simplement & purement Chef. Ces deux sortes de Chefs sont esgaux en continence, debuans occupper & en l'vn &

tre la tierce partie de l'Escu à prendre en toute sa hauteur, ainsi que la fasce l'occupe en son milieu, & la bande en le trauersant.

Assez souuent le chef est sans ornement aussi bien que l'Escu, Protade Marquis de Saulce Connestable de France, en l'an 884. souz Charles le Chauue, portoit *d'argent au chef d'azur*, souuent aussi il est simple, & l'Escu est fourny comme celuy de Iean Bertrand Cardinal & Chancelier de France souz Henry II. qui portoit *d'azur au chef d'or, sommé de 13. lors au naturel au chef d'argent*, d'autresfois le chef est chargé, Anthoine des Prez Seigneur de Montpezat Mareschal de France, en l'an 1544. portoit *d'or à 3. bandes de gueules au chef d'azur chargé de 3. Estoiles d'or*, on dit chargé, par ce que le chef en ce sens est vne piece posée sur l'Escu.

Le CHEF-COVSV se peut aussi bien charger que l'autre, François de Bonne Duc de Lesdiguieres le dernier des Connestables de France en l'an 1622. portoit *de gueules au lyon d'or armé & lampassé d'azur au chef cousu d'azur chargé de 3. roses d'argent*.

Il y a encore vne troisiesme sorte de chef que l'on nomme CHEF-PAL, c'est lors qu'au bas du chef il y a vn pal attenant & contigu sans aucune ligne, filet ny aucune separation, & que les deux sont d'vn mesme email, on dit,

N. portoit *d'or à vn chef-pal de gueules*.

CHEF-SVRMONTÉ, quand la tierce partie d'iceluy tout au plus hault de l'Escu est d'vn autre email que le reste, ou plustost quand le chef n'a que les deux tiers de sa largeur ordinaire, & que ces deux tiers là se prennent en la partie inferieure, en sorte que l'on voit au dessus d'iceluy vne partie de l'Escu, estant à remarquer que cette place là qui paroist vuide au dessus du chef est tousiours de l'email de l'Escu, François le Perilleux ou de Perilleuses Admiral de France l'an 1369. souz le Roy Charles V. portoit *de gueules a 2. cheurons d'argent, au chef de mesme surmonté de gueules brisé d'vn croissant montant d'azur au premier canton*.

CHEF-SOVSTENV. C'est tout le contraire du chef surmonté, & se dit chef soustenu lors que les deux tierces parties d'iceluy sont au plus hault de l'Escu, & que l'autre tierce partie est d'autre email, les Vrbins Chanceliers de France portoient *bandé d'argent & de gueules*. Les vns specifient *de 6. pieces au chef d'argent chargé d'vne rose de gueules pointée d'or soustenu de mesme*, qui est *d'or*.

CHESNE. Les anciens se sont fabuleusement amusez à louër le Chesne, & en le loüant ils se sont abusez lors qu'ils ont dit qu'il auoit fourny d'aliment à nos premiers peres,

Olim communis pecori cibus atque homini glans.

Quand Moyse escrit au Genese que Cain fit son offrande à Dieu des fruicts de la terre, est apres luy auoir donné la qualité de Laboureur de terre, pour nous donner à entendre que c'estoit des premices de ses grains qu'il offrit: encore que l'on pourroit couurir & colorer cet erreur des Payens que comme il y a diuerses sortes de glands, les hommes peuuent s'estre quelquefois nourris de noix & de chastaignes, comme encores à present en quelques endroits du Limosin, le peuple vit plus de chastaignes que de bled, iusques à en faire du pain.

Si le Chesne a quelque recommandation, c'est à cause de sa durée, ce qui a serui autrefois d'augure pour prognostiquer la continuation de l'Empire à la posterité de Galba, lors que son ayeul faisant vn sacrifice, vn Aigle rauit les entrailles de l'holocauste, & les porta sur vn Chesne. L'on a aussi donné la qualité de force à cet arbre en l'espece que les Latins appellent *Robur*, d'où vient nostre mot François, *Robuste*. Au mesme suject l'on a fait la massuë d'Hercule de bois de Chesne bien plus souuent que d'oliuier, & de vray ces deux arbres ne s'accodent non plus que la paix & la guerre: les Naturalistes ayans escrit que l'Oliuier planté proche d'vn Chesne seche à l'instant. Les couronnes de Chesne dont l'on recompensoit celuy qui auoit sauué vn Citoyen Romain sont assez cogneuës, aussi bien que le Chesne qui se plantoit à la porte des Empereurs parmy des lauriers,

——— *mediámque tuebere quercum,*

dit Apollon dans Ouide, parlant à Daphné changée en laurier, pour marque de valeur & de bon-heur, qui sont les deux pillotis sur lesquels (suiuant l'opinion des Romains) vn Empire doit estre fondé, le Chesne figurant la force qui le soustient, & le laurier l'heur des victoires qui l'accroissent. Encore que comme Chrestiens nous deuons preferer la deuise que prit nostre Roy Charles IX. deux colomnes auec cette inscription, PIETATE ET IVSTITIA. La force d'vn Royaume dependant plustost & de la crainte de Dieu, & de l'expedition de la iustice, sans l'vne & l'autre desquelles vertus il n'y a point de puissance qui puisse subsister. Ce sont fables que les Chesnes de Dodone ayent autrefois parlé & rendu des oracles, que si cela est, & que les arbres de cette forest fussent incorruptibles, & que d'abondant la Nauire Argo qui alla en Colchos conquester la Toison d'or, en fust bastie. Ie n'ay pas mal rencontré quand pour representer le bon Aduocat, i'ay fait peindre sur l'vne de mes cheminées vn nauire chargé de cette riche depoüille auec ces mots LOQVITVR LVCRATVR ET NON CORRVMPITVR. Le Chesne se met rarement en armes; mais quand l'on s'en sert, & qu'il est chargé de son fruict, l'on doit le blasonner de cette façon; N. porte *d'argent au chesne de sinople englanté d'or*, ie dis englanté d'or, par ce que de tous les fruicts des arbres il n'y a que cettuy-cy qui se designe particulierement.

CHEVAL. I'entens hennir vn cheual comme s'il vouloit aller à la guerre: il se cabre déja à la forme d'vn poulain gay, & se met en la posture qu'vn peintre le tireroit sur la cotte d'vn gendarme pour faire recognoistre son maistre en la meslée d'vne bataille: Il est vray qu'il est contourné à la mode de celuy de Saxe.

I'en vois vn autre qui est monté par vn Caualier armé de pied en cap, l'espée nuë à la main, tout ainsi que s'il venoit en France du plus froid de la Polongne pour se ioindre aux armes de Henry III.

Bello armantur Equi, bellum hæc armenta minantur.

Ceux qui en ont fait estat pour la guerre, ont dit que l'on pouuoit s'en seruir aussi bien pour la fuitte que pour le combat. *Vna equites re præstant quod in fuga certius est illis subsidium:* Ce que l'Empereur Probus repruoua sur l'estime qu'on luy fit d'vn cheual qui fut trouué parmy les despoüilles des Scythes qu'il auoit subiuguez, les prisonniers ayans attesté que ce cheual pouuoit courir en vn iour iusques à cent mille pas, & durer en ce trauail huict ou dix iours: peut estre que Martial entend parler d'vn pareil.

Nec te Sarmatico transit Alanus equo.

Il se peut faire aussi que les cheuaux qu'on donne à Neptune n'est à autre sujet que pour nous denoter la vistesse du cours des vaisseaux sur l'element ou il domine pour raison de cette mesme vistesse, & du prompt secours que nous auons eu a nostre salut par le moyen des Apostres. Les Theologiens interpretent & prennent pour eux ce passage du Prophete Abacuc *quia ascendes super equos tuos.* Pour la mesme agilité l'on a donné des aisles au Cheual dans les medailles de l'Empereur Galien pour representer le Soleil. Et dans celles de L. Titus l'on a veu vn Pegase, pour faire entendre la grande promptitude de ce Prince au gouuernement des affaires publiques. D'autres l'ont pris pour la renommée qui vole dés sa naissance par les bouches des hommes, & de la l'ont porté sur les mesmes aisles au sommet de Parnasse, pour luy en faire tirer à coups d'ongles la source de l'immortalité. Le Centaure Chiron mi-homme & mi-cheual estoit prudent. Le frein qu'on donne au Cheual est la moderation qui vient de nostre raison, & dompte nos concupiscences. Pindare dit que Pallas, qui est la sagesse mesme, fit present à Bellerophon d'vn frein d'or: mais tous ceux-cy estoient portez par les cheuaux. Ceux qui les ont portez ont esté les anciens soldats remarquez par cette distinction *Sagittarij orientales*, ils auoient pour enseignes *d'azur à deux demy cheuaux* ou *cheuaux naissans d'or à la bordure de pourpre*. Ceux de Theodose, appellez *secundi Theodosiani*, portoient sur le fer de leur escu que nous pouuons dire de *sable à vn cheual d'or*. Si c'estoit pour l'vne des causes cy dessus, on le peut penser.

De nostre temps nous n'en voyons point d'autres que ceux de Polongne & de Saxe: Polongne porte *de gueules à vn aigle d'argent party de gueule au Cauallier armé d'argent à la rondelle d'azur chargée d'vne croix Patriarchale d'or*, qui est de Lituanie: & Saxe *de gueules à vn cheual effrayé* ou *rampant contourné d'argent parti d'or & de sable de six pieces, à vne bande de ruë ou fleuronnée de sinople, entée par le milieu du bas d'argent à 3. bouts d'espées de gueules*, que l'on appelle bouterolles.

CHEVRON est l'vne des pieces honorables: il descend du chef aux parties dextre & senestre de la pointe, en forme d'vn compas à demy ouuert, & doit tenir la tierce partie de l'Escu.

N. portoit *d'azur au cheuron d'or.*

Il peut estre de plusieurs pieces ainsi que la bande & le pal : Le Genie de la France, ainsi nommé par les Princes, le Grand & Eminent Duc de Richelieu, Armand Iean du Plessis porte *d'argent au cheuron de trois pieces de gueules.*

CHEVRON CHARGE' D'AVTRE CHEVRON. Il ne se peut mieux expliquer, si ce n'est que l'on adiouste que pour faire paroistre le cheuron dont l'on charge vn autre cheuron, il doit estre & plus court & plus estroit que celuy sur lequel on le pose.

D'ailleurs il faut que si le cheuron qui sert de piece honorable est de metail, l'autre soit de couleur, ainsi l'on dira.

N. portoit *de gueules à vn cheuron d'argent chargé d'vn autre cheuron de sable.*

CHEVRON COVCHE' est celuy dont la pointe est couchée du costé dextre se soustenant sur l'vne de ses branches, en lieu de se porter en haut & au chef.

N. portoit *d'argent au cheuron couché de gueules.*

CHEVRON VERSE', se dit lors que la pointe est au bas & à la pointe de l'Escu, à la forme d'vn V Romain. Iacques de Cahors Chancelier de France, lequel en faueur de Louys Hutin fils de Philippes le Bel, fut esleu Pape l'an 1316. portoit *d'or au cheuron versé d'azur, au chef de gueules chargé de 3. estoiles d'argent.* Papirius Masson en sa vie dit qu'estant Pape, il maria la fille de son frere à l'aisné de la maison des Comtes des Carmagnes, & qu'en faueur de cette alliance, il prit les armes de cette famille là, qui estoient deux lyons *gentilitium insigne accepit eoque vsus est, duobus videlicet leonibus qui erectis Caudis saliunt & eorum alteri in summo pede lilium Inest cum quatuor interse cantibus lineolis.*

CHEVRON COVPPE' ou ALAIZE', quand les extremitez de ses branches ne touchent pas la pointe & le bas de l'Escu, voy cy dessus Alaizé.

N. portoit *d'argent au cheuron couppé de sable.*

CHEVRON BRISE' ou ECLATE' est le plus naturel de tous, & toutefois le moins vsité: car a vrayment parler, & suiuant l'art de l'architecture vn cheuron est vne piece de bois longue, droicte & quarrée laquelle a son repos sur la sabliere & tire iusques au faiste, pour supporter la couuerture d'vn bastiment: tellement que pour rendre ce cheuron de la forme que nous le representons en armoiries, il faut de necessité qu'il soit brisé par le milieu, & que le bout d'enhaut par le moyen de la rupture se panche contre bas, sans pourtant que les deux extremitez se puissent toucher à cause de l'esclat, le bois restant duquel, sert d'obstacle: & comme cette brisure ne se peut faire sans solution de continuité il se fait vn vuide en la partie superieure comme vne entaille, & c'est le cheuron brisé ou esclaté, là ou le cheuron ordinaire est composé de deux pieces artificielles posées l'vne contre l'autre à l'vn de leurs bouts par vne entaille qui s'y fait & que les architectes appellent onglet. Mathias Mareschal des plus anciens & plus docte Aduocat du Parlement de Paris, comme il l'a fait paroistre par son traité singulier des droicts honorificques, porte *d'or au cheuron brisé de sable.*

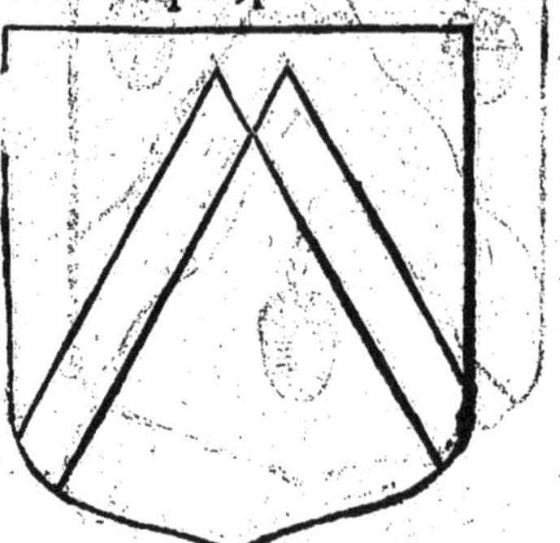

CHEVRON PARTI. Ie ne sçay à qui attribuer la faute qui se reconoist à l'œil dans Scohier ou à luy ou au Sculpteur de ses figures, quand ils representent pour vn cheuron party, vn cheuron de deux pieces en lieu que le vray cheuron party est celuy qui se diuise de la mesme sorte que l'Escu que l'on qualifie party, c'est à dire en pal & ligne perpendiculaire du haut en bas pour separer par vn seul filet l'vn des membres du cheuron de l'autre membre. Et en ce cas comme l'on partit pareillement l'Escu, il faut qu'il y ait couleur & metal à l'opposite, c'est à dire que le tout soit de l'vn en l'autre.

N. porte *d'or party de gueules au cheuron de l'vn en l'autre.*

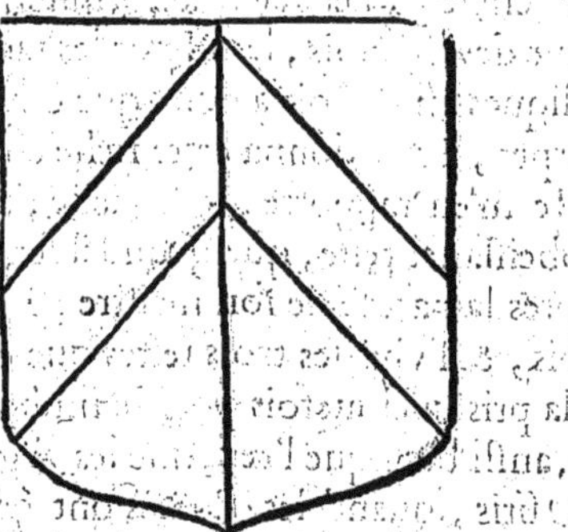

Il y a encore vne sorte de cheuron dit

CHEVRON ONDE. Parce que ses branches vont en ondes.

La maison des de Saumaise à Dijon, porte *d'azur au cheuron ondé d'or, costoyé ou accompagné de 3. glands de mesme, 2. en chef & 1. en pointe.* Cette maison des plus anciennes est riche en bons esprits sçauans & eloquens. L'on a confondu autrefois ces noms *Salmarius Salmasius*, de *Salmasia* ou *Salmaria* pour Saumaise, & ainsi ils se lisent diuersement dans les anciens regiltres de la Chambre de Ville. Cela prouient volontiers de ce que les lettres R. & S. passent naturellement les vnes pour les autres, comme il se voit en nostre

Digeste. *De origine iuris Valerÿ, Valesÿ, Furÿ, Fusÿ.* De cette maison est issu *Claudius Salmasius* lumiere de nostre âge.

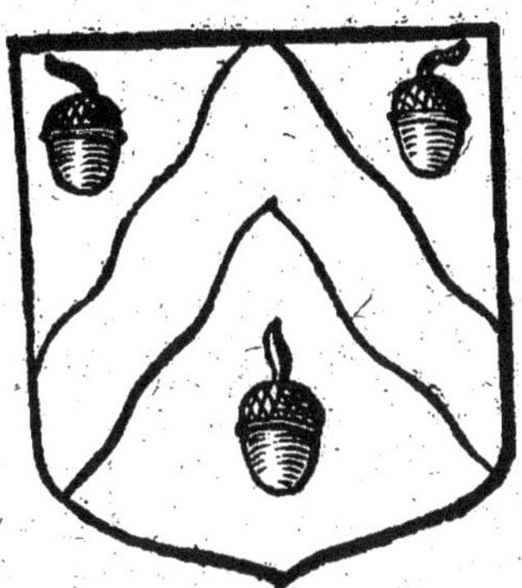

CHIEN. L'enuie est propre à cet animal, d'ou vient le prouerbe ancien *Canis in præsepio.* Mais pour ce deffaut il a mille bonnes qualitez : Son amitié & sa fidelité l'ont rendu recommandable, Pyrrhus dans Plutarque descouurit vn meurtrier par le Chien de l'Occis, qui luy sauta au collet, & l'estrangla : Il y en a qui se sont iettez dans le feu bustuaire, ne pouuans suruiure leurs maistres, l'on en mettoit à la porte des temples pour les garder, & és maisons particulieres l'on se contentoit d'en peindre vn attaché à vne grosse chaine auec cette inscription *Caue Caue Canem* au dedans & au coin des cheminées. Les Dieux Lares familiers & tutelaires estoient reuestus de peaux de chien, les Chiens ne s'endormirent iamais, sinon au Capitole, mais en faueur des Gaulois, les Heros les faisoient entrer auec eux aux assemblées publiques, si c'estoit à cause que celuy d'Hercule trouuant vne coquille de pourpre, nous donna cette riche couleur qui sert d'ornement à nos Roys : Ie m'en rapporte, sa sagacité, & son sentiment sont admirables, & son obeissance telle, que quand il seroit sur la proye, il l'aquite pour courir apres la parole de son maistre : Les Payens l'ont adoré souz le nom d'Anubis, & l'vne des trois testes que l'on donnoit à Hecate estoit de Chien : on la pris quelquefois pour le simbole de la principauté à cause de sa vigilence, anssi bien que l'œil, que les Ægyptiens mettoient au bout du Sceptre d'Osiris, quand les Poëtes ont feint qu'Hercule auoit tiré des Enfers le Cerbere à trois testes sur vn seul col, ils nous ont voulu donner a entendre que ce grand homme auoit tiré des tenebres & mis au iour la vraye Philosophie, qui consiste en la raison, aux regles de la nature, & aux mœurs, & peut estre que de là Diogenes grand Philosophe fut surnommé *Cynicus* chien, si ce n'est plustost à cause qu'il estoit mordace, & grand crieur contre les vices. Vertu attribuée aux predicateurs desquels le Chien est pareillement le simbole, ainsi nos peres ont interpreté le songe de la mere de Sainct Bernard, laquelle apprehendant d'accoucher d'vn Chien, se retira en sa caue, parmy les tenebres de laquelle elle enfanta cette lumiere de l'Eglise & ce Sainct Abbé, qui abbaya si hardiment contre les vices de son temps sans pardonner au chef de l'Eglise, lequel il traite aussi rudement que s'il eust encore esté son nouice à Clairnaux. Auiourd'huy il y à vne belle Chapelle ou estoit cette caue, & vn conuent de Religieux Feüillantins dans le chasteau de Fontaine lez Dijon, sa maison paternelle, de la race des Comtes de Chastillon Seigneurs de Saffre: lesquels portoient *de sable á la bande eschiquetée d'or & de gueules de deux traits*; Entre tous les animaux il n'y en a point ou il se treuue tant d'especes qu'entre les chiens la diuersité n'en est pas telle en armoiries il ny a que la posture, car les vns sont passans, d'autres courans, d'autres encore debout & comme rampans, & quand l'on y en met deux ils s'affrontent d'ordinaire: les vns sont representez nuds, les autres accollez, & l'Autheur de ce liure porte *d'azur à vne fasce d'or supportant vn leurier courant d'argent, & vne estoille en pointe à six raix de mesme.*

CHOVETTE

Noctua sum fateor, fatuus cui displicet ipsa
Quis nolit doctæ Palladis esse comes?

Repartie que ie fis en mes ieunes ans à vn Poëte de la Reyne Marguerite de Valois, qui me qualifioit de ce nom, comme ne pouuant supporter a ce qu'il disoit, le Soleil de sa renommée. *Et solem famæ tu fugis ipse meæ.* De vray la choüette fuit le iour, & se plaist dans la nuict, *Noctua à Nocte* laquelle plus propre pour l'estude est recherchée par les hommes de lettres disciples de Minerue mere des sciences, qui porte vne Choüette sur son Ægide ou bouclier. Sujet que ie tien plus vray semblable, que non pas celuy que quelques vns ont voulu tirer de la monnoye marquée à la choüette, qui se battoit en la ville d'Athenes. Tesmoin l'equiuocation du Cerf de Gilippus, lequel ne pouuant deposer contre son maistre & ne voulant d'vne part souffrir qu'au detriment de la republique il recelast vne partie des deniers qu'il deuoit porter en Lacedemoine, ce Serf par forme de gausserie, fit entendre qu'il y auoit beaucoup de choüette qui reposoient soutz le couuert de la maison de son maistre.

En armoiries la Choüette se met quelquefois dans l'Escu.

N. portoit *de gueules à la choüette d'or.*

Et par fois sert de cimier comme d'autres animaux : nous auons cy deuant remarqué de Scohier que les Bastards du Bon Duc Philippes de Bourgongne, & leur posterité, quoy que Cheualiers de la Toison, & honorez des tiltres de Marquis & Comtes, ont porté iusques en son temps vne choüette pour leur timbre, Il veut dire pour leur

CIMIER parce que le Timbre a proprement parler n'est autre chose que le Heaume, Casque, Armet, ou Morion qui est posé dessus, & le cimier est ce qui se met à la sime & au dessus du timbre, par forme de deuise & signe σημεῖον comme vn simier de cerf, ou de bœuf, vne teste de lyon, de chien, des cornes, & autre chose semblable tiré le plus souuent, de ce qui sert d'armes principales comme en celles de France, le cimier est vne fleur de Lys quarrée, comme la double l'est pour les Princes du Sang, c'est à dire deux fleurs de Lys a l'ordinaire posees l'vne sur l'autre, ou a mieux dire encore l'vne estant sommée de l'autre, & ainsi en voit on sur les timbres du Bon Duc Philippes, de Charles Duc d'Orleans, & du Comte de Charrolois Cheualiers de la Toison d'or à la Saincte Chappelle du Roy à Dijon.

Ainsi les Roys d'Escosse ont tiré de l'Escu & du gros de leurs armes le lyon qu'ils ont mis au dessus pour Cimier auec cette difference qu'il est assis tenant vne espée d'vne pate & vn pennon à vne croix Sainct André de l'autre, autour du lyon est escrit ce mot *Indeffens pour ma deffence* il porte vne couronne vallaire sur la teste, & disent quelques vns, qu'elle y fut adioustée par Feritherons II. Roy d'Escosse, apres qu'il eust vaincu les pictes, rompu & franchy les trenchées barrieres & rempars de leur camp.

Pour les cimiers differents il est certain, ou qu'on les adioustoit aux armes, ou que ceux qui changeoient les leurs pour en prendre de nouuelles, plus nobles, & honnorables, conseruoient les anciennes sur le timbre, dit Moreau, & à ce propos, il rapporte le Chien de la maison de Montmorancy, le Chien ailé de Martinus Scaliger, l'Ange esployant ses aisles sur le timbre des Florentins, la Fée, qui paroist tantost coiffée, tantost escheuelée, sur ceux des maisons de Lusignian, S. Valier, S. Gelais, la Roche-foucaud Lanssac & la Lande, qui se disent issus de Raymondin Comte de Poitou &

de Melusine sa femme. Le mesme Moreau rapporte que Paul Ioue dit que la maison des Colins en Italie, il faut dire des Colonnes, auoit pour ses premieres armes vne Sereine telle que les Peintres les representent, demie femme & demy-poisson, & que depuis ayant pris la Colonne pour armoiries, elle retint cette Seraine au timbre pour y tenir lieu de deuise, d'autres se sont seruis d'autres pieces, qui de croix, qui de testes de bœuf, de cerf, de hures de sangliers, d'oyseaux, de cornes, &c. A quoy i'adiousteray seulement que le grand Constantin portoit pour cimier vne croix, & que les nouuellement annoblis, soit par offices, soit par seruices militaires, ou par lettres, n'en peuuent porter d'autre, sinon la targue ou simple Bourlet.

CLARINE' qui eſt garny d'vne clochette ou campagne, laquelle à cauſe qu'elle reſonne fort clair, peut auoir par vne forme de Nomatopée donné ſource à ce mot clariné. Bearn porte *d'or à deux vaches paſſantes de gueules accollées, accornées & clarinées d'azur*, c'eſt à dire qu'elles portent au col vne ſemblable clochette.

CLECHE'. C'est à dire ouuert à iour, comme la croix du Comte de Tholose, qui est *d'or clechée vuidée & bezantée en champ de gueules.*

Les Macles qui sont Lozanges ouuertes s'appellent clechées.

Rohan porte *de gueules à neuf macles d'or.*

La couronne Imperiale est aussi clechée. Voy couronne.

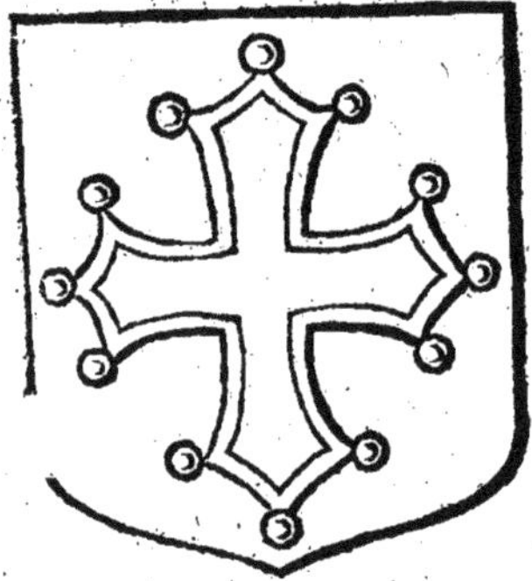

CLEF. Marque de la pudeur, de la seureté & de la puissance la pudeur fait que nous retenons & resserrons dans nous beaucoup de pensées que l'impudence sa contraire nous fait mettre au dehors. Cette mesme vertu nous empesche de faire en public & aux yeux du monde. Voire de nos domestiques certaines actions, lesquelles quoy que licites nous cachons au plus sombre de nos cabinets, & a ce sujet nous fermons nos portes. La clef à laquelle nous confions ce secret est portée par *Ianus à Ianua dictus* parce qu'on le tient le premier inuenteur des portes serrures & clefs: clefs qui ouurent & ferment *Clusius idemque Patulcius*: le chef de l'Eglise en porte deux en saultoir, il lie & delie & en cela git la puissance, qui fut donnée au Prince des Apostres. L'on donnoit autrefois vne clef aux nouuelles mariées, non seulement pour augure d'vn part & accouchement facile, mais principalement pour les rendre comme maistresses des biens de leurs maris. Aussi lors qu'en Bourgogne la femme quitte la participation qu'elle auoit en la communauté coniugale, elle est obligée de mettre sa ceinture, & ses clefs sur la fosse de son mary: ce que nous appellons faire la desceinte, &

P

par le droit Romain la tradition des clefs tient lieu de mise en possession de la chose resserrée souz les mesmes clefs. *L. Clauibus D. de Contrahenda emptione* : Nous dormons en seurté dans nos maisons quand les clefs de nostre ville sont en bonnes mains, & entre nos magistrats populaires celuy est le premier qui a la garde des clefs : C'est donc à iuste raison que quelques familles ont chargé l'escu de leurs armes, qui d'vne clef, qui de deux, qui de trois, qui en pal, qui couchées, qui adorsées, qui les pennetons tournez l'vn verra l'autre, qui encore en sautoir.

Philippes Emanuel de Gondy Comte de Ioigny, à present pere de l'Oratoire portoit *au 2. & 3. quartier d'hermines au chef de gueules*, qui est de Vinonne, *le chef chargé de deux clefs d'argent passées en sautoir*, qui est de Clermont Tallart & Nicolas Raolin Chancelier de Bourgongne, souz le bon Duc Philippes, portoit *d'azur à trois clefs d'or mises en pal.*

CLOCHE. Il se rencontre peu de choses dans le monde qui n'ait son reuers : la rose auec sa beauté a ses espines : les medicamens plus vtils sont pleins d'amertume, & les animaux plus venimeux nous seruent de contrepoison. La Cloche est de mesme, elle fut inuentée en la ville de Nole en Italie, dit Polidore Virgile pour mettre aux eschauguettes & donner aduis de la venüe de l'ennemy, comme firent les oyes du capitole à l'arriuée des Gaulois. Les clochers de nos Eglises en sont garnis, afin de conuoquer le peuple au seruice diuin & aux predications de l'ordonance de *Sabinianus* qui le dernier se qualifia Euesque de Rome, enuiron l'an 600. mais d'autre part le son des cloches tend à autre fin, & cause le plus souuent la ruine des habitans, ny ayant rien de plus alarmeux ny qui eschauffe tant vn peuple tant soit peu mutin, que le son du tocsin: aussi les Princes de l'Orient ont mis bon ordre à ce que les cloches ne fussent introduites és terres de leur obeissance, & lors qu'en France, ou il y en a en trop grand nombre quelque sedition est arriuée, comme à Bourdeaux en l'an 1552. & a Montpellier en l'an 1574. l'on a osté les cloches aux rebelles. La cloche n'a point d'autre denomination. Il est vray que souuent l'on donne vn nom à quelques cloches particulieres lors qu'on les benit, ce que improprement l'on appelle baptesme depuis que soubz le Pape Iehan XIII. enuiron l'an 972. le ieune Empereur Othon apres son couronnement donna son nom à la grosse Cloche de Latran. L'on pend des clochettes au col des vaches & des moutons, à celles là quand elles sont coustumieres de s'esgarer : ainsi les vaches de Bearn en portent, d'où vient qu'elles sont appellées clarinées, & a ceux cy pour conduire le trouppeau, Iean le Maire en ses illustrations de la Gaule appelle ces moutons clochoniers ou sonnaliers.

Il y a des cloches qui se mettent seules sur des Escus ayant le batant ou batail de mesme esmail

Bellegarde porte *d'azur à la cloche d'argent* qui sont armes parlantes.

D'autre ont le batail d'autre esmail.

N. porte *de gueules à vne croix d'or accompagnée de quatre cloches de sinople batelée ou bataillée d'azur.*

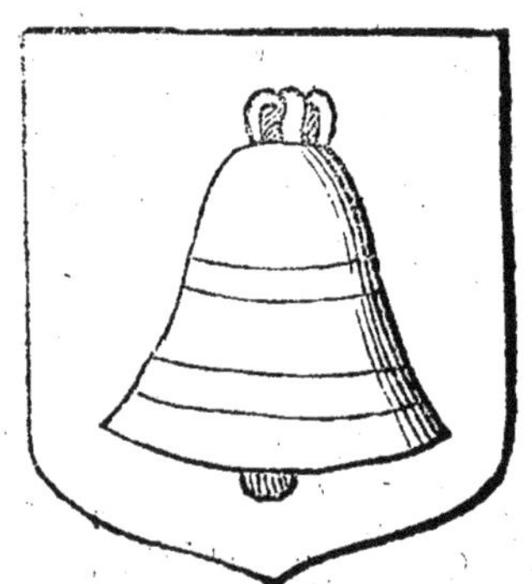

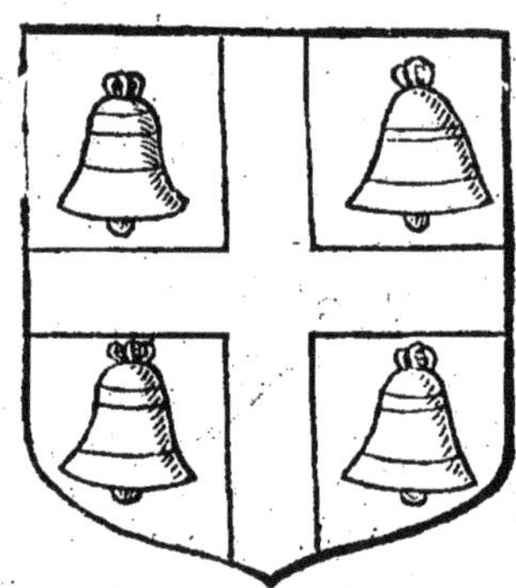

COEVR en blason à deux significations, la premiere est naturelle, denotant cette partie noble qui vit la premiere & meurt la derniere au corps de tous animaux: au contraire des yeux qui meurent les premiers, quoy que les derniers faits.

Berthe fille de Florent, Comte de Frise, Holande & Zelande femme de Philippes I. du nom Roy de France portoit *de France party d'argent à la bande d'azur de 3. pieces chargée de cœurs d'or*, qui est de Frise.

Ce mesme mot se prent aussi pour le point & place du milieu de l'Escu mis en cœur qui est au milieu de l'Escu comme le croissant de Michel de Marillac Garde des Seaux, qui portoit *d'argent à la massonnerie de sable, accompagnée de six merlettes de mesme, & vn croissant montant de gueules mis en cœur*, on dit aussi mis en cœur d'vne croix, ou d'vne fasce, au milieu de la fasce & qui luy sert de charge.

Heymard Abbé de Sainct Michel Chancelier de France souz Charles le gros en l'an 884. portoit *d'or à la croix resarcelée de sable chargée en cœur d'vne fleur de lys d'or*, que son maistre luy donna.

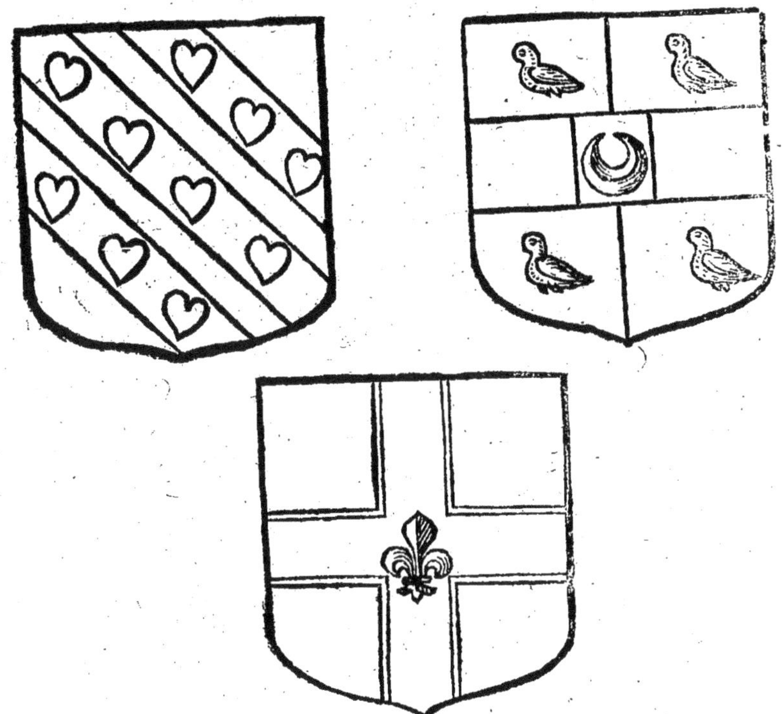

COLOMBE recommandable pour sa simplicité par la bouche mesme du fils de Dieu, elle apporta le rameau de paix retournant dans l'arche apres le deluge, & le Sainct Esprit apparut aux Apostres en forme de Colombe. Aussi est elle pure & nette & fidelle à son masle, quoy que d'amoureuse complexion, & que dans le Paganisme on luy ait fait tirer le chariot de la Deesse des amours.

Elle a seruy de courrier ailé dans les armées, portant chaque iour des nouuelles aux Consuls Romains de la part de Brutus, de ce qui se passoit dans la ville de Moderne assiegée par M. Anthoine. Son plumage a ie ne sçay quoy de surnaturel, aussi bien que celuy du Paon, en ce que la couleur changeante qui y paroist, n'est pas la couleur mesme de chaque plume, ains elle s'y rencontre extraordinairement & par la seule agitation comme le porte ce vers que l'on attribuë à l'Empereur Neron,

Colla Citheriacæ splendent agitata Columbæ.

Sa figure, outre celle de la croix, commune à la plus part des ordres de Cheualerie, est le principal ornement de celuy de France, peu neantmoins en chargent l'Escu de leurs armes.

Hector le Breton Sieur de la Diuerterie premier Herault d'armes de France porte *d'argent à 3. Colombes d'or 2. & 1. les deux du chef affrontées & vne estoille de mesme mise en abisme au chef d'argent, chargé d'vn lyon naissant de gueules.*

COLOMNE se prend pour l'appuy & support de quelque chose, elle est garnie de base,& de chapiteau: la base composée de plinthe,de piedestal & autres ornemens: le chapiteau de frise,d'astragalle & de ceinture. Les colomnes d'Alexandre en la Sarmatie ou Scythie Asiatique, celles de Hercule eleuées de cuiure *In Gaditana insula*, & ou ceux qui auoient paracheué leur nauigation luy alloient sacrifier, d'ou vient, *le plus outre*, de l'Empereur Charles V. quoy que quelques vns tiennent que c'estoient deux montagnes coupées & diuisées par ce dompteur des monstres, lesquelles paroissoient de loin en forme de Colomnes, & sur tout estoient plus ingenieuses, ces deux colomnes dont parle Iosephe en ses antiquitez iudaiques, basties par Seth. fils d'Adam inuenteur de l'astrologie, lequel pour en conseruer la memoire ayant apris de son pere qu'il aduiendroit vne destruction generale de toutes choses, vne fois par feu & vne autre fois par eau, il fit esleuer deux colomnes, dont l'vne estoit de brique & l'autre de pierre, en chacune desquelles il fit grauer ses inuentions afin que l'vne manquant l'autre subsistast, & dit cet autheur au liu. 1. chap. 2. tout à la fin, que la colomne de pierre qui auoit resisté à l'eau du deluge, se voyoit encore de son temps en Syrie. La Noble maison de ce nom en Italie porte *de gueules à la colomne d'argent base & chapiteau d'or couronné de mesme.*

Iean François de Chanlecy Sieur de Sauigny Gentilhomme Bourguignon, Conseiller au Parlement de Mets sçauant au blason des armoiries, & qui m'a grandement obligé en l'edition de ce liure porte *escartelé au* 1. *d'or à trois escreuisses de gueules posées en pal*, qui est de Thiard, *au* 2. *d'argent à la bande de trois pieces de gueules* qui est de Semur Tresmont *au* 3. *de gueules á la bande d'or accompagnée de six coquilles de mesme peries en orle*, qui est de Veré *au* 4. *d'argent à trois fasces vndées d'azur* qui est de Sercy en Masconnois *sur le tout d'or à la colomne d'azur semée de larmes d'argent* qui est de Chanlecy *le tout brisé en chef d'vn lambel a* 3. *pendants d'azur* à la difference du Sieur Baron de Pleuuaust & du Sieur de Commune, Baron de Saincte Croix ses deux freres aisnez.

COMETE. Les Grecs appellent cometes ces estoilles qui ont vne cheuelure, sanguine, & herissée au dessus, elles viennent d'ordinaire du costé de Septentrion, & ne durent iamais moins de sept iours, ny plus de quatre vingts, leur aspect est dangereux : *Nunquam visus impune comætes.*

N. portoit *d'argent à la comete de gueules.*

Il y en a qui prennent pour vne comete l'estoille à 16. rays que le Cardinal de Luxembourg, Chancelier de France souz le Roy Iean portoit pour escart, & que Philippes Chabot Admiral de France, fils de Magdelaine de Luxembourg, & ses descendants en Bourgongne ont retenuë. On tient que cette estoille à 16. rais d'argent en champ de gueules, vient des Baux en Prouence qui ont tenu la principauté d'Orange auant ceux de la maison de Chalon, desquels sont descendus ceux de Nassau par le mariage de Claude de Chalon auec Henry de Nassau. Quand l'on veut representer vne vraye comete, il faut que l'vn de ses rayons soit plus grand que les autres, pour luy seruir de cheuelure, ce qui fait que nostre vulgaire l'appelle estoille a longue queuë.

COMPON COMPONE'. Componé veut dire composé comme vne bordure componée, qui est composée de deux Esmaux separez, ou diuisez par filets en forme longuette, fors és recoins que les iointures sont faites en pied de cheure: Telle est la bordure de l'Escu de Bourgongne moderne *semé de France à la bordure componée d'argent & de gueules*.

COMPON est chaque piece de la componneure, dont l'vne doit estre de metal & l'autre de couleur.

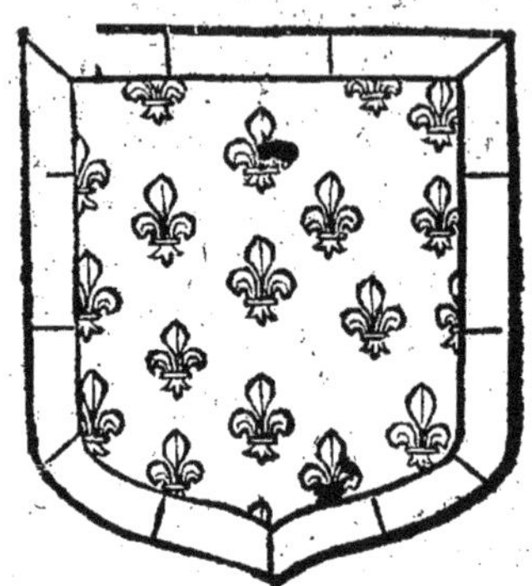

COMTE quelle couronne doit porter sur ses armes, voy Couronne.

CONFERON ou CONFANON. Voy Gonfanon.

CONTOVRNE' qui est tourné à la senestre, & contre l'ordinaire, parce que tous animaux doiuent regulierement auoir la teste & le reste du corps tourné à la dextre : les choses inanimées, qui ont quelque partie plus recommendable que les autres doiuent estre posées de mesme. Que si au lieu d'auoir leur aspect du costé dextre ils l'ont au contraire, il faut vser de ce terme contourné. Ainsi le cheual effrayé de Saxe qui se voit au premier quartier de l'Escu de Sauoye se dit contourné, ainsi Gueldres porte *d'azur au lion contourné d'or armé & couronné de gueules*. Ainsi celuy du Comte de Charrolois se blasonne *d'or à la teste contournée en arriere, ou regardant vers sa queuë, armée & lampassée d'azur en champ de gueules*.

CONTRE-BANDE. C'est vraymennt vne barre, elle s'appelle contre-bande, à cause qu'elle tire de la senestre à la dextre, au contraire de la bande, qui tire de la dextre à la senestre, voy cy dessus le mot barre.

CONTRE-PAL. Voy pal & aussi des autres termes qui sont composez de cette preposition contre.

COQ. Comme les armoiries viennent des armes, & que la Noblesse fait profession des vns, & porte les autres, sur tous ceux des autres conditions. Que d'ailleurs le Noble mestier veut vn courage hardy, genereux, & vigilant : ie m'estonne pourquoy nous voyons si peu de coqs dans les Escus, veu que le coq est la sentinelle de Nature, qui reueille les soldats à la quatriesme veille, & ne souffre point que le Soleil se leue sans les en auertir : Il commande à son peuple, & quelque part qu'il soit il veut estre le maistre, s'il treuue vn competiteur, le Royaume se doit acquerir auec les armes que la Nature leur a mises és iambes & au bec. Le vainqueur trompette ses fanfares luy mesme. Il est seul le chantre de sa victoire, à laquelle il donne des ailes par le battement des siennes, il est cresté comme vn soldat, ou a mieux parler le soldat pour se rendre plus terrible à son morion cresté comme le coq. Il se demarche en Capitaine, tient son col roide & sa queuë droicte à demy courbée, & en cette posture il chante & effraye le lyon le plus redouté de tous les animaux, l'orgueil de la pourpre Romaine luy faisoit honneur, & sembloit que l'heur & malheur des augures dependist de sa forme de manger; c'estoit leur grand Conseiller d'Estat: nul n'osoit ny ouurir ny fermer sa porte, sans son auis, l'entreprise des combats dependoit de luy, il commandoit à ceux souz qui tout le monde trembloit.

Depuis & dans nostre Christianisme, l'on l'a esleué au sommet des Temples.

Ad superos mentem quod reuocet Vigilem.

Attribu donné par necessité aux Euesques, lesquels doiuent veiller sur leur troupeau, & dresser leurs prieres au Ciel dés le réueil de cet oyseau, suiuant le precepte du Psalmiste *preueni diluculum & clamaui.* Son chant fit recognoistre & pleurer Sainct Pierre.

Nicolas de l'Hospital, Marquis de Vitry & Mareschal de France, &

François

François de l'Hospital Sieur du Hallier freres portoient *de gueules au coq hardy d'argent, cresté, membré & becqué d'or soustenant vn escusson d'azur chargé d'vne Fleur de Lys d'or.*

COQVILLE de toutes les choses crees, la coquille est celle qui a plus de diuersitez en ses figures, au rapport de Pline liure 9. chapitre 33. auquel ie renuoye le lecteur curieux, & neantmoins nos Heraults & compositeurs d'armoiries n'en font que d'vne sorte plus que demie ronde, és costez, & par le bas, retroussées par le hault, auec deux petites pointes en forme d'oreilles & rayées par le dessus: toute la difference que quelques vns y apportent est en la grandeur, qualifiants les plus petites coquilles de Sainct Michel, & les plus grandes de Sainct Iacques, & toutefois ie n'en vois point d'exemple: on les range en tel ordre qu'on veut, & en tel nombre iusques à les mettre sans nombre & en charger les pieces principales.

Les vrayes & anciennes armes de Bourbon estoient *d'or au lyon de gueules & à l'orle de 10. coquilles d'azur.* Mais depuis que Robert Comte de Clermont le dernier des fils de Sainct Louys eut espousé Beatrix de Bourgongne fille de Iean de Bourgongne & d'Agnes fille d'Archambaud de Bourbon, Louys Comte de Clermont qui nasquit de ce mariage, comme Premier Duc de Bourbon, quitta le nom de Clermont, & prit celuy de Bourbon en retenant neantmoins les armes de son pere, qui estoient celles de France. Ceux de la maison de Laual portent *de Montmorancy à la croix de gueules chargée de cinq coquilles d'argent.*

P. de Sainct Iulien appelle les coquilles Vannets parce que les vans propres à vanner les grains sont de cette forme.

CORDELIERE est vn cordon d'argent façonné comme les ceintures dont les Religieux de l'Ordre Sainct François se ceignent sur leurs robbes, & lesquels à cause de cette forme de ceinture sont communement appellez cordeliers : l'vsage en est venu de Anne Duchesse de Bretaigne, laquelle apres la mort de Charles VIII. son premier mary, fit faire des cordons d'argent de cette sorte, qu'elle porta en forme de ceinture, & en donna a toutes les Dames vefues de la Cour : Depuis ce temps, non seulement les vefues des Princes, Seigneurs & officiers d'eminente qualité, mais aussi les femmes des Gentilshommes, voire les simples Damoiselles, ont entrepris d'en mettre à l'entour des Escus de leurs armoiries, tant l'abus est grand.

Quant aux Reines Princesses & autres Dames de hault parage, disent ceux qui sont versez en l'art heraldique, leurs maris viuans elles les ornent de palmes, lauriers, myrtes, & autre menüe verdure & non de cordelieres.

COR-CORNET. Ces mots ſont deriuez de corne, parce que les vrays cors & cornets en ſont faits ; ils n'en ont pourtant la ſignification. La Corne eſt priſe hieroglyfiquement pour l'abondance, *Cornu Copiæ.*

Pour l'honneur, & pour la puiſſance. *Et cornu eius exaltabitur in gloria.*

Mais le cornet, tel qu'on le depeint en armoiries, ne repreſente que la chaſſe, quoy qu'il y en ait de trois ſortes, les vns tous ſimple, ſans virolles attachées, ny autre garniture.

N. portoit *d'argent à trois trompes, ou cornets de ſable.*

Les autres ſont mornez & virollez. Le Comte d'Hornes portoit *d'or à trois trompes ou huchets de gueules, virollez d'argent* : D'autres encore ſont enguichez, pendus, attachez, ou liez. Orange porte *d'or à vn cor d'azur lié ou enguiché de gueules.*

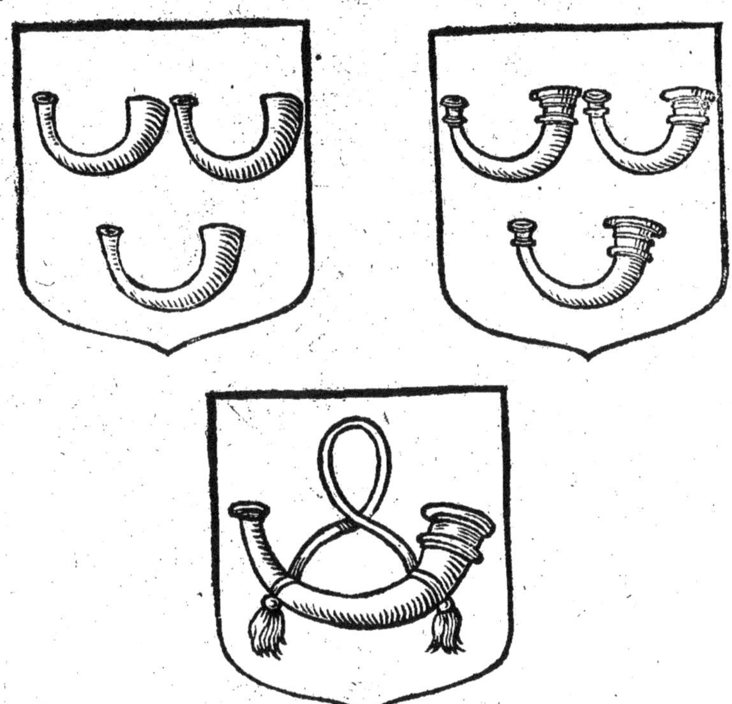

CORNETTE eſt l'vne des enſeignes d'vne compagnie de Caualerie, ſa forme eſt quarrée à la difference du guidon, qui finit en pointe, voy, cy deſſus banniere.

CORNIERE eſt vne vraye anſe de pot. Iacques de Villiers Sieur de l'Iſle Adam Preuoſt de Paris portoit *d'azur au chef d'or chargé d'vn dextrochere reueſtu d'vn fanon d'hermines briſé d'vne corniere de ſable, mouuant du premier canton.*

COTICE eſt vne eſpece de bande, par ce qu'elle eſt de la forme de la bande, & ſe poſe dans l'eſcu du meſme biais, tirant de l'angle dextre du haut au ſenextre du bas: la difference ne conſiſte qu'en la largeur: la bande doit regulierement tenir le tiers de l'Escu, là où la Cotice qui n'est large que des deux tiers de la bande, ne doit occuper qu'entre la quarte & cinquiesme partie d'iceluy; ce qui ne s'obserue pas à la rigueur, les Peintres, Graueurs, & Sculpteurs, tenant l'vne & l'autre plus estroite, principalement quand la bande est accompagnée de quelques autres pieces : la Cotice se met aussi en barre, c'est à dire qu'on la fait tirer du costé senestre au dextre, comme le filet de bastardise, & ainsi doit estre posée la Cotice que René Bastard de Sauoye, grand Maistre de France en l'an 1519. portoit, d'azur brochant sur le tout des armes de Sauoye, & de Tende, au lieu qu'elle est posée en bande dans le feron: Le mesme doit estre fait de la Cotice d'or brochant sur le lyon de Luxembourg, és armes de Iean de Luxembourg Bastard de Sainct Paul, aussi grand Maistre de France en l'an 1431. Outre qu'au mesme desnombrement des grands Maistres, & representations de leurs armoiries, c'est plustost vn baston qu'vne cotice, lesquelles fautes ne peuuent estre passées souz silence, quoy que la derniere qui regarde la largeur de la Cotice, peut estre prouenuë du fait du Graueur. Pithou parlant des armes des Comtes de Champagne appelle les Cotices qui y sont *Fretaux*, comme à la verité les fretes sont composées de Cotices & contre-Cotices.

Thibaut de Neuf-Chastel Mareschal de Bourgongne souz Philippes le Bon, portoit *de gueules à la bande d'argent.*

N. portoit *d'azur à la Cotice d'or.*

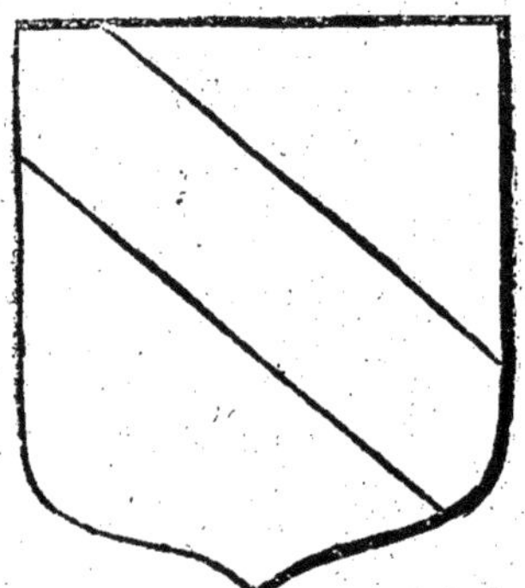

COVCHANT pour COVCHE', se dit de l'agneau comme rampant du lyon, parce que c'est la marque de la douceur naturelle de l'vn tout ainsi que de l'ardeur violente de l'autre.

N. portoit *de sinople à l'agneau couchant d'argent.* Cela n'empesche pourtant que l'on ne represente, soit l'agneau, soit le mouton, soit la brebis, sur leurs quatre pieds, la teste baissée comme paissant. Les armes de l'illustre maison des Seguiers, entre lesquels Messire Pierre Seguier est à present Garde des Seaux sont *d'azur au cheuron d'or accompagné en chef de deux estoilles de mesme, & vn mouton d'argent en pointe*, auquel on fait leuer vn pied comme s'il estoit passant. Ce qu'il ne faut pas.

COVLEVR toutes couleurs, dit Pline, sont, ou naturelles, ou artificielles: les naturelles se tirent des crayes, ou terres minerales & des fleurs. Les artificielles se composent du meslange des vnes & des autres, & d'autant que la nature est tousiours plus excellente que l'art, nos maistres ont choisi les naturelles, ou couleurs simples, pour seruir d'enrichissement au blason des armoiries, & ce en nombre de quatre seulement, gueules, azur, sable, sinople, il est vray qu'il y en a quelques vns, qui ont adiousté le pourpre pour vne cinquiesme couleur: à quoy ie ne peux soubscrire: non plus que Fauin, tant à cause (dit-il) suiuant vn sien manuscrit ancien, que qui meslera esgale portion des quatre autres couleurs, ce sera pourpre. Et par consequent couleur composées & non simple, qui ne doit estre en armes. A ce sujet comme il est à croire, quelques vns ont tenu, que le pourpre estoit indifferent, & que tantost on le prenoit pour metal, & tantost pour couleur, & que si on le rencontroit en quelques armes, ou sur vn metal, ou dessus vne autre couleur, ce n'estoit pas faulseté en armes, ce que l'on remarque afin que l'on sçache que metal ne se met point sur autre metal, non plus qu'vne couleur sur vne autre : autrement c'est suiet pour enquerre & le suiet d'enquerir ne se doit rencontrer sinon és armes des Princes, lesquels gardent pour eux cette prerogatiue, sans donner iamais priuilege à leurs sujets & vassaux, de porter metal sur metal, ny couleur sur couleur, en armes, ou deuise: Voy le mot enquerre.

Il n'y a qu'és brisures & differences ou cette regle ne s'obserue pas.

Ainsi voyons nous que les premiers Ducs d'Orleans portoient le lambeau de gueules & non d'argent comme ils ont fait depuis, sur l'azur du champ de l'Escu de France : Les Ducs de Bourbon & ceux de leur estoc & descente portent & ont porté le baston de gueules, ceux de Berry la bordure engreslée de mesme. Ceux de Valois, d'Aniou & d'Alençon la bordure pareillement de gueules. Voy cy dessus brisure.

COVPE'. C'est l'vne des especes de la diuision de l'Escu, & different ces mots, coupé, party, tranché, taillé. Coupé se dit lors que l'Escu est diuisé en fasce auec vne filet seulement.

Freimbourg. 10. Canton de Suisse porte *de sable coupé d'argent, & Soleurre le 2. canton d'argent coupé de gueules.*

Faut remarquer que quand l'on blasonne l'escu coupé, il faut commencer par le haut qui est le chef, c'est a dire que Soleurre porte *d'argent au dessus & de gueules au bas ou en pointe.* Quelque fois l'Escu est coupé de six pieces, 3. en chef supportez de 3. autres en pointe.

René Duc de Bar portoit *coupé de six pieces.*

La premiere du chef de Hongrie *fascé d'argent & de gueules de dix pieces.*

La 2. de Hierusalem, qui est *d'argent à la croix potencée d'or contournée de 4. croix alaizées de mesme.*

La 3. de Naples ou Sicile, qui est *de France au lambel de gueules* soustenuës. La 1. d'Aniou qui est *de France á la bordure de gueules.* La 2. de Bar qui est *d'azur à deux bars adorsez d'or semé de croix croisées au pied fiché de mesme :* Et la 3. de Lorraine qui est *d'or à la bande de gueules chargée de 3. allerions d'argent.*

Par fois aussi il est coupé de huict pieces 4. en chef, supportées de 4. autres en pointe. Les Ducs de Lorraine, de Guise, Delbeuf, il est vray que ces deux derniers ont des brisures.

Ce mot de coupé se dit non seulement de l'Escu en soy, mais des pieces mesmes, comme vn lyon coupé dans la moitié par le haut est d'vn esmail, & par le bas d'vn autre : Henry de Schomberg Mareschal de France en l'an 1625. portoit *d'argent aux lyon coupé de gueules & de sinople.*

COVPE' se prend aussi pour alizé ou racourcy, voy alizé.

COVRONNE. Il y auoit plus de sortes de couronnes chez les Grecs & Romains, qu'il n'y a pas entre nous. Tesmoin ce qu'en a escrit Charles Paschal Conseiller d'Estat & Ambassadeur vers les Grisons, du temps de Henry le Grand au traité particulier qu'il en a fait que nous obmettrons aussi bien que la couronne du soldat de Tertulian.

Celles que nous auons en vsage & qui se posent sur les Escus d'armes sont là.

COVRONNE IMPERIALE, laquelle est faite en forme de mithre, fors qu'elle n'est pas si longue ny si pointuë : Elle iette du milieu de son ouuerture vne troisiesme pointe, qui soustient vn globe d'or surmonté d'vne croix de mesme. Cette boule est la figure du monde : Auguste en vsoit en ses enseignes. Constantin fut le premier qui mit la Croix premierement sur son Heaume, & depuis sur sa couronne.

Suit en dignité, & non pas en antiquité la

COVRONNE ROYALE parce que celle icy est plus ancienne, tout ainsi que le nom de Roy deuance celuy d'Empereur.

Entre les couronnes Royales, celle du Roy de France excelle toutes les autres : elle est toute d'or couuerte & close par le haut, de la cambrure & voussure de 4. quarts de cercles aboutissans à vn bouton, rehaussé de pierreries reuestus & parez de 12. lys vn sur le bas de chaque quart, de cercle, & deux

& deux à chacun de leurs interuales, & pour comble il y a vn treiziesme lys de figure quadrangulaire, à la sime des quatre quarts de cercle, tenant place de cimier : forme qui n'est pas tant ancienne. Car celle que Louys XII. auoit portée à son sacre, & qu'il enuoya pour mettre sur le vaisseau d'or, dans lequel repose la Saincte Hostie de Dijon comme vn coq au vray Esculape, est vn simple cercle d'or massif, large d'vn bon poulce, orné de diuerses lettres de A. capitale du nom d'Anne de Bretagne, sa chere espouse, & distinguées de deux pointes en forme de bouttons, & sur le cercle il y a huict Fleurs de Lys couuertes à leurs bords d'vn feüillage approchant la Fleur de Lys des armes de la ville de Florence, & entre chacune desdites Fleur de Lys, il y a vn petit fleuron comme l'ongle de l'vn de nos doigts, marque, & de la modestie de ce grand Prince, & de sa foy touchant cette miraculeuse hostie qui se conserue entiere & sans corruption, depuis l'an 1430.

Les couronnes des autres Roys sont couuertes à la guise de celles de France : la difference est qu'elles sont ornées de fleurs communes en lieu de Lys, & que pour cimier elles ont vne boule surmontée d'vne croix.

Celles des fils de France sont ouuertes par le haut, & n'y a sur le cercle autre rehaussement sinon de huict Fleurs de Lys.

Les Princes du Sang portent en leurs couronnes, quatre Fleurs de Lys & quatre fleurons és interstices, encore que quelques vns tiennent, qu'ils n'ont point de droict de porter couronnes en cette qualité de Princes, si ce n'est comme Ducs, Marquis, ou Comtes, laquelle opinion ie ne puis suiure, d'autant que puisqu'ils sont capables de monter au thrône Royal, on leur feroit tort d'esgaler à eux des Seigneurs, qui n'auroient point de rang, sans leur terres, mesmement en ce temps, ou les faueurs sont extraordinaires. Les Ducs & Princes souuerains portent leurs couronnes releuées à hauts fleurons auec vne perle entre chacune d'icelles en lieu de Fleurs de Lys.

Pour les autres Ducs qui se font par grace, & par lettres, il semble qu'ils se doiuent contenter d'en porter a bas fleurons, à guise de trefles de 3. perles. Mais puisque c'est la volonté du Roy, il n'y a point de suject de leur enuier cet honneur.

Les Marquis ont leurs couronnes de cette forme à 4. fleurons, & autant de triots de perles, grosses, & rondes.

La couronne des Comtes est gresl[ée], ou chargée tout d'vne suite de pareilles perles, que l'on appelle perles de compte, parce qu'on ne les vend pas au poids, mais au compte & suiuant le nombre.

Pour les Vicomtes en lieu de couronne, ils n'ont qu'vn cercle d'or pur, chargé de 4. grosses perles.

Les Barons ny autres n'en chargent point l'Escu de leurs armes, ains seulement de leur tymbre.

Les Reines Princesses & autres Dames, comme elles sont esclairées de la splendeur de leurs maris & ioüissent des mesmes droicts & priuileges, elles portent aussi mesmes couronnes qu'eux.

Les Ecclesiastiques quoy qu'exempts de porter les armes, ne laissent pas d'auoir des armoiries : il est vray qu'au lieu de couronnes & de heaumes ils portent pour tymbre les marques principales de leurs dignitez.

Nostre Sainct Pere porte vne tiare faite en forme d'armet cerclé, ceint de trois couronnes, le tout d'or estoffé de pierreries, autrement vne triple tiare d'or, soustenuë de deux clefs d'or passées en sautoir & liées d'azur.

Les Cardinaux se tymbrent d'vn chapeau rouge, garny de cordons pendants des deux costez, chaque cordon lié en lacs d'amour à 15. nœuds houppez 1. 2. 3. 4.

Les Patriarches ont bien vn chapeau de mesme forme que celuy des Cardinaux, auec des cordons aussi : mais le chapeau est d'autre couleur & les cordons n'ont que dix nœuds 1. 2. 3. 4. 5.

Il y a d'autres Prelats quoy que non Patriaches qui ont droit de porter chappeau.

L'on voit cette difference entre les Prelats associez à l'ordre du S. Esprit

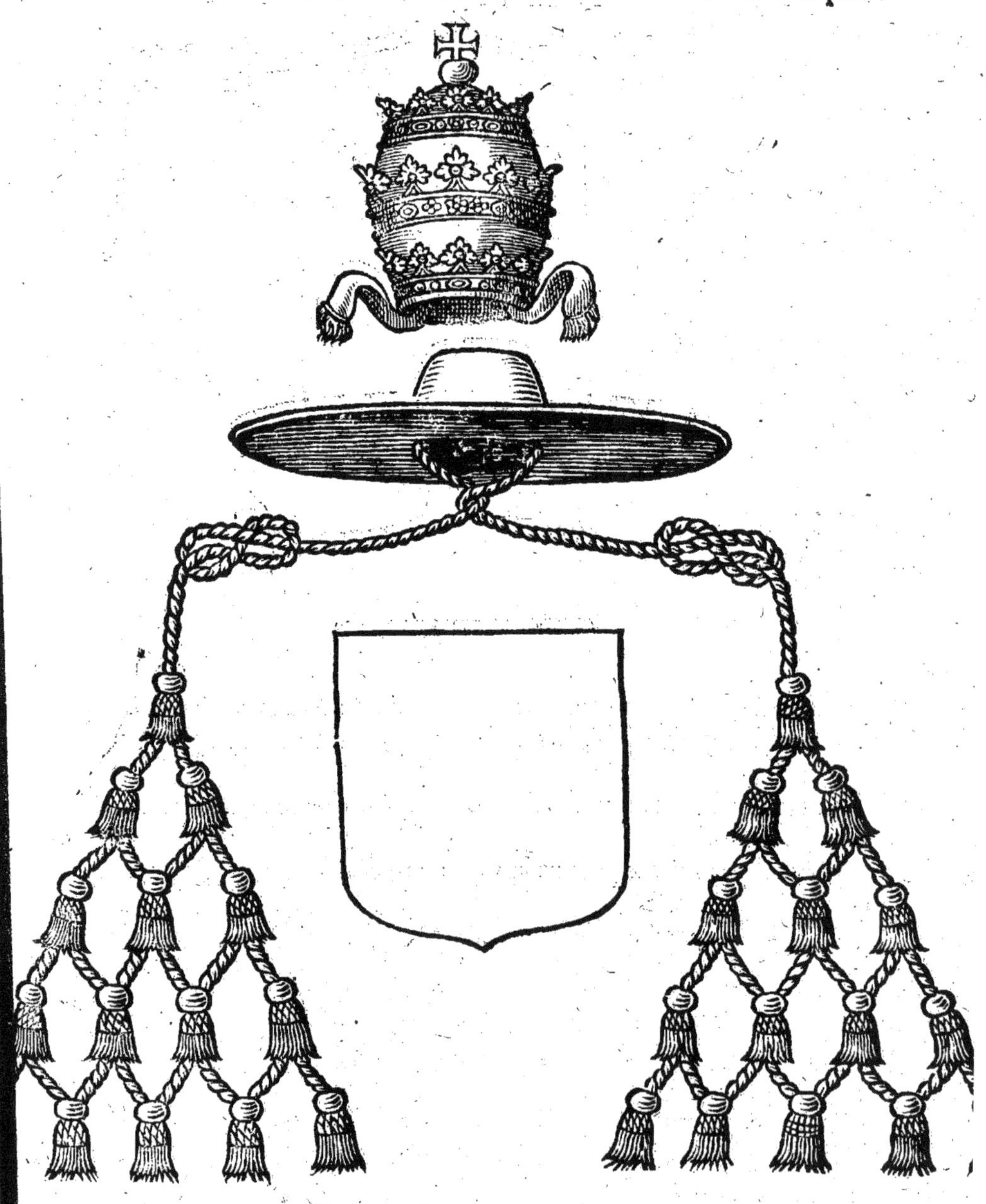

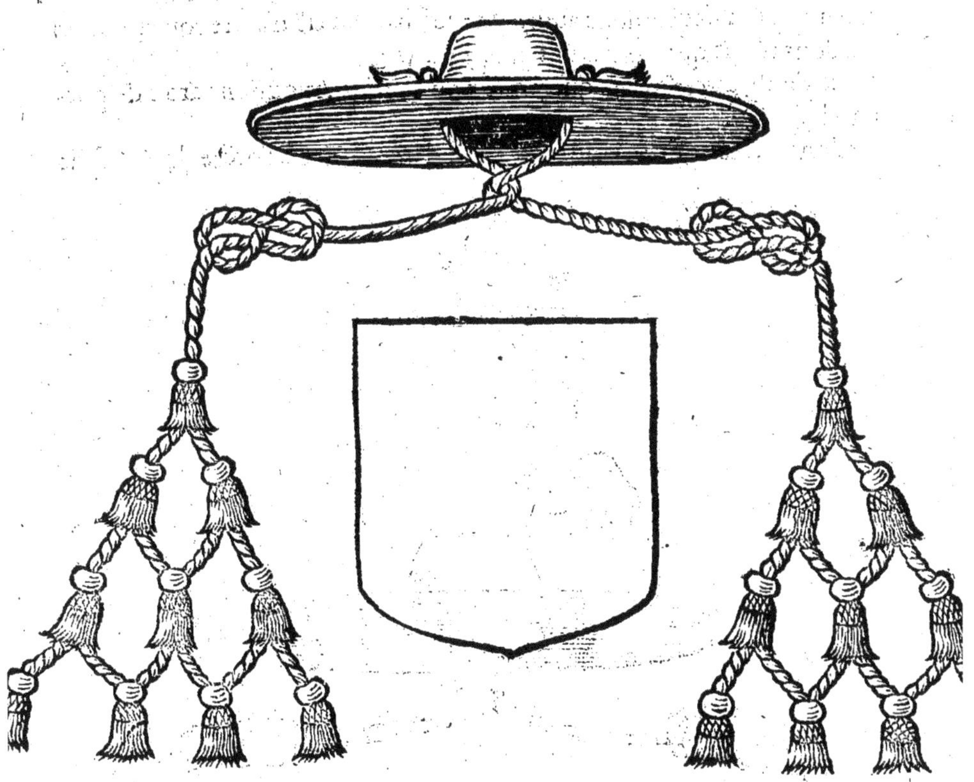

Les Archeuesques timbrent leur armoiries de leurs croix & de leur mitre mise en pleine fasce, ou tarée de front, pour vser des termes propres au heaume.

Le timbre des Euesques se compose de leur crosse & de leur mitre aussi rangées de front.

Les Abbez mitrez portent la mitre en pourfil, les non mitrez n'ont que la simple crosse.

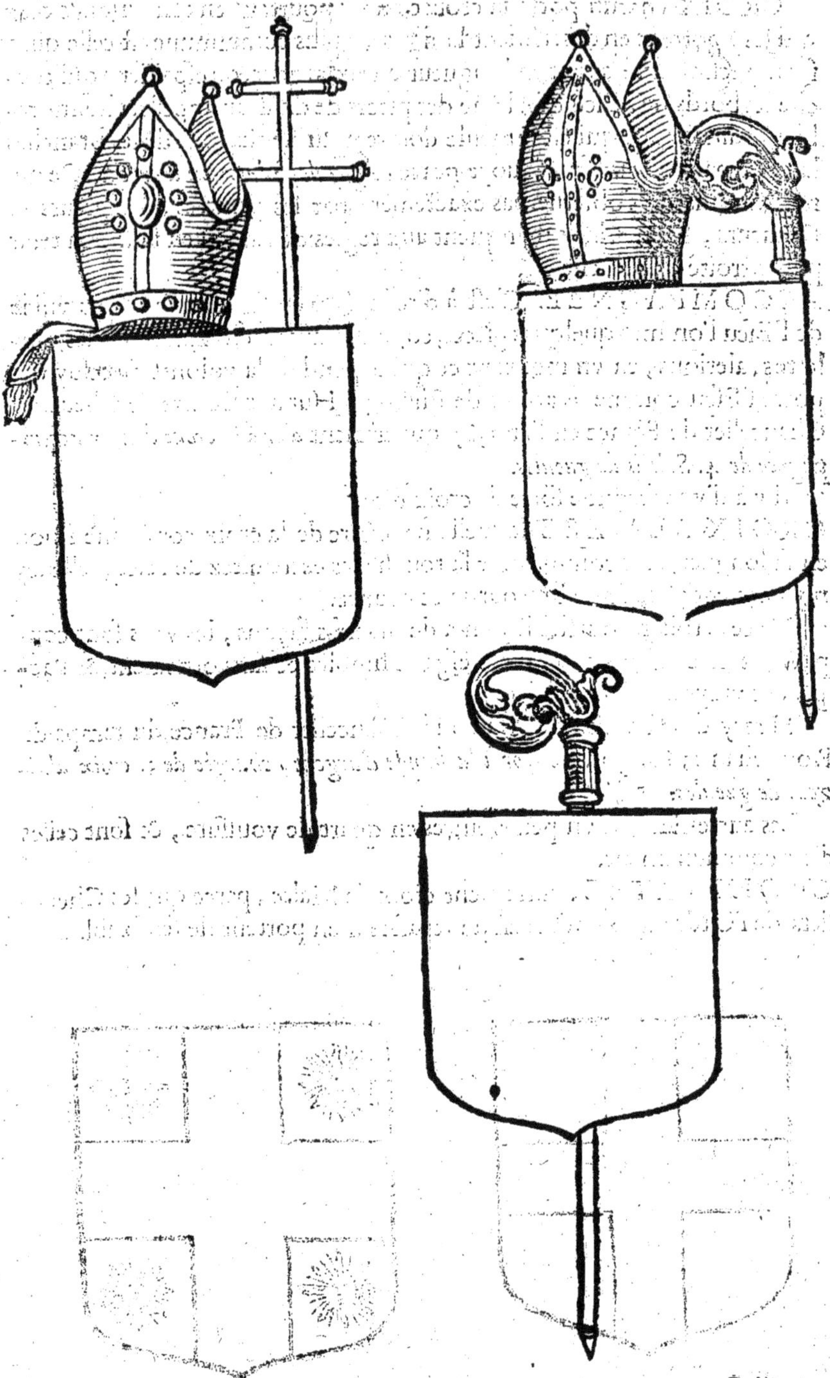

CROIX chacun porte ſa croix ce n'eſt pourtant en armoiries, & ceux qui les y portent en diuerſifient la figure, la plus commmune eſt celle qui a ſes branches eſgales tant en longueur qu'en largeur, ou eſpaiſſeur qui touche les bords de l'Eſcu, c'eſt l'vne des pieces de diuiſion appellees honnorables ordinaires & qui eſtant ſeule doit remplir de chacune de ſes branches la tierce partie de l'Eſcu. Sauoye porte *de gueules à la croix d'argent.* Ce qui neantmoins ne s'obſerue pas exactement par les peintres, Sculpteurs & Graueurs, & en cela ils manquent aux regles de l'art, bien faut-il la tenir plus eſtroite quand elle eſt,

ACCOMPAGNE'E. C'eſt à dire lors qu'en ſes cantons & au vuide de l'Eſcu l'on met quelques pieces, comme d'autres croix, des eſtoilles, molettes, alerions, en vn mot tout ce qui depend de la volonté de celuy qui porte l'Eſcu comme és armes de Philippes Hurault Comte de Cheuerny Chancelier de France en l'an 1583. qui eſtoient *d'or á la croix d'azur accompagnée de 4. Soleils de gueules.*

Il y a d'vne ſeconde ſorte de croix dite,

CROIX ALAIZE'E laquelle ne differe de la croix commune ſinon en ſa longueur, car comme celle là touche les extremitez de l'eſcu, celle icy n'y paruient pas, ains eſt racourſie & coupée.

De ces croix racourſies il y en a de diuerſes façons, les vnes ſont coupées net & ont leurs extremitez eſgales ſimples & ſans ornement, & s'appellent vrayment croix alaizées.

Henry de Meuleüe ou Mauloüé Chancelier de France du temps du Roy Iehan 1360. portoit *d'or à la bande d'argent, chargée de 3. croix alaizées de gueules.*

Les autres les ont vn peu creuſées en quart de vouſſure, & ſont celles dites communement,

CROIX PATE'E, autrement croix de Malte, parce que les Cheualiers de l'Ordre de Sainct Iean de Ieruſalem en portent de ſemblables.

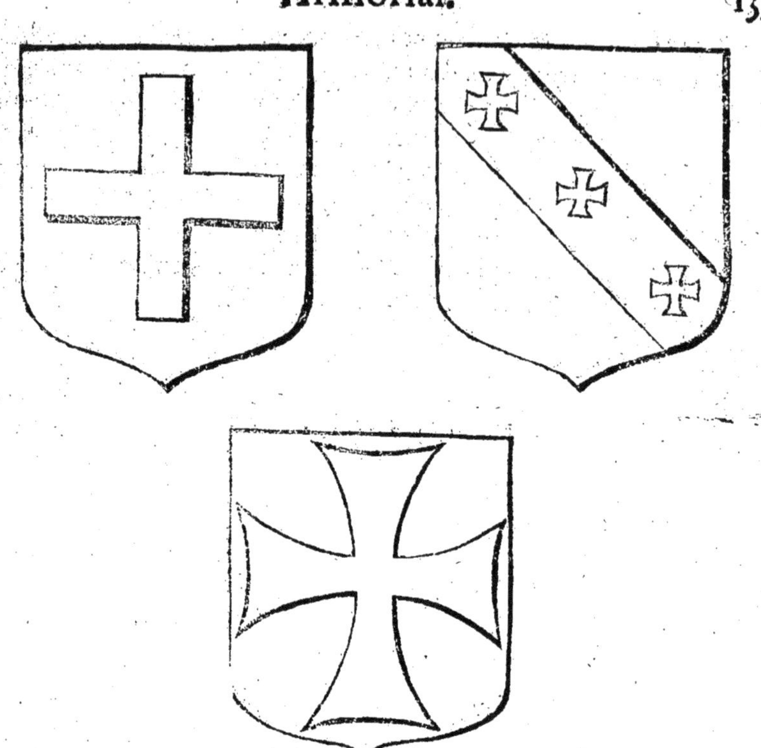

CROIX POTENCE'E qui est faite à ses bouts en forme d'vne potence ou de nostre lettre T qui est la mesme que le TAV des anciens Hebrieux que Sainct Hierome sur Ezechiel chapitre 9. dit representer la croix, *antiquis hebræorum literis quibus vsque hodie samaritæ vtuntur extremam* TAV *Crucis habet similitudinem quæ in Christianorum frontibus pingitur & frequenti manus inscriptione signatur.* Tertulien en dit de mesme de la lettre Greque TAV & de la Latine T. *Lib.* 3. *contra marcionem ipsa litera græcorum* TAV. *Nostra autem* T. *species crucis est*, *& Isidore de vocatione gentium cap.* 25. TAV *litera speciem crucis demonstrat.* Quelques vns appellent cette forme de croix *crucem commissam cum ligno erecto alterum greuius supra, & in ipso vertice transuersim committitur, ita vt nihil extet,* la grand croix qui fait le corps des armes du Royaume de Hierusalem est de cette forme.

CROIX CROISE'E est celle qui a vne autre croix à chacune de ses extremitez, en sorte qu'il semble que ce soient quatre croix dont les pieds se ioignent en quarré, par vn esgale distance au milieu de l'Escu, comme en vn centre, chacune de ces croix estant separées ont la mesme figure que celle où nostre Sauueur souffrit, ou plustost vainquit & dompta la mort. *Crux immissa in qua lignum longum seu stipes supra lignum transuersum eminet*, & c'est de cette sorte de croix que les anciens Peres S. Gregoire de Nice, Sainct Ambroise, Iustin martyr, Tertulien, Minutius, Fœlix

Origene & autres ont entendu parler, lors qu'ils ont escrit que la fléche & le ioug de la charrüe, le mast du nauire, auec son antenne, les enseignes militaires, les trophées, les oyseaux volans, l'homme qui nage & celuy qui est en vne feruente priere nous representent la figure de la croix. En cette posture prioit Moyse pendant le combat contre les Amalechites. *Manus crucis instar extensæ Amelech repulerunt.*

N. portoit *de gueules à vne croix croisée d'argent.*

CROIX RECROISETE'E, qui a plusieurs trauers du long de ses branches, chacun desquels fait autant de croix.

N. portoit *d'argent à vne croix recroisetée de gueules.*

CROIX FLORENCE'E qui est garnie a chacun de ses bouts d'vne Fleur de Lys comme sont les bastons ou sceptres de l'escarboucle de Cleues.

CROIX FLEVRONNE'E, qui a ses pointes ornées d'vn trefle ou tierce feüille: l'on en depeint vne semblable au party des armes des Seigneurs de Nogaret & sur le tout de celles de André de Brancas Sieur de Villars tous trois Admiraux de France & neantmoins la lettre n'en fait aucune mention, ains dit seulement que les premiers portoient *party de gueules à la croix d'or & le dernier sur le tout d'or à la croix de gueules.*

CROIX POMMETE'E ou BOVRDONNE'E qui est faite en

en forme de bourdon : elle n'est pas de figure plate, comme les autres croix, ains ronde comme vn baston & garnie à ses bouts d'vne pomme, boule ou bouton tel que les pelerins en mettent au dessus de leurs bourdons d'où vient qu'on appelle telles croix pommetées ou bourdonnées, & bien que cette sorte de croix soit composée de bastons elle est neantmoins differente d'vne autre forme de croix que l'on appelle.

CROIX BASTONNEE, ou CROIX A BASTONS en ce que celle là n'a que 4. pointes par le moyen de deux bastons, qui sont entez l'vn dans l'autre par le milieu, là où la croix bastonnée est composée de quatre bastons ou listes plates suiuant la figure qui est dans Bara, lesquelles auec quelque distance passant les vnes sur les autres deux en pal & deux en fasce tirent iusques aux bords de l'Escu, & font vne forme de croix que l'on peut blasonner.

N. porte *d'azur à vne croix bastonnée d'or & d'argent, ou à quatre bastons deux d'or & deux d'argent.*

Il y a encore d'vne autre sorte de croix dite.

CROIX BASTONNEE, ou CLAVELEE qui est composée de bastons tronçonnez, & qui semblent estre enclauez dans le bois principal de la croix.

N. portoit *d'argent à la croix clauelée de sinople.*

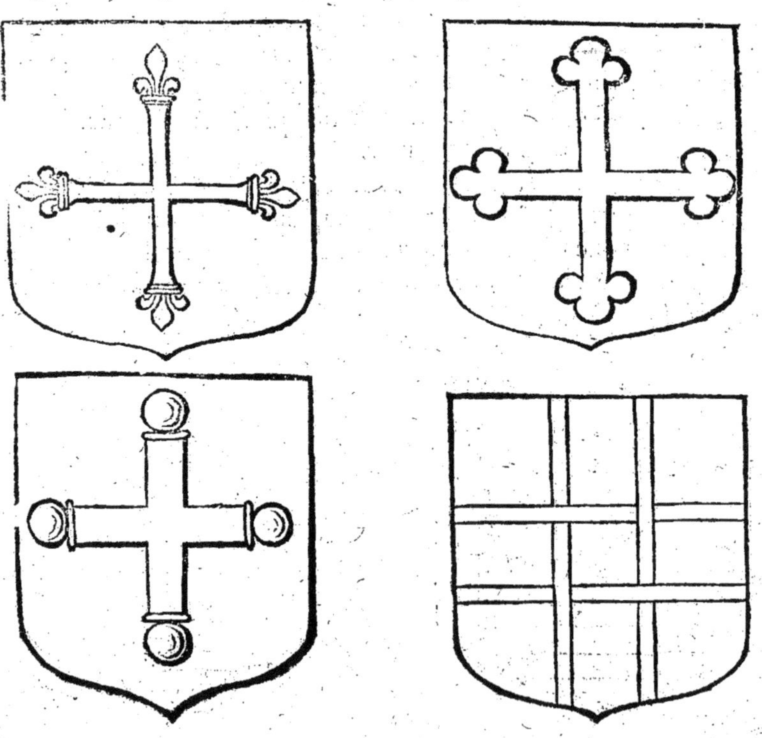

CROIX A DEGREZ. C'est vne croix croisée & qui n'a qu'vn montant, le pied duquel est posé sur de la maçonnerie de taille façonnée en forme de degrez, telles que sont d'ordinaire les croix de pierre que l'on met sur les grands chemins, tant pour remettre en la memoire des voyageurs le signe de leur salut que pour leur seruir de guide, comme autrefois parmy les payens, la statuë de Mercure surnommé à ce sujet Hodius suiuant Lilius Giraldus, ou bien Enhadius, ou Enhodius par Hesychius & Phurnutus : faut en blasonnant nombrer les degrez.

N. portoit *de sinople à vne longue croix assise sur trois degrez d'argent.*

Cette forme de croix est naturelle, l'on veut dire que comme les choses pesantes doiuent estre supportées par d'autres autant & plus fortes, & solides, la representation est conforme à ce que la Nature requiert. Ce qui ne se trouue pas en vne autre sorte de croix que l'on appelle aussi, A DEGREZ, ou à mieux parler.

CROIX ENSERRÉE DE QVATRE DEGREZ, laquelle à ses quatre branches esgales, & au bout de chacune il y a 3. degrez tracez & figurez en la mesme forme que s'ils seruoient de marche pieds ainsi qu'en la precedente, *de gueules à vne croix enserrée de 12. degrez au pied fiché dor.*

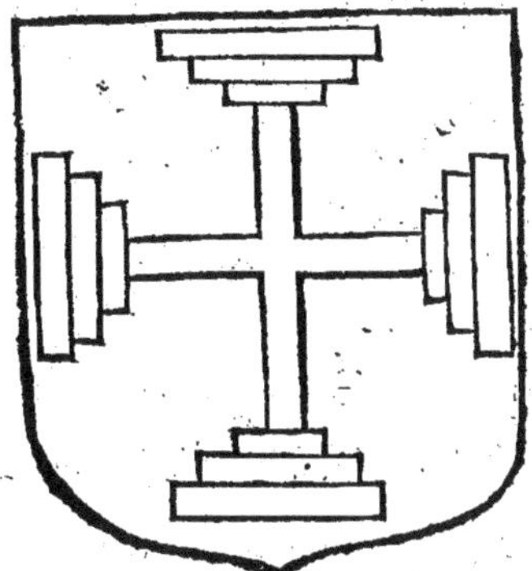

CROIX FICHE'E qui est vn peu plus haute que large, & a le bas pointu & propre a estre fiché en terre, le reste se façonnant à fantaisie, l'on en met ou 3. dans l'Escu, ou sans nombre ou és cantons d'vne autre croix principale, tout ainsi que les billettes.

CROIX ANCRE'E dont les branches finissent & se terminent en la figure d'vn ancre de Nauire, large suiuant le commun des autres croix.

Il se trouue des croix ancrées fort deliées & plus que n'est la cotice, & s'appelle.

CROIX NELLE'E, ou bien simblement NELLE'.

NILLE ou NIGLE. Voy cy bas nelle.

Et ne faut s'estonner si en armes on s'est plus souuent seruy de la figure de la croix que de nulle autre, puisque c'est la marque & la figure de nostre Redemption, dont nos premiers Chrestiens faisoient tant d'estat que Tertulien qui viuoit dans le second siecle & estoit du nombre, disoit au discours qu'il fait de *corona militis* qu'au commencement de toutes leurs actions, ils se munissoient tousiours du signe de la croix. *Ad omnem progressum atque prouectum, ad omnem aditum & exitum, ad vestitum & calceatum, ad lauacra, ad mensas, ad lumina, ad cubilia, ad sedilia quacumque nos conuersatio exercet, frontem crucis signaculo terimus.* Puis il adiouste parlant des traditions. *Harum de eius modi disciplinarum si legem ex postules scripturarum, nullam inuenies: traditio tibi pretendetur auctrix, consuetudo confirmatrix, & Fides obseruatrix.*

Aussi quand nos paladins François ont fait leurs voyages en la Terre Saincte, plusieurs d'entre eux à leur retour changerent leurs armes, & au lieu des lions, aigles & autres figures d'animaux qu'ils portoient, ils prindrent la figure sacrée de la croix, entre autres en nostre Bourgongne nous auons de la maison vulgairement appellée de DAMAS par vne ignorance de son antiquité quoy que ils signent simplement DAMAS sans la preposition de, en lieu qu'elle doit estre appellée de AMAS & par abbreuiation d'AMAS auec vne apostrophe sur le D & vn A capital pour AMAS: La raison est que ceux de cette maison que Fauin tient estre originaire du Niuernoix & auparauant du surnom de Chastillon portoient *d'or au lion de gueules*: Mais retournans de ce sainct voyage qui se fit souz Godefroy de Boulongne Duc de Boüillon apres auoir esté publié en l'an 1096. ils changerent d'armes & de surnom & prindrent celuy de AMAS de la prouince d'AMASIE qu'ils auoient conquise & porterent *d'or à vne croix ancrée de gueules*, telle que la porte encore auiourd'huy Charles d'AMAS Baron de Thianges Lieutenant pour le Roy au gouuernement de Bresse; c'est cette mesme croix qui est au 2. quartier des armes de Leonor de la Magdelaine Marquis de Ragny Cheualier de l'Ordre du Sainct Esprit en l'an 1619.

Outre les sortes de croix cy-dessus il y en a qui sont composées d'autres croix, comme la

CROIX PATRIARCHALE qui est vrayment vne croix double, ou qui a deux trauers chacun à l'endroit de chaque tiers du montant, celuy du bas vn peu plus long que l'autre : ainsi les portent les freres Religieux de l'ordre du Sainct Esprit, & la portoient autrefois les Templiers de couleur rouge dés lors de leur institution appreuuée au Conseil general de France tenu à Troyes en 1138. souz les regles dressées par Sainct Bernard qui y assista, ils la changerent depuis en 1182. apres qu'ils eurent eleu vn grand maistre & secoüé l'obedience du Patriarche de Hierusalem, & au lieu de cette croix rouge il prindrent vne croix noire ou de sable à lignes droites à huict pointes en forme de queuë d'Irondelle, qui est la forme de celle que Bara appelle,

CROIX DOVBLEMENT FICHE'E. Pour la croix Patriachale ie n'en ay point veu en armes : bien ay-ie remarqué qu'en la chappelle particuliere de René Duc de Bar en la Saincte Chappelle de nos Ducs à Dijon, & en chacune des trois vitres qui y sont, les armes de ce Duc sont supportées par deux aigles accollez d'vne couronne d'or l'estomach chargé d'vne croix patriarchale de mesme, auec cette deuise en DIEV EN SOIT & se peut faire qu'à ce sujeсt la Masserie Morin l'appelle croix recroisée, & donne les supports aux armes de ceux de la maison de Lorraine. Parmy nous, cette forme de croix est communement appellée,

CROIX DE LORRAINE à cause que ce Prince estoit de la maison de Lorraine, & par effect il portoit *coupé de six pieces 3. en chef & trois en pointe. La 1. du chef de Hongrie: la 2. de Hierusalem: la 3. de Naples* soustenuës *? la 1. d'Aniou : la 2. de bar & la 3. de Lorraine* qui font vne partie des alliances que les Ducs de Lorraine portent à present ny manquant qu'Arragon, Gueldres, & Flandres & qu'ils portent Sicile en la 2. piece du chef, & Hierusalem en la 3.

Ce René Duc de Bar fut pris prisonnier par Anthoine de Thoulongeon Mareschal de Bourgongne en l'an 1431. & amené à Dijon, & fut logé en la tour quarrée qui est au logis du Roy appellée encore auiourd'huy la Tour de Bar.

Faut icy remarquer que le collier de l'ordre de Suede dit du nom de Iesus ou des Seraphins, est composé de Cherubins & de croix patriarchales en memoire du siege Metropolitain d'Vpsale : cet ordre institué par Magnus Roy de Suede IIII. du nom l'an 1334. n'est plus en pratique, depuis que Charles oncle de Sigismond Roy de Suede par succession paternelle & de Pologne par election s'empara de la plus part du Royaume, & en bannit l'exercice de la religion Catholique pour y establir vne nouuelle doctrine, laquelle y a esté affermie par la puissance extraordinaire de ce grand & valeureux Prince, la terreur de l'Empire tué à la teste de son armée à la bataille de Lutzem en Nouembre 1632. GVSTAVE ou plustost AVGVSTE aussi bien d'effect que par anagramme.

Il y a encore d'autres sortes de croix qui sont les vnes diuisées, les autres composées, & d'autres chargées, ce qui fait qu'elles ont des denominations particulieres.

CROIX RESARCELE'E, est vrayment vne croix diuisée en sa largeur par le moyen d'vne orle qui regne par toutes les parties exterieures d'icelle.

CROIX BORDE'E. C'est de mesme, fors qu'elle est alaizée & diuisée sur ses bords par vne bordure d'vn autre email, quelques vns l'appellent,

CROIX SVR CROIX, en quoy neantmoins ie mets de la difference, car premierement la croix bordée doit estre necessairement alaizée & couppée là ou la croix chargée d'vne autre croix n'est pas necessitée de l'estre. En second lieu la bordure qui se met à la croix ne doit pas estre si large que le reste qui paroist du corps de ladite croix : en lieu que quand elle est chargée l'on en voit bien dauantage, par le moyen de la petitesse de l'autre croix qui charge, en voicy les figures.

N. portoit *d'argent à vne croix d'azur bordée d'or.*

N. portoit *de sinople à vne croix d'or chargée d'vne autre croix de gueules.*

Au surplus il sera remarqué vne contrarieté qui est entre le Feron & Bara touchant la CROIX RESARCELE'E non pas pour la figure, car ils s'accordent tous deux en ce point ains pour les esmaux, le Feron ny en met que deux & Bara trois. Celuy là dit que Iacques de Marcilly Mareschal de France en l'an 1356. portoit *d'or à la croix resarcelée de gueules*, auquel cas il faudroit que ce que i'ay dit cy dessus estre vne orle, n'en fust pas vne, mais vne ouuerture qui fust en la croix entre le gros d'icelle & la bordure, & que parmy cette ouuerture on decouurist le champ, vois en dauantage icy bas souz le mot resarcelé.

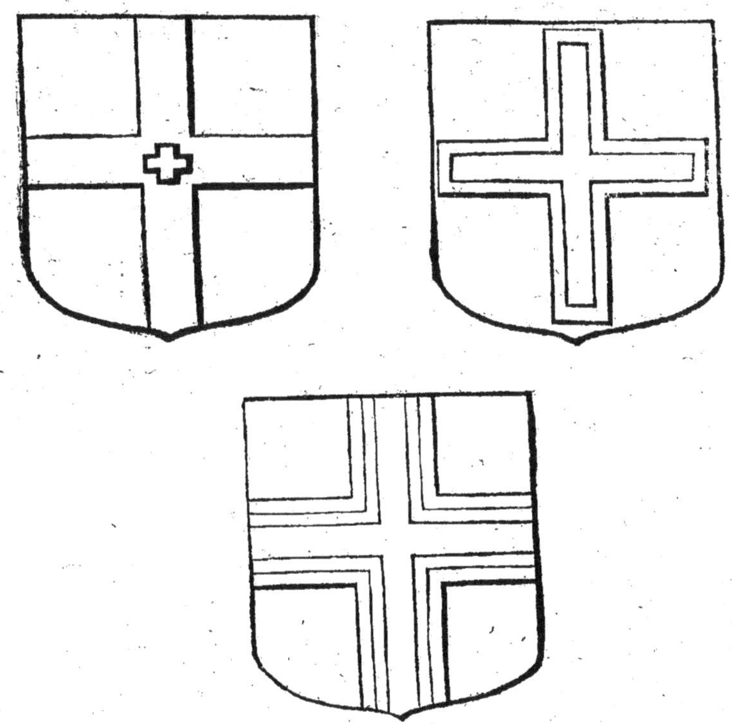

CROIX FRETEE, qui est composée ou plustost chargée de cotices se trauersans, & laissant vn vuide en forme de quarrez posez, comme les lozanges en pointes hault & bas, on l'appelle autrement.

CROIX COTICEE & RECOTICEE.

N. portoit *d'or à vne croix d'azur fretée d'argent.*

CROIX ESCHIQVETEE qui est garnie d'eschiquier.

CROIX COMPONEE, comme on dit vne bordure componée qui est composée de diuerses pieces d'vn metal & d'vne couleur, comme la bordure de l'Escu moderne de Bourgongne.

N. portoit *d'or à la croix eschiquetée d'argent & de gueules, de deux traits.*

N. portoit *d'azur à la croix componée d'or & de sinople.* Voy eschiquier, voy compon, & componeure.

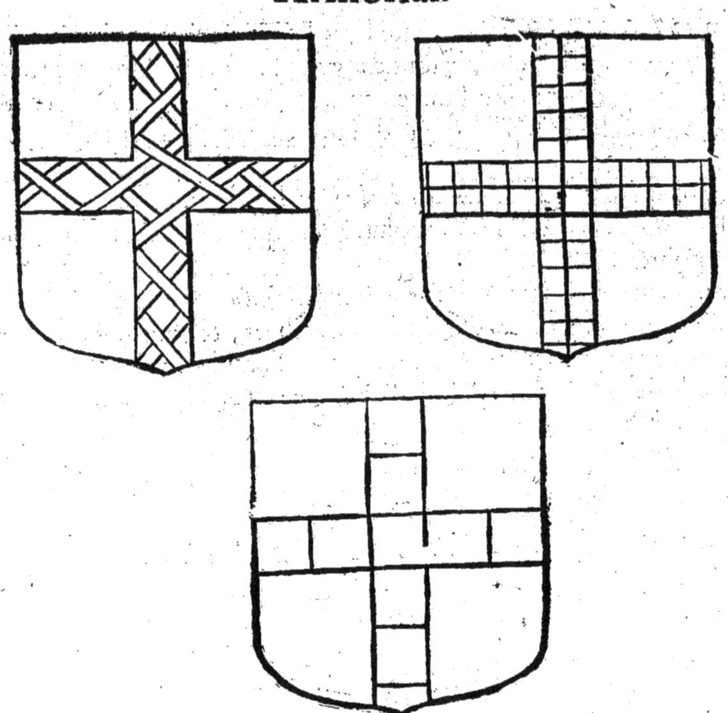

Il en eſt de meſme du vair & des lozanges, parce que comme ces pieces par la forme de leurs figures font le plein & le vuide quand on blaſonne la croix qui s'appelle,

CROIX LOZANGÉE ou chargée de lozanges & on doit dire.

N. porte *d'or à la croix lozangée d'argent & de gueules.*

Si ce n'eſt que la croix n'ait point d'autre corps que la lozange, auquel cas l'on dit.

N. portoit *de ſable à la croix lozangée, ou composée de lozanges d'argent.*

CROIX VAIREE. Quand les pots ou cloches ont leurs pointes à l'ordinaire, & que les esmaux sont d'argent & d'azur qui sont les esmaux du vray vair : il faut dire simplement, il porte de gueules à la croix vairée. Que si lesdites pieces sont d'autres esmaux il faut les specifier & dire.

N. porte *d'azur à vne croix vairée d'or & de gueules.*

CROIX DE VAIR appointée lors que les cloches sont pointe contre pointe.

N. portoit *d'argent à la croix de vair appointé d'or & d'azur.*

Si d'autre part les pieces de vair sont couchées, & que toutes les pointes tirent contre le cœur & centre de la croix l'on blasonnera en cette sorte. Claude de Hennebault Admiral de France en l'an 1543. portoit *de gueules à la croix de vair* AFFRONTE'.

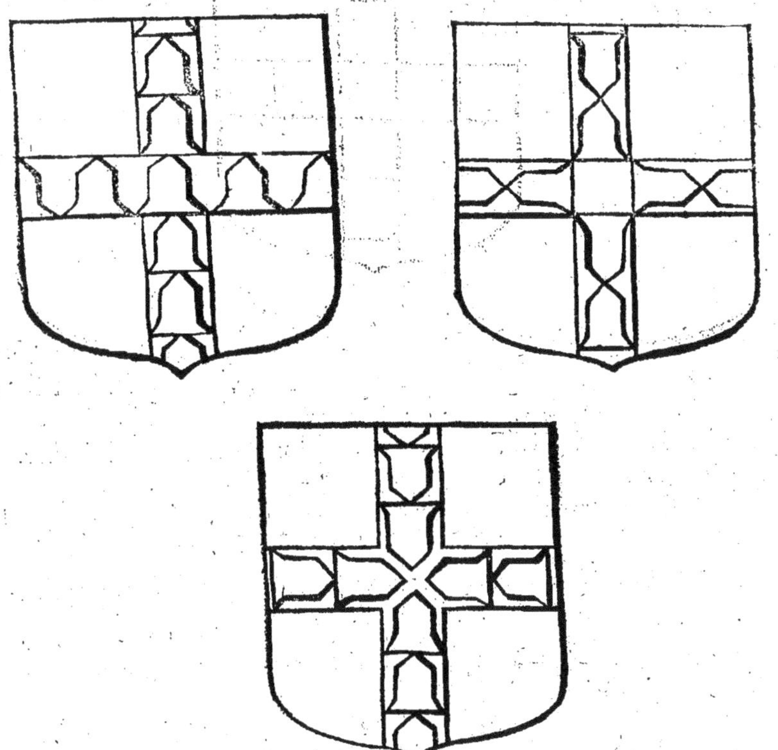

CROIX ENDENTE'E. Qui en lieu de lignes droictes & vnies à ses bords garnis de dents, lesquelles se iettent en dehors, & dessus le champ.

N. portoit *d'or à la croix endentée d'azur.*

CROIX ENGRELLE'E est peu differente de la precedente, sinon en tant que l'endenture differe de l'engrellure, voy endenté & engrellé.

CROIX ONDE'E, est celle dont les branches se tournent en ondes.

N. portoit *d'or à la croix ondée de sinople.*

CROIX ESCARTELE'E, qui est diuisée par vn filet lequel la partit, & coupe en toute sa hauteur & largeur, & la tranche & taille en cœur, de telle sorte qu'en lieu que la croix ordinaire n'a qu'vne fasce & n'est que d'vn émail, la croix escartelée à huict fasces, chacune desquelles se blasonne d'vn esmail & chaque branche de deux, d'vn metail & d'vne couleur, sçauoir la partie dextre du haut du montant d'or la senestre de gueules, le haut de la partie senextre du trauersin d'or, le bas de gueules & ainsi le reste.

Sainct Ligier Euesque d'Autun & grand Maistre de France souz Clotaire III. en l'an 672. ou 675. portoit *de gueules à la croix escartelée d'argent & d'azur accompagnée de quatre Fleurs de Lys d'or.*

CROIX PARTIE, qui est diuisée par vn filet du haut en bas aussi bien que l'Escu: Alegrin Chancelier de France 1139. portoit *de gueules party d'argent à la croix ancrée & partie de mesme de l'vn en l'autre.*

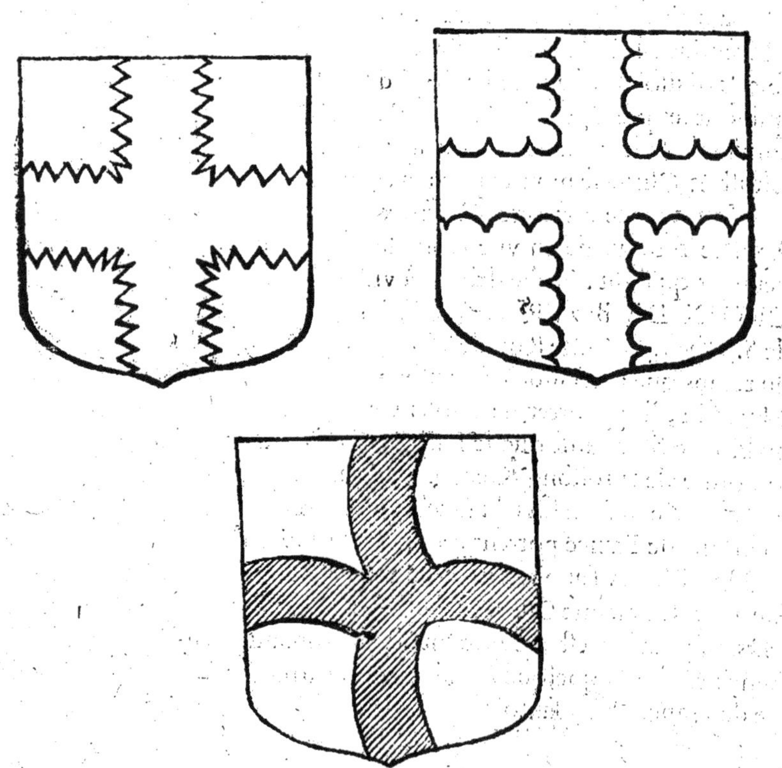

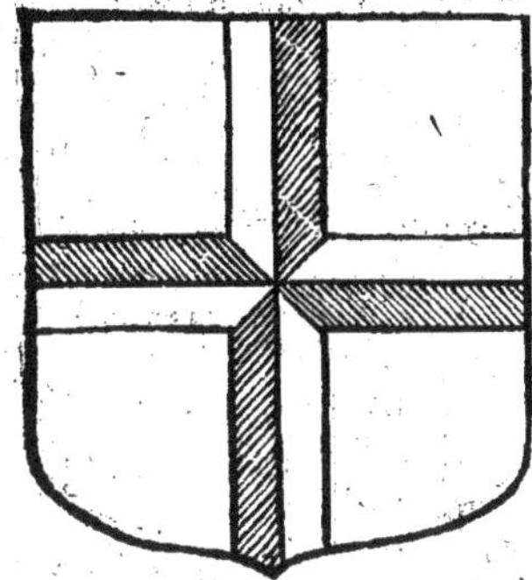

CROIX S. ANDRE' differe de toutes les precedentes, celles là ont leurs parties posées à droicte ligne l'vne montante & l'autre trauersante, ou celle icy a les siennes obliques & biaises ainsi que la lettre X nous en represente la forme.

La croix qui apparut au grand Constantin lors qu'il voulut combattre Maxentius estoit pareille, il est vray que comme la lettre grecque P partissoit & diuisoit du haut en bas le X des mesme grecs, esquelles deux lettres qui sont les premieres du nom ΧΡΙΣΤΟΣ l'on voyoit par vne gentillesse admirable & le nom & le signe de Christ, en sorte que la croix estoit en Christ & Christ se monstroit en la croix.

L'on appelle cette croix la croix Sainct André, parce que ce Sainct Apostre fut crucifié en vne croix de cette sorte quoy que quelques vns tiennent qu'il fut attaché debout à vn arbre d'oliuier, elle s'appelle, CROIX DE BOVRGONGNE, d'autant que si nous croyons à P. de S. Iulien, Estienne Roy de Bourgongne, qui tenoit sa cour à Marseille du temps que la Magdeleine faisoit sa penitence à la Baume, prés Sainct Maximin, fit apporter de Patras ville d'Achaye la croix Sainct André, ou bien ce fut à cause que le Duc Philippes prit S. André pour patron de son ordre de la toison, & encore aujourd'huy les Roys d'Espagne heritiers de cette maison fors du Duché, qui comme apennage est retourné à la couronne de France portent cette mesme croix.

Nos Princes l'auoient en telle reuerance que par le traité d'Arras de l'an 1435. Ce mesme Duc stipula du Roy Charles VII. que nul de ses subjects ne pourroit estre contraint de prendre autre enseigne que la croix Sainct André en quelque mandement ou armée qu'il fust dans le Royaume de France. Voy sautoir.

CROISSANT. Il a esté de tout temps en estime, les Iuifs le portoient sur leurs souliers, comme font encore auiourd'huy les Turcs aussi bien qu'en leurs bannieres, & les vns & les autres pour marque de puissance, & de noblesse. La preuue en resulte des menaces du Prophete Esaye chap. 3. parlant aux Iuifs & leur prophetisant qu'ils seroient traittez en roturiers, *dominus auferet ornamenta calceamentorum lunulas torquet*, & les Romains Patriciens auoient leurs souliers lunez.

Primaque Patricia clausit vestigia luna.

Les peuples d'Arcadie de mesme, comme s'estimans les plus nobles du Monde.

Orta prius Luna de se, si creditur ipsis,
A magno tellus Arcade nomen habet.

Clouis porta trois croissants que du Tillet prend pour les vrayes armes de ce Prince, & d'autres les mettent pour sa deuise. Sainct Louys institua l'ordre du double croissant allant outremer en l'an 1269. Ordre gardé par Monsieur Charles de France son frere Comte d'Anjou, & depuis restably souz le nom de l'ordre du croissant par René Roy de Sicile & Duc d'Anjou en l'an 1464. Le simbole de cet ordre estoit vn croissant d'or, sur lequel estoit graué au burin & puis en émail rouge ce mot LOZ qui vouloit signifier LOZ EN CROISSANT Henry II. Roy de France qui auoit pour Amie Diane de Poictiers Duchesse de Valentinois, soit en faueur d'elle & du nom de Diane qui porte le croissant, ou plustost qui est la Lune mesme suiuant les poëtes, soit pour faire sçauoir le desir qu'il auoit de conquerir tout le Monde, comme tous les grands guerriers se l'imaginent d'ordinaire, du moins les courtisans le leur font accroire, il prit pour deuise, tantost vn croissant seul couronné, tantost trois croissans entre-lassez auec cette ame ou deuise *donec totum impleat orbem*, ou bien *dum totum compleat orbem*, deuise dont il a enrichy la faceade du maistre pauillon de son chasteau du Louure, & qu'il a aussi fait grauer au molinet en sa monnoye, du poids, du pris, de la figure & du nom de teston : D'autres ont tenu pour bon augure & presage de grandeur, l'occurence & l'object d'vn croissant, ainsi autrefois on expliqua le songe de Milon ou Guy fils de Guillaume Comte de Bourgongne, lequel la nuict auant qu'il fut eleu Pape souz le nom de Calixte II. en l'an 1119. vid en songe vn Ange qui luy mit vn croissant sur les genoüilx, pour l'aduertir qu'en brief il seroit le chef vniuersel de l'Église vniuerselle. Ce n'est donc pas sans suject que quelques vns ont chargé l'Escu de leurs armes, qui d'vn, qui de deux croissans, qui d'vn plus grand nombre : sa representation ordinaire est de tourner les cornes en hault, & du costé du chef que l'on appelle.

CROISSANT MONTANT. Le Sage & disert Guillaume du Vair Garde des Seaux de France en l'an 1616. portoit *d'azur á la fasce d'or accompagnée de trois croissants montans d'argent 2. en chef, & 1. en pointe au lambel de 3. pieces de gueules.*

Il y en a qui se representent tout au rebours, les cornes contre bas & on le blasonne.

CROISSANT RENVERSE' ou COVCHE'

N. portoit *d'or à 3. croissants renuersez de sinople.*

CROISSANTS ADDOSSEZ, sont ceux qui ont leurs parties les plus grosses & les plus pleines à l'opposite l'vne de l'autre & dont les cornes regardent les flancs de l'Escu.

N. portoit *de gueules à deux croissants addossez d'or.*

CROISSANTS TOVRNEZ se posent comme les addossez: la difference est, qu'ils tournent tous leurs cornes d'vn mesme costé. Pierre Stroze Italien Mareschal de France en l'an 1554. portoit *d'or à la fasce de sable chargée de 3. croissants tournez d'argent.*

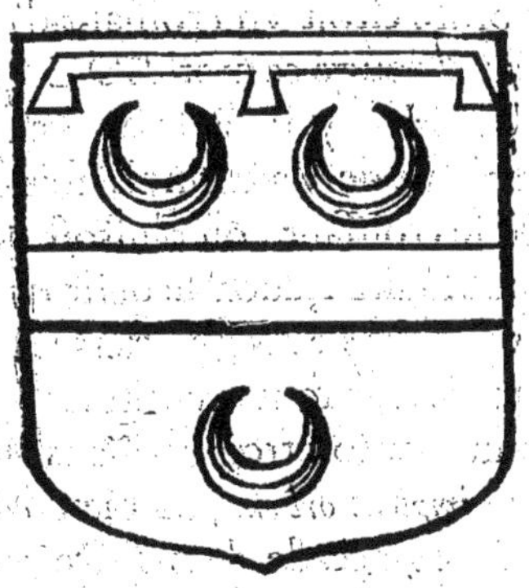

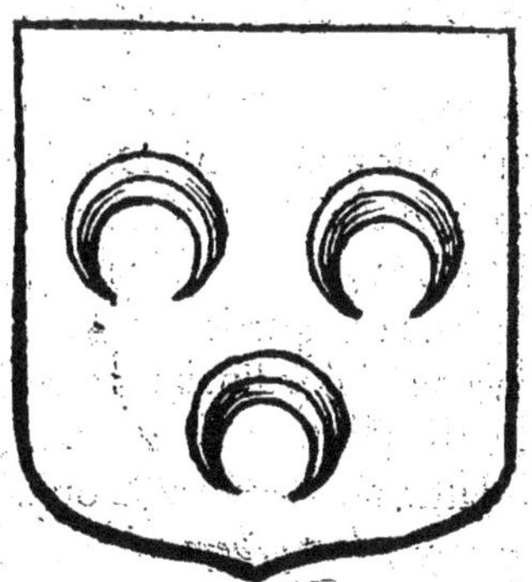

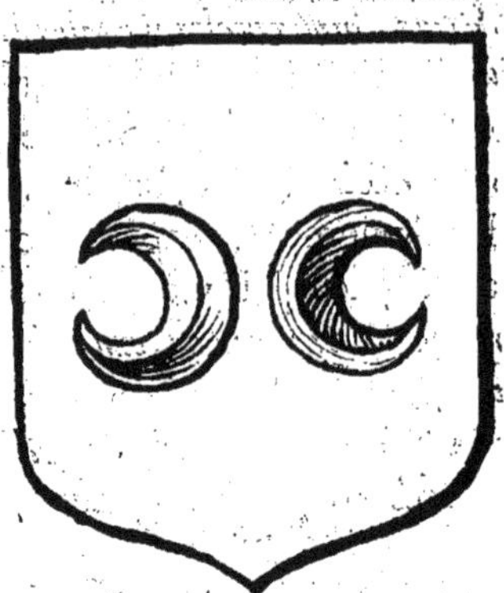

CRY. Bien que ce mot ne soit pas du blason des armoiries, toutesfois puisqu'il est des dependances des armes, & que souuent il est autant vtile de se recognoistre à la meslée en vne bataille que d'y bien toucher. I'ay creu qu'il falloit en cet endroit en dire vn mot.

Il y a quelques coustumes en France, comme celles de Sens, de Troyes, de Chaumont, de Bar le Duc & autres qui font mention du cry & des armes, & portent ces coustumes, *qu'entre les enfans des Nobles, appartient au fils aisné le nom de Seigneur, le cry, & les armes*: Et ce qui s'entend, disent les Commentateurs, non pas du cry de Iustice, mais du cry qui se fait à la guerre, appellé *cry de bataille*, & qui a pris sa source de Clouis nostre premier Roy Chrestien, lequel se sentant pressé par le Roy Dandat à la iournée de Tolbiac reclama. Soudain l'aide de S. Denis l'Areopagite, dont il auoit ouy faire estat à la Reine Clotilde sa femme, s'escriant *Sainct Denis mont ioye*: mais à quel suject inuocquant ce Sainct il adioustoit ces termes *mont ioye*: ceux qui en ont escrit varient, les vns tiennent que c'est par vne corruption de langage que nous disons à present *mont ioye* en lieu de *mon ioüe*, ou *mon Iupiter* que ledit Clouis adoroit pour lors, & le nom duquel il donnoit à Sainct Denis, comme le tenant pour son Dieu, à la mode des payens, du nombre desquels il estoit: D'autres disent, que le Roy implorant l'aide de Sainct Denis, le qualifioit sa ioye, & que parlant en la premiere personne, en lieu de dire *ma ioye* suiuant les regles de Grammaire, il dit *mon ioye*, ainsi que la plus part des estrangers qui commencent d'apprendre nostre langue, font d'ordinaire, notamment les Alemans, Anglois & Escossois. D'autres encores attribuent l'origine de ce terme *mon ioye* à la montagne sur laquelle ladite bataille finit, bien que commencée en la Vallée. Quoy qu'il en soit, depuis ce temps nos Roys ont retenu le cry Sainct Denis mont ioye, & de là le Roy d'armes de France porte le tiltre de mont ioye. A cette imitation les Roys d'Angleterre ont choisi pour cry ce mot ROYAVX: nous auons la preuue de ces deux sortes de cris dans Mathieu Paris Historien Anglois. *In Henrico 3. Anglorum Rege, quasi pro Edicto frequẽter proclamante alta & roboante voce eodem constantino, montis gaudiũ montis gaudium adiuuet dominus, & dominus noster lodouicus*, & vn peu apres: *Et facto con-*

gressu acclamatum est terribiliter ad arma ad arma, hinc regales Regales inde montis gaudium Montis gaudium Scilicet vtrius Regis insigne, sur lequel mot *insigne*, il semble que ce cry seruist de signe & mot du guet, & qu'il se fist pour faire prendre les armes & inciter au combat ceux de chaque party. Ce qu'il faut de tant plustost croire que Froissard volume 2. chap. 116. parlant des soldats qui se preparoient à combattre, il leur fait vser de ces termes, & *quand ils viendront nous crierons nos crys tous d'vne voix chacun son cry, ou le cry de son Seigneur à qui il est, iaçoit que tous les Seigneurs ne soient pas icy. Par icelles voix & crys nous les esbahirons & puis frapperons en eux de grande volonté.* A l'exemple de ces Roys d'autres Princes & grands Seigneurs ont eu leurs crys.

Ceux de Montmorancy que l'on tient auoir esté les premiers Chrestiens de France, comme descendus de Lisoye baptisé par Sainct Remy en presence du Roy Clouis, prindrent pour leur cry cette priere *Dieu aide au premier Chrestien.*

Thibaud Comte de Champagne se seruit de son nom seul, là Thiebaud & depuis ceux de cette maison, notamment Iehan de Champagne qui auoit pour son cry Pass'auaut que la cronique de Normandie donne aussi à Thibauld le Tricheur Comte de Chartres, y adioustant ces mots, *le meillor* & de vray il semble, dit le docte Pithou en ses memoires des Comtes de Champagne que ç'ait esté là le cry de cette maison, pour raison dequoy aucuns de ces Comtes & Comtesses mesme ont porté en leur contreseel pour deuise *Pass'auant le meillor*, & quelques autres pour approcher de plus prés à leur nom propre par forme de rebus *pass'auant Lateibaut.*

Ces deux vers sans mesure sont assez communs,

Ailly mailly crequy,
Tel nom telles armes tel cry.

Et ces deux autres encore pires, qui font mention du cry & du corps & de l'ame, de la deuise de René d'Anjou Roy de Sicile & de Naples.

Il crie *mont ioye Aniou, car tel est son plaisir*, pour deuise *Chaufetes* porte *d'ardent desir.*

Ce grand & valeureux Prince Louys II. du nom & III. Duc de Bourbon qui posa le nom de Clermont quoy qu'il en fust Comte, pour signer de Bourbon & qui en l'an 1370. institua l'ordre du chardon Nostre Dame, auoit pour son cry de bataille, Nostre Dame Nostre Dame Bourbon Bourbon.

Il y en a nombre d'autres, qui peuuent estre icy suppleez, estant assez d'auoir fait entendre quel est le cry de bataille, & comme il appartient à l'aisné qui porte le nom & les armes de la maison.

DAVLPHIN. Entre les armes qui chantent sont celles du Dauphiné, ou a mieux parler du dauphin de Viennois qui sont *d'or au dauphin vif d'azur.* Le dauphin d'Auuergne porte de mesme selon quelques vns, sinon que le dauphin est pasmé, & selon d'autres il porte *d'azur au dauphin pasmé d'or*, la difference qu'il y a entre le

DAVPHIN VIF.

Et le

DAVPHIN PASME', est, que le vif à la gueule close, & le pasmé à la gueule bée, ou beante a guise d'esuanoüy, ou expirant, d'ou il faut inferer que ceux qui blasonnent les armes du dauphiné, au dauphin vif & adioustent qu'il est *lampassé oreillé & barbelé de gueules* se trompent souz correction, parce que le DAVPHIN ayant la gueule close ne peut estre lampassé ny ietter sa langue au dehors : non pas que ie ne sçache que ce poisson contre le naturel de tous les autres à seul la langue mobile suiuant Pline.

Le Comte de forests porte pareillement en ses armes *vn dauphin pasmé, d'or cresté & oreillé d'azur en champ de gueules*.

L'on represente la teste du dauphin tousiours contre mont, mais penchante & tournée vers le flanc dextre de l'Escu.

On le prend pour le hieroglyphe de la paix & de la tranquilité, pour auoir tiré des perils de la mer nombre de personnes remarquables : Tesmoin la fable d'Arion des plus communes, ce que Pausanias raconte de Phalante Lacedemonien, & Plutarque de Cœranus & de Telemaque fils d'Vlisse, lequel en memoire de ce qu'vn dauphin auoit receu sur son dos, ce ieune Prince son fils tombé dans la mer en fit grauer vn, & son cachet & vn autre en son bouclier.

Si par la faueur du Ciel qui en a vn parmy ses astres Septentrionnaux il en descendoit vn autre en nostre France, il calmeroit les orages, qui la tourmentent, il y a tant d'années: ainsi auons nous à le souhaitter.

Les fils aisnez de nos Roys portent ce nom auec les armes, qu'ils font seruir d'escart à celles de France. Depuis qu'Humbert dauphin de Viennois prenant l'habit de Sainct Dominique en l'an 1349. fit vente, ou plustost donna son pays au Roy Philippes de Valois à cette condition. Charles fils aisné de Iean Duc de Normandie fils aisné de Philippes, fut le premier dauphin de la maison de France lequel regna depuis souz le nom de Charles V.

LE DAVPHIN sert quelque fois de charge & brisure, aussi bien que de piece principalle.

Louys de Bourbon Comte de Clermont fils puisné de Louys II. du nom Duc de Bourbon, portoit *de bourbon le baston de gueules chargé de trois dauphins d'or* & Louys de Bourbon Comte de Montpensier surnommé le bon, portoit aussi *de Bourbon le baston de gueules chargé vers le chef timbré d'or d'vn dauphin d'azur* : autres disent le baston de gueules chargé d'vn dauphin d'or. Ce qui a continué en la maison de Mont pensier comme dauphins d'Auuergne, iusques à Louys de Bourbon Comte de Montpensier, à cause de sa mere Louyse fille de Gilbert de Bourbon & principale heririere de Charles Duc de Bourbon Connestable de France son frere, lequel Louys de Bourbon quoy que fils de Louys Prince de la Roche-sur-yon, prit le tiltre de Mont pensier, si tost qu'en sa faueur ladite terre fut erigée en Duché, & non point les armes, retenant la brisure du croissant d'argent sur le chef du baston de bourbon, & depuis ce temps on n'a plus veu de dauphins sur le baston de Bourbon, non plus qu'à present l'on ny voit plus de croissans, par le deceds de Madame Marie de Bourbon, espouse de Monseigneur Gaston de France, cy deuant Duc d'Anjou, & maintenant d'Orleans.

DEBOVT des diuers animaux terrestres, qui en armoiries doiuent estre en posture droicte & debout, c'est à dire dressez sur leurs deux pieds derriere. Les vns sont dits & qualifiez tels, si bien qu'on dit Appensel dernier canton de Suisse porte *d'argent à l'ours debout de sable*, on dit de mesme du bouc & du chien : D'autres quoy qu'en mesme posture se blasonnent diuersement, & chacun en vn terme particulier. Le Lyon est tousiours debout, toutefois on ne le designe point par ce mot, ains pour faire entendre à ceux qui sont peu versez en cet art, que le lyon est debout on vse de ce terme rampant comme on dit du loup rauissant, du cheual se cabrant, ou effrayé, & ainsi d'autres qui sont rapportez cy dessus

sus souz le mot animaux, encore qu'à mieux parler pour ce qui est du lyon il suffit de dire Gaspar de Saulx portoit *d'azur au lyon d'or*, parce que le mot de rampant est superflu.

DECOVPE', moucheté, plumeté sont sinonimes, se figurent sans nombre, comme tierces feüilles renuersées, & qui ont la queuë montante & en haut: ce mot a pris son etimologie des ouurages qui se font auec le ciseau ou le canif, sur le satin, ou sur le velours ras, il porte *d'argent decoupé de sinople.*

DEMI VOL. Quand on dit, vol cela s'entend de deux ailes estenduës Ainsi demy vol n'est que d'vne aile seule. Entre les officiers de l'ordre du Sainct Esprit ausquels la Majesté à present regnante, donna le cordon en l'an 1619. Mathurin Martineau Sieur du Pont, Herault & Roy d'armes porte *d'azur au demy vol d'argent, au chef d'or chargé d'vn croissant montant de sable accosté de deux estoilles de mesme.*

DENCHE' ENDENCHE' comme qui diroit DENTE' ENDENTE' ou ayant des dents. Il y a difference entre denché, & engrellé. DENCHE', se dit lors que les pointes sont assez grosses & taillées droict en leurs interuales: là où l'engreslé est à pointes plus minces & à ses interuales creuses & vuidées, on employe ces sortes de figures, és croix, sautoirs, bandes, fasces, bordures, & autres pareils blasons.

DENTELE' qui a les dents plus menuës & plus courtes que l'endenché. Encore que cette difference s'obserue fort peu sinon à la fantaisie de l'ouurier, Peintre, Sculpteur, ou Graueur.

André de Brancas Sieur de Villars Admiral de France au commencement de regne de Henry IIII. portoit *de gueules à la bordure endentée d'argent & d'azur*: Ie ne mets pas icy les autres pieces de ses armes, parce qu'il y a du manquement au suplement que l'on a fait aux armes des Admiraux, compilées par le Feron. Berry porte *semé de France à la bordure engreslée de gueules.* Les fasces qui sont endenchées par le bas seulement qui est le plus ordinaire s'appellent communement feüilles de scie, ceux de Cossé de laquelle maison il y a eu trois Mareschaux de France, Charles Seigneur de Brissac, qui viuoit en l'an 1550. Artus de Cossé Sieur de Gonnor son frere, en l'an 1567. & le dernier Charles Comte de Brissac fils du premier souz Henry le grand, portoient *d'or à trois fasces denchées de sable en pointe.* Le Feron dit le contraire du Pere aussi Mareschal de France, qu'il portoit *de sable à 3. fasces danchées d'or en pointe.*

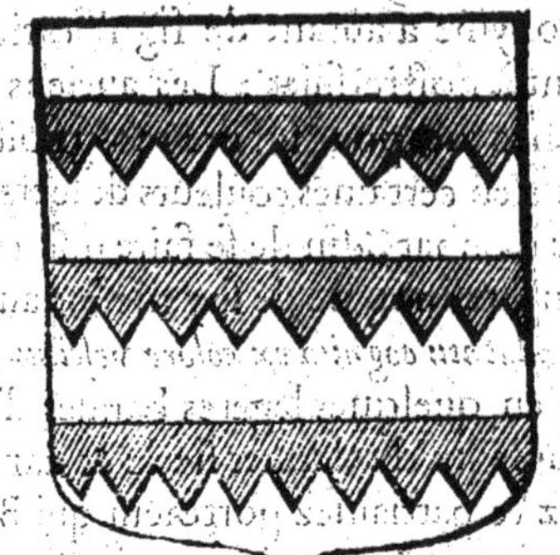

DESTROCHERE, ou DEXTROCHERE. Fauin parlant des ornemens que le Conneſtable peut mettre ſur ſes armes, dit qu'il peut auoir pour cimier de ſon tymbre l'eſpée nuë en pal, & le dextroche de France, c'eſt à dire que l'eſpée eſt ſouſtenuë par vn bras dextre, chargé de Fleurs de Lys. Ainſi le comprend on au blaſon des armes de Pierre de Villiers grand maiſtre de France ſouz Charles VI. en l'an 1390. qui portoit *d'or au chef de gueules chargé d'vn dextrochere reueſtu d'hermines, mouuant du ſecond party, brochant ſur le tout*: ſuiuant le Feron, & ſelon Fauin en l'ordre de Malte Philippes de Villiers Sieur de l'Iſle Adam Grand maiſtre dudit ordre, lors de la priſe de Rhodes en l'an 1529. portoit *d'azur au chef d'or chargé d'vn dextrochere reueſtu & habillé d'hermines au fanon de meſme, deſcendant ſur le tout frangé d'argent.*

La deuiſe de Anne de Montmorancy Duc Pair Conneſtable & Grand Maiſtre de France eſtoit vn pareil deſtrachere que celuy que Fauin donne pour cimier à tous Conneſtables, elle ſe voit dans Cl. Paradin parmy ſes deuiſes heroïques auec ce mot Α ΠΛΑΝΟΣ ſans fraude.

DEVISE cet homonyme a autant de significations que de syllabes, lesquelles toutes viennent à nostre sujet : Les anciens Capitaines auoient du commencement des marques pour se faire recognoistre par leurs soldats, les vnes ne consistoient qu'en certaines couleurs de leurs habits, comme ceux dont Cæsar se seruoit au combat, afin de se faire discerner, diuiser, ou deuiser parmy la meslée: ce qu'il tesmoigne de soy mesme au septiesme des guerres de la Gaule : *Cæsaris aduentu cognito ex colore vestitus, quo insigni in prælijs vti consueuerat* : ou bien en quelques legeres bandes d'estoffe, comme escharpes & liurées, que sur la fin du dernier siecle & dans les guerres de la ligue, nos François diuisez & partialisez portoient qui Blanches & qui Noires, & au siecle precedant nos Bourguignons la Rouge, retenuë encore auiourd'huy par l'Espagnol.

Les autres marques se posoient, ou sur l'armure, cuirace, & corcelet, ou sur le bouclier, comme nous en auons de grands tesmoignages dans les Autheurs Grecs, & sur tous dans l'vne des Tragedies du Poete Eschylus, qui seul à plus ramassé de figures d'hydres, de lyons, d'oiseaux & autres animaux que les anciens Heros portoient à la guerre, que n'ont fait tous les autres Auteurs ensemble. Tesmoin aussi la mouche peinte sur la targue de ce soldat Lacedemonien, lequel estant mocqué de ce qu'il l'auoit fait representer en trop petit volume, comme s'il eust eu dessein de nostre point, comme repartit courageusement & fort à propos, que c'estoit afin que ceux, qui voudroient le cognoistre l'affrontassent de plus prés, & qu'il eust plus de commodité de venir aux mains auec eux : & c'est de ces secondes marques & enseignes, que les armoiries ont vrayment pris leur source en ce que le fils retenant quelquefois le bouclier de son pere : il retenoit par mesme moyen la DEVISE qui estoit empreinte,

Clypeoque insigne Paternum,
Centum anques, centumque gerit serpentibus hydram.

Dit Virgile parlant d'Auentinus fils d'Hercule. Il est vray que quelques vns ont esté d'auis, & non sans grande raison que les armoiries, prises par certains Caualiers sont venuës des despoüilles de l'ennemy à quoy ie m'accorde pour quelques vnes, comme nous les voyons de celles de Nauarre, de Flandres, de Milan, de Medicis & semblables. D'autres comme Vigenere sur Tite Liue leur donnent pour origine les recompenses & prix d'hõneur militaires, ce qui est bon pour les couronnes & pareils ornemens, mais pour le corps des armoiries. Ie n'y puis souscrire, au contraire ie demeure tousiours ferme en mon opinion, que les armoiries sont premierement venuës des deuises, & premieres conceptions fantasiées, la plus part sans autres sens, par ceux qui ont donné commencement à leurs noms & familles.

La seconde signification de ce mot DEVISE, est, lors que pour faire sçauoir ce qui est de nostre naturel, ou quelque dessein particulier que nous auons, nous nous exprimons tantost par des termes succcincts & resserrez tantost par quelque figure, ou bien par les deux ensemble : tels sont tant de reuers de medailles des Romains comme celuy d'Auguste, lequel pour denoter la moderation de son esprit au maniment des affaires publiques, auoit fait grauer en l'vne de ses monnoyes vn papillon & vn cancre de riuiere, à quoy se conforme le Dauphin de Vespasian attaché à vn ancre de Nauire, & dont Erasme dit auoir veu vne medaille d'argent entre les mains d'Aldus Manutius, auquel Petrus Bembus depuis Cardinal l'auoit enuoyée de Venise : au corps desquelles deux deuises on peut donner pour ame ce Prouerbe *Matura* suiuant Aulugelle, ou bien *Festina lente* selon Suetone. Il se trouue vn si grand nombre de telles deuises & auec de si belles rencontres, que i'ay esté en terme de les enchasser icy pour en rafraichir la memoire, n'eust esté que depuis quelques années l'on a imprimé de nouueau celles compilée par Claude Paradin, & en suite le traité curieux de François d'Amboise Maistre des requestes, contenant vn ramas des plus belles qui ayent esté inuentées pendant vn siecle entier : ie me contenteray d'y mettre celle de nostre bon Duc Philippes, laquelle s'est perpetuée iusques à present dans le collier de son ordre de la Toison, c'est vn fuzil, qui touche vne pierre à feu auec. Cette legende des plus significatiues *Ante ferit quam flamma micet.* Comme voulant faire sçauoir à son ennemy qu'il l'auroit plustost frappé & terrassé, qu'il ne seroit apperceu.

DEVISE en dernier lieu & à proprement parler en cet endroit, est vne diuision & partition de la fasce, tellement que quand vne fasce n'a que la troisiesme partie de sa largeur ordinaire, elle s'appelle fasce en deuise, & ne faut pas qu'il y en ait plus d'vne en vn Escu, autrement s'il y en auoit dauantage l'on vseroit du mot de fasce simplement.

N. portoit *d'or à la fasce en deuise d'azur.*

Regnault ou Arnaud de Chartres Archeuesque de Reims Chancelier de France, lequel malgré les Anglois sacra le Roy Charles VII. portoit *d'argent à 2. fasces de gueules.*

De mesme que la DEVISE se met en fasce, la cotice se met en bande.

N. portoit *d'or à la cotice de sinople.*

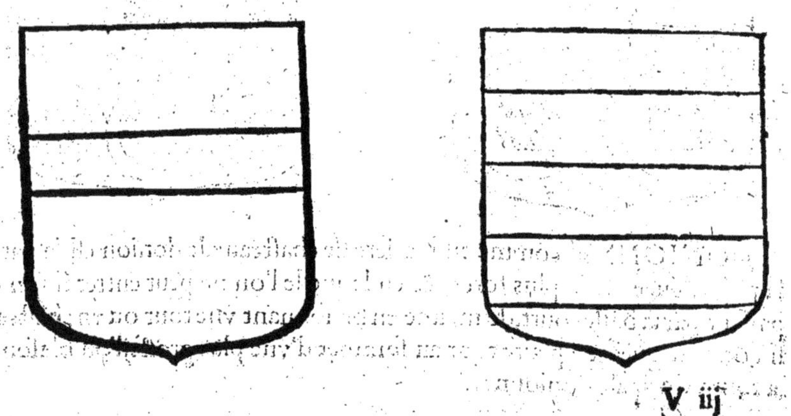

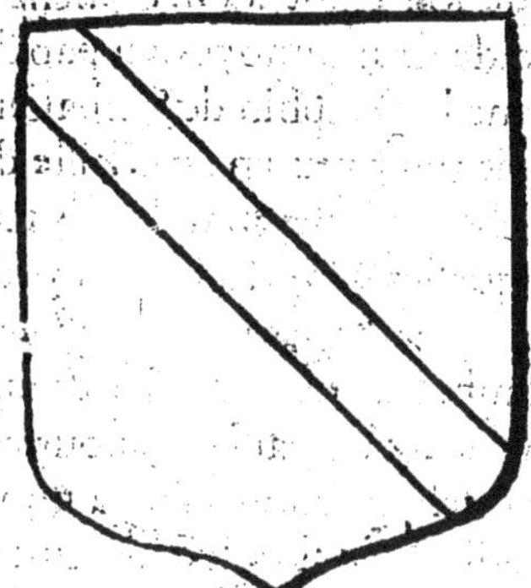

DIAPRE', figuré & tracé à fantaisie d'vn compartiment de fleurs, qui ne soit que d'vn émail. Ledgarde fille de Herbert Comte de Vermandois, & d'vne fille de Robert Roy de France espousa I. Guillaume, dit Lonqu'espée Duc de Normandie 2. Thibauld appellé le Tricheur Seigneur de Tours, Blois, & Chartres, se voit à l'endroit de sa sepulture, qui est au Monastere de Sainct Pierre en vallée de Chartres vn escu de gueules *diapré de fleurs ou ramée d'argent* & vne bande de sable, escriuent ces doctes freres Geminum Sidus enfans du grand Sceuole de Saincte Marthe en leur curieuse & penible histoire genealogique.

D'autres en lieu de fleurs y mettent des animaux. Yuain le Auonstre Cheualier de la Table Ronde portoit *d'or diapré d'aiglettes & lyons de gueules membrez & armez de sable.*

Faut icy remarquer qu'il n'y a qu'vn émail en la diaprure de ces deux armoiries, là ou Bara y en met deux, vn au compartiment, & vn autre en fleurs quand il dit, de pourpre diapré d'or & roses d'argent.

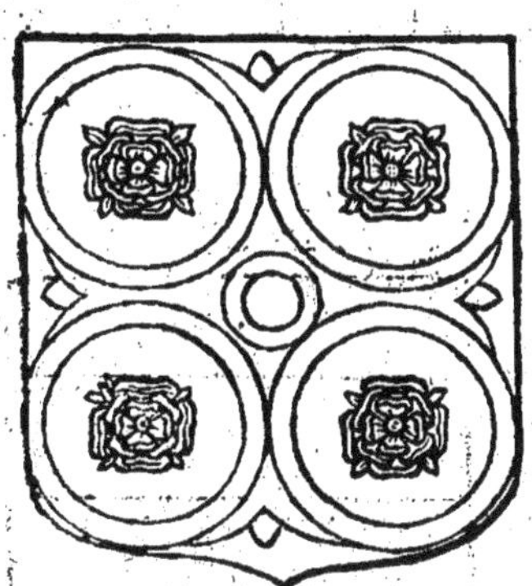

DONIONNE' comme en matiere de chasteaux, le donion est la partie la plus releuée, & la plus forte, & en laquelle l'on ne peut entrer sinon en passant par la bassecourt, de mesme en blasonnant vne tour ou vn chasteau, si l'on met quelque petite tour au sommet d'vne plus grosse, l'on blasonne la tour principale donionnée.

Alphonse d'Ornano Mareschal de France souz Henry IV. & Iean Baptiste d'Ornano son fils portoient *de gueules à la tour donionnée d'or.*

DOVBLVRE FOVRRVRE ou penne. Voy penne,

DRAGON simplement dit, s'entend du terrestre qui doit auoir deux ou quatre pieds, & la queuë en pointe comme le serpent : & quand l'on veut denoter vn dragon marin, il le faut specifier, & ne luy point donner de pieds, ains luy faire vne queuë comme a vn poisson.

Galehault le Blanc portoit *d'or à vn dragon ailé de gueules, armé & langué de sable.*

N. portoit *d'or à vn Dragon marin de sable armé & langué de sinople.*

DRAGONNE' qui a la queüe de dragon. Vnarato de Altembourg, ou Vnatragon Duc & Maistre de la Cheualerie de France, du temps de Theodoric l'an 688. & selon d'autres Maire du Palais, apres Landry de la Tour, portoit *d'or au lyon dragonné de gueules, couronné armé & lampassé d'argent.*

EMANCHE EMMANCHE ou EMMANCHES au plurier, aucuns escriuent ammanches par A, Bara les descrit de cette sorte. *Emmanches sont deux pointes en vne entiere & deux demies opposites*, qui font l'Escu entier, qu'on ne specifie pas sinon qu'il s'en trouuast dauantage, & doiuent passer en montant de la pointe en haut la moitié de l'escu : quelques vns disent que l'emmanche est vne espece d'endenté, mais aux dents plus massiues, courtes & claires, que l'endenté ordinaire & tournées les vnes en haut, les autres en bas, coupans le champ en deux moitiez, & par fois la piece basse seruant de champ & la haute de chef.

Pour moy ie dis que ce mot emmanche semble estre deriué par similitude de ce que nous disons emmancher vn marteau, ou vne coignée, & qu'en armoiries emmanchées sont figures, pointuës, & proportionnées à forme de dents, lesquelles estans apposites l'on emmanche & met l'vne dans l'autre, tout ainsi que si l'on mettoit les doigts de l'vne des mains dans ceux de l'autre.

Antoine de Gramont Touloujon porte sur *le tout escartelé, au dernier d'argent au chef emmanché de 3. pieces d'azur*, qui est de Mucidam, dit la Masserie Morin: qui n'est pas venir à la vraye description de l'emmanche, parce qu'Emmanché se dit des deux figures qui sont en l'Escu & qui sont pareilles l'vne à l'autre, & non pas de l'vne seule: il faut donc à mon aduis blasonner de cette sorte que Mucidam porte *emmanché d'azur & d'argent*. L'exemple du chef emmanché se recognoist aux armes de Melchior d'Espiard Escuyer Sieur de Sonnotte qui porte *d'azur à trois espis d'or, au chef emmanché de mesme*.

Les armes de Termes peuuent estre blasonnées, emmanchées, ondées, plustost que flammes & demy fusées, ou pals flamboyans: ainsi que le Feron, Morel & Morin les blasonnent, le 1. lors que parlant de Paul de Termes Mareschal de France, il dit qu'il portoit *de gueules à quatre flammes d'or peries en pal*: Le 2. que Roger de Bellegarde aussi Mareschal de France portoit *au dernier quartier d'azur à 4. demies fusées d'argent*, & le 3. que Cæsar Auguste de Bellegarde portoit audit dernier quartier 3. *demy pals flambloyans d'argent partant du pied de l'Escu.*

La raison de la difference ne se recognoist point, soit pour ce qui est du nom de la figure, ſoit pour le nombre, ſoit pour ce qui concerne les émaux, quoy que tous trois conuiennent en ce poinct que ce ſont les armes de Termes.

Scohier chap. 1. nombre 10. & 11. fait d'vne autre ſorte d'emmanche que ie ne puis appreuuer, qui eſt lors que l'on taille l'Eſcu tirant vn traict depuis le milieu du deſſus du chef, iuſques au milieu du flanc & coſté dudit Eſcu, que ſi ledit traict tire au coſté dextre il dit *d'or emmanché de ſable* au dextre: que s'il ſe porte au ſenextre, il dit dor emmanché de ſable au ſenextre, ie ne le peux dire appreuuer, parce qu'en cette ſorte de figure, ou pluſtoſt de partage, & diuiſion de l'Eſcu, il n'y a rien qui approche de la qualité de l'emmanche ny ayant rien de l'vn dans l'autre, ains pluſtoſt de l'vn ſur l'autre, ou de l'vn à coſté de l'autre. Bien faut il ſuiure cette autre figure qui eſt vraymment *emmanché d'argent & de ſable de dix pieces* que le meſme repreſente.

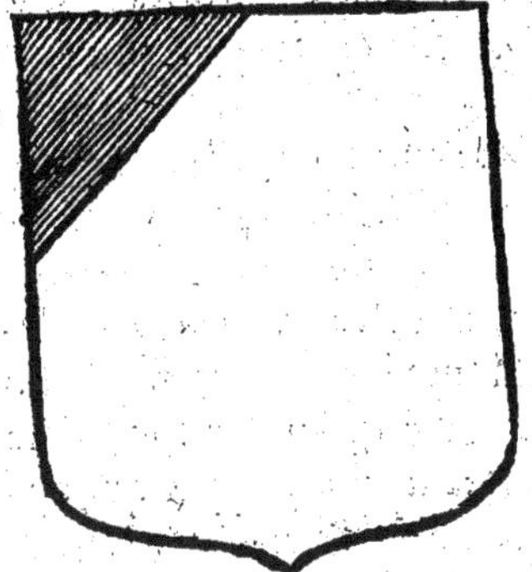

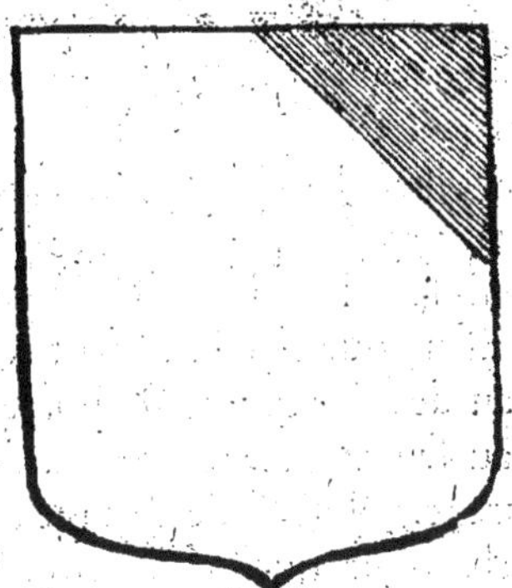

EMBOVCLE qui est bouclé. Voy bouclé.

EMBOVTE' ou morné, c'est à dire ayant vn cercle ou virolle d'argent, comme vn marteau au bout de son manche.

N. portoit *de gueules à vn marteau d'or, le manche de sinople, embouté ou morné d'argent.*

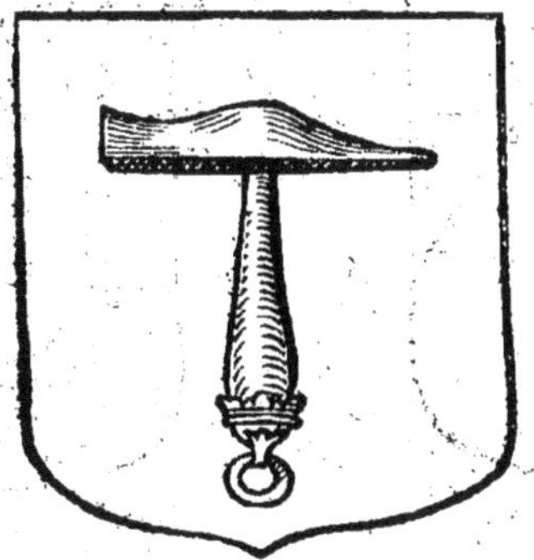

ENCHAVSSE' se dit lors que l'Escu est taillé depuis le milieu de l'vn des costez, tirant au bas à costé de la pointe, & se dit tantost d'or enchaussé de gueules au dextre ores enchaussé au senextre, suiuant le costé ou la taille commence.

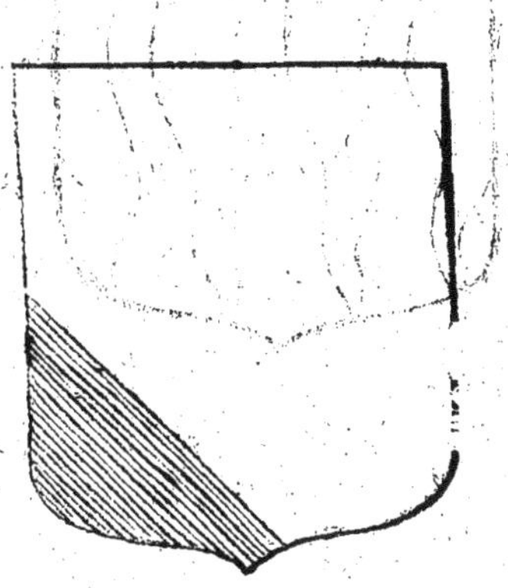

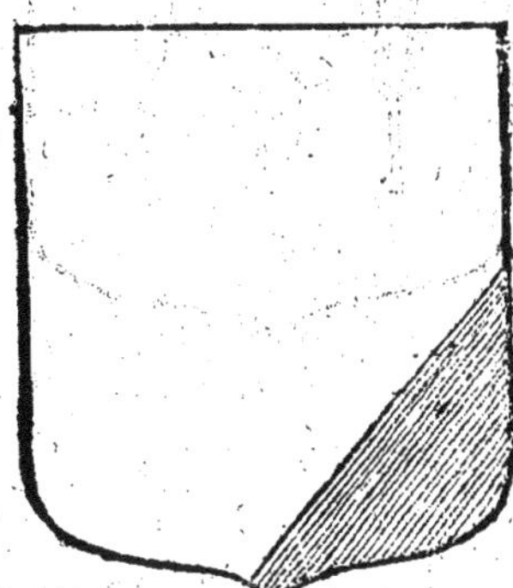

ENCLAVE' quand l'Escu est, ou tranché, ou couppé, ou taillé, ou autrement diuisé, & que l'vne des portions entre & s'enclaue dans l'autre en forme quarrée & angles droicts, & en ce cas on dit.

N. portoit *d'argent tranché & enclaué sur gueules.*

N. portoit *d'or taillé & enclaué sur sinople.*

N. portoit *d'azur coupé & enclaué sur or.*

N. portoit *de sable party & enclaué sur argent.*

Que s'ils se ioignent par vn figure & enture ronde, l'on vse de ce terme ENTE'. Voy enté.

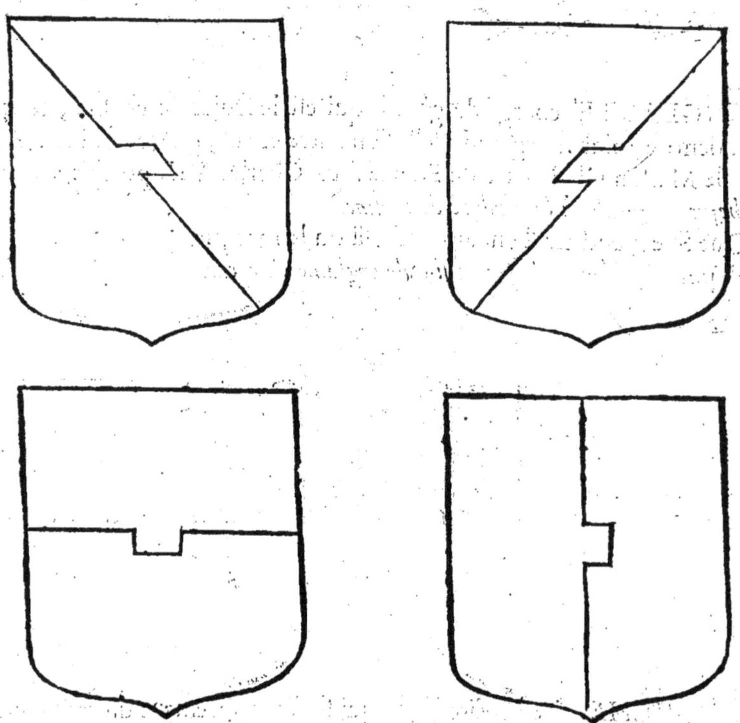

ENDENCHE' ENDENTE' qui est garny de dents longues & pointuës, & diuisées par vne entaille droicte, comme on le peut voir plus amplement cy dessus sur ces mots, denté denché.

N. portoit *d'or à la croix endenchée de sinople.*

La difference qu'il y a entre endenché &

ENGRELLE' est que le vuide qui est entre les pointes de l'engrellure est large & fait en rond.

Iean de Charcemont Chancelier souz Philippes de Valois portoit *d'or au saulteur engreslé de gueules enuironné ou accompagné de 4. bezans d'azur,* dit le Feron, qui est vne faute, parce que tout bezan doit estre de metal, & le torteau de couleur.

ENGLANTE' chargé de glands qui eſt le fruict du cheſne, ce qui ne ſe denote point ſi le gland n'eſt d'vn autre émail, que les feüilles. Robert le Maſſon Chancelier de France ſouz Charles VII. portoit *d'argent au cheſne de gueules à la bordure de meſme.*

Que ſi le gland eſt d'vn autre eſmail on le marque.

N. portoit *d'or au cheſne de ſinople englanté d'argent.*

ENGVICHE'. C'eſt à dire lié, ce qui ſe dit proprement du cor, cornet trompe ou huchet.

N. porte *d'or à 3. trompes de ſable virolées d'argent & enguichées de gueules* auec vn *cheuron de meſme* qui ſont les armes de Laqueſſe, & que Morel blaſonne hors les termes de l'art au denombrement des Preuoſts de Paris, quand au lieu de ce mot enguiché il dit auec les pendants, & qu'il qualifie le cheuron rompu en lieu de dire ſimplement cheuron, quoy que vrayment en charpenterie le cheuron ſoit vne piece droicte, & qu'en la forme qu'on le poſe en armoiries il ſoit vrayment rompu.

ENQVERIR ou ENQVERRE, ſujet & matiere pour enquerir, quand l'on rencontre des armoiries composées contre les reigles ordinaires, telles que ſont quelquefois celles qui ſe concedent par le Prince, auec ce priuilege particulier de mettre metal ſur metal, ou couleur ſur couleur, à deſſein dexciter le deſir de s'informer pourquoy cela s'eſt fait.

Celles de Godefroy de Boüillon ſont de cette qualité, on les appelle les armes du Royaume de Hieruſalem: elles font le 3. quartier du chef des armes des Princes Lorrains *d'argent à vne croix potencée d'or, accompagnée de 4. croix alaizées de meſme*, leſquelles armoiries ſont fauſes y ayant or ſur argent.

Longtemps auparauant (ſi l'on peut tirer les blaſons de ſi haut) les Aſſyriens mettant la Reine Semiramis entre leurs Dieux, chargerent leurs eſtendars & bannieres iaunes, d'vne colombe argentée, qui ont eſté à ce compte les premieres armes pour enquerir.

Les Perſes portoient la banniere blanche chargée d'vne aigle d'or eſployée & couronnée.

Fauin en ſon theatre (vrayment d'honneur auſſi bien pour luy que pour ceux deſquels il eſcrit) dit que la matiere pour enquerir s'appelle la raiſon des ſupports, s'ils ſont differents des armes qu'ils ſouſtiennent, laquelle difference arriue, ou par la naiſſance ou par l'office. Par la naiſſance comme tous ceux de la maiſon de Luzignan qui portent la Melluſine pour cimier & pour tenans : & ceux de Cleues vn cygne auſſi pour cimier, à cauſe que ceux cy ſe diſent eſtre deſcendus du Cheualier du cygne & les autres de cette fameuſe Fée de Poictou Dame de Melle & de Luzignan.

L'office donne auſſi vn ornement particulier que d'autres ne ſçauroient prendre : le Chancelier chef de la Iuſtice, & les Preſidents du Mortier és Cours de Parlement portent, dit-il, pour cimier vn mortier.

Bien le Conneſtable porte l'eſpée nuë en pal és coſtez de l'Eſcu. Le grand Maiſtre les baſtons aux eſmaux de France. L'Admiral l'ancre. Le Mareſchal autrefois la hache d'armes, maintenant deux baſtons en ſautoir, & le grand Eſcuyer quoy qu'il ne fuſt iadis officier de la couronne, l'eſpée ou fourreau & la ceinture royale ſemée de France.

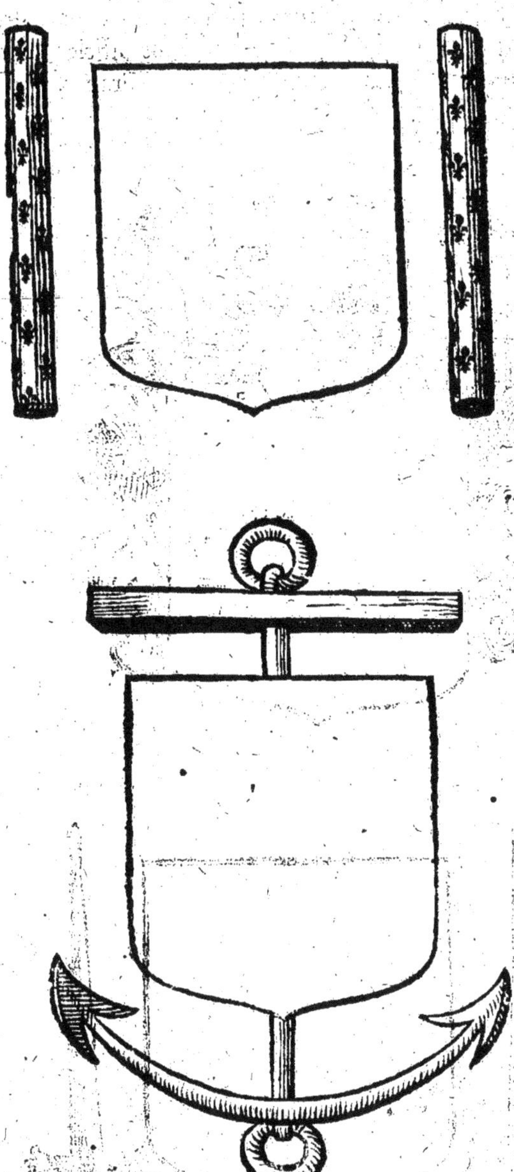

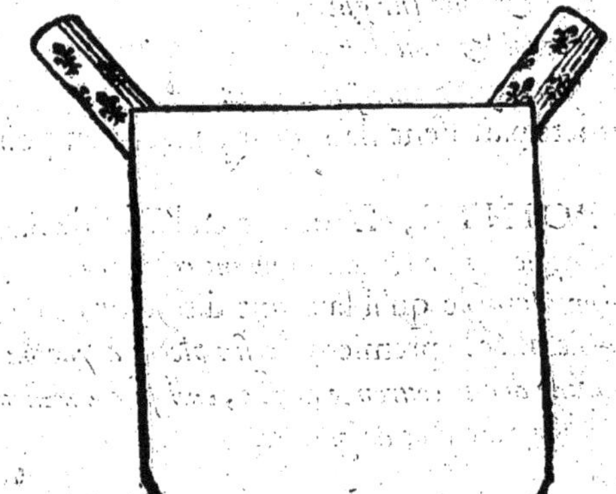

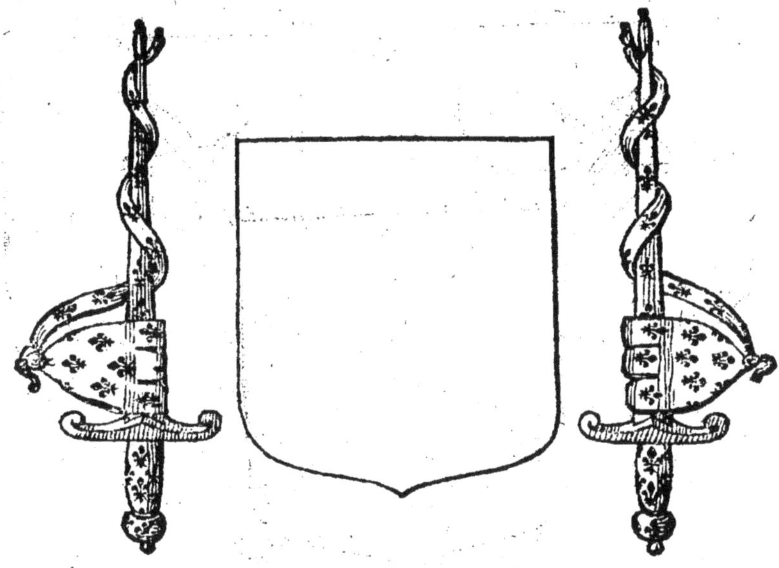

ENTE' se dit lors que les deux parties de l'Escu entrent l'vne dans l'autre par des entures rondes, qui pourroient estre dites emboitures, comme celles des os du corps humain. Voy enclaué.

N. portoit *d'argent trenché enté sur sable.*

N. portoit *d'or taillé & enté sur gueules.*

N. portoit *d'azur coupé & enté sur or.*

N. portoit *de sable party & enté sur argent.*

ENTER les cadets partissent flanquent, entent en pointe où mettent sur le tout.

ENTE' EN POINTE, est comme en l'Escu de Sauoye, qui est au premier canton *de gueules au cheual rampant contourné d'argent: party de fasces de sable & d'or* (semble qu'il faudroit dire d'or & de sable, parce que le plus noble doit aller le premier) *de six pieces à vne bande fleuronnée de sinople, ou plustost à vne demie couronne de rue, enté par le milieu du bas d'argent à 3. bouterolles ou bouts d'espées de gueules.*

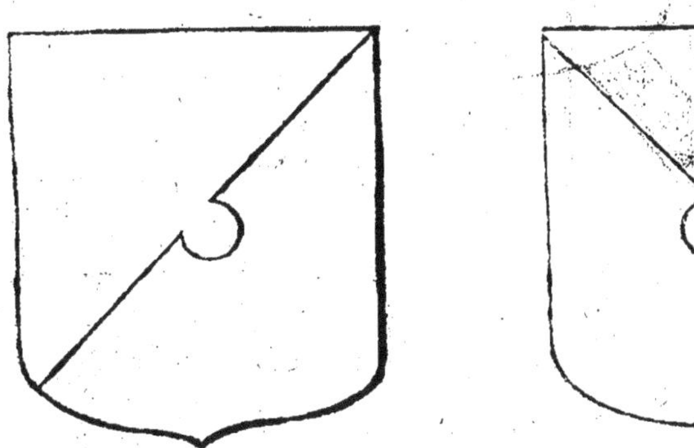

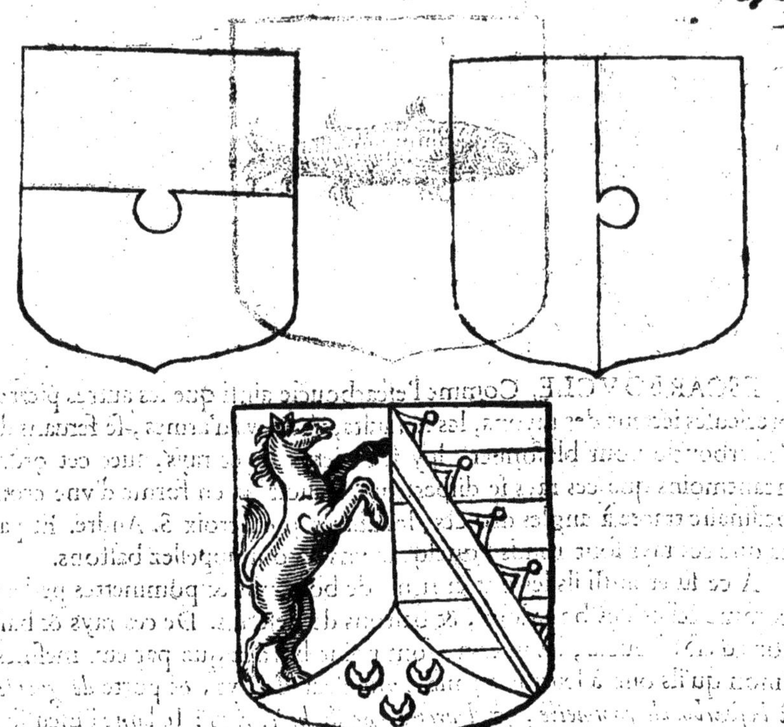

EQVIPOLLE', esgalé & mis en mesme rang, se dit, quand vn Escu est remply de neuf quarrez que l'on appelle poincts en forme deschiquier, & que ceux des quatre coins auec celuy du milieu sont d'vn émail, & les autres qautre pointes d'vn autre esmail on blasonneles preuues par ce mot equipo'ez, & dit on S. Gelais porte *cinq points d'azur equipolez à quatre d'argent.* Les anciens Princes d'Orange de la maison de Chalon portoient surle tout *cinq points d'or equipollez à quatre d azur qui est de Geneue.*

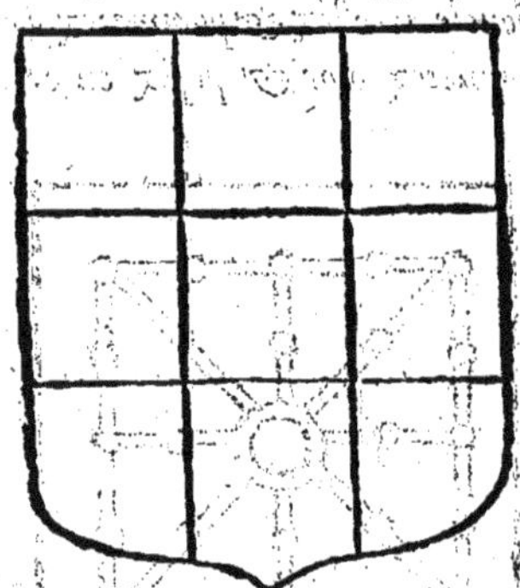

ESCAILLE' & ombré se dit des poissons à cause des escailles. N. portoit *d'azur à vn poisson escaillé d'or.*

ESCARBOVCLE. Comme l'escarboucle ainsi que les autres pierres precieuses iettent des rayons, les herauldts, & Roys d'armes, se seruans de l'escarboucle pour blasonner, luy font ietter huict rays, auec cet ordre neantmoins que ces rays se dispersent, sçauoir 4. en forme d'vne croix ordinaire tracée à angles droicts, les autres 4. en croix S. André. Et par ce que ces rays sont ronds, quelques vns les ont appellez bastons.

A ce sujet aussi ils les ont enrichis de bouttons & pommettes perlées, comme celles des bourdons, & bastons de Pelerins. De ces rays & bastons d'escarboucle, les vnes ne sont point bornez que par eux mesmes, sinon qu'ils ont à leurs extremitez vne fleur de Lys, & porte *de gueules à l'escarboucle pommetée, & fleuretée d'or de huict rays*: Ie laisse l'Escusson qui est en cœur pour ne point en broüiller l'œil ny l'esprit du lecteur, me contentant de luy faire discerner les rays, ou bastons de l'escarboucle que quelques vns blasonnent sceptres royaux posez en saultoir, pal, & fasce.

Les autres bastons ou rays sont accollez & comme attachez, ensemblement en leurs extremitez, & font par ce moyen vne forme entierement quarrée par le dehors.

Les anciens blasonneurs des armes de Nauarre, auant que les chaisnes du grand Miramomelin d'Affrique fussent connuës, disoient, que ce Royaume portoit *de gueules aux rays d'escarboucle accollez & pommetez d'or* ou bien *aux rays d'escarboucle accollez & pommetez d'or & posez en orle, sautoir, pal & fasce.*

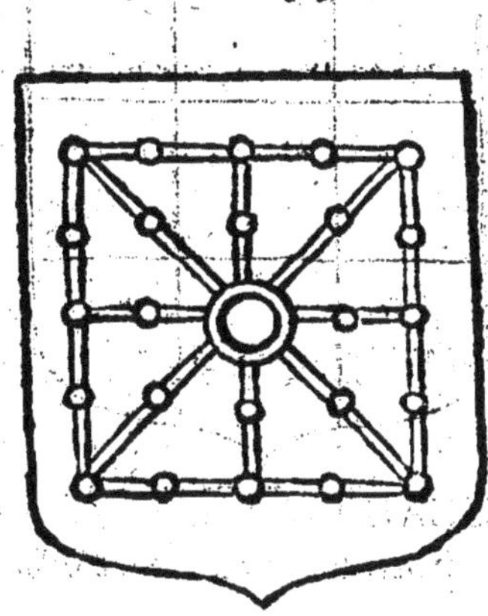

ESCARRE faudroit dire esquierre, parce que cette figure est faite en la forme des esquierres dont se seruent les massons & charpentiers, qui est vn outil à deux pends ou pendans, lesquels en leur conionction font vn angle droit, Bara l'appelle autrement potence, quand l'vne des branches est plus longue que l'autre, & que la plus longue sert de pied, & soustient la plus courte, qui fait vrayment la potence.

N. portoit *de gueules à deux potences ou escarres addossées d'argent & 5. feüilles de chesne d'or 2. en chef 3. en pal.*

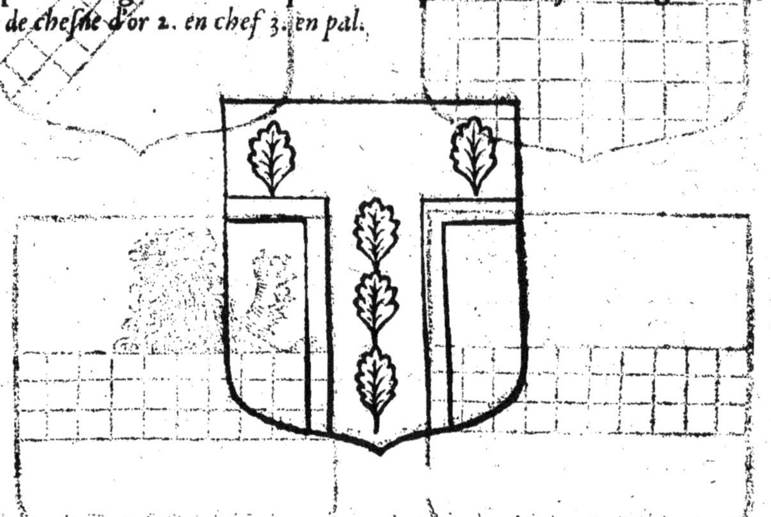

ESCART ESCARTELE' & CONTRECARTELE'. Voy icy bas ESCV.

ESCHIQVIER est composé de quarrez, dont les vns sont de metal les autres de couleur, ainsi que le tablier sur lequel l'on iouë aux eschets d'où vient le mot.

ESCHIQVE' ou ESCHIQVETE', qui est garny de pieces d'eschiquier.

N. portoit *eschiqueté d'or & d'azur.*

Il y a des bandes, des fasces, & des croix eschiquetées, & en ce cas il faut specifier le nombre, des rangs des quarrez, lesquels rangs se blasonnent traicts ou filets.

Sainct Bernard l'honneur de nostre Bourgongne, portoit *de sable à la bande eschiquetée d'or & de gueules de deux traicts*, qui est de Saffres, ceux de la marque d'Ancone portoient *d'or à la fasce eschiquetée d'argent & de gueules*, & Robert de la Marte Seigneur de Sedam Mareschal de France en l'an 1530. portoit de mesme & outre ce, le *lyon naissant de gueules en chef*, que le Feron dit auoir esté donné à ceux de cette maison *pour leur grande noblesse & stienueux faits d'armes.*

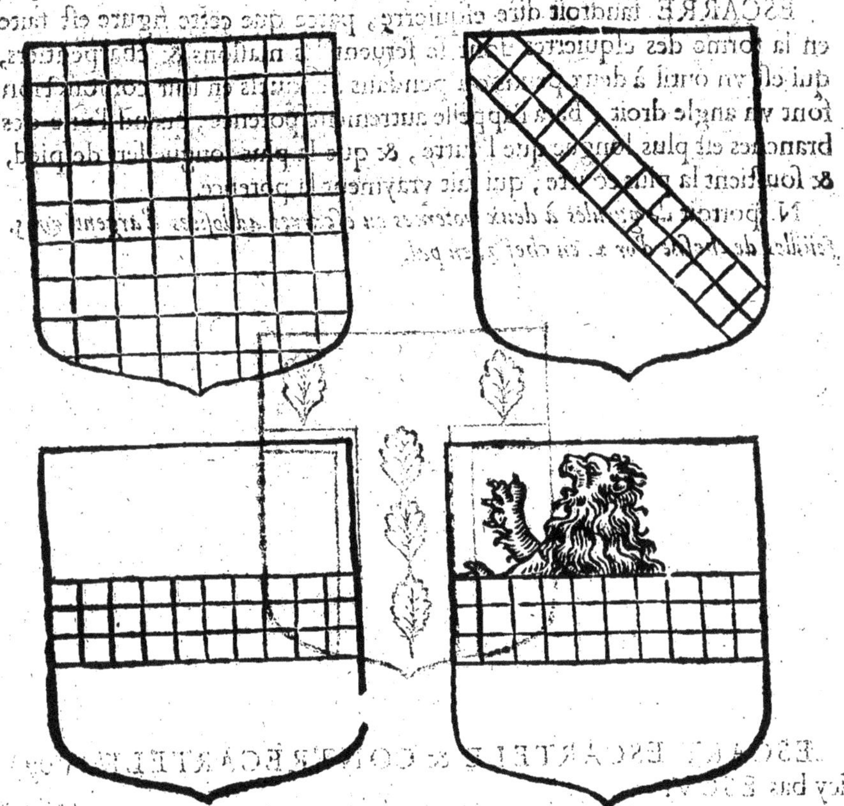

ESCLOPPE. C'est à dire taillé & tranché quand l'Escu est diuisé de l'angle senextre du chef, au costé dextre de la pointe: & qu'au milieu de la taille les deux parties sont tellement trenchées que l'vne entre & s'enclaue dans l'autre. Il y en a qui tiennent que cette sorte d'armoiries est propre aux bastards.

N. portoit *escloppé ou taillé & tranché d'argent sur sable.*

ESCV ESCVSSON. De vouloir parler de l'antiquité, & de la forme des Escus, apres ce qu'en ont escrit & Bara, & Moreau chap. 4. & Pasquier en ses recherches liu. 2. chap. 4. Fauin liu. 1. chap. 2. Ce seroit perdre temps & outre passer les bornes du tiltre de ce liure, ie me contenteray de dire que la forme du vray Escu, est, qu'il soit arrondy en cul de lampe par le bas, & quarré au reste de son estenduë, & qu'entre les anciens autheurs de la langue latine, Labienus fait difference de ces mots *Clypeus* & *Clypeum* se seruant du premier qui est du genre masculin, *proscuto* pour vn bouclier, & de l'autre qui est du neutre pour vne image & figure, Pline les distingue non point par le genre, mais par l'ostographe & par la prononciation, *denotat enim Clypeum pugnatorium per* 1. *& pro imagine sumptum per* u *Clupeum*: laquelle difference est reiettée par Flauius Sosipater Charisius ancien Grammairien. Pour nous François nous ne les confondons pas seulement prenans l'vn pour l'autre : mais de ces deux nous n'en faisons qu'vn. Ie veux dire que quand nous parlons de l'Escu nous entendons vn bouclier tarque, rudache ou rondache, non pas simplement pour la forme & la matiere, ains aussi pour les esmaux, & figures qui sont grauées & polies dessus, ainsi disons nous, l'Escu de France, & quand nous parlons de la monnoye d'or, du poids de deux deniers quatorze ou quinze grains, nous disons simplement vn Escu, quoy que les trois Fleurs de Lys d'or, dernieres armes de nos Roys y soient en relief.

Comment les Escus se doiuent poser, & de quel costé l'on doit tourner les armoiries. Voy ce qu'en a escrit Bartole au traité qu'il a fait de *Insign. & armis*, ou il nous aprend, que, quoy que regulierement, quand il y a dans l'Escu quelque figure, soit humaine, soit d'animaux, la teste doiue estre tournée du costé dextre, & les bandes & bastons tirer du mesme costé au senextre. Neantmoins quand l'Escu est posé en quelque lieu d'honneur & de respect. Les armes doiuent estre posées en telle sorte que le chef d'icelles regarde ledit lieu d'honneur : si bien que si le costé senextre de l'Escu est le plus proche dudit lieu d'honneur, le chef des armes si elles sont escartelées.

(Ce qu'il appelle *Quaterterium*) se posera au canton senextre, & s'il y a quelque face humaine ou quelques animaux, l'on tournera les visages & les testes dudit costé senextre.

Ainsi voit on les armes du Duché de Bourgongne peintes sur la premiere porte du conuent des Chartreux à Dijon, vis à vis des perrieres, regarder de part & d'autre vne image en relief de la Vierge, car comme il y a deux Escussons de chaque costé de ladite image ceux qui sont à la dextre, sont contournez de telle sorte, qu'au quartier senextre les Fleurs de Lys sans nombre auec la bordure componée y sont peintes, & au dextre les bandes d'or & d'azur auec la simple bordure, & pour monstrer que cela s'est fait à dessein, c'est que lesdites bandes tirent de la senextre à la dextre, comme si elles descendoient & sortoient de ladite image en lieu que és autres Escus elles tirent de la dextre à la senextre. De plus comme entre lesdits Escus, il y en a qui sont partis de Bourgongne & de Flandres, les armes de Bourgongne qui deuroient estre au costé dextre, comme estant les armes du mary Philippes le Hardy Duc de ce pays, elles sont neantmoins à la senextre, & les plus proches de ladite image, & le lyon de Flandres occupe la dextre, & d'abondant il est contourné pour regarder la mesme image. Sur le portail du Conuent des freres Prescheurs de la mesme ville, il y a vne pareille image, accompagnée de deux autres, souz les pieds de celle qui est à la dextre, les armes du Comte de Bourgongne y sont en relief, d'azur semé de billettes d'or à vn lyon de mesme: ce lyon qui regulierement deuroit regarder la pointe dextre de l'Escu est contourné à la senextre, afin de regarder par honneur l'image de la Vierge. I'adiousteray pour leuer l'erreur de plusieurs, que de cette mesme sorte sont posées les armoiries de quinze Cheualiers de l'ordre de la Toison d'or, qui sont au dessus des sieges des Chanoines de la Saincte Chappelle du Roy audit Dijon à la main gauche en entrant au chœur, afin qu'elles puissent regarder le grand Autel, ce qu'estant ignoré par ceux qui ne sont pas versez dans les secrets de l'art des armoiries, ils se persuadent que c'est vne faute de peintre: toutefois pour en dire mon sentiment, i'aimerois mieux suiure la regle ordinaire.

IL·ME·TARDE

Voila pour ce qui est de la forme, & du comportement de l'Escu. Quant à la diuision elle se fait en diuerses sortes, encore que l'on peut dire que les armes les plus simples & qui ne sont pas diuisées sont les plus belles, la simplicité consiste en peu de pieces dans vn seul Escu, & en l'Escu seul sans diuision, tesmoin l'Escu de France. On diuise donon l'Escu du haut en bas que l'on appelle parti, on le couppe d'vn flanc à l'autre, on le tranche en biais de la partie dextre de l'Escu à la senestre de la pointe, tout ainsi qu'en bande. On le taille de la partie senextre du chef, à la dextre de la pointe, & toutes ces armes peuuent estre les armes des aisnez aussi bien que des cadets, parce que les diuisions ne tiennent pas tousiours lieu de brisures, quand bien il y auroit en l'vn des Escus les armes d'vne famille & en l'autre celles d'vne autre famille.

N. portoit *d'or à l'estoille de sable parti de sinople au croissant d'argent.*

N. portoit *d'azur coupé d'or.*

N. portoit *tranché de sable & d'argent.*

N. portoit *taillé d'or & de gueules.*

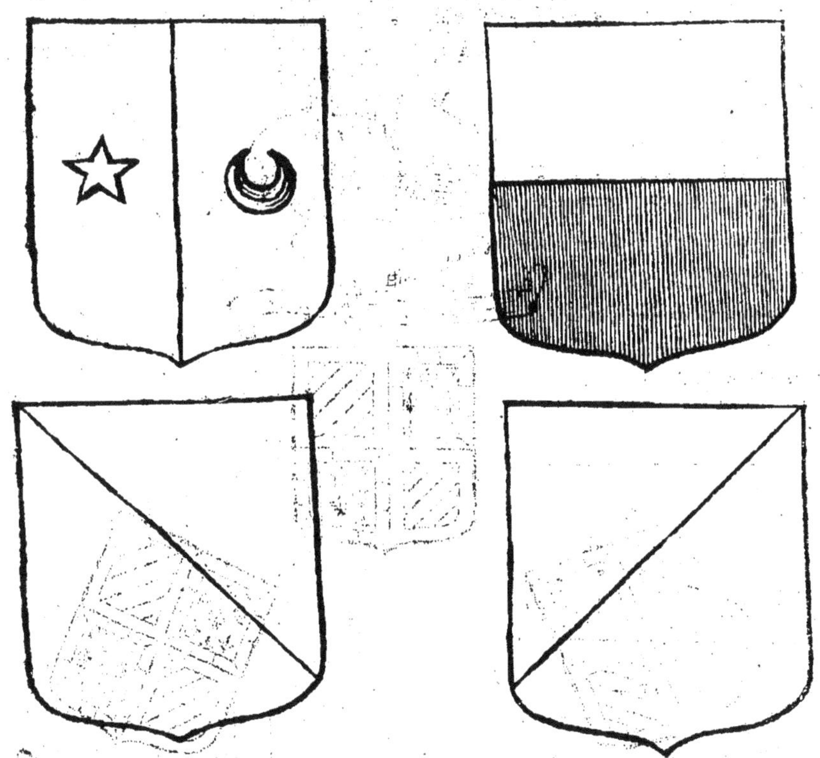

Les aisnez aussi peuuent **ESCARTELER**. Soit à cause de leurs alliances, soit à cause de leurs terres, dont souuent ils adioustent leurs armes, à celles de leur famille.

L'ESCART ou **ESCARTELAGE** se fait en cette sorte: l'on diuise l'Escu en quatre portions esgales, par deux filets dont l'vn tire du haut en bas, qui est ce que nous venons d'appeller parti: l'autre trauerse d'vn flanc à l'autre, qui est ce que nous disons coupé: Tellement que par ce moyen d'vn Escu nous en faisons quatre, au 1. & 4. desquels l'on met les armes principales au second & 3. l'alliance, qui est d'ordinaire celle de la mere.

Il y a encore vn autre escartelage, qui se fait par le tranché, taillé, & comme en sautoir, ou croix Sainct André.

Iean Seigneur de Croy & de Renty Grand Maistre de France, souz Louys XI. portoit *d'argent à trois fasces de gueules escartelé d'argent à 3. doloüeres de gueules cantonnees.* Ce fut le premier qui escartela ses armoiries de Croy & de Renty du viuant de son pere, suiuant que le Feron la remarqué. Ce sont auiourd'huy les armes du Duc d'Arschot en Flandres.

Arragon Sicile porte *d'or à quatre pals de gueules escartelez en sautoir d'argent à 2. aigles de sable.* Ce qui se blasonne autrement *flangue d'argent à 2. aigles de sable.*

Il y a des croix escartelées, c'est à dire diuisées par vn filet, & dont chaque branche est de deux esmaux. Voy croix, au surplus le mot.

ESCART se dit de chaque quartier qui se treuue en vn Escu apres le premier.

D'autres CONTRESCARTELENT. Ce qui se fait lors qu'à vn Escu escartelé l'on en adiouste vn ou plusieurs que l'on pose en escart, en telle sorte que l'Escu escartelé n'occupe que le quart de l'Escu entier contrescartelé. Charles I. du nom, Roy de la Grand Bretagne porte *de France* (quoy que sans tiltre) *escartelé Angleterre qui est de gueules à 3. leopards d'or armez & lampassez d'azur. Contrescartelé d'Escosse, qui est d'or au lyon de gueules, & au trescheur fleuronné & contrefleuronné de France de mesme, au 3. de gueules ou d'azur selon d'autres, à la harpe d'or qui est d'Irlande, & au 4. l'escartelé cy dessus de France & d'Angleterre.*

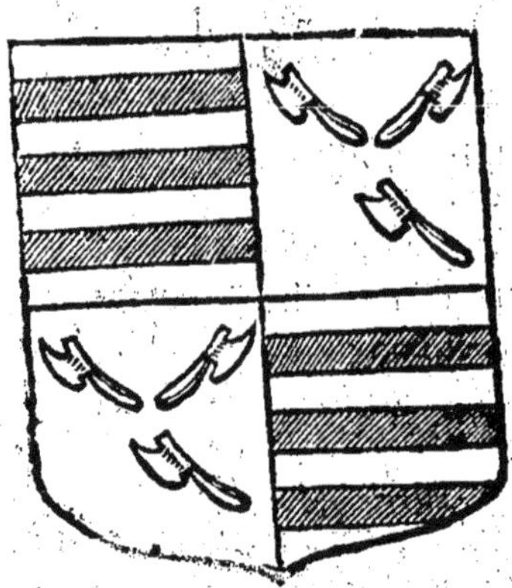

Il y en a qui diuisent l'Escu en 3. portions, ce que l'on appelle tiercé, d'autres le coupent, & le tiercent haut & bas, & en ce cas l'on blasonne les parties du chef supportées ou soustenuës par celles de la pointe.

N. portoit *de sable au cheuron d'argent, parti d'or d'azur, tiercé de sinople à la bande ondée d'or.*

N. portoit de mesmes *soustenuës de pareil nombre en pointe: le premier d'azur au pal d'or, parti d'argent à la barre de sinople, tiercé de gueules à la fasce d'or.*

Il s'en treuue de coupez, & partis de 4. à 4. comme les armes de Lorraine qui se treuuent en diuers endroicts de ce liure.

Outre ces partages, escarts & contrescarts, il y a des Escus contre escartelez iusques à 4.5. & 6. fois, comme sont ceux d'Anstioche Sauoye Neuers & autres qui se peuuent voir dans Bara: Ie ne laisseray pourtant pour l'entiere instruction du Lecteur de representer icy les armoiries de Neuers qui est à present Mantoüe.

Neuers porte *au 1. quartier des 4. principaux quartiers, d'argent à vne croix patée de gueules accompagnée de 4. aigles de sable membrez de gueules: la croix chargée en cœur de gueules au lyon d'or, escartelé d'or à 3. fasces de sable*, qui est Mantoüe. *Le 2. quartier principal est coupé, au 1. des soustenus sont les armes de Cleues, de gueules à l'Escusson d'argent en cœur, chargé d'vn lion de sable aux rays d'escarboucle percée, pommetée & fleuronnée de France sur le tout: party d'or à la fasce eschiquetée d'argent & de gueules de 3. traicts. Le 2. des sousoustenus* qui est d'Atthois *est semé de France au lambel de gueules chastelé d'or de neuf pieces, parti de sable au lyon d'or: les soustenans ou supportans sont 3. neuers qui est de France à la bordure componée d'argent & de gueules le 2. de Rhetel qui est de gueules à 3. rateaux d'or: le 3. ornal qui est de France escartelé de gueules à la bordure engreslée d'argent. Le 3. quartier principal est de mesme que le 2. Le dernier qui accoupe la moitié du coupé est de l'Empire d'or à l'aigle esployée de sable, parti de Hierusalem, qui est d'argent à la croix potencée d'or accompagnée de 4. croisettes de mesme, contreparty d'Arragon qui est d'or à 4. pals de gueules:* Ces *soustenus par tiers esgaux, de Saxe qui est fasce d'or & de sable de six pieces à la bande fleuronnée de sinople, de Bar qui est d'azur semé de croix recroisetées au pied fiché d'or à deux bars adorsez de mesme & de Constantinople qui est de gueules à la croix d'or, accompagnée de 4. B Grec ou fichez adorsez de mesme, sur le tout de ce dernier quartier de Saluces, qui est d'argent au chef de gueules. Et sur le tout du tout de France à la bordure de gueules chargée de huict bezans d'argent qui est Alençon.*

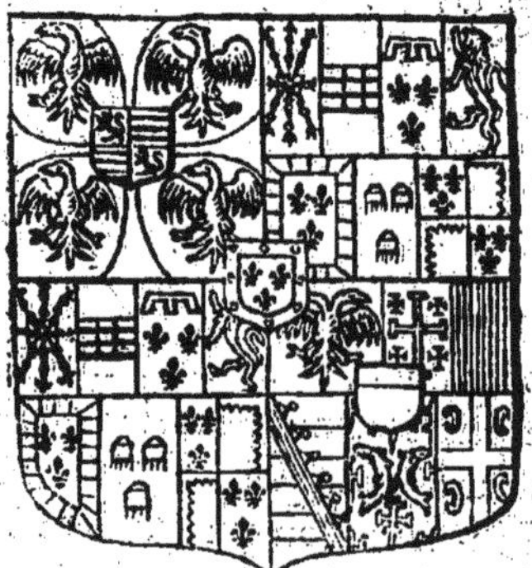

Dans vn Escu l'on en peut mettre vn autre que l'on blasonne escusson.

N. portoit *de gueules à vn Escusson d'or.*

Iacques Chabot qui a obtenu sur mes escritures le Comte de Charny en suite de la substitution portée par la donation de Philiberte de Luxembourg Princesse d'Orange par arrest du Parlement de Grenoble du de Iuilet 1632. porte *des chabots escartelé de Luxembourg & des Baux, & sur le tout de Charny qui est de gueules à 3. escussons d'argent.*

Portugal porte *d'argent à cinq escussons d'azur peris en croix, chargez chacunde cinq bezans d'argent.*

Cy deuant souz le mot banniere, nous auons remarqué qu'il y auoit des escus quarrez qualifiez en banniere, qui sont maintenant assez rares.

La maison de Nuchezes originaire de Poictou, & de laquelle est le Sieur Reuerend Euesque de Chalon porte en banniere *de gueules à neuf molettes d'argent.*

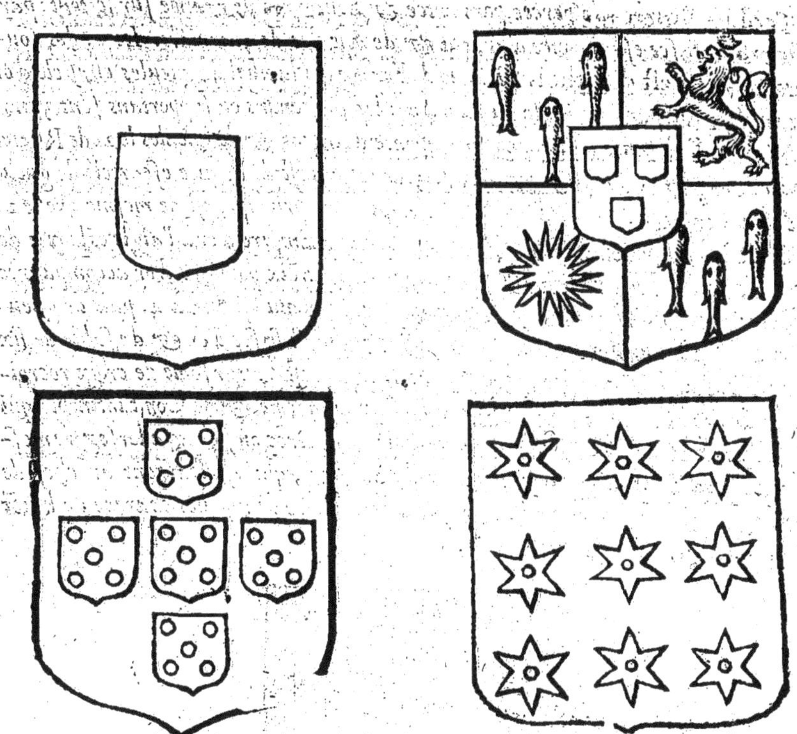

Quant aux escus des femmes, ils doiuent estre en forme de lozange, ou fasce, à cause que le principal honneur de la femme consiste au mesnage, qui se represente par la quenoüille & le fuseau, d'où fut introduict la coustume solemnelle chez les Romains de faire porter vne quenoüille ~~& le fuseau, d'où fut introduite la coustume solemnelle chez les Romains de faire porter vne quenoüille~~ assortie de poupée, & vn fuseau plein de filet apres les ieunes Dames en la pompe de leurs espousailles. De là est aussi venu le dire commun que les Royaumes esquels les femmes ne succedent point ne tombent point en quenoüille.

Pour les armoiries ou blasons, comme en France les femmes mariées perdent leur nom, & sont appellées de celuy de leurs maris, ainsi que parmy les mesmes Romains *Vbi tu caius & ego Caia.* Elles prennent aussi les armoiries des maris, dont elles couurent les leurs. Et à ce propos Charles l'oyseau en son profond traité du deguerpissement liu. 2. chap. 4. no. 6. a escrit auoir remarqué en quelques anciennes sepultures de France, les armoiries du mary estre tirées tout du long de l'Escu, & celles de la famille de la femme paroistre au dessouz par vn coin seulement, comme couuertes des autres. *Ce que nos peintres modernes n'entendans pas*, dit-il, *ils ont peint les armoiries des femmes, comme parties & metoyennes, ioignant la moitié d'icelles auec la moitié de celles des maris.*

Seohier dit au mesme sujet que lors qu'vne Damoiselle de maison illustre decede auant que d'estre mariée, la partie dextre de son Escu doit demeurer vuide, pour donner à entendre, qu'elle n'a point eu de mary, qui ait remply ou plustost couuert cette partie là.

Madame la Princesse, Madame Charlotte, Marguerite de Montmorancy compagne de Monsieur le Prince de Condé porte *de Bourbon party de Montmorancy.*

C'est à dire qu'elle porte esgalement la moitié des armes de ces deux grandes & illustres maisons. En lieu qu'elle deuroit porter entierement de Bourbon, & la moitié de Montmorancy.

Madamoiselle Charlotte, Anne de Bourbon fille de Monsieur Charles de Bourbon, Comte de Soissons decedée auant qu'estre mariée, portoit *de Bourbon Soissons*, & en mourans on deuoit luy faire porter la moitie de l'Escu en table d'attente, party *de Bourbon Soissons*, qui est *de France au baston pery de gueules & à la bordure de mesme.*

ESCVRIEVS. *Sciurus ab vmbra & cauda*, parce qu'il se sert de sa queuë pour ombre & couuerture, quand il est à la campagne, Pline luy donne cela de propre qu'il ferme les trous de sa tasniere du costé d'où doit venir le vent.

André du Chesne grand Historiographe de nostre temps, & qui nous a donné l'histoire d'Angleterre, les antiquitez des villes de ce Royaume, & les descendances de plusieurs grandes maisons, ce qui luy a fait iustement acquerir le tiltre d'Historiographe du Roy. Il porte *d'argent à 2. escurieux passans de gueules l'vn sur l'autre, celuy de la pointe contourné.*

EMAVX. Comme l'email en orfeurerie est l'ouurage calciue de verre & de metal, & peint de toutes sortes de couleurs: Nos Heraults ont pris sujet de comprendre souz ce mot, les metaux & couleurs, dont les armoiries

ries sont composées, afin d'euiter vne repetition & redite enumense de ces autres mots, *couleurs & metal*, car en lieu de dire il porte du metal & de la couleur de France, qui sont l'or & l'azur l'on se contente de dire, il porte des esmaux de France, comme la bande d'or & d'azur de six pieces en l'ancien Escu de nostre Bourgongne.

ESPANOVY ouuert, se dit d'ordinaire de toutes sortes de fleurs, & principalement de la Fleur de Lys de Florence, qui est ouuerte auec ses feüilles, & se blasonnent les armes de cette ville là, iadis republique; *d'argent à vne Fleur de Lys espanoüye de gueules.*

ESPEE se met quelquefois seule & en pal : Par fois il s'en voit deux en sautoir, & d'autrefois les pointes en pointes, c'est à dire dont les pointes se iettent és deux angles du chef, & en la pointe ou bas de l'Escu, & dont les poignées se rencontrent au cœur de l'Escu.

La pucelle d'Orleans par concession du Roy Charles VII. portoit *d'azur à vne espée mise en pal d'argent, portant sa pointe dans vne couronne d'or, le pommeau & la croisée de mesme & deux Fleurs de Lys d'or en chef.*

N. portoit *de gueules à deux espées en sautoir d'argent.*

N. portoit *de sinople à 3. espées les pointes en pointes d'or.*

Iusques aux espics il s'en met aux armes.

Iacques d'Ozoles Escuyer Sieur de la Peyre, Autheur de la Saincte Chronologie porte *d'azur à 3. espics meurs d'or surmontez de 3. bezans de mesme.*

L'ordre de Bretagne qui est l'ordre de l'hermine fut aussi appellé l'ordre de l'Espy, à cause que le grand collier estoit fait & composé d'or en façon d'espics de bled, entrelassez en sautoir & lieux haut & bas par deux cercles d'or.

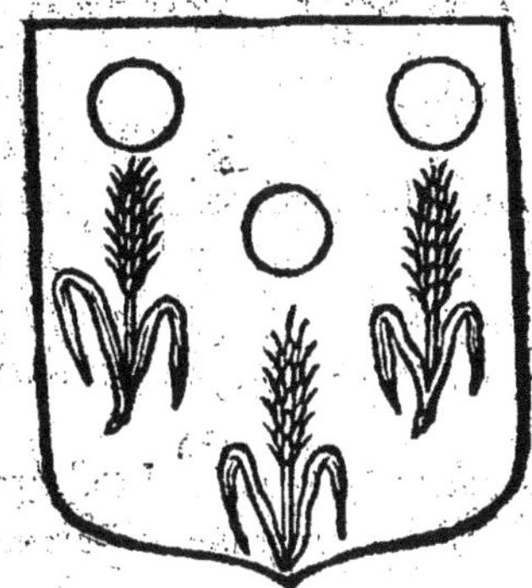

ESPLOYE'. Il y en a qui ont pris ce mot pour desplié, comme qui diroit desployé, & de là ils ont creu que quand l'on blasonne vne aigle esployée, c'estoit à dire qui auoit les ailes ouuertes & estenduës: ce qui n'est point ains ce mot *esployé* s'entend de la teste & du col, qui estant ouuerts & comme separez en deux, semblent faire deux cols & deux testes, ainsi que en l'aigle de l'Empire, laquelle on qualifie esployée, autrement a deux testes cerclées, à ce seul sujet, & non pas pour auoir les ailes ouuertes; autrement il le faudroit dire de toutes aigles, parce qu'il ne s'en represente point en armes, sinon fort rarement qui n'ayent les ailes de cette sorte: Bertrand de Guesclin Connestable de France du temps du Roy Charles V. en l'an 1371. portoit *d'argent à l'aigle esployé de sable, membré & becqué de gueules au baston de mesme, brochant sur le tout.* Ceux de la maison de Vienne en Bourgongne dont est chef à present Charles de Vienne Comte de Commarain, l'vn des Lieutenants du Roy au Gouuernement de Bourgongne, portent *de gueules à l'aigle d'or à vne seule teste sans estre esployée,* & telles les portoient Iean de Vienne Seigneur de Coucy, Admiral de France souz Charles V. Pierre de Vienne son fils aussi Admiral & Mathieu de Vienne Seigneur de Sainct George, Mareschal de France souz Charles VI. en l'an 1381. l'aigle brisé d'vne coquille de gueules en la poictrine.

ESQVIERRE. Voy cy dessus escarre.

ESSORE' se dit de la couuerture d'vne maison, quand elle est d'vn émail different de celuy du corps de ladite maison, à cause que de toutes les parties d'vn bastiment il n'y en a point qui soit plus à l'air que la couuerture, & qu'en termes de Fauconnerie l'on appelle vn faucon sor, qui a déja pris l'air pour voler à la difference du niais qui n'est pas encore sorti du nid.

N. portoit *d'argent à vne maison d'azur essorée de gueules.*

ESSORANT. Volant & prenant l'essor.

Iean de Sonnette Seigneur dudit lieu, Conseiller au Parlement de Bourgongne grandement versé en l'art heraldique porte *de gueules à l'aigle essorant d'or au chef de mesme.*

ESSONNIER ou trescheur, c'est vne espece de filet qui n'a que la moitié de la largeur de l'orle : les vns & les autres se posent au dedans de l'Escu, en sorte qu'entre les bords de l'Escu, & l'orle : entre les bords & le filet, & entre les bords & l'essonnier, l'on voit vne partie du champ la difference que ie voudrois mettre entre le filet & l'essonnier seroit de tirer l'essonnier en carré & le filet, ainsi que l'orle & la bordure, c'est à dire tout de mesme que l'Escu en pointe par le bas, autrement l'on pourra prendre le double filet pour le simple essonnier.

Il y a de diuerses sortes d'essonniers ou trescheurs: & les vns sont simples & les autres doubles & y en a d'autres qui sont fleuronnez & garnis de Fleurs de Lys. Et d'abondant des contrefleuronnez ou garnis des deux costez.

N. portoit *de gueules à l'essonnier d'or.*

N. portoit *d'or au double essonnier d'azur.*

N. portoit *de sinople à l'essonnier fleuronné d'argent.*

Le Royaume d'Escosse porte *d'or à vn lyon de gueules, enfermé d'vn double trescheur fleuré & contrefleuré de gueules* : laquelle fermeture fut concedée par Charlemagne à Achaius Roy d'Escosse, & a ses successeurs audit Royaume, pour conseruer la memoire de l'alliance que les François & Escossois, auoient contractée ensemblement.

ESTOILLE differe de la molette d'esperon, en ce que celle icy est percée, & l'estoille non. Pour le nombre des raix, il est a volonté, s'en voyant de cinq, de six, voire de huict & de seize rais; i'ay remarqué que toutes celles qui ont esté ou peintes ou grauées du temps de nos Ducs de Bourgongne sont de six.

N. portoit *d'azur à 3. estoilles d'argent.*

La maison des Baux en Prouence portoient *de gueules à l'estoille a seize rais d'argent*, le Cardinal de Luxembourg & l'Admiral Chabot la portoient pour escart.

La Comete se depeint comme l'estoille: l'on luy donne seulement vn rayon plus long que les autres à forme d'vne queuë. Voy cy dessus comette.

N. portoit *d'or à la comette de gueules.*

Il y a des estoilles qui ne se monstrent qu'à demy estant couuertes par vne piece principale, comme par vn chef.

André Fremiot Archeuesque de Bourges & Claude Fremiot Conseiller au Parlement de Dijon, portoient *d'azur à 3. merlettes d'argent 2. & 1. vne estoile d'or en abisme au milieu, & au dessus 2. autres de mesme peries à moitié souz le chef de gueules.*

ESTREZ le Feron parlant des armes des Connestables de France, au chapitre de Mathieu II. de Montmorancy, qui en lieu de quatre allerions que portoient ses predecesseurs en charges 16. & qui changea la croix d'argent en croix rouge, dit que cette croix de gueules est appellée estrez par plusieurs.

FACE FASCE FAISSE ou FESSE. C'est l'vne des pieces principales honnorables: quelques vns font deriuer ce mot fasce du Latin *fascia* qui est vne bandelette de toile, comme vn frontal : d'autres comme Scohier chap. 1. disent que la fasce est ce que les Alemans nomment en Latin *fascem seu trabem transuersalem*, & de fait elle semble vne poultre ou traueau mis au trauers de l'Escu. Car elle diuise, & separe le chef de la pointe & doit contenir le tier d'iceluy, lors qu'il n'y a aucune autre piece.

Que si elle est plus estroite elle sera prise pour deuise. Voy cy-dessus deuise.

L'on en met en vn Escu en tel nombre qu'on veut.

La maison d'Austriche porte *de gueules à la fasce d'argent.*

Estienne de Sinach Chancelier de France en l'an 1113. portoit *d'or à deux fasces d'azur.*

Iacques Morin Sieur de la Masserie, qui nous a donné les armes des Cheualiers de l'ordre du Sainct Esprit creez en l'an 1619. portoit *d'or à 3. faisses de sinople.*

André de la Rocque Escuyer Sieur dudit lieu, Autheur curieux des alliances de la maison de Bourbon portoit *d'azur à 3. fasces d'argent.*

Louys le Febure Sieur de Caumartin, Garde des Sceaux en l'an 1623. portoit *d'azur à la fasce de cinq pieces d'argent.*

Lors que l'Escu est tout garny de fasces, & que le nombre est esgal, auec ce qui paroist du champ l'on dit.

N. porte *fasce d'or & de gueules de huict pieces.*

Que s'il est fascé de dix pieces l'on dit burelé.

N. portoit *burelé d'argent & d'azur.* Voy burelé.

Il y a des fasces denchées, engreslées, crenelées, eschiquées, & autres pareilles.

Ceux de Cossé portoient *d'or à 3. fasces de sable denchées*, autrement dites feüilles de sie.

Ceux de la Mare *d'or à la fasce eschiquetée d'argent & de gueules de trois traicts.*

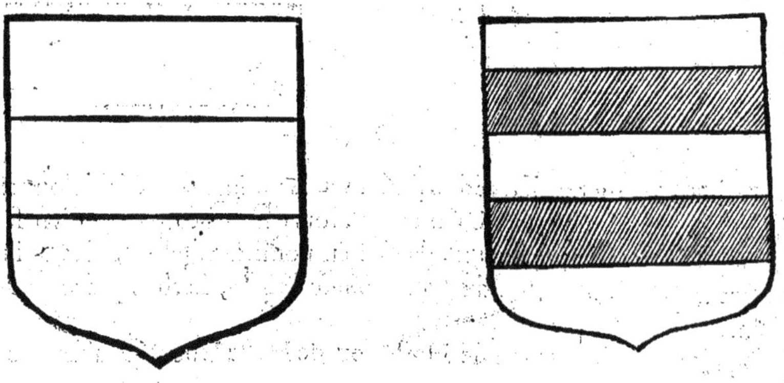

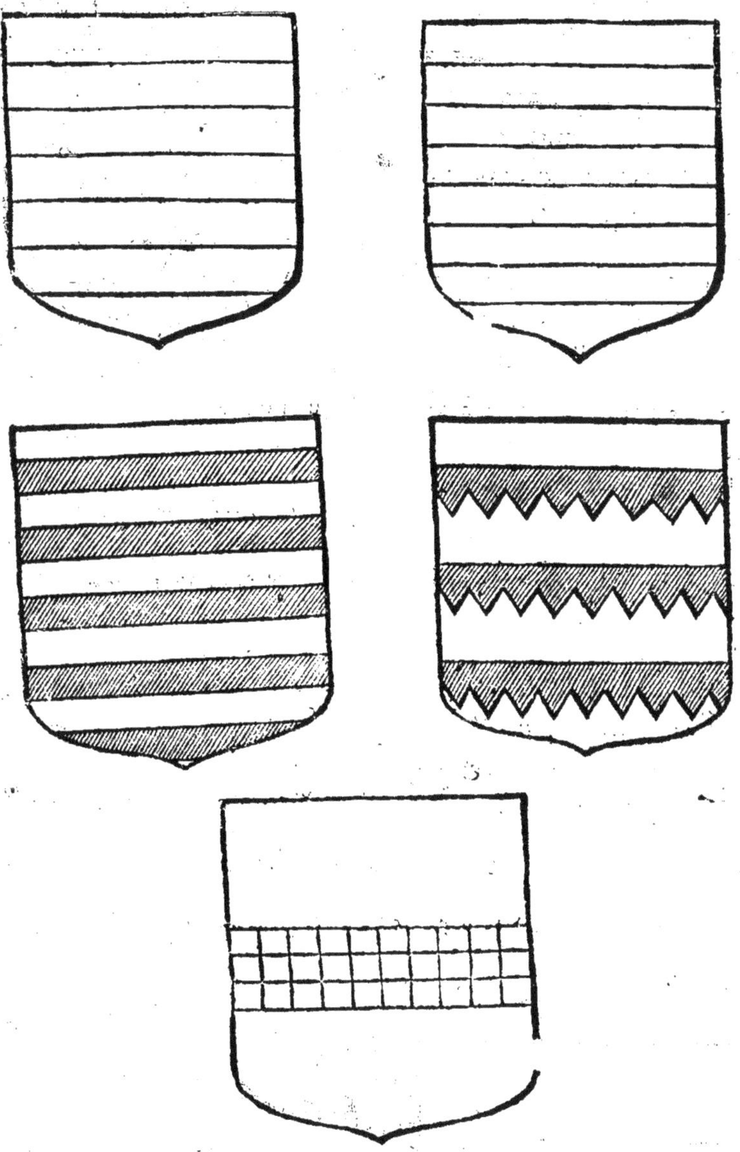

FACE' garny ou chargé de fasces, il y a des animaux qui se blasonnent fascez, comme des lyons, & des aigles, lors qu'en lieu d'estre d'vn seul esmail, ils sont de deux esmaux, diuisez en nombre esgal de fasces, qui ne couurent que le corps, ou du lyon, ou de l'aigle, le champ demeurant plein.

Landregesile Lantgraue de Hassie ou de Hesse Duc & Maistre de la

Cheualerie de France, du temps du Roy Clotaire I. du nom l'an 562. portoit *d'azur au lyon fascé d'argent & de gueules, armé, couronné, & lampassé d'or.*

Ramfroid ou Ramaufroid, Marquis de Morane portant la mesme charge souz Chilperic II. en l'an 723, portoit *d'azur à l'aigle fascé d'argent & de gueules de huict pieces, membré & couronné d'or.*

FANON. C'est le manipule que le Prestre voulant celebrer la Saincte Messe, met en son bras gauche.

Les Seigneurs de Villiers & l'Isle Adam portoient *d'or au chef d'azur chargé d'vn dextrochere reuestu d'hermines*, qui est d'vn fanon mouuant du second party appellé par les anciens manchon d'Hermines, comme le Feron se dit l'auoir leu dans les Panchartes de la maison des Fontaines Seigneurs d'Oignon prés Senlis ses alliez : La difference qu'il y a de porter le manipule & le fanon, est que celuy là se porte par le Prestre au bras gauche : & le fanon se represente en armoiries a bras droict, d'ou vient le mot dextrochere quelque fois l'on specifie les franges qui sont aux extremitez du fanon.

FANON se prend quelquefois pour gonfanon, voy dextrochere, voy gonfanon.

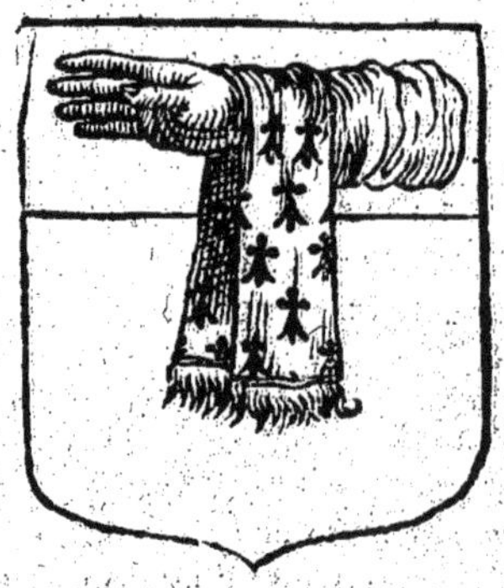

FAVSES ARMES sont celles, ou les regles de l'art ne sont pas obseruées, comme quant il y a metal sur metal, ou couleur sur couleur qui est vn des sujets d'enquerir. Voy cy dessus enquerir.

FERMAVS. Ce sont boucles garnies de leurs ardillons : Louys Sire de Grauille ou Girarduille, Admiral de France souz Charles VIII. Il est dit Sire, pource qu'on dit y auoir eu Sire à Grauille, premier que Roy en France, & auoir esté nommé Sire de Grauille par Iules Cæsar : & que seuls ils sont sans tiltre de Roy appellez Sires. Le Feron dit qu'il s'en rapporte à ce qui en est & moy aussi. I'adiousteray que d'autres anciennes familles en France ont affecté ce mot de Sire, comme le Sire de Pont, le Sire de Montmorancy & specialement le Seigneur de Coussy.

Ie ne suis Roy, ny Prince aussi,
Ie suis le Sire de Coussy.

Ce Sire de Grauille portoit *de gueules à trois fermaux d'or.*

FERMAILLE' se dit quand l'Escu est tout garny de fermaux, ou qu'il en a la bordure chargée, Robert Stuart Seigneur d'Aubigny Mareschal de France souz Louys XII. & François I. portoit *au 1. quartier* de Drugel qui est *de France à la bordure de gueules fermaillé d'or de huict pieces.*

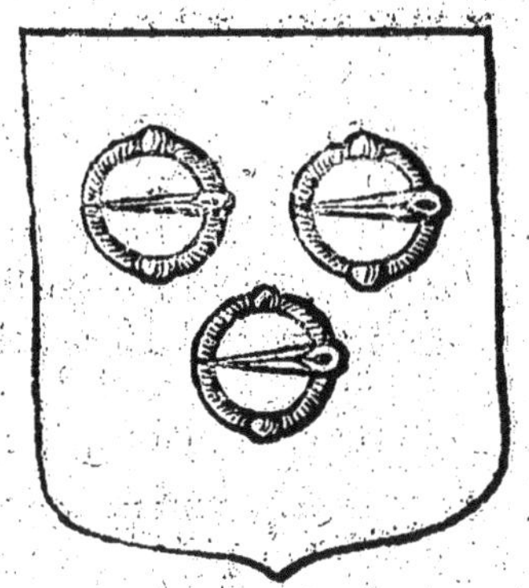

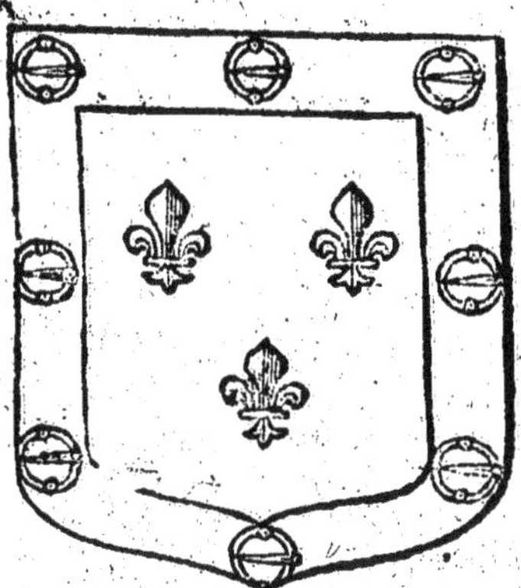

FEVILLE FEVILLE'. L'on se sert en armoiries des feüilles de chesne, de houx & d'autres arbres.

Charles Marquis de la Vieuille portoit sur le tout *d'argent à 7. feüilles de houx d'azur 3. 3. 1.*

Charles Duret Sieur de Cheuery portoit *d'azur à 3. diamans taillez en lozange d'argent enchassez d'or 2. 1. au soulsy d'or mis en abisme feüillé de mesme.*

Le Royaume de Grenade, *d'or à vne grenade de gueules feüillée de sinople.*

L'on appelle aussi feüille le fer d'vne scie, & on le pose en fasce les dents en bas: cy deuant l'on a remarqué les armes de Cossé qui sont *de sable à 3. fasces danchées d'or autrement feüilles de sies.*

Il y a des tierces feüilles, des quarte feüilles doubles, des quintes feüilles & des angeuines ou angeuins qui ont six feüilles, voy chaque mot de son ordre.

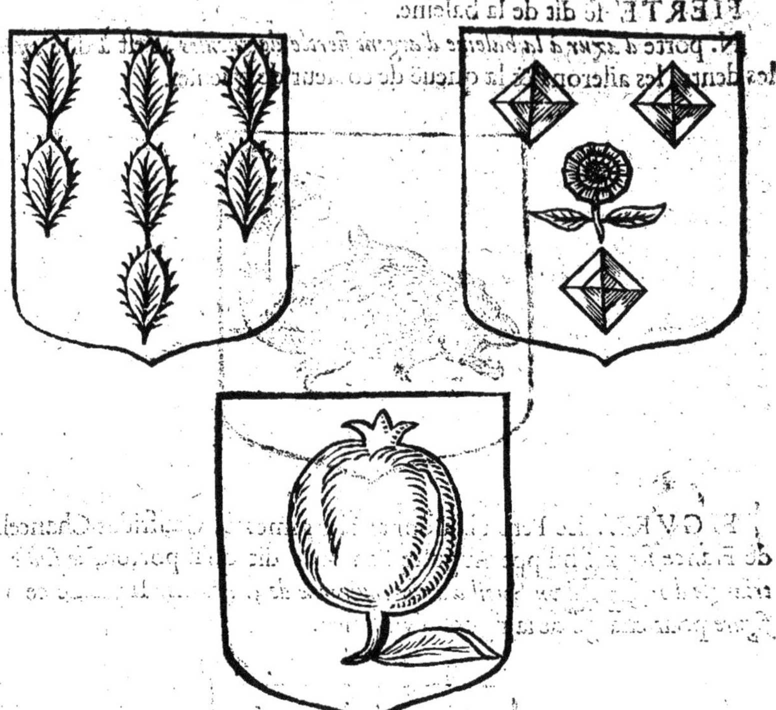

FICHE' qui a vne pointe ou fiche propre pour estre fiché en quelque chose, comme vne croix fichée qui est vn peu plus haute que large, & sa branche du bas pointuë : cette forme de croix est assez commune.

Iehan de Bucil Admiral de France souz Charles VII. en l'an 1450. portoit *au 1. canton, d'azur au croissant d'argent à six croix recroisetées au pied fiché d'or.*

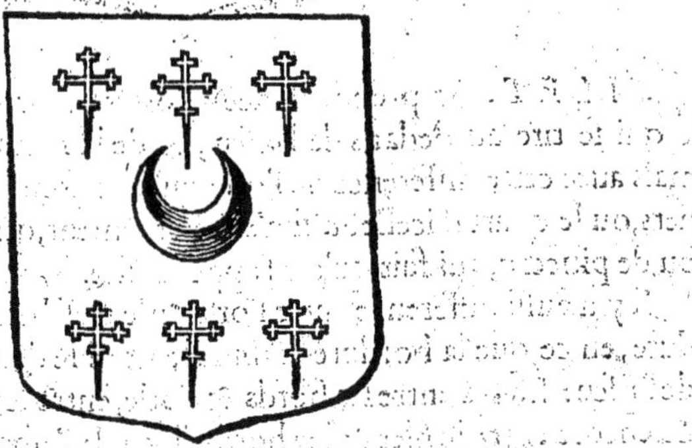

FIERTE' se dit de la baleine.

N. porte *d'azur à la baleine d'argent fiertée de gueules*, c'est à dire ayant les dents, les ailerons & la queuë de couleur de gueules.

FIGVRE'. Le Feron blasonnant les armes de Gaufridus Chancelier de France souz Philippe Auguste l'an 1195. dit qu'il portoit, *de sable au triangle d'or figuré d'vn Soleil d'azur enuironné de 3. estoilles.* Il vse de ce mot *figuré* pour chargé de la figure d'vn Soleil.

FILET. Se prend de deux sortes, tantost pour vne espece d'orle qui se tire au dedans de l'Escu, & de la mesme forme que ledit Escu, mais auec cette difference de l'orle qu'il ne contient en sa largeur sinon le tiers, ou le quart d'icelle aussi n'estce vrayment, qu'vn gros traict de plume ou de pinceau, qui fait qu'on l'appelle filet.

Il y a aussi difference entre l'orle & le trescheur, & le filet auec la bordure, en ce que la bordure comme le nom le demonstre touche les bords de l'Escu: Là ou entre les bords & l'orle, entre les bords & le trescheur, & & encore entre le filet & les bords, il y a de l'espace, lequel espace est de la mesme couleur ou metal que le gros de l'Escu, & de vray c'est l'Escu mesme, lequel est chargé s'il faut ainsi dire d'vne orle ou d'vn trescheur, ou vn filet d'autre émail comme d'vn passement sur vn manteau.

Siriados le Fil Cheualier de la table ronde portoit *de gueules à vn filet d'or.*

N. portoit *d'argent à la bordure de sable.*

N. portoit *de gueules à l'orle d'or.*

FILET se prend en son autre signification pour vn traict, qui se tire comme la barre, de la pointe senexrre du chef à trauers l'Escu, ainsi qu'vne escharpe. Tel le met on d'ordinaire sur les armes des bastards pour les faire recognoistre. Voy des exemples cy dessus sur le mot bastards.

FIZELE. Voy fuzelé.

FLANCHE FLANQVE FLANQVES : C'est vne figure partissant l'Escu du costé des flancs tantost par deux demies ouales, ou quarts du rond, ores par deux demies lozanges, qui prennent leur racine, és angles superieurs du chef, & finissent au bas de l'Escu, à l'endroit ou il commence à se courber pour faire la pointe.

N. portoit *d'or flanqué de gueules en quart de rond, ou a deux flanques de gueules.*

Arragon Sicile porte d'Arragon *flanché d'argent à 2. aigles de sable* autrement escartelé en sautoir.

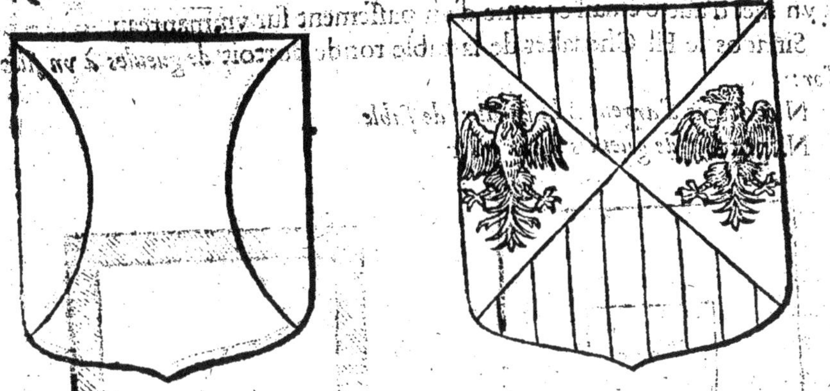

FLEVRS. Si ce liure n'auoit point d'autre esmail que celuy des FLEVRS, non plus que les parteres d'Adonis : il ne meriteroit pas d'estre veu : Ie passeray donc ce mot legerement, & me contenteray de dire que les fleurs se nombrent iusques à 16. dans l'Escu, & que quand ce nombre excede, il faut dire semé : aussi bien que l'on dit, quoy qu'improprement, des croisettes, des billettes, & autres pieces lesquelles naturellement ne se seruent pas.

L'ancien Escu de France estoit *semé de Fleurs de Lys.*

N. portoit *de gueules semé de billettes d'argent.*

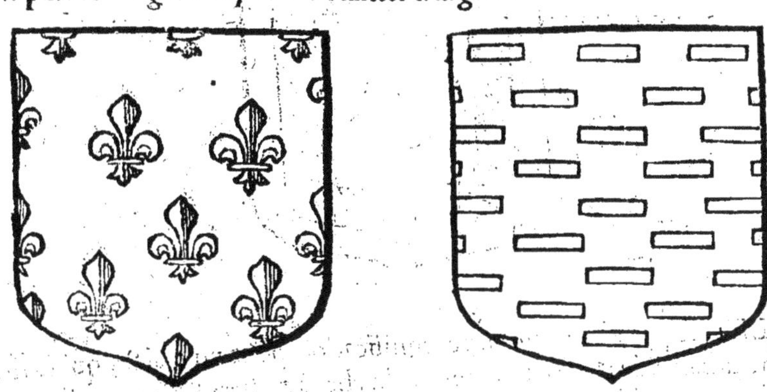

FLEVRS DE LYS. Voy cy apres lys.

FLEVRETE', FLEVRONNE', FLOVRE', FLORENCE'. Qui est bordé ou terminé en fleurs comme vn trescheur, vn baston vne croix. Il y en a comme Bara, qui font difference entre la croix florencée, & la croix fleuronnée, & blasonnent du mot de florencée, celle qui est garnie d'vne Fleurs de Lys & fleuronnée celle qui l'est de toute autre fleur. encore que dans l'experience ie ne treuue point vrayment d'autre fleur que celle du lys qui soit mise à la pointe, ou d'vne croix, ou d'vn baston mais bien trois feüilles comme celles de la treffle.

André de Brancas Seigneur de Villars Admiral de France souz Henry IIII. portoit sur le tout *d'or à la croix fleuretée d'or.*

Les rays d'escarboucle ou bastons Royaux de Cleues, quoy que terminez en Fleur de Lys, se blasonnent fleurettez, de mesme que ceux de Geoffroy Grisogonelle, Alias Cotte grise Comte d'Anjou & de Bretagne Connestable de France souz Philipes I. en l'an 66. il portoit *de gueules au chef d'argent à l'escarboucle pommetée & fleuretée d'or brochant sur le tout.*

Le trescheur de Gourdon de Beaulande autre Connestable de France souz Louys debonnaire en l'an 820. il portoit *d'or au double trescheur fleuré de sinople* suiuant la figure qui est dans le Feron, faut adiouster contre fleuré *au sauteur de gueules brochant sur le tout.*

Et le double trescheur d'Escosse fleuronné & contrefleuronné (le Sieur de la Rocque y adiouste) de France. Et à vray dire ie croy qu'il blasonne mieux que tous les autres qui font vne confusion de ces 4. mots fleureté, fleuronné, fleuré & florencé, sans distinguer ce qui termine la croix ou le baston, si vne treffle ou bien vne fleur de Lys: & partant son adionction est necessaire de dire il porte fleuronné, ou fleuré, fleureté ou florencé de France lors qu'il y a vne Fleur de Lys, & sans la Fleur de Lys, de blasonner simplement fleuré, fleuronné, fleureté, florencé.

FORT. C'est vne espece de tour basse & large. N. portoit *d'azur à vn fort d'argent maçonné de sable.*

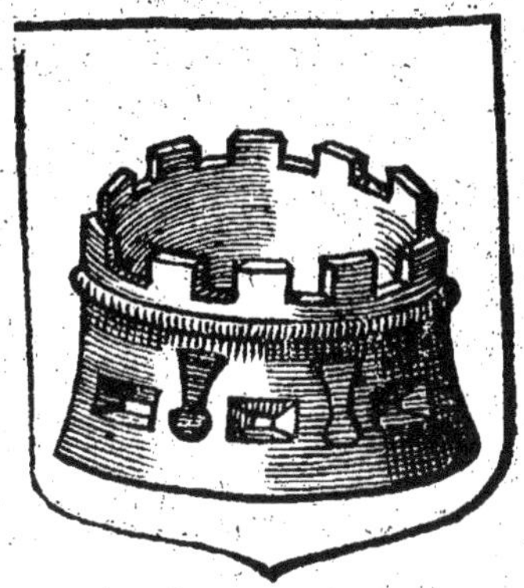

FOVRCHE' ou FOVRCHV diuisé en deux, se dit de la queuë du lyon, laquelle en quelques armoiries se treuue de la sorte. Bartole parlant des armes que l'Empereur Charles IIII. luy donna les blasonne ainsi: *Leonem rubeum cum candis duabus in campo aureo, vn lyon de gueules à deux gueules en champ d'or:* Nous disons à la queuë fourchuë, ou bien comme és armes de Luxembourg *d'argent au lyon de gueules, à la queuë noüée & apssée en saulteur armé lampassé & couronné d'or.*

FOVRRVRES. Pannes ou peaux veluës & figurées: Il y en a de deux sortes en armes: l'hermine & le vair chacune d'vn metal & d'vne couleur, metal neantmoins qui n'est qu'vn mesme, sçauoir l'argent, les couleurs sont de sable pour l'hermine, & l'azur pour le vair.

Voy hermine, voy vair.

FRANC QVARTIER, ou quanton d'honneur. C'est le premier quartier de l'Escu: ou le quanton dextre de l'Escu du costé du chef, vn peu moindre qu'vn vray quartier d'escartelage. L'on se sert de ces termes, lors que l'on met sur ce quartier quelques armes, autres que celles qui sont au reste de l'Escu. Sans escartelage on l'appelle autrement leueure de quartier. Voy leueure.

Pepin le Bref estant Maire du Palais & grand Maistre de France, portoit *de gueules à trois aigles d'or au quanton, ou franc quartier semé de France.*

FRETE FRETE'. C'est tout autant, que qui diroit coticé & recoticé, quand des cotices sont mises en bande & en barre, que les vnes tirent du costé dextre au senextre, & qu'elles sont rompuës, brisées, & trauersées par d'autres, qui tirent à l'opposite: c'est à dire du costé senextre au dextre. Laissans vne espece de lozanges au champ de l'Escu, en vn mot c'est vn vray treillis fait en lozange. La difference qu'il y a entre le freté, & le lozangé est que le lozangé à l'vne de ses lozanges de metal & l'autre de couleur, & qu'entre chacune desdites lozanges il n'y a aucun vuide. Là ou le freté est composé de listes plates longues & larges, comme vne cotice lesquelles listes ont leur émail, & le vuide qui est entre deux en forme de lozange & tient lieu de champ alesien.

Il y a des fretes qui sont clouées és endroits ou elles se ioignent; & alors il faut le designer en ces termes, cloüé de telle couleur. Si le freté est de metal: ou de metal si le frete est de couleur, qui est proprement le treillis. Voy treillis.

René Seigneur de Montejan Mareschal de France en l'an 1530. portoit *d'or freté de gueules.*

Hugues de Nantes Chancelier de France portoit *d'azur freté de vair*, c'est à dire le freté chargé de vair.

George de la Trimoüille Seigneur de Craon portoit *au 2. quartier lozangé d'or & de gueules*, qui est de Craon.

N. portoit *d'argent freté de gueules & cloué d'or.*

FVSE'ES FVSELE' ou FISELE'. Les fusées en armoiries prennent leur denomination des fuseaux, dont les femmes se seruent à filer, elles sont pointues haut & bas, & grosses par le milieu: les Escus des femmes sont aussi en fuseaux, & approchans de la lozange, l'on en met en bande, en croix & en pal, quelquefois auec vn nombre arresté, d'autrefois sans nombre.

Sceuole & Louys de Saincte Marthe freres iumeaux Aduocats au Parlement de Paris & Historiographes du Roy, portoient *d'argent à cinq fusées de sable mises en pal, au chef de mesme.*

Le merite de ces deux doctes freres, & l'amitié dont ils m'ont honnoré sans auoir eu iamais leur cognoissance, sinon par l'entremise de nos lettres reciproques, m'a porté à leur enuoyer ce Phalengue.

Germani gemini, gemella proles
Magnus ſcæuola, quos parens beauit
Sano corpore, ſaniore mente,
Et quos edocuit quod ipſe doctus
Immo doctior, elegantior que
Inter temporis elegantiores
Edoctus fuerat Parentis ore.
Vos, inquam, gemini, gemella proles,
Qui dudum gemino labore iuncti
Regalem geneſim dediſtis orbi.
Sic Regni ſimul, & ſimul perennis
Veſtra fama ſiet: ſed ô Beati
Et multis aliJs beatiores
Vno qui duo prodiere partu.
Sic cum Caſtore natus ipſe Pollux,
Sic & Iſacidæ fuere nati:
Vno qui duo prodiere partu.
At per Caſtora, quam fuere ſorte
Diſpares ſibi, diſpareſque vobis
Diſpares ſibi Caſtor atque Pollux,
Immortalis hic eſt, ſed ille nunquam
Alterna niſi morte ſit redemptus.
Diſparis ſibi Iacob Eſauque
Cum diſcordia ſepararit illos,
Iſtiuſque odium alterum fugarit.
Diſpares etiam fuere vobis
Nam vos ô gemini, gemella proles
Magnus ſcæuola, quos parens beauit
Sano corpore, ſaniore mente;
Et ſi gratia rara proximorum
Concordes animis, pareſque ſorte,
Pares ingenij ſagacitate,
Doctrinaque pares, nec inuidetis,
Nec quod hic habet alter æmulatur
Mutuus ſed amor tenax legat vos,
Par deſiderium, quod vnus optat
Alter continuò capit facitque.
Ille quod fugit, aut hic fugatque
Inde dum gemino labore iuncti
Regalem geneſim ordinatis orbi,
Vos indiuiduæ beatitatis
Æternum decus ambo comparatis.

Quand l'Eſcu eſt plein de fuſées l'on le blaſonne ſemé.

N. portoit *de gueules fuſelé, ou ſemé de fuſées d'or.*

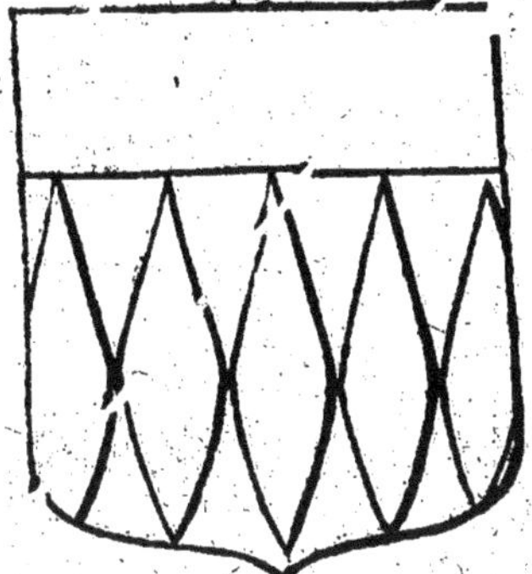

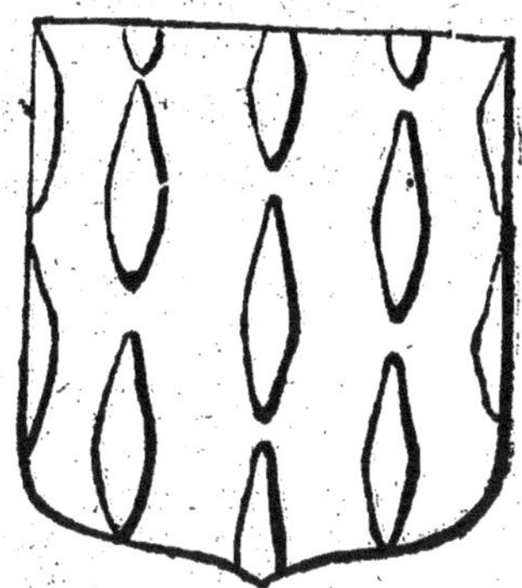

FVSTE' comme ces mots de fust & fustaye', veulent dire bois le fust d'vne iaueline vne forest ou bois de haute fustaye, ce mot aussi de fusté s'approprie au tronc & branches d'vn arbre, lors que les feüilles sont blasonnées d'vn esmail, le tronc & les branches d'vn autre, l'on dit.

N. portoit *d'argent à l'arbre de sinople fusté de gueules.*

GEMELLE est vne espece de fasce double, mais plus petite des trois quarts, on l'appelle gemelle ou iumelle, parce que l'on en met deux l'vne proche de l'autre auec vne distance esgale: à la largeur de chacune d'icelles, si bien que à proprement parler la gemelle est vne double fasce en deuise, que quelques vns veulent estre fermée ou plustost serrée & iointe par vn traict de ligne en ses deux extremitez, dont neantmoins ie n'ay point veu d'exemple. Elle se met au mesme endroit que la fasce & au milieu de l'Escu, lors qu'il n'y en a qu'vne. Que s'il y a 2. ou 3. gemelles on les range par tout ledit Escu & en telle proportion que chaque gemelle soit plus esloignée des autres que les deux pieces qui composent la gemelle ne le sont entre elles, autrement si chaque piece estoit esgalement distante, on blasonneroit les armes fascées ou burelées suiuant le nombre.

N. portoit *d'or à vne iumelle d'azur.*

N. portoit *d'argent à deux iumelles de sinople.*

Pierre de Sainct Iulien de la maison de Balleure qui a escrit auec beaucoup de curiosité de l'antiquité des Bourguignons, qu'il appelle Bourgongnons contre le vulgaire, portoit *de gueules à 3. iumelles d'argent.*

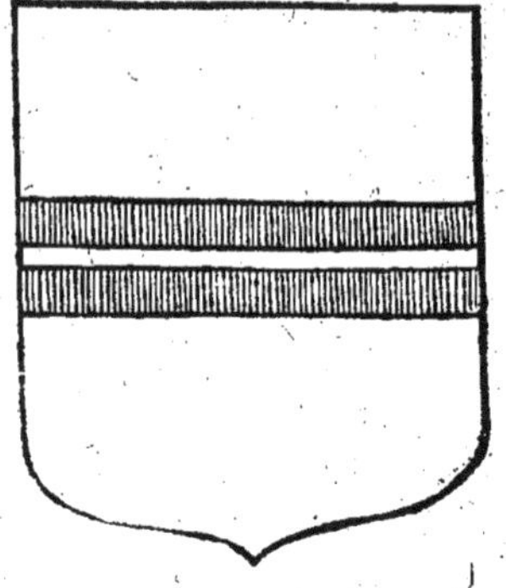

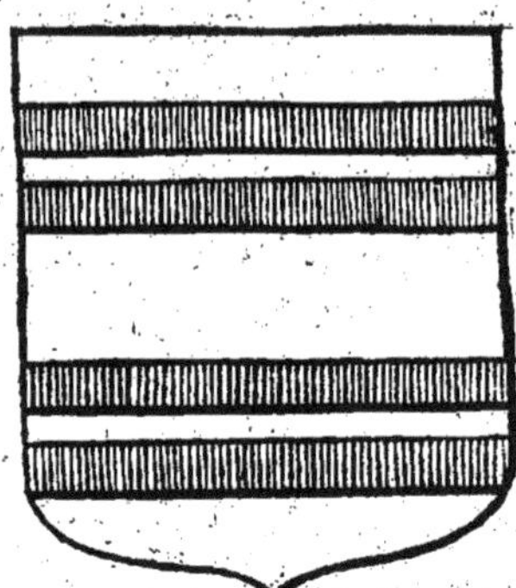

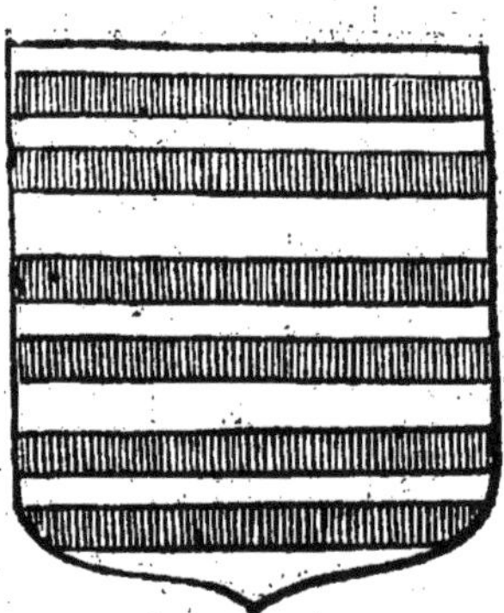

GENTIL-HOMME DE NOM ET D'ARMES. Est celuy lequel porte le nom & les armes d'vne terre qui a des armes particulieres, bien que il ne soit pas Seigneur de la terre. Voy ce qu'en escrit plus amplement Scohier chap. 17.

Charles Sire de Crequy est Gentilhomme de nom & d'armes, parce qu'il porte le nom de Crequy & les armes aussi, qui sont *d'or au crequier de gueules.*

GIVRE, GVIVRE, VVIVRE, BISSE. C'est vne grosse couleuure à la queuë ondée, ou tortillée.

N. portoit *de sable à vn serpent d'argent.*

Il y a des giures qui se representent iettans vn enfant nud par la gueule comme és armes du Duché de Milan qui sont *d'argent à vne giure d'azur issante de gueules*, disent les vns, les autres lissante, & d'autres encores marrissante.

Exiliens infans sinuosi è faucibus anquis,
Est gentilitijs nobile stemma tuis.

L'origine de ces armes est diuerse. Alciat au chap. 43. du traité qu'il a fait des duels, *de singulari certamine*, dit que Othon Vicomte de Milan estant allé à la guerre de la Terre saincte, souz Godefroy de Buillon pendant le siege de Hierusalem, il combatit en duel vn Admiral Sarrazin nommé Volux, qui deffioit les Chrestiens & l'ayant abattu il prit pour marque de sa victoire, la salade d'or sur la creste de laquelle estoit esleuée pour cimier vn serpent viuré mis en pal, iettant vn enfant par la gueule. *Vix natum, & adhuc manantem sanguine infantem ore euomens.* Paul Ioue en la vie des Princes de Milan dit le mesme, sinon qu'il represente le serpent deuorant & non enfantant *Puerum passis manibus deuorantem.* Ce qui est plus croyable : si ce n'estoit que nous voulussions adiouster foy à ce que Pline & Solin ont escrit, qu'en Asie où ce duel se fit, il y a vne espece de serpents, qui font leurs petits par la bouche, comme Iupiter enfanta la prudente Minerue.

Ore exit: tradunt sic quosdam enitier angues,
An quia sic Pallas de capite orta Iouis.

Petrarque en ses memorables Liu. 4. donne vne autre source à ces armes, & dit qu'Azo ieune Gentilhomme, qui depuis obtint la principauté de Milan, allant à certaine expedition militaire par le commandement de son pere, & passant les Apennins, il descendit vn iour de son cheual, pour se reposer, & ayant posé son casque à terre, vn serpent d'vne grosseur demesurée se glissa dedans, & comme ce ieune Seigneur reprit son armet.

&l'est mis sur sa teste, cette vuiure d'vne espouuentable cheute, frayant sa ioue, se precipita en bas, sans pourtant luy auoir causé non plus d'offence que d'estonnement: ce que Ajo prit pour bon augure, & des ce iour, il choisit le serpét pour sa marque, & enseigne de guerre: qui ne fut pas chose nouuelle, car nous lisons dans Pausanias qu'Epaminondas en portoit vn pareil: & qu'en memoire de sa posterité eleua vne colône ou l'on suspendit vn bouclier dans lairain duquel estoit graué vn serpent, à cause qu'estant de la race des Spartiates, qui estoit la plus ancienne famile de Thebes, il se disoit estre descendu de ces guerriers sortis armez de la terre, par le germe des dents semées par Cadmus.

D'autres ont porté le serpent comme hieroglyphique de l'Empire & du gouuernement, principalement celuy qui mord sa queuë, pour nous faire entendre, que tout Prince doit considerer non pas seulement comme il doit commencer vne entreprise, mais aussi preuoir, qu'elle en sera la fin, & comment il en sortira.

Quelques vns aussi l'ont pris pour la tyrannie quand ils ont escrit que le serpent ne pouuoit grossir ny deuenir dragon; sinon en deuorant d'autres serpents.

Plusieurs ont pris à bon augure le rencontre des serpents; Roscius ce farceur tant renommé, estant au berceau fut treuué la nuict, enuironné d'vn serpent; surquoy les haruspices interrogez, respondirent qu'il n'y auoit point d'homme de son siecle qui l'esgalast en honneur & en reputation; Les Empereurs, Seuere, Aurelian & Maximin le ieune, vindrent à l'Empire par de semblables presages.

GOMENE ou GVMENE. C'est la corde d'vn ancre en blason d'armoiries on la fait quelque fois du mesme émail que l'ancre mesme: d'autrefois d'vn autre, aussi bien que la stangue & la trabe qui sont les autres parties de l'ancre.

N. portoit *d'azur à l'ancre d'or à la gumene de gueules.*

GONFANON-CONFARON-GONFERON-GONFALON. C'est vne forme de banniere d'Eglise à trois ou quatre pendants par le bas, abboutissans non pas en quarrez comme sont les bannieres, mais en pointe mousses & a demy rondes, les plus vsitez sont a trois pendants, aucuns bordez & frangez d'vn émail different, autres simplement bordez.

Henry de la Tour Vicomte de Turenne, depuis Duc de Boüillon, Mareschal de France souz Henry le Grand portoit *sur le tout d'or au gonfanon de gueules à 3. pendans bordez ou frangez de sinople*, qui sont les armes d'Auuergne, & qui seruoient d'escart a Robert surnommé le Grand, Comte de Boulongne & d'Auuergne & à ses descendants. D'où quelques vns ont pris sujet de dire que le gonfanon estoient les vrayes armes de Boulongne, ce qui n'est pas, mais bien *d'or à trois tourteaux de gueules*..

Ce gonfanon estoit le gonfanon de l'armée Chrestienne, pris par Baudoüin Comte de Boulongne, & Auuergne, frere puisné de Geoffroy de Boüillon: Auparauant les Comtes d'Auuergne portoient *d'or au griffon coupé de gueules & de sinople.*

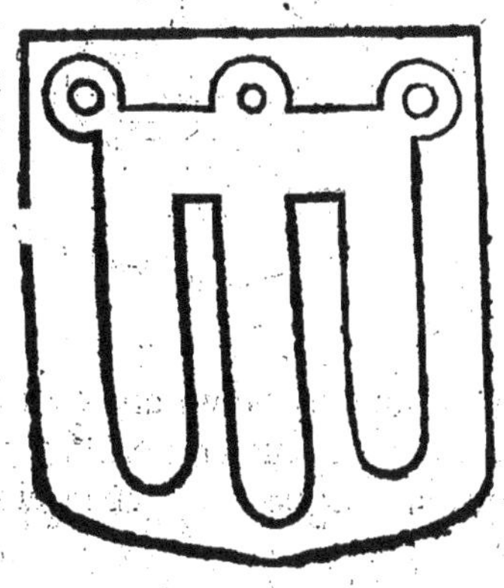

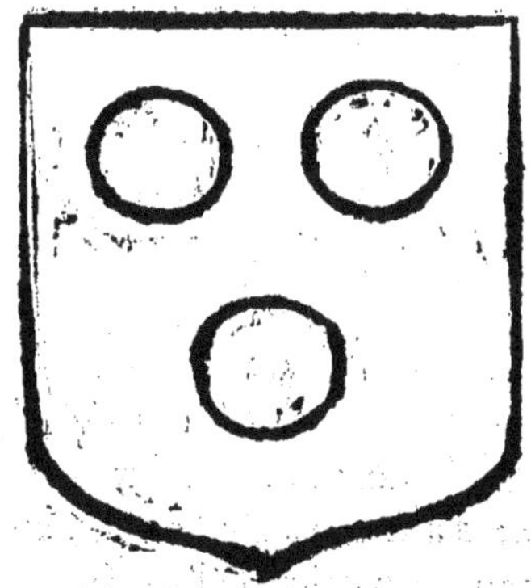

GOVSSET. Eſt vne eſpece de rebatement, ou blaſon irregulier fait en forme de poulpitre, à demy couché ou penchant par le haut, comme la couuerture d'vn baſtiment ſur le goterot, & dont le haut prend ſon commencement à l'vn des angles du chef, & ſe repoſe au bas dudit chef, le reſte deſcendant en ligne perpendiculaire iuſques à la pointe de l'Eſcu comme vn pal.

N. porte *d'or à deux gouſſets d'azur.*

Ce terme eſt tiré de l'architecture dont le gouſſet eſt vne piece, c'eſt auſſi vne piece d'armure ſouz l'aiſſelle, voire de nos chemiſes ordinaires.

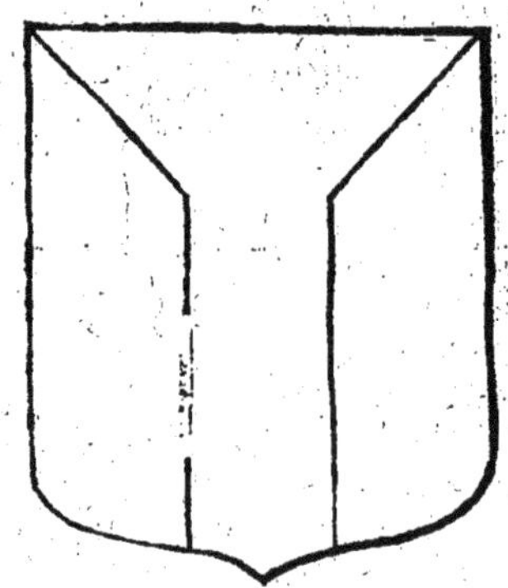

GRENE'. Voy guiron.

GRESLE'. Se dit des couronnes des Marquis, & des Comtes, leſquelles ſont chargées d'vn rang de perles groſſes & rondes, que l'on appelle de compte, tout ainſi que ſi vne greſle des perles eſtoit tombée deſſus parce que la greſle eſt blanche & ronde, il ſera remarqué en paſſant qu'il y a neantmoins difference entre la couronne du Comte & celle du Marquis. Celle du Comte n'a autre choſe qu'vn rang de perles : Là ou celle du Marquis plus noble, eſt chargée d'vn bas fleuron en forme de treffle en quatre endroits.

GRIFFON. Demy aigle & demy lyon, ayant la teste & le poictral & les deux iambes deuant garnies de mains comme vne aigle, ou plustost de griffes pour en tirer le nom de griffon, auec de grandes ailes & le derriere en forme d'vn lyon auec iambes, pates, ongles & vne queuë.

La figure de cet animal me fait souuenir du minotaure, des Centaures, de la chimere *fronte leo, Postrema draco, medioque chimera* qui ont esté tenus pour fabuleux, & neantmoins l'on pourroit les prendre pour simples monstres, qui ayent esté en nature puisque en l'an 1534. Frideric I. du nom Duc de Mantoüe enuoya au grand Roy François vn cheual cerf, *hippoceruum* qui auoit la partie de deuant comme vn cheual, & le derriere comme vn cerf il souffroit d'estre & monté & bridé, mais auec cette incommodité que tantost il se cabroit, sauteloit & bondissoit, & tost apres secoüoit si rudement son monteur, qu'il le mettoit hors des arçons,

Ega ou Egua Duc & Maistre de la Cheualerie de France du temps de Dagobert, & Clouis II. portoit *de sinople au griffon d'or, armé, onglé & couronné d'argent, & lampassé de sable.* Autrement *d'or au griffon de gueules armé, onglé, couronné & lampassé de sinople*, qui sont les anciennes armes d'Auuergne, que quelques vns blasonnent d'autre sorte, comme nous l'auons remarqué souz le mot gonfanon, *d'or au griffon couppé de gueules & de sinople.*

GRILLE GRILLE'. Se prend diuersement en armes, aussi bien qu'au langage commun, ainsi disons nous la grille d'vn heaume, quand nous voulons signifier les barreaux, qui sont en la visiere faits en forme de grille, & qui seruent de deffence aux yeux du Caualier, *sicut pupillam oculi tui.* Mais à plus proprement parler & en armoriste, la grille & la visiere s'appellent mezail. Voy heaume.

GRILLE aussi se prend pour vne porte colisse, que nous appellons autrement porte grillée & s'en voit quelquefois en armes, lors que l'on y represente des tours ou des chasteaux.

N. portoit *de gueules à vn chasteau d'argent maçonné de sable à la porte grillée d'or.*

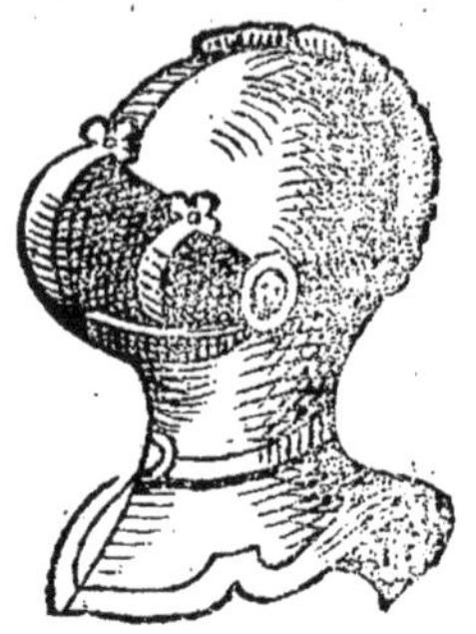

GRILLET-GRILLOT, sonnette petite clochette ronde, que l'on met és colliers des petits chiens, des mulets pour les desennuyer du chemin (dit Cornelius Agrippa) *de occulta Philosophia.* Et aux iambes des oyseaux de proye, lesquels en armoiries l'on blasonne GRILLETZ.

Ils se posent en l'Escu en tel nombre que l'on veut, & quand il n'y a point de nombre l'on dit semé.

Anthoine Bretagne Baron de Loisy, Premier President au Parlement de Mets, nouuellement estably porte *d'azur à la fasce ondée d'or & trois grillets de mesme en chef au croissant d'argent en pointe.*

N. porte *de sinople semé de grillets d'or.*

Claude Mangot Garde des Seaux portoit *d'azur à trois esperniers d'or enchapperonnez & grillottez de mesme.*

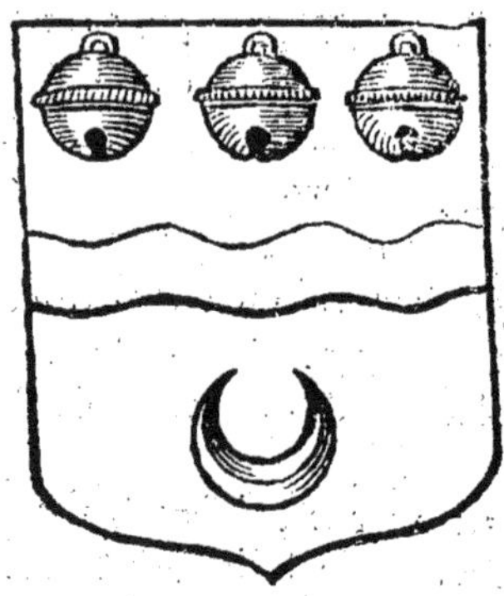

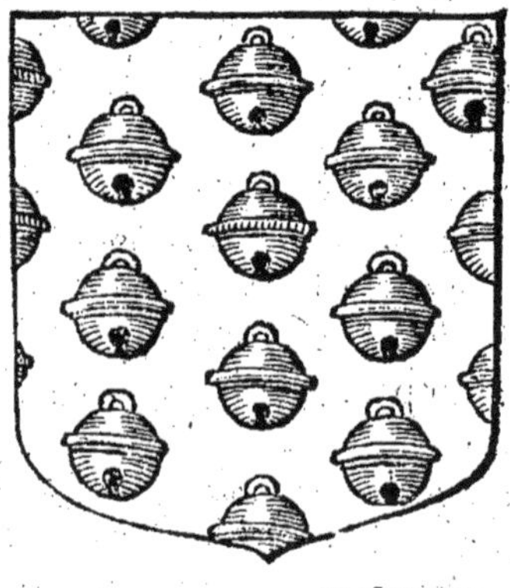

GVEVLES. Belic ou belif, c'est la couleur rouge differente du pourpre en ce qu'elle est plus claire, approchant du cinabre, vraye escarlate couleur sanguine telle que les Cardinaux la portent en leurs vestemens en memoire du sang de Iesus Christ, ou bien comme cette couleur tient du feu & est la couleur de la vertu. *Rubor virtutis color*, dit Seneque, & qu'entre les vertus la charité excelle, ces Princes de l'Eglise s'habillent de rouge pour faire sçauoir qu'ils doiuent estre tout ardens du sainct feu de charité, & ainsi que le sang & la vie entretenir le corps de l'Eglise: Pour cette raison l'on a dóné aux Seraphins cette couleur, parce que ces heureux esprits bruslent du feu de charité, qu'ils sont les Anges d'amour & de paix, & sont illuminez de la grace de Dieu. Aussi Dieu mesme semble auoir estimé cette couleur plus que nulle autre: Il parut sur la montagne d'Oreb' en forme de feu il auoit la couleur rouge du feu: le feu de couleur rouge ira au deuant de luy *Ignis ante ipsum præcedet* Psal. 97. De nuict il paroist aux enfans d'Israël pour les esclairer parmy les deserts en forme d'vne rouge colomne de feu, il descend dessus la montagne de Sinaï en feu, & le Sainct Esprit prend cette couleur, inspirant auec des langues de feu le miel de sa grace, sur les langues des Apostres. Sainct Iean voit en sa reuelation le Sauueur du monde vestu d'vne robbe teinte en sang, qui est la mesme couleur rouge. Esaye l'auoit auparauant depeint auec cette liurée, qui est, dit-il, celuy cy, qui vient d'Edon ayant les vestemens teints en rouge: & vn peu apres, pourquoy donc est ton vestement rouge & tes robbes comme celles de ceux qui pressent au pressoir, le vin qui est rouge est le sang de la terre. *Si magis erubesco minus pecco*, disoit vn ancien, les flatteurs ne rougissent point, & le chameleon, qui en est le symbole, prend toutes couleurs, fors le blanc & le rouge. *Et mutat faciem, varios sumitque colores, præter Rubrum vel candidum.* Le rouge signifie constance & patience, & à ce sujet l'Eglise s'en pare principalement, quand elle solemnise les Festes des Saincts Martyrs.

Sic *Ruber armatos equites exornet amictus* non pas, disent Valere le Grand & Plutarque, parlans des Lacedemoniens pour dissimuler & cacher leurs playes, ny pour apprehension qu'ils eussent de voir couler leur sang, mais bien pour empeſcher que l'ennemy n'en tiraſt aduantage ſi donc le rouge eſt la couleur propre aux guerriers, pourquoy n'en orneront ils pas l'Eſcu de leurs armoiries, il eſt iuſte diront nos herauts. Mais il faut eſtre Prince ou en auoir la permiſſion du Prince. Car comme cette couleur eſt la premiere & la plus noble des couleurs d'où l'on ſe ſert en armoiries & tellement noble, qu'on la met au deſſus de l'argent, quoy que metal, voire peut on dire aucunement par deſſus l'or, ſi que par loix expreſſes des anciens il fut deffendu, que nul ne portaſt de gueules en ſes armes, ſinon au cas cy deſſus ſuiuant Bartole Chaſſeneu & Bara à ces propos cayet, en l'oraiſon funebre de l'Archeueſque de Glaſco, adiouſte que les armes ont eſté ainſi ordonnées anciennement, que là où ſont les deux principaux metaux & la couleur de gueules, c'eſt vn ſigne manifeſte d'vne maiſon extraite de Royauté ou participante d'vne puiſſance ſouueraine, ſelon l'ordonnance qu'en fit l'Empereur Othon III. du nom, intitulée *Mirabilia mundi*: en l'inſtitution des armes hereditaires, au lieu qu'elles eſtoient auparauant conquiſes par chaque Caualier, au prix de ſa valeur, ceux de la maiſon d'Albret portoient ſimplement l'Eſcu de gueules. Ainſi voyons nous dans le Feron que Charles d'Albret Comte de Dreux Conneſtable de France qui fut tué à la male iournée d'Azincourt l'an 1415. portoit *ſemé de France eſcartelé de gueules*, ce ſemé comme nous liſons dans Froiſſard, luy fut concedé par le Roy Charles VI. mais pourtant ie ne croy pas qu'il ſe deub porter au 1. quartier, mais bien au 2. puiſqu'il n'eſtoit pas deſcendu de la maiſon de France.

Sera icy remarqué que gueules eſtoit anciennement l'émail principal des armes de Bourgongne, & que la pluſpart des maiſons de ce Duché en ornoient leurs Eſcus, ainſi que Pierre de Sainct Iulien la curieuſement obſerué en ſes meſlanges hiſtoriales.

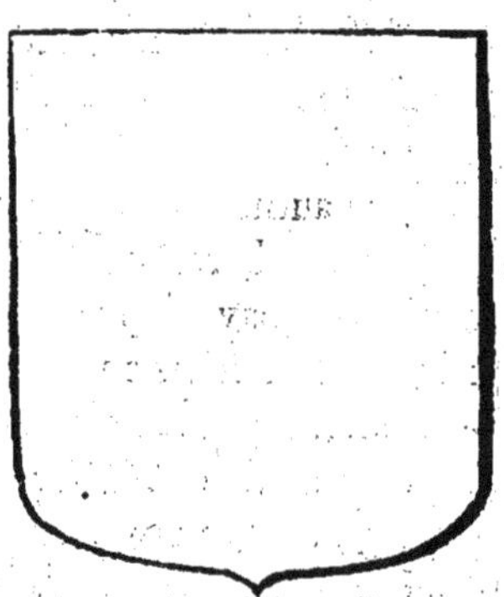

GVLPES. C'eſt vn torteau de pourpre, comme tenant le milieu entre le Bezan & le torteau, dont l'vn doit touſiours eſtre de metal, &

l'autre de couleur, à cause que selon quelques vns le pourpre est pris tantost pour metal, & tantost pour couleur. Voy le mot torteau.

GVSES. Torteau de couleur sanguine ou lacque. Voy aussi torteau.

N. portoit *d'argent à 3. gulpes ou torteaux de pourpre.*

N. portoit *d'or à cinq guses ou torteaux de gueules mis en sautoir.*

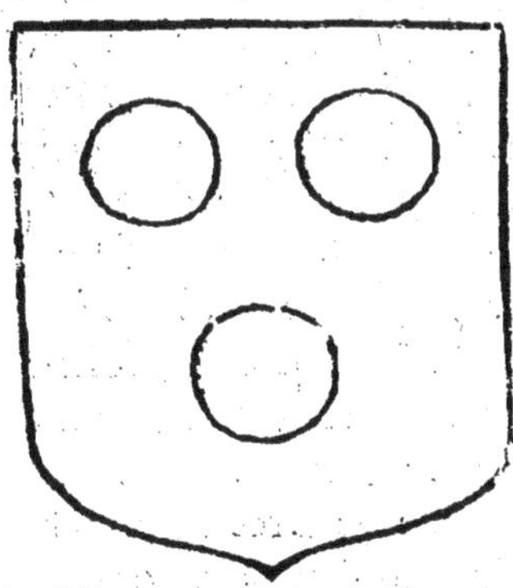

GVIRON ou GIRON figure triangulaire à vne pointe longue, qui rarement se met seul en vn Escu, & le plus souuent il y en a iusques à 8. 9. ou 10. qui tous aboutissent, & se ioignent par leurs pointes longues au cœur de l'Escu : si la premiere piece qui soit du costé dextre du chef est de metal, celle qui suit est de couleur & ainsi de suite faisant tout le tour de l'Escu.

N. portoit *d'or au giron d'azur.*

Lyderic dit le Duc fils vnique de Saluart Prince de nostre Dijon, & premier Forestier de Flandres en l'an 621. portoit GIRONNE' *d'or & d'azur* (S. Iulien dit *grené d'argent & d'azur*) *de* 10. *pieces, vn Escusson de gueules en cœur.* Lyderic prit ces armes là, apres les auoir ostées au Tyran Phinard Seigneur de Buc, qu'il auoit occis de ses propres mains & deffait en champ clos, en presence de Dagobert Roy de France (dit Corneille Martin Zelandor en la description du pays de Flandres.) Ces mesmes armoiries sont demeurées aux autres Forestiers en nombre de six, outre ledit Lyderic, & en suite ont esté portées par tous les Comtes depuis Baudouyn bras de fer, iusques à Philippes d'Alsace XVI. Comte, lequel estant allé au voyage de la Terre Saincte, en l'an 1192. en rapporta *le lyon de sable, armé, & lampassé de gueules en champ d'or*, apres les auoir conquises sur le Roy Nobilion d'Albanie Turc de nation, qu'il auoit pareillement tué de sa main en bataille : ces dernieres armes sont celles que tous les Comtes de Flandres ont retenuës iusques à present.

Il y a des girons qui sont chargez.

Anselme de Gastebois Sieur de Bois Bretoux, Gentilhomme Champenois porte *gironné d'or & d'azur de huict pieces chargées d'autant d'Escussons de l'vn en l'autre, & sur le tout d'vn neufiesme de gueules.*

HABILLE' & VESTV en langage vulgaire sont sinonimes : mais a parler suiuant les termes de l'art heraldique, ils n'ont aucune conuenance, si ce n'est que l'on vse du mot de vestu, pour dire chappé & chaussé, à cause que le chappé s'entend lors que l'Escu est reduit à vne forme de cheuron, s'il faut ainsi parler plein & remply : le reste qui est d'vn autre esmail luy seruant comme de manteau & de chappe, & que d'ailleurs le chaussé se prend, quand l'Escu est reduit à vn pareil cheuron renuersé, & que ce qui reste du vuide du costé de la pointe est remply en forme de chausses & de vestement du bas d'vn autre esmail. Si bien que lors que ces deux cheurons sont ioints par le milieu de l'Escu, & qu'ils font vne espece de lozange laquelle l'occupe entierement, l'on appelle vestu ce qui remplit les extremitez cantonnées du haut & du bas, comme voulans nos armoristes nous faire entendre que ce qui est chappé & chaussé est vestu : i'en ay mis cy deuant des exemples souz le mot chappé, ie les repete en cet endroit pour soulager le lecteur.

Mais à proprement parler.

Habillé se dit du Nauire qui à des voiles d'vn émail autre que le vaisseau.

N. portoit *d'azur à vn nauire d'argent habillé d'or.*

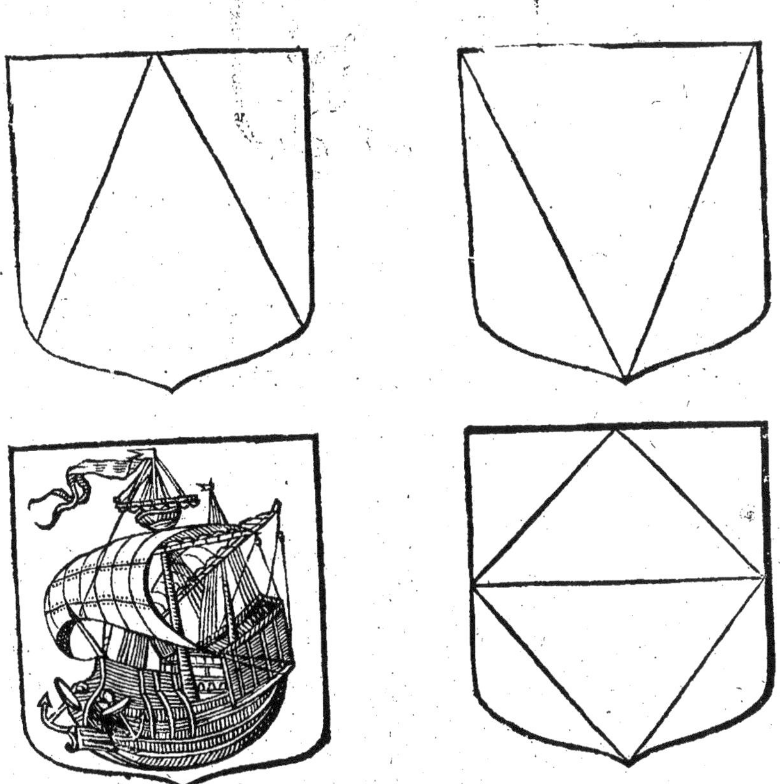

HACHEMENS ou HANCHEMENS. Ce sont liens de pennaches a diuers nœuds & lacets a longs bouts, voltigeans en l'air dont les Allemans lient leurs lambrequins : ils doiuent estre des mesmes esmaux que les lambrequins : l'vsage n'en est point en France, mais bien des lambrequins. Voy Lambrequins,

HAMADE ou HAMAIDE. C'est vne fasce de 3. pieces alaizées qui ne touchent point les bords de l'Escu : Scohier chap. 18. dit que les Seigneurs de la grand vigne en hainault, portoient leurs armes escartelées d'argent au sautoir de gueules, & de la hamaide d'or à trois hamaides de gueules. En quoy l'Imprimeur a failly ayant deub mettre *escartelé d'or à 3. hamaides de gueules* ou plustost *d'or a l'hamaide de gueules* : attendu que les trois paralelles ne font qu'vne piece de blason non plus que les deux ne font qu'vne iumelle.

N. portoit *d'argent à vne iumelle d'azur.*

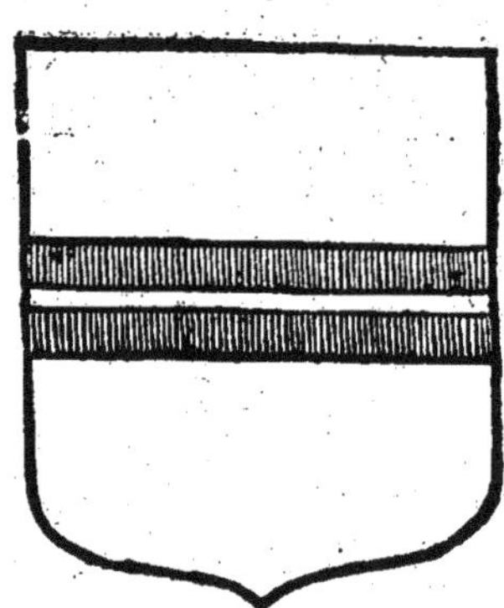

HEAVME. C'est la premiere piece des armes, & l'ornement des armoiries, car comme le chef en l'homme est la partie principale de son corps, & que cette partie là estant offencée, le reste s'en ressent : il est necessaire de la deffendre sur toutes les autres, ce qui se fait par l'habillement de teste, forme de parler la plus significatiue, & qui s'entend par tous ceux qui ont l'oreille à la langue françoise, quoy que non sans sujet. Pasquier s'en moque, puisque de tous temps, nous auons eu d'autres termes qui en vn seul mot signifient la mesme chose : les anciens l'appelloient heaume, souz François I. on le nommoit Armet, d'autrefois, Casque, Pot, Cabasset, Bassinet, Salade, Morion & Bourguignote à cause de nos vieux Bourguignons qui s'en estoient seruy des premiers. Toutefois ces denominations ne sont pas tousiours données indistinctement, ains l'on y a par fois obserué la forme & l'vsage, les vns estans propres aux gens d'armes, & hommes de cheual ; les autres aux pietons & à l'infanterie, que Fauin appelle fanterie, à cause comme ie croy des fantassins ou enfans perdus : ceux là couuent le visage, en telle sorte neantmoins, que par vne ouuerture, qui y est à l'endroit des yeux, garnie de grilles & treillis, & qui sert de visiere, les Caualiers qui les portent, peuuent voir & recognoistre l'ennemy, tant pour l'aissaillir que pour s'en deffendre & de cette forme sont les heaumes qui se mettent sur les Escus pour ornement, & marque de noblesse, les armoiries des roturiers ne deuans point estre tymbrées, quoy que le desordre de ce siecle nous face voir le contraire, non seulement quant au timbre en soy, mais aussi quant à la forme & à la matiere.

Les Princes souuerains le portent d'or, ou doré, les autres Princes, Ducs Marquis, & Comtes, Cheualiers, Seigneurs & Gentilshommes de maison ancienne, d'argent ou argenté.

Mais les simples Gentilshommes de simple fer, ou acier poly.

Pour la forme elle consiste en la veuë, & aux ouuertures.

Les mesmes Princes Souuerains le portent, posé ou tarré de front, & tout ouuerts, pour seruir de marque de plenitude de puissance, & pour monstrer qu'ils ont, ou doiuent auoir l'œil par tout. Que s'ils y veulent mettre des grilles ou barreaux ils en monstrent iusques à vnze, comme nombre qui excede le nombre mesme.

Les Princes non souuerains neuf, le dernier nombre impair.

Les Ducs, Marquis, Comtes & Vicomtes, & Officiers de la Couronne, sept pour autant d'ouuertures de nostre teste.

Les hauts Barons & Cheualiers cinq, pour les cinq sens de Nature.

Et pour les Gentilshommes de si noble maison qu'ils soient ils ne le doiuent tarrer de front, comme peuuent tous les precedents, ains de costé & à 3. grilles seulement pour les 3. races qu'ils doiuent parfaire,

Et quant à ceux qui sont nouuellement annoblis, comme les premiers de leur race, ils ne doiuent pas seulement asseoir leur tymbre de costé, ains à demy fasce seulement, comme l'on representoit autrefois en pourfil Annibal pour couurir la defectuosité de son œil.

------ *statua meditatur prœlia lusca.*

Mais ils doiuent auoir la visiere close & abbatuë, pour monstrer qu'ils n'ont rien à voir sur les actions d'autruy, ny rien a commander, ayant la bouche close aussi bien que les yeux : & c'est de cette sorte de casque que parle *Sillius Italicus.*

Atrato munimine clauserat ora.

Les heaumes des bastards doiuent tourner à gauche & du costé senextre, ainsi que le filet & la barre qui brochent sur leurs armoiries, ou y sont posez en abisme, meuuent à tous de ce costé là.

Encore que nous venions de monstrer, & la façon de poser le heaume & le nombre des grilles suiuant que, & *Pascalius de coronis*, & apres luy Fauin Moreau & vn moderne anonyme en ont escrit. Neantmoins ie treuue qu'au cœur de la Saincte Chappelle à Dijon les armes du bon Duc Philippes, autheur de l'ordre de la Toison d'or, sont seules timbrées au heaume doré tarré de front à neuf grilles, & non plus & celles de tous les Cheualiers, entre lesquelles sont celles d'Alponse Roy d'Arragon, & de Louys Duc d'Orleans sont tarrées vn peu de costé, en sorte que outre la grille du milieu & les 4. qui parroissent entierement au costé qui est en veuë, il s'en voit encore deux autres de l'autre part, si bien que ce sont tousiours 9. barreaux, aussi bien que le Duc, que si leurs timbres ne sont pas tarrez de front, ce n'est pas que tant eux que les autres Cheualiers, n'eussent pouuoir de les tourner de la sorte, mais bien pour vser de quelque difference enuers leur chef.

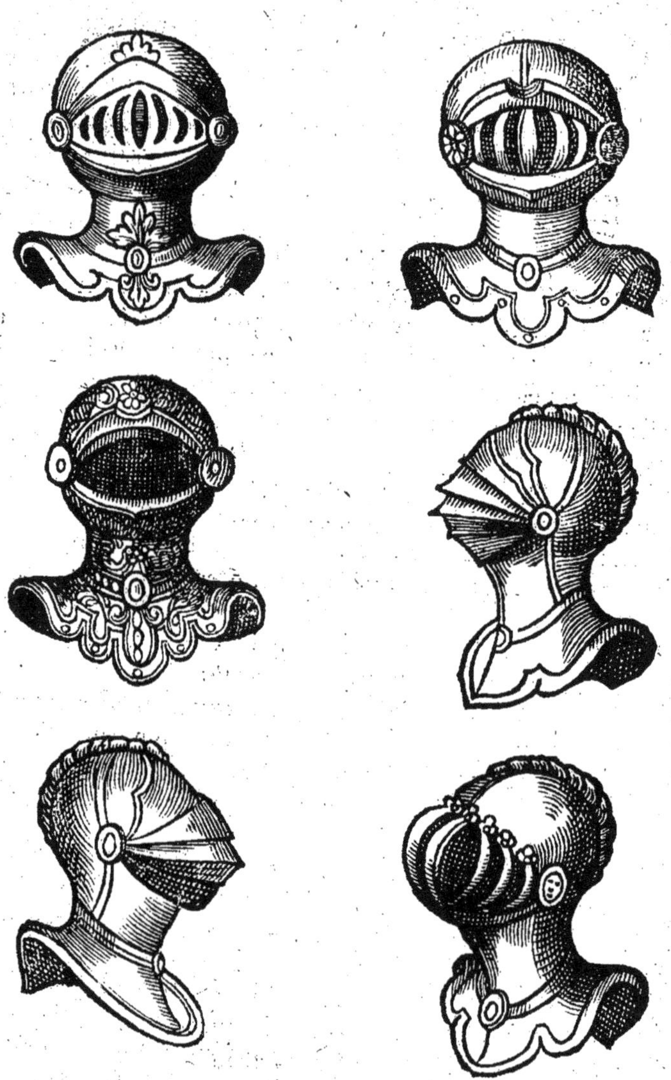

HERAVT ou Roy D'ARMES. Si la charge des Herauts estoit en telle estime qu'elle a esté autrefois, & qu'en lieu d'Heros ils ne fussent deuenus des Zeros presque inutiles, nous rapporterions icy leur employ: Suffit de dire qu'ils furent instituez pour designer & remarquer les hommes esleuez aux honneurs militaires, & pour ordonner des armoiries conuenables aux Nobles. Pour le reste nous renuoyons le lecteur à ce qu'en ont escrit le Feron au traité singulier qu'il en a fait. Fauin liure 1. du Theatre d'honneur chap. 4. & Moreau chap. 2. du tableau des armoiries de France, ou tout ce qui se peut dire de rare, à ce suject y est compilé, auec des remarques singulieres, tirées de l'histoire grecque, latine, françoise & autres.

HERMINES: l'hermine est la despoüille d'vn rat du terroir de Pont en Asie de pelage blanc. *Conduntur hyeme & Pontici mures, hi duntaxat Albi, quarum palatum in gustu sagacissimum est, hac cute expoliuntur vestes*, dit Pline. Ils se cachent tout l'hiuer en leurs tasnieres, ont vn merueilleux sentiment à descouurir le gibbier pour leur nourriture, & de leurs peaux les senateurs Romains faisoient fourrer leurs robbes, & encore auiourd'huy nous nous en seruons a cet vsage auec cet ornement, que pour la faire paroistre plus blanche qu'elle n'est par le lustre & l'esclat de son contraire, les pelletiers & fourreurs la mouchetent & tauellent de petits morceaux d'agneaux de Lombardie, renommez pour leur noir luisant, & de cette sorte sont les armes du Duché de Bretagne prises par les Ducs depuis que François le conquerant eut institué l'ordre de l'hermine & de l'Espy en l'an 1450. en lieu des trois gerbes de bled liées d'or en champ d'azur, que les anciens Ducs portoient & que les Seigneurs de Ponthieure ont retenuës à l'escart de Bretagne moderne. Ce que i'ay tiré de Fauin en vn lieu ou il semble se contrarier: car apres auoir escrit que nos pelletiers mouchetent de noir le blanc de l'hermine il blasme les Peintres pour les auoir imitez en la representation des armes de Bretagne, qu'il pretend estre *de sable semé d'hermines d'argent*. Ce qui auroit de l'apparence si dans vn champ de sable l'hermine estoit representée en sa figure entiere, comme vn animal composé de corps, teste, pieds & queuë, ainsi qu'on la voit suspenduë au bas du collier de l'ordre: mais puisque on prend ces armes là pour fourrures & par consequent, que l'on ne se sert sinon de la peau, il est à propos que l'on en couure le gros de l'Escu pour y seruir de champ, & que les mouchetures noires qui sont faites & representées à fantaisie, y soient tenuës & reputées pour simples accessoires lesquelles pourtant ne font point changer le nom au principal, qui est la panne & fourrure blanche; & par ce moyen les peintres se treuueront auoir suiuy & imité le naturel.

A ce mesme propos il semble que Bara & quelques autres se sont mespris quand ils ont escrit, que lors que les émaux destinez pour les pannes se treuuent en vn Escu, il ne faut point designer lesdits émaux, ains dire simplement, il porte d'hermines il porte de vair. Mais bien quand on change lesdits émaux il faut disent ils, specifier quels ils sont, ce qui est bon pour le vair Parce qu'il s'en treuue de tous metaux, & de toutes conleurs & non pas de l'hermine, qui est tousiours vne, d'argent & de sable & puis asseurer n'auoir point veu d'armoiries d'hermines entre toutes celles qui se treuuent imprimées qui soient composées d'autres esmaux que celles de Bretagne. Au contraire on les blasonnes toutes du simple terme d'hermines non seulement en tout l'Escu ou en quelques cantons d'iceluy. Mais aussi és croix sautoirs, bandes, pals, fasces voire iusques a des animaux l'on en couure tous entiers

Iacques de Chabanes grand Maistre de France du temps du Roy Charles VII l'an 1451. portoit *de gueules au lyon d'hermines, armé, lampassé & couronné d'or.*

Pierre de la Forest Archeuesque de Rouen, & Louys de Beaumont Euesque de Paris successiuement Chanceliers de France du temps du Roy Iehan portoient *sur le tout d'azur à la croix pommettée d'hermines.*

HEVRTES. Ce sont torteaux d'azur.
N. portoit *d'or à trois heurtes.*

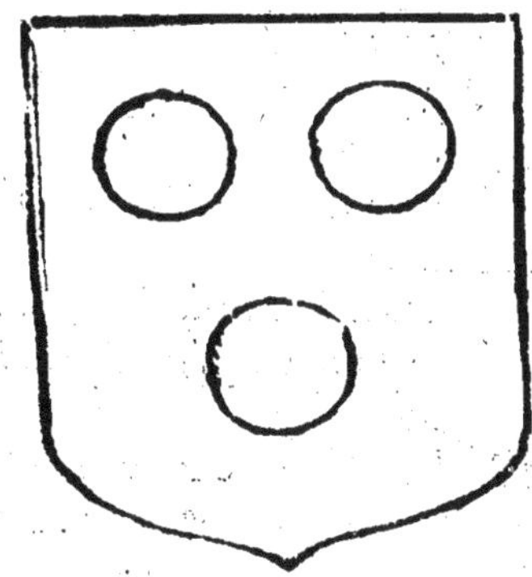

HONNEVR. Entre les neuf points ou places de l'Escu est celuy que l'on appelle le point d'honneur. Il se prend tout au bas du chef & au haut de la fasce suiuant qu'il est icy bas marqué par la lettre D.

L'on appelle aussi QVARTIER D'HONNEVR. Le premier quartier ou quanton du chef.

N. porte *d'argent à vne molette de sable posée en la place d'honneur.*

GVILLAVME de Montagne Chancelier de France du temps du Roy Iean, en l'an 1359. portoit *fascé d'azur & d'or*, ou plustost *bandé d'or & d'azur à la bordure de gueules au quanton d'honneur d'hermines*, puisque suiuant le Feron, il estoit de Listenois puisné des Ducs de Bourgongne.

HONNORABLES ORDINAIRES. Ce sont les pieces principales qui en iuste estenduë, peuuent occuper vn tiers du champ de l'Escu, au long ou large d'iceluy selon leur propre assiete : le nombre en est incertain, à cause de la varieté des opinions des autheurs. Bara n'y en met que neuf, la Croix, le Chef, le Pal, la Bande, la Fasce, le Cheuron, le Sautoir, le Gyron & l'Escusson : D'autres y en adioustent trois, la Barre, la Bordure & l'Essonnier ou Trescheur.

Regulierement il n'y en doit auoir qu'vn en chaque Escu. Il est vray qu'il y en a qui se diuisent, la Fasce en deuise, la Bande en cotice, & quand elles sont ainsi diuisées, il ne s'en met tousiours qu'vne en la mesme place que la principalle se loge : Que si on les reduit à trois ou à plus grand nombre, on les pose en tous les endroits de l'Escu, comme il est monstré en chaque espece, & sur le mot de chacun d'iceux.

HOVSEAV-HOVSETTES, bottes, bottines.

Robert d'Anneual dit de la Heuse Admiral de France, du temps de Charles le Quint en l'an 1368. portoit *escartelé d'or à 3. housettes de sable.*

Il y en a qui sont quantonnées, c'est à dire dont les pieds tournent aux extremitez de l'Escu, l'vn à l'angle dextre du chef, vn autre au senextre & le troisiesme à la pointe & les dessus se ioignent au cœur.

Iean Stuart Comte de Buchnan en Escosse & Duc d'Albanie Connestable de France, souz Charles VI. & VII. portoit *sur le tout de gueules a 3. housettes quantonnées d'hermines armées & esperonnées d'or.*

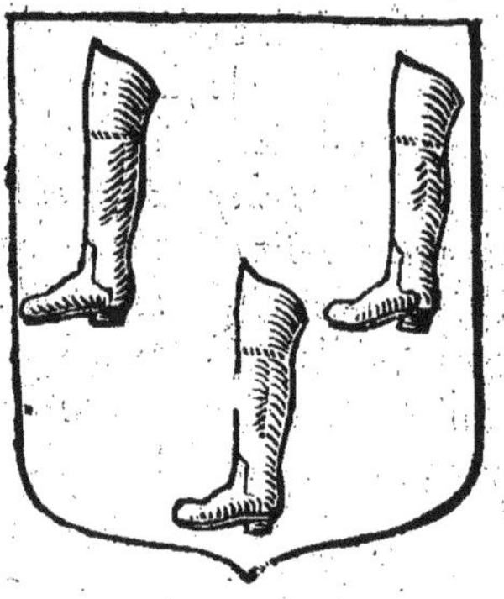

INCARNATION. C'eſt à dire au naturel, l'on n'approprie ce mot, ſinon au ſauuage, quand il eſt peint non pas d'or ou d'argent ny d'aucune couleur, telle que celle dont l'on ſe ſert d'ordinaire en armoiries.

Les Ligues Griſes portent *d'argent party d'or au ſauuage peint en incarnation à la maſſe leuée d'or.*

Les tenans des armes de François Gouffier, Sieur de Creue-cœur, eſtoient deux ſauuages d'incarnation, idem des armes de Charles de la Roche-Foucault.

Edme de Malain Baron de Lux Lieutenant au gouuernement de Bourgongne portoit, *d'azur à vn ſauuage tenant ſa maſſuë leuée d'or, party d'argent au lyon de gueules.*

Ce ſauuage és armes du ſieur de Lux eſtoit d'or auſſi bien que ſa maſſuë & non pas d'incarnation, & ce qui le monſtre eſt que les tenans eſtoient deux ſauuages d'or.

ISSANT, ſe dit de l'enfant de gueules, qui ſort de la gueule de la giure ou ſerpent ondé & tortueux de Milan, comme il a eſté monſtré cy deuant ſouz le mot guiure ou giure.

Se dit auſſi du lyon & des autres animaux qui ne paroiſſent qu'à demy dans l'Eſcu, vne difficulté ſe preſente : qu'elle difference il y a entre le lyon iſſant, & le lyon naiſſant. Quelques vns diſent, que le lyon iſſant eſt celuy qui ſort du champ de derriere vn ample blaſon, monſtrant la teſte, le col, le bout des iambes deuant & l'extremité de la queuë contre le chef de l'Eſcu, & donnent pour exemple les armes de François Oliuier, Chancelier de France qui portoit *d'azur à 6. bezans d'or 3. 2. & 1. au chef d'argent chargé d'vn lyon naiſſant de ſable armé & lampaſſé de gueules.* Et celles de Iacques de Lamban Preuoſt de Paris : qui portoit *eſchiqueté d'or & de gueules au chef d'azur, chargé d'vn lyon naiſſant d'argent*, & quand ils blaſonnent le lyon naiſſant ils le depeignent prenant ſource enuiron le milieu du champ de l'Eſcu & parroiſſant dehors du train deuant, & du bout de la queuë, comme sortant de terre qui est propre du lyon d'armes : adioustent qu'il repose le haut du corps contre le champ, & que le lyon issant soit à l'entredeux du champ & du chef de l'Escu, & qu'il ne paroist tant au dehors que le naissant ; & appuye le col & la teste contre le chef de l'Escu : Et pour exemple du lyon naissant ils se seruent des armes de Bernard de Soissons Mareschal de France, qui portoit *semé de France au lyon naissant d'argent.* Mais pour moy ie tiens suiuant vn manuscrit que i'ay que le lyon naissant est celuy qui monstre la teste, le train deuant & le bout de la queuë, en quelque place de l'Escu qu'il soit logé : par effect le Feron duquel les exemples cy-dessus ont esté empruntez, qualifie naissants tous lesdits demy lyons, bien que les vns soient comme au cœur de l'Escu, & les autres sur le chef : La Rocque qui a compilé les alliances de la Royale maison de Bourbon, vse du mesme terme, lors qu'il blasonne les armes de la Marte qui sont *d'or à la fasce echiquetée d'argent & de gueules, de trois traicts au lyon naissant de gueules en chef.* Quant au lyon issant suiuant mon mesme manuscrit, c'est celuy qui ne monstre que le train de derriere comme si la teste & le reste du deuant estoient sortis & issus & auoient quitté l'Escu, cette figure y est qui seruira pour les deux.

N. porte *d'or couppé de gueules au lyon yssant, & naissant de l'vn en l'autre.*

IVMELLES. Voy cy dessus gemelles.

LAMBEAV ou LAMBEL, est vne espece de brisure & la plus noble laquelle comme vn filet se met au milieu du chef & du long d'iceluy, sans qu'il touche les bords & extremitez de l'Escu, ce filet est garny de pendans qui s'eslargissent par le bas, a guise du fer de la grand coignée des Charpentiers; il y en a 3. d'ordinaire, vn à chaque bout, & vn autre au milieu. Ces pendans là sons vraymentles lambeaux & pieces d'vn drapeau déchiré. Budée les appelle *Limbos*, il y en a des simbles, d'autres chargez. Monsieur GASTON de France frere vnique du Roy Duc d'Orleans porte *de France au lambel d'argent de 3. pieces.*

Charles d'Artois Comte d'Eu Grand Maistre de France, portoit aussi *de France au lambel de 3. pieces de gueules chargé de neuf chasteaux d'or*, ou *chastelé d'or de neuf pieces.*

Lors que les cadets des cadets veulent garder le lambeau de leurs peres sans autre brisure, ils doiuent suiuant leur rang y adiouster vn pendant & ainsi de suite en suite, iusques à six & non plus.

LAMBREQVINS. Ce n'est rien que le tymbre s'il n'a ses ornemens: les lambrequins en font partie, ce sont ces pennaches qui en sortent par derriere, & s'espanchent au tour de l'Escu. Les vns sont faits & formez de feüillages posez & entremeslez les vns dans les autres. Il y en a qui sont composez de plumes naturelles, mais ils sont moindres en honneur. Vn moderne qui ne se nomme pas, dit qu'on les nomme lambrequins comme qui diroit lamequins, à cause qu'ils se font de feüilles & petites lames à ce qu'il presuppose, qui est vne étymologie sans fondement: Car encore que les lames de fer se qualifient quelquefois feüilles, comme nous disons vne feüille de fer blanc, vne feüille de scie pour le fer, & la lame de cet outil qui sert à quelques artisans, & telle que l'on en voit és armes de la maison de Cossé: si est-ce que cette denomination n'est pas conuersoire. Ie veux dire, que pourtant que la feüille d'vn arbre, ou d'vne herbe ne fut iamais appellée lame: d'où il s'ensuit que iamais lambrequins ne furent composez de lames; ains de plumes d'oyseaux, ainsi que Pline dit que les soldats de son temps se seruoient des plumes d'Austruche pour garnir leurs armets & morions ou de feüilles d'arbres & d'herbes, aussi bien que les couronnes de chesne de laurier, de ruë, de lierre.

Par les regles de l'art, le fond & le gros du corps des lambrequins doit estre de l'esmail du fond & champ de l'Escu, & les bords des autres émaux des armoiries sans y en mesler aucun qui soit estranger.

Les Alemans lient leurs pennaches & lambrequins à diuers nœuds, & lacets à longs bouts voltigeans en l'air: mais en France cet vsage n'est point, nous mettrons pour exemple de toutes ces particularitez les armes de Cossé Brissac qui sont *d'or à 3. fasces de sable danchées* autrement dites *feüilles de scie, aux lambrequins & hachemens de mesme*: C'est à dire d'or & de sable.

LAMPASSÉ. C'est le mesme que,

LANGUÉ. Qui veut dire qui à la langue hors de la gueule. L'on se sert plus communement du mot lampassé. Toutefois l'on n'exprime ny l'vn ny l'autre, si l'esmail de la langue n'est different de celuy du corps de l'esmail. Gaspar de Saux Seigneur de Tauanes Mareschal de France, qui fut fait Cheualier de l'Ordre, de la main du Roy Charles IX. apres la bataille de Renty portoit, *d'azur au lyon d'or*. Il estoit ayeul de Charles de Saux Baron de Tauanes & de Ligny, Maistre de camp d'vn regiment pour le voyage d'Italie, mort a Lodesue en Iuillet 1629.

Hic me plus oculis suis amabat.

Il portoit comme son pere, *party des Chabots*. Ledit Mareschal estoit aussi ayeul de Henry de Saux Marquis de Mirebel, Lieutenant au gouuernement de Bourgongne.

Le Comte de Flandres porte, *d'or au lyon de sable, armé & lampassé ou langué de gueules.*

LEOPARD. Comme cet animal est engendré d'vn lyon & d'vne penthere suiuant les naturalistes, & consequemment qu'il y a de la difference entre le lyon & le leopard, pour ce qui est de la grandeur de leurs corps & diuersitez de leurs poils, le leopard n'ayant point de iube non plus que la lyonne: Les armoiristes font aussi difference de l'vn & d l'autre: mais seulement pour la posture, car regulierement ils donnen la iube à tous les deux, & font que le leopard tourne tousiours la test de front, en telle sorte qu'il monstre les deux yeux & les deux oreilles Ils le representent aussi passant ou marchant, là où le lyon à la teste e pourfil & ne monstre sinon vn œil & vne oreille & est tousiours ram pant ou rauissant & debout, lors que le leopard est depeint rampant, o le blasonne leopard lyonné, parce qu'il est leopard à cause de la teste, la prin cipale & plus noble partie de tout les corps qui ont la faculté sensitiue. I au semblable quand le lyon est passant, on l'appelle lyon, leopard c leopardé.

Il y aussi cette difference entre le lyon & le leopard, que le lyon à bout ou bouquet de sa queuë tournée sur son dos, là ou le leopard quo qu'il tourne le gros de la sienne sur son eschigne, le bout neantmoins recourbe en dehors.

Le leopard ſe met tantoſt ſeul, comme celuy de Guyenne, qui eſt *d'or en champ de gueules*. Ores l'on en range deux l'vn ſur l'autre, comme au Duché de Normandie, & tantoſt trois, tels qu'on les voit, & auec les meſmes eſmaux en l'Eſcu d'Angleterre, composé de Guyenne & de Normandie, dit le Feron, partant des armes de Henry d'Angleterre, Comte d'Anjou & du Maine, & Duc de Bretagne, Grand Maiſtre de France.

Ce que le leopard & le lyon ont de commun, est que l'on les peint à fantaisie, tantost armez & lampassez d'autre metal ou couleur que le reste du corps tantost de diuers esmaux. Il est vray que rarement l'on couronne les leopards & ne me souuient point en auoir veu aucun qui fust couronné: cette marque d'honneur estant reseruée pour le lyon Roy des animaux, sinon és armes de Bernard Comte de Paris & grand Maistre de France l'an 892. il portoit *de gueules au leopard d'or, armé, lampassé & couronné d'azur*, si ce n'est qu'il y ait faute comme ie croy, & par effect en diuers autres endroits le Feron ne fait point mention du couronnement des leopards, & neantmoins les figures sont couronnées.

Par fois l'on se contente de mettre en armes les testes des leopards, aussi bien que des lyons ou seules ou accompagnées.

Iean & Guillaume des Dormans freres & subsecutiuement Chanceliers de France du temps du Roy Iean, portoient *d'azur à trois testes de leopards d'or lampassées de gueules.*

Ceux du nom de Coutier Gentilshommes de nostre Prouince, portent *de gueules à vne fasce d'or accompagnée de trois testes de leopard de mesme lampassée de gueules.*

LEVEVRE DE QVARTIER. Scohier en rapporte la figure qui est *vn Escu plein chargé d'hermines au premier quartier*, mais cette figure contrarie au texte, car en la page dixiesme il blasonne l'Escu d'argent à la leueure du premier canton remply d'azur, ou bien *d'argent au franc quartier d'azur.* Voy franc quartier.

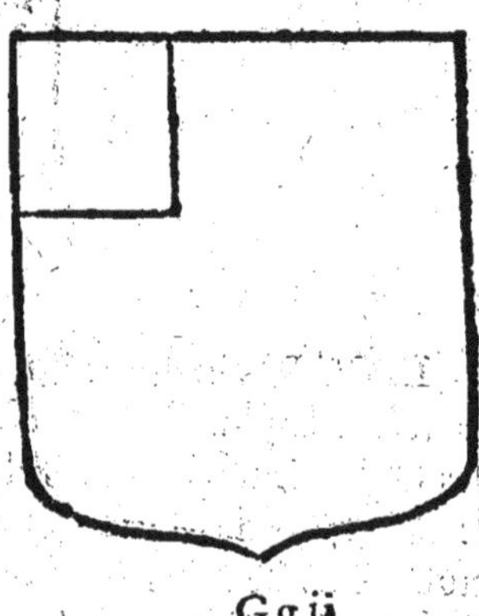

LEVRIER se represente ou passant & marchant comme le leopard, ou bien courant, suiuant sa disposition naturelle ou rampant & debout, ainsi que le lyon. Si l'on en met deux en vn Escu on les fait affronter. c'est à dire qu'ils sont debout se regardent & s'affrontent l'vn l'autre, se soustenans ou plustost se ioignant des pieds de deuant.

N. portoit *d'argent au leurier passant d'azur.*

Ie porte *d'azur à la fasce d'or supportant vn leurier courant d'argent à l'estoille de six raix de mesme en pointe.*

Guillaume Fouquet de la Varenne, eut permission du Roy Henry le Grand de porter, *d'azur au leurier rampant d'argent accollé d'azur fleurdelisé, bordé, cloüé & bouclé d'or.*

LICORNE. Ie ne puis croire que la licorne soit telle que Pline nous la descrit la plus furieuse de toutes les bestes qui fussent de son temps chez les Orsiens au pays des Indes ou suiuant Strabon chez les Prasiens qui est le Royaume de Marsinge, veu que en diuers endroits de la Saincte Escriture le Fils de Dieu qui est la douceur mesme est accomparé au fils de la licorne. *Dilectus quemadmodum filius vnicornium*, veu aussi qu'elle aime la chasteté en telle sorte que les naturalistes tiennnent qu'elle ne se peut prendre sinon en mettant vne pucelle és lieux ou elle a de coustume d'aller boire & de se repaistre, à laquelle elle court si tost qu'elle l'apperçoit, & penchant la teste dans son giron elle s'y endort d'vn sommeil si profond, qu'il est facile aux chasseurs de s'en saisir. Son corps approche celuy d'vn cheual, elle a la teste de cerf, le pied a deux ongles comme celuy de l'elephant la queuë de sanglier, & au milieu du front vne corne cranelée & longue de deux coudées suiuant le commun & selon Iustin martyr. *Contra Triphonem cornu bifurcum instar crucis*: d'où Genebrard sur le verset du Psalme 21. *Salua me ex ore leonis & a cornibus vnicornium humilitatem meam*, a pris sujet d'interpreter ces mots *a cornibus vnicornium id est a cruce humilitatem meam nam cornu vnicornis crucis habet figuram.* Cette corne cause sa perte & sa mort, & neantmoins redonne la vie à ceux qui ont pris du poison *venena pello* porte l'inscription de l'embleme tant celebré par Paul Ioue parmy ceux des notables de son siecle, souz la representation d'vne licorne, moüillant sa pointe en vn petit russeau, & c'est autre de *Sambucus pretiosum quod vtile*, si cette corne est precieuse elle est esgalement rare, non seulement pour le peu d'animaux qu'il y a de cette espece, mais aussi pour le peu de cornes que nous en voyons, car encore que le cerf mette bas tous les ans, ce qui nous rend vne abondance de cornes, aussi bien que le bon terroir nous tient lieu de corne d'abondance, *mono cerotis cornu non est deciduum*, sa corne demeure ferme & stable & ne tombe qu'auec elle, aussi la prend on pour le simbole de la force, & en cette signification les Papes Clement VII. & Paul III. s'en seruirent pour deuise l'vn apres l'autre & non pas pour armoiries comme quelques vns l'ont creu, aussi estoient ils de maisons tant illustres qu'ils ne furent pas necessitez de se fabriquer des armes, le premier estant des Medicis, & l'autre des farneses, nom qui auoit predit à cette famille le souuerain Pontificat. Puisque Pharnes en langue Assyrienne veut dire Pasteur, ce n'est donc de merueille si la licorne sert tantost de piece principale en armoiries, & tantost de cimier & de supports.

La maison de Vallon à Dijon qui se continuë dans le Parlement depuis cent ans en ça, & qui est honnorée des premiers offices de Finance porte *d'azur à la licorne d'argent*, & les cadets *qui a deux estoilles d'or en chef* qui *brisée en l'espaule d'vne comette.*

LIE'. Se dit d'vn cercle à tonneaux. Le valet au cercle Cheualier de la Table Ronde portoit *de pourpre à vn cercle d'or lié de ſable.*

Cettuy cy fut ainſi nommé à cauſe du grand cercle d'or qu'il auoit en ſon Eſcuſſon dit le compilateur.

Se dit encore des gerbes de grains.

Guillaume Granger Premier Medecin de Monſeigneur frere vnique du Roy portoit *de gueules à vne gerbe d'or liée de meſme au chef d'azur chargé de trois eſtoilles.*

On dit pareillement lié pour enguiché, quand l'on veut denoter le cordon auec lequel eſt lié vn cor ou cornet, & qui ſert pour le pendre au col du chaſſeur.

Les Princes d'Orange de la maiſon de Chalon portoient en leur eſcart *d'or au cor d'azur lié de gueules*, qui eſt d'Orange.

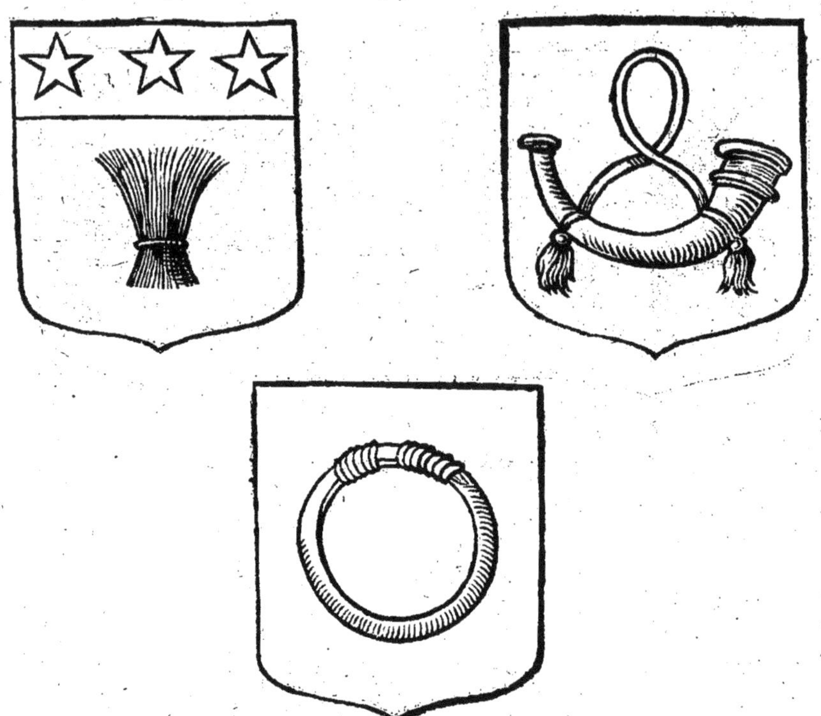

LITRE-LISIERE, ou ceinture funebre, est vne trace de peinture de de couleur noire, large d'vn pied & demy, ou de deux au plus, qui s'applique contre les murailles d'vne Eglise ou chappelle à la memoire, & en signe de deüil pour la mort du patron de l'Eglise, ou Seigneur haut Iusticier du lieu sur laquelle trace en diuers endroits sont peintes les armes du deffunct, elle s'appelle lisiere ou ceinture funebre, parce qu'elle a quelque forme & ressembance de ceinture ceignant le corps du bastiment de l'Eglise, ou de la chappelle. Chasseneu vse de ces termes. *Zona seu ligatura funebris*: Choppin *vita lugubris*, & d'autres plus communement *litura*: mais plus proprement Mathias Mareschal ancien & fameux Aduocat au Parlement de Paris en son traité des droicts honorifiques *Litre Patronale & Seigneuriale*. D'autant qu'elle n'est permise, sinon au patron & au Seigneur Chastelain, au dedans & dehors de l'Eglise, & au simple haut iusticier au dedans seulement, afin dit l'Oyseau des droicts de Iustice chap 11. m. 46. & 47. d'accorder les coustumes, lesquelles n'atribuent ce droit de litre, qu'au Seigneur Chastelain, qui sont les coustumes de Tours & de Loudun. Ce qui ne se pratique pas en Bourgongne où les heritiers de tous Seigneurs hauts iusticiers ont droict de ceindre les Eglises, qui sont en leur iustice & au dedans & au dehors indifferemment: droict qui n'appartient pas aux heritiers du moyen ou bas iusticier, ny pareillement à ceux du Seigneur Feodal, ou Censier Bacquet des droicts de Iustice chap. 20. n. 21. & quand il y a nombre de Seigneurs hauts Iusticiers en vne mesme terre, & & que l'Eglise est bastie en la iustice commune : si ce sont freres ou descendus de freres & autres venus d'vn mesme tronc, l'aisné ou descendu de l'aisné aura sa litre & armes à dextre, & le puisné à senextre : ou bien l'aisné la fera peindre plus haut que celle de son cadet, si mieux & auec plus de decence il n'aime poser ses armes sur vne mesme litre les premieres en ordre, & celles de son cadet apres : & de dix pieds de distance, & ainsi alternatiuement.

Que si les Seigneurs ne sont descendus d'vn mesme tronc, celuy qui a la presceance par dessus l'autre, & preference aux processions, offrande, Pain benit, & Paix aura sa litre plus haute. Ce qui s'obserue entre les Patrons.

Mais quand il y a concurrence entre le Patron & le haut Iusticier, le patron aura le dessus, ainsi qu'il est doctement resolu audit traité des droicts honorifiques auec de si bonnes raisons & authorité de tant d'arrests, qu'il y a dequoy s'estonner, qu'vn qui n'est pas de la profession, bien que docte d'ailleurs ait entrepris de le reprendre.

L'on appose aussi quelquesfois des litres en des chappelles particulieres fondées par autre que par le Patron de l'Eglise ou Seigneur haut Iusticier mais ce ne doit estre qu'au dedans desdites chappelles & non au dehors: Ce que i'ay creu deuoir estre remarqué à cause qu'il ne se peint point de litres qui ne soient chargées des armes du deffunct, & partant que comme ce liure est dedié aux armes, il falloit y mettre les dependances.

LOZANGE. C'est vne figure quadrangulaire, vn peu plus longue en sa hauteur que non pas en sa largeur, auec cette proportion qu'estant de sept en hauteur elle doit estre de cinq en largeur : differe de la fuzée, qui est plus serrée par le milieu, & vn peu en rond, & non si aiguë par les bouts : Differe aussi des macles & des rustres, en ce que la lozange est pleine & sans ouuerture, si bien que l'on ne voit point la partie du champ qui est dessous; là ou les autres sont ouuertes, & voit on le champ à trauers de l'ouuerture.

Les macles sont percées ou clechées, en leur forme de lozange, & les rustres le sont en rond.

Quand l'Escu est tout garny de lozanges, l'on dit lozangé.

N. portoit *d'argent à 3. lozanges d'azur.*

N. portoit *de gueules a 3. fusées d'or.*

N. portoit *d'azur à 3. macles d'argent.*

N. portoit *de sinople à 3. rustres d'or.*

Bauiere porte *lozangé d'argent & d'azur en bande.*

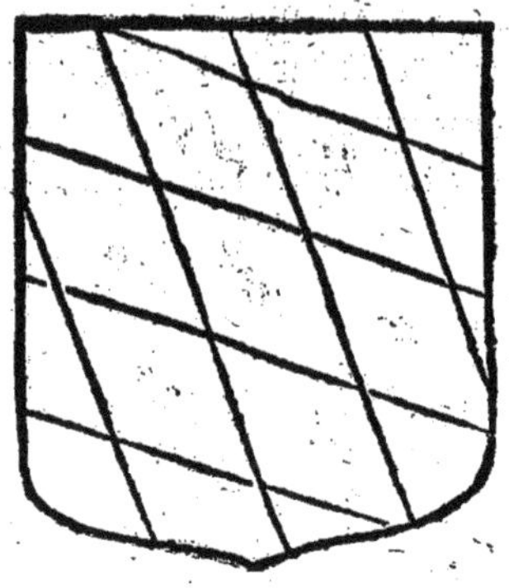

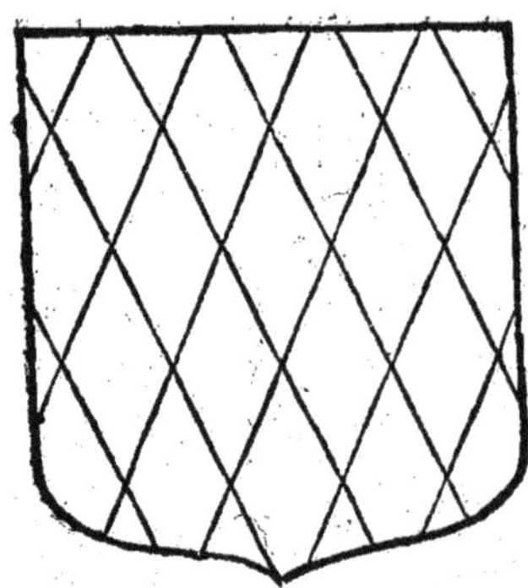

DE L'VN EN L'AVTRE. Se dit lors qu'vn Escu est party, coupé, taillé, ou tranché, d'esmaux differents & qu'en chaque partie, il y a vne mesme piece de blason, il faut que la piece qui est sur le metal, soit de la couleur qu'est le champ de l'autre & au reciproque.

Suze porte, *party d'argent & de gueules en chacun vne tour de l'vn en l'autre.*

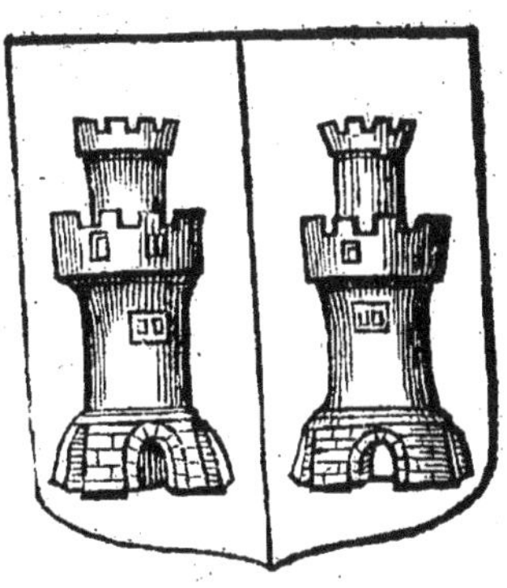

LYON. Si ça esté auec raison que les anciens ont donné à l'aigle la qualité de Roy des oyseaux & au dauphin celuy des poissons, il y a plus de sujet de qualifier du nom de Roy, le lyon non seulement pour estre plus fort, & le plus genereux des animaux terrestres, mais principalement à cause des qualitez royales qui sont en luy.

Vn Roy doit auoir l'œil par toute l'estenduë de son Estat, d'où vient que les Ægyptiens depeignoient leur Osiris auec vn sceptre, surmonté d'vn œil.

Le lyon a cela de propre qu'il ne dort iamais, ou bien s'il dort, c'est auec si peu de repos, qu'il ne laisse pas d'auoir les yeux ouuerts: à cette occasion anciennement l'on en mettoit à la porte des Temples, pour les garder.

Custos, oculis quia dormit apertis.

Vn Roy est indigne de ce nom s'il n'a ce pouuoir sur soy mesme que de pardonner à celuy qui se iette à ses pieds, & implore la misericorde de sa Iustice, aussi bien que d'auoir le courage de dompter son ennemy & chastier la felonnie de son peuple rebelle,

Parcere subiectis & debellare superbos.

C'est ce que l'on remarque de genereux au lyon, que iamais il n'offence ceux qui s'humilient deuant luy, qu'il ne touche point aux petits enfans, & qu'entre les hommes & les femmes, il s'addresse plustost aux hommes & entre ceux qui le prouoquent, il choisira tousiours celuy qui l'aura blessé, comme mesprisant les autres.

Sa cholere est dangereuse, elle se tourne en fureur, & a mesure qu'elle s'eschauffe il allonge sa queuë.

An nescis longas Regibus esse manus.

Du commencement il ne fait que la ſecoüer contre terre, en apres il s'en bat les flancs, mais quant il l'a pouſſe iuſques à la poictrine : *quos ego* tout eſt à craindre, il ſemble qu'il ait le ſentiment des menaces du Ciel & des ordonnances de la Terre, trois monitions : les Pauillons de Tamburlan Prince des Scythes : le premier & au premier iour qu'il ſe faiſoit paroiſtre à l'ennemy eſtoit de couleur blanche, le ſecond de rouge, & de teinture de ſang : mais le troiſieſme tout noir, & lugubre au troiſieſme iour.

Il eſt dangereux pour les ſubjects, qu'vn Roy ſoit ſoupçonneux, & pire pour ſon eſtat qu'il ſoit frauduleux : En foy & parolle de Roy furent les noſtres.

Le lyon n'a ny fraude ny ſoupçon & ne regarde iamais de trauers, auſſi ne veut-il qu'on l'y regarde, dit Pline.

Tout ce qu'il craint eſt le chant du coq *Galli cantum*.

Tous les Roys de la Terre ſont touchez de cette peur, ils redoutent le Roy de France *Regem Gallorum*.

Ce ſont toutes ces proprietez qui ont fait choiſir le lyon a pluſieurs, pour orner leurs enſeignes, & a vn ſi grand nombre de Princes, & Seigneurs, & iuſques a des Prouinces entieres, que Fauin au liure 9. de ſon Theatre d'honneur en rapporte iuſques à trente, de ceux qui allerent au voyage de la Terre Saincte, comme de Flandres, Braban, Holande, Zelande, Zutphen, Lembourg, Namur, Haynau, Gueldres, Iuliers, Luxembourg, S. Pol, Frize, Comté de Bourgongne, Beaumont ſur oyſe, Charrolois, Monts en Haynau, Malines, Sulins, Beau-Iolois, Rouſſy, Suaube, Boheme, Brunſuick, Carinthie, Limebourg. Le Palatinat du Rheim, Znimberg, & vn nombre ſans nombre de Princes & Seigneurs Allemans, dont les armes ſont blaſonnée de beaucoup plus de lyons que d'aigles.

Il eſt vray qu'on leur donne diuerſes poſtures, les vns & le plus communement ſont repreſentez en celle, qui leur eſt plus naturelle & conuenable, rampans ou rauiſſans ſans aucun ornement. Quand ie dis ſans aucun ornement c'eſt ſans couronne, & ſans eſtre armez & lampaſſez d'vn émail diuers à celuy du corps. Et en ce cas on dit comme cy deſſus des armes de Tauanes *d'azur au lyon d'or*. Quoy que, & Fauin, & l'autheur du ſupplement du Feron ayant donné à ce lyon vne couronne, n'en deuant point auoir, comme on le recognoit en la ſepulture magnifique du Mareſchal, que la Dame de la Baume ſa femme luy a fait dreſſer de marbre à genoux au naturel, ſouz vne voute de meſme, ornée de piliers & des ſtatuës de la renommée & des quatre vertus cardinales, au coſté du grand Autel de la Saincte Chappelle du Roy à Dijon, & ſe voit d'abondant és drappeaux & enſeignes guerrieres qui ſont eleuées en la voute du cœur. Les armes de ladite Dame y ſont auſſi, *d'or à la bande viurée d'azur*, qui ſont les meſmes que celles de la Baume Seigneur de Vualfin & de la Viegemont, Cheualier Chambellan du Roy Charles VI. & Preuoſt de Paris, en l'an 1420.

Quand le lyon eſt couronné c'eſt quelquefois d'vn meſme eſmail : Il ne faut pourtant laiſſer de l'exprimer en ces termes : Bertranicus grand Maiſtre de France en l'an 664. portoit *d'azur au lyon d'or armé & couronné de meſme & lampaſſé de gueules.* Surquoy ſera remarqué qu'il ſe treuue peu de lyons de ceux que l'on couronne, leſquels ſoient armez & lampaſſez d'autre eſmail que celuy de la courronne : au contraire s'ils ſont armez d'vn eſmail autre que celuy du corps, on les lampaſſe de meſme, ainſi fait on de la couronne.

Claude de Beauuais Sire de Chaſteluz Mareſchal de France ſouz Charles VI. en l'an 1418. portoit *de gueules au lyon d'argent armé, lampaſſé & couronné d'or: briſé d'vn croiſſant d'argent du ſecond quanton.* Faut dire au ſecond quanton ou quanton ſenextre, car c'eſt l'Eſcu qui eſt briſé & non le lyon.

La queuë du lyon ne ſe denote point, ſi ce n'eſt qu'elle ſoit noüée & paſſée en ſautoir, que quelques vns appellent double, ou fourchuë telle que cette du lyon que l'Empereur Charles IV. donna à Bartole, *d'or à vn lyon de gueules à double queuë*, ou bien celle du lyon de Luxembourg, qui eſt *de gueules couronné, armé & lampaſſé d'or la queuë noüée & paſſée en ſautoir en ſautoir en champ d'argent.*

Claude Louys du Nant, Eſcuyer, Conſeiller & Maiſtre des Comptes à Chambery porte *d'azur à vne faſce d'hermine accompagnée de 3. teſtes de lyon, arrachées d'argent lampaſſée de gueules.*

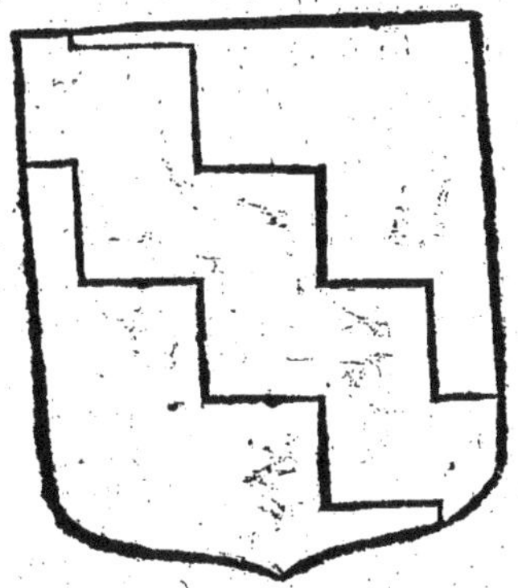

Il y a des lyons NAISSANS ISSANS BROCHANS SANS VILENIE, ou EVIREZ & des DRAGONNEZ.

LYON NAISSANT, est celuy qui ne monstre que son deuant, sa partie anterieure, la teste & les deux pieds, vne portion des espaules & le bout de la queuë. Voy plus bas naissant.

LYON ISSANT nous auons monstré cy dessus souz le mot issant, & qu'elle difference il y a entre le lyon naissant & le lyon issant, & que celuy cy estoit vrayment celuy qui ne monstroit que le derriere, & que l'on le qualifioit issant, à cause qu'il issoit ou sortoit de l'Escu: ce qui ne peut estre mieux representé sinon mettant le derriere du lyon au chef de l'Escu comme si le train deuant estoit déja hors ledit Escu.

LYON BROCHANT, est de la mesme forme que le commun des autres lyons, rampant ou rauissant & peut estre couronné armé & lampassé. On l'appelle brochant, lors que sur le champ ou fond de l'Escu, il y a quelque blason, & que sur ledit blason, le lyon est posé & en couure vne partie,

Raoul ou Bertrand de Luzignan Comte de Parthenay & de Daumartin Connestable de France souz Philippes Auguste 1190. portoit *burelé d'argent & d'azur, au lyon de gueules armé, lampassé & couronné d'or, brochant sur le tout.* Fauin y adiouste *vne bordure engreslée de gueules* & escrit que de luy sont yssus les familles de Parthenay de Soubize l'Archeuesque & de Sainct Valier du surnom de Poictiers, & qu'il estoit fils de Henry Comte de Luzignan, & de la Marche qui fit bastir le fort chasteau de Luzignan, auec la grosse tour, estoit aussi frere de Geoffroy à la grand dent, & encores de Hugues V. du nom Comte de la Marche mary de Isabel Comtesse d'Angoulesme, enleuée par le Roy d'Angleterre, dit Iean sans terre.

De cette Isabel les Romanciers ont fait de si beaux contes souz le nom de Mellusine.

Thenet en la vie de Geoffroy à la grand dent, l'appelle Marie, & la fait mere de Geoffroy, & Dame de Melles & Luzignan, source du nom de Mellusine. Ce mesme Thenet donne pour armes à ceux de Lucignan

Roys de Hierusalem Cypre ou Chypre, & Armenie les cinq croix de Hierusalem. Ce lyon rampant de gueules armé & couronné d'or pour Chypre, & la burelle d'argent & d'azur pour Armenie.

LYON sans VILENIE EVIRE'. Qui n'a ny vergé ny genitoires. Voy cy apres vilenie,

LYON DRAGONNE', ou serpent qui a le deuant du lyon, & le derriere de serpent.

Vuarato de Altembourg ou Vnatragon, Connestable de France, souz le tiltre de Duc; & Maistre de la Cheualerie de France l'an 688. portoit *d'or au lyon dragonné de gueules, couronné, armé & lampassé d'argent.*

Les lyons se mettent en nombre, & par fois l'on en charge quelque piece, & à ce suject comme il faut les representer petits, on les blasonne.

LYONNETS, ou LYONCEAVX. François de Bourbon Comte de Vendosme grand Maistre de France 1439. souz Charles VI. & VII. portoit *de France au baston de gueules chargé de trois lyonceaux d'argent brochant sur le tout.*

Cæsar de Vendosme Duc de Vendosme donné de Henry le grand porte de mesme, le Feron donne les mesmes armes à Guy de la Marche Mareschal de France 1292. souz Philippes le Bel.

Il est vray que c'est auec le semé de France, qui est vne mesme chose, parce que pour lors les Fleurs de Lys n'estoient encore reduites à 3. Ce qui ne se fit sinon souz Charles VI.

Cy-deuant souz le mot leopard, nous auons monstré la difference qu'il y auoit entre le lyon, & le leopard: Le lyon leopard, & le leopard lyonné. Voy pour ce sujet le mot leopard.

Il ne faut pas oublier que quelques vns mettent difference entre la queuë du lyon & celle du leopard. Entre ceux là est le Sieur de la Rocque, lequel és blasons des alliances de Bourbon, fait tourner le bout de la queuë de tous les lyons contre le dos, & celle des leopards au dehors.

L'exemple en est en vn mesme Escu escartelé de Beatrix de Clermont Comtesse de Charrolois femme de Iean Comte d'Armaignac lequel portoit *au 1. & 4. d'Armaignac, qui est d'or au lyon de gueules escartelé au 2. & 3. de gueules au leopard lyonné d'or armé & lampassé d'azur.*

LYS. Bien que toutes les fleurs soient hieroglyphiques de l'esperance, à cause que cette passion de l'ame comme dit Spensippus chez Platon, est l'attente d'vn bien a venir qui est le fruict.

Le LYS neantmoins à cette prerogatiue qu'il est particulierement pris pour l'esperance, d'où viennent tant de medailles d'Alexander Pius, de Titus Claudius, d'Adrianus & d'autres Empereurs Romains ornees en leurs reuers de la figure d'vne femme sousleuant sa iuppe de l'vne des mains, & tenant vn lys de l'autre, auec ces inscriptions SPEI. SPES PVBLICA. SPES AVGVSTA. SPES P. R..

On prend aussi le lys pour le simbole de la Beauté & de la Pudicité. *Argentea Lilia Nymphis,*

L'espoux s'accompare au lys au Cantique des Cantiques.

Ego flos campi lilium conuallium.

Et la Saincte Vierge de mesme. *Sicut Lilium inter spinas, sic anima mea inter filias.* Pour sçauoir les misteres cachez la dessouz, faut voir le traicté particulier que Iean Louys Viualdy a fait. *In opere suo regio* des loüanges & triomphes des trois lys, qui sont figurez en l'Escu des Roys tres Chrestiens. Il rend aussi raison pourquoy cette fleur qui est la Reyne des fleurs. *A Regia qua præstat celsitudine*, dit Pierius est aussi la fleur de nos Roys. Il est vray que suiuant vne erreur populaire & des plus grossieres, il les substituë à des carpaux, mais qui ne ſçait que les curieux ont remarqué que les figures anciennes, que quelques vns ont pris pour crapaux ſont vrays lys, non pas à la verité ſi artiſtement façonnez que nous les repreſentons auiourd'huy, mais cependant auec aſſez de proportion, pour nous faire iuger que ce ſont des lys.

Fauin dit en auoir veu de cette ſorte, & à Poiſſy & a Bayonne & en l'Abbaye de Sainct Sorin és Fauxbourg de Bordeaux & Iean de Tournes à l'entrée des alliances de la maiſon de France compilées par Paradin aſſeure y auoir eſté vne fois trompé comme les autres, car dit-il, *Eſtant en la ville de Niſmes, ou voyant les Fleurs de Lys Françoiſes eſleuées en boſſe, en vne pierre dure, poſée au front d'vne maiſon en eſtant vn peu eſloigné, il croyoit fermement que ce fuſſent crapaux ou grenoüilles s'imaginant que le fleuron du milieu, qui paſſe les autres, eſtoit la teſte: les deux coſtez les iambes de deuant le milieu de la pointe la queuë: & les deux bouts d'en bas, les iambes de derriere. Mais que s'en eſtant aporoché, pour en eſtre plus certain, il apperceut clairement que c'eſtoient vrayes Fleurs de Lys.* Auſſi ſeroit ce vne ineptie de croire, qu'aucun de nos Roys ait onques porté des crapaux. Au contraire. Il eſt vray ſemblable, que ce qui en a eſté eſcrit eſt venu de la reſſemblance, qui vient d'eſtre remarquée: & peut eſtre encore de ce que quelques vns s'imaginent que la ceruelle du coq ſe treuue formée d'vne part comme vn lys, tel qu'on le depeint dans l'Eſcu de France, & de l'autre en la reſſemblance d'vn crapaux: qui eſt vne imagination ſemblable à la face qui paroiſt au rond de la Lune.

Auſſi eſt-il vray, que Pharamond & ſes deſcendans portoient trois couronnes diademes, comme portent auiourd'huy les Roys de Suede: Les vns diſent de gueules, en champ d'argent: les autres d'or en champ de gueules. Quoy qu'il en ſoit depuis Clouis nos Roys ont porté les lys d'or mais en nombre different.

Clouis ſuiuant le nombre myſterieux de trois, comme il les receut du Ciel, auſſi les mit-il en vn champ celeſte d'azur. Ceux de la ſeconde lignée les porterent ſans nombre gardans les meſmes eſmaux iuſques à Charles VI. qui les reduiſit au premier nombre.

Nos Roys ne les porterent pas ſeuls; Les fils de France en vſerent de meſme, mais auec les briſures deſtinées à leurs appannages ſuiuant qu'elles ſont remarquées cy deſſus ſur le mot briſures. Quoy que du commencement ils ſe contentaſſent de porter les eſmaux de France auec les blaſons de leur appannages, & ne ſe treuue que depuis Charlemagne iuſques à Philippes le conquerant entre les regnes deſquels il y a prés de quatre ſiecles, il y ait eu aucun fils ny frere de Roy, ſinon l'aiſné qui ait porté les Fleurs de Lys. Ce qui eſt tiré des eſcritures du Roy Louys XI. contre Marie de Bourgongne fille de noſtre dernier Duc Charles, touchant le Duché de Bourgongne qu'il monſtra eſtre dependant de la Couronne pour cette raiſon entre autres, que bien que d'ancienneté les Ducs ne portaſſent les Fleurs de Lys, ains ſeulement la bande de ſix pieces d'or & d'azur, les eſmaux de France eſtoient la marque de l'origine des Princes Bourguignons.

Tous Princes du ſang portent auſſi pour cimier la double Fleur de Lys l'vne ſurmontée de l'autre. Le Roy ſeul la porte à quatre faſces.

D'autres Princes meſmes quelques Seigneurs & ſimples Gentilshommes ornent leurs Eſcus de Fleurs de Lys par la conceſſion de nos Roys.

Charles magne permit à Achaius Roy d'Eſcoſſe d'enfermer le lyon de ſes armes d'vn double treſcheur, fleuré & contre-fleuré de gueules. Louys XI. par ſes patentes du mois de May 1466. conceda à Pierre de Medicis qui portoit *d'or à 5. torteaux de gueules*, de porter en chef le torteau de France, c'eſt à dire *d'azur à 3. fleurs de lys d'or.*

Guillaume de la Tour Tige de la maiſon de la Tour, & dont eſt auiourd'huy chef Frideric Maurice de la Tour Duc de Boüillon, portoit *d'azur à la tour d'argent maçonnée de ſable*, & par la Conceſſion du Roy Philippes VI. Il ſema ſon Eſcu de France.

Charles V. permit à Iean le Maingre dit Bouchicauld Mareſchal de France de briſer l'aigle de ſon Eſcu, d'vne Fleur de Lys d'or, & neantmoins le Feron ne luy donne point cette briſure ſe contentant de blaſonner ſes armes, d'argent à l'aigle eſployé de gueules membré & becqué d'azur.

Mais bien à Geoffroy Bouchicauld ſon frere, auſſi Mareſchal tué à la bataille d'Azincourt en l'an 1415. Charles VI. permit à Iean Galeas Duc de Milan Comte de Vertus d'eſcarteler ſes armes de France, au quartier d'honneur par lettres patentes du 10. de May 1432.

Il donna pareil priuilege à Nicolas Duc de de Ferrare, à la charge de briſer ce quartier d'vne bordure endentée d'or & de gueules : L'eſcart de Ferrare qui eſtoient leurs anciennes armes eſt *d'azur à l'aigle d'argent.*

Charles VII. donna pour armes à Iacques d'Arc & a Ieanne la pucelle, ſa ſœur, *l'Eſcu d'azur à vne couronne Royale d'or, ſouſtenuë d'vne eſpée d'argent croiſée & pommetée d'or en pal, coſtoyée de deux Fleurs de Lys auſſi d'or:* Le Roy Henry le Grand permit à Louys de l'Hoſpital Baron de Vitry, apres la Reduction de Meaux, de porter *vn Eſcuſſon d'azur chargé d'vne Fleur de Lys d'or ſouſtenu au col du coq d'argent en champ des gueules*, que porte d'antiquité cette maiſon, & que les Sieurs Mareſchal de Vitry & du Hallier mettent auiourd'huy ſur le tout.

Sebaſtien Zamet pere de ce digne Prelat Eueſque & Duc de Langres Pair de France eut pareille permiſſion de porter au chef de ſes armes vne fleur de lys d'or.

Pluſieurs ſemblables priuileges ſe liſent dans l'hiſtoire que le lecteur curieux pourra remarquer.

ıs LYS ne se representent pas tousiours en armoiries, de la forme
ı les voit en la banniere de France, ains par fois sans la pointe &
de dessouz, & alors ces fleurs se blasonnent SANS QVEVE
ıV PIED NOVRRY ou AV PIED COVPE.

uë Kieret, Quyeret, au Quyeuret Admiral de France du temps de
ppes de Valois 1339. portoit *d'hermines à 3. Fleurs de Lys, au pied nourry*
ippé de gueules, au baston d'azur brochant sur le tout.

uelquefois aussi l'on porte des lys entiers, & tout ainsi qu'ils croissent
nos iardins.

ouyse Ioly Sage & chaste compagne de ce prodige des esprits de son
Pierre le Goux Seigneur de la Berchere Premier President au Parle-
: de Bourgongne porte *d'azur au lys naturel d'argent au chef d'or char-*
me croix de sable.

ıACLES sont de figure quadrangulaire, toutes semblables aux lozan-
de mesme dimension excepté qu'elles sont percées au milieu en leur for-
le lozanges, si bien que l'on voit le champ de l'Escu à trauers different
rustres qui sont percez en rond.

ıs Seigneurs de Rohan portent *de gueules à 9. macles d'or*, comme descen-
s de Maclianus qui dominoit en Bretagne du temps de nostre Roy Clouis.
l se fait des croix de Macles aussi bien que de lozanges & de rustres.
ı. portoit *d'argent à la croix d'azur chargée de macles d'or.*

MAÇONNERIE. C'est le mortier qui paroist en forme de filet entre les pierres de taille d'vn bastiment : il est d'ordinaire de sable, Landry de la Tour Maire du Palais ou premier grand Maistre, souz Chilperic Roy de Soissons en l'an 576. portoit *de gueules à la fasce carnelée d'or de 3. pieces & 2. demies* selon Guillaume du Bellay Seigneur de Langey, & suiuant Brebant le Herault *d'or à la fasce de gueules breteßée de 2. pieces & demie* MAÇONNE' *de sable.*

Il y a des maisons, des tours, & des forts que l'on blasonne maçonnez. D'autres qui sont seulement de couleur ou de metail sans maçonnerie comme la tour du Duc de Boüillon que l'on blasonne simplement d'argent.

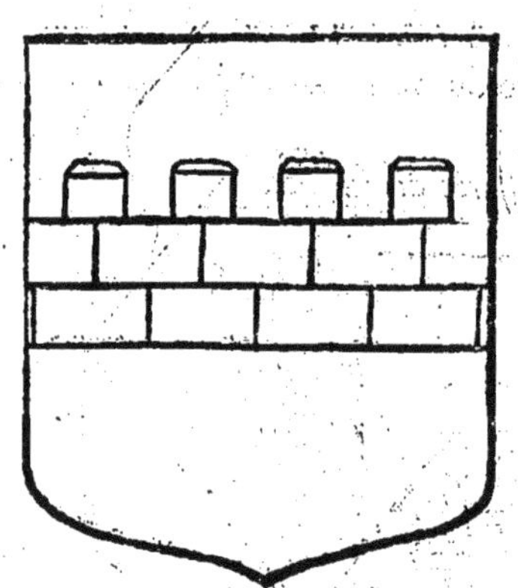

MAILLE. C'est vne boucle ronde sans ardillon. Voy boucle.

MAILLET espece de marteau, de là furent appellez MAILLOTINS.

Les seditieux lesquels du temps de Charles VI. tirerent de la prison de l'Euesque de Paris à coups de maillets Hugues Aubryot Preuost de ladite ville, lequel auoit esté condamné comme heritique à perpetuelle prison au pain & à l'eau. Il y en a qui ont escrit qu'estant hors de prison il se retira en Bourgongne d'ou il estoit natif & quelques vns des nostres croyent qu'il y a vne maison à Dijon de belle & ancienne structure sur la porte de laquelle se voit en relief la double rose rouge d'Angleterre dont il pouuoit auoir esté partisan depuis son euasion. Enquoy il y a quelque vray-semblance ioint qu'il y a encore auiourd'huy vn petit pont sur la riuiere d'Ousche proche l'Hospital du S. Esprit appellé vulgairement le pont Aubryot.

La maison de Mailly porte *d'or à 3. maillets de sinople*, leur cry estoit conforme à leur armes & a leur nom, tesmoin cet ancien vers.

Ailly, Mailly, Crequy.
Tel nom, tell' arme, tel cry,

Ces maillets sont semblables à ceux des tonnelliers.

MAISON. Se represente tantost d'vn seul esmail tantost de deux, & quand la couuerture est differente du reste du bastiment on la qualifie essorée.

N. portoit *d'argent à la maison d'azur essorée de gueules.*

MAISTRE. Se dit de la plus grande partie de l'Escu, quand le bas n'est garny sinon d'vne pointe, comme és armes de Froyadus le Gay Cheualier de la Table ronde qui estoient *vne pointe de gueules le maistre d'or.* C'est à dire le reste de l'Escu qui est au dessus.

MANTEAV. C'est la vraye cotte d'armes du Cheualier: on le chamarre des armoiries de celuy qui les porte, ainsi voyons nous l'effigie de Philippes Chabot Admiral de France sur sa sepulture en la Chappelle d'Orleans és Celestins à Paris estre reuestuë de son hoqueton, cazaque, cotte d'armes: ou manteau de guerre, faits en forme de iuppe volante à la piedmontoise, ouuert aux costez assez court, & descendant seulement vn peu plus bas que le nombril, les manches racourcies à l'endroit du coulde comme celles de nos Dames & qu'elles appellent manches d'Ange : cette mesme figure est dans André Theuet parmy celles des hommes illustres.

I'ay suject de donner place en cet Indice à ce manteau, tant à cause que les anciens posoient leurs armoiries non seulement en leurs bannieres & Escus, mais aussi sur leurs manteaux, & cazaques de guerre, comme encore auiourd'huy les Cheualiers des ordres du Roy portent la croix du Sainct Esprit sur le costé gauche de leurs manteaux de paix. Que parce qu'ils couuroient & leurs Escus ornez de leur timbres, couronnes & pannaches & les affubloient de cette cotte d'armes, appellée vulgairement MANTEAV ou MANTELET. Ce qui n'est pourtant permis à tous ceux qui timbrent leurs armes, ains seulement aux Princes & Ducs non Souuerains. Les Roys & Monarques se seruans du pauillon.

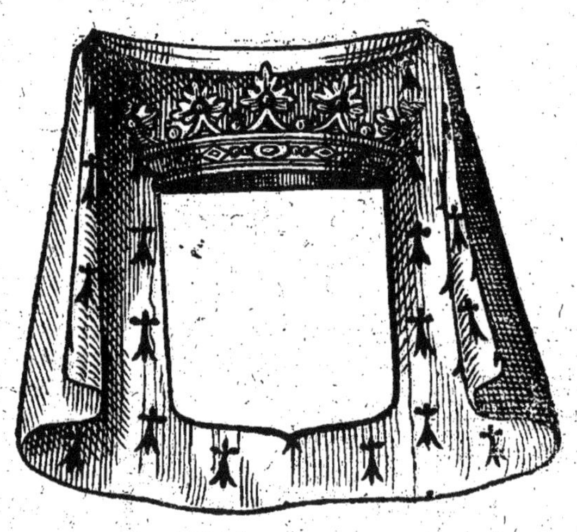

MAINS. Dauid Maynet Escuyer, Vicomte de Roüen portoit *d'azur à 3. mains droictes d'or.*

MARLETTE. Voy merlette.

MARTEAV. Quoy que quelques vns confondent le marteau auec le maillet : i'y voudrois faire cette difference auec Bara, que le maillet est tousiours simple & sans ornement, & de la forme de ceux des tonneliers là ou le marteau a le manche embouté ou morné, & par fois garny d'vne boucle.

N. portoit *de gueules à vn marteau d'or le manche de sinople embouté ou morné d'argent à la boucle pendante de gueules.*

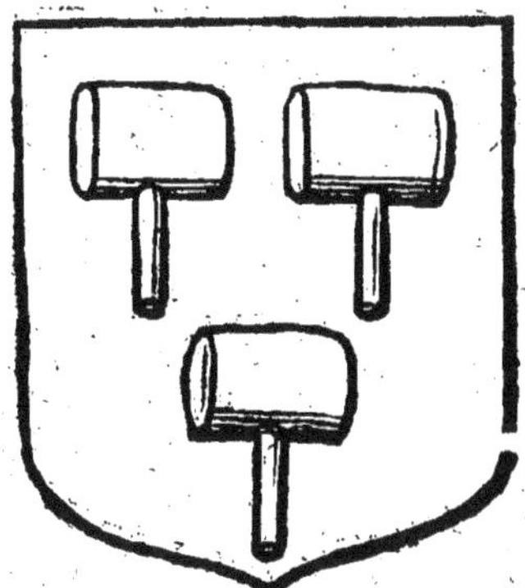

MASSACRE. Vulgairement massacrer veut dire commettre vn grand meurtre: en venerie il s'entend du cerf, quand il est abatu, & en nos armoiries tout ainsi qu'en la venerie nous appellons le massacre du cerf, sa teste garnie de ses cornes & ramures. N. portoit *de gueules au massacre de cerf d'or.*

MEMBRE' qui a des membres, nous blasonnons vn oyseau membré lors qu'il a les iambes d'vn autre esmail que le corps de mesme du bec si bien que ces deux membré & becqué s'accompagnent fort souuent & non pas tousiours.

Le Sieur de Boismenard Mareschal de France 1467. souz Louys XI. portoit *d'or à l'aigle de sable, membré de gueules & couronné de pourpre.*

MERLETTE. C'est vne espece d'oyseau, mais qui ne se represente iamais sinon sans bec ny iambes, non plus que les allerions : ceux cy different d'auec les merlettes qu'ils ont tousiours les ailes ouuertes & estenduës & sont posez en l'Escu debout & en pal, là ou les merlettes sont passantes auec les ailes serrées: Quand les merlettes ont bec & ongles on les appelle cannettes.

Iean Sire d'Aumont Mareschal de France en l'an 1579. souz le Roy Henry III. & Iacques d'Aumont Baron de Chappes son fils Preuost de Paris, en l'an 1594. portoient *d'argent au cheuron de gueules accompagné de 7. merlettes de mesme 4. en chef aux deux costez du cheuron & 3. en pointe souz le cheuron 1. & 2.*

N. portoit *de gueules à 3. cannettes d'argent.*

MÉTAL. Ce que Pline a escrit des metaux est remarquable que mettant de l'airain ou du plomp en lingots ou en morceaux dedans l'eau ils vont au fond, & s'ils sont battus en feüilles ou en lames, ils demeurent dessus : qui est tout le contraire de la pierre ponce & du tuf, lesquelles entieres nagent sur l'eau pour grosses qu'elles soient, & neantmoins si on les met en petites pieces elles coulent en fond.

De raison ce grand naturaliste n'en rend point, non plus qu'on ne peut en rendre, pourquoy les herauts d'armes & autres directeurs des armoiries ont plustost choisi les metaux d'or & d'argent pour blasonner les armes, que non pas la ceruse ou le blanc de plomb & l'ochre qui est iaune: si ce n'est que comme ces deux metaux les plus riches de tous & beaucoup plus esclatans que non pas les couleurs font par leurs contrarietez paroistre dauantage les pieces de leurs blasons, à quelque sujet qu'ils ayent fait ce choix ils n'en ont pris que deux qu'il ne iettent iamais l'vn sur l'autre, non plus que couleur sur couleur, si ce n'est pour enquerir.

MEZAIL. C'est le deuant ou plustost le milieu du deuant du heaume, μέσον qui s'aduance à l'endroit du nez & au nazal & ventaille: de là vient l'on dit que les Princes & grands Seigneurs portent leur timbre le mezail tarcé ou tourné de front, c'est à dire de pleine face: le mezail parroissant esgallement entre les oreilles, afin qu'ils puissent voir de tous costez & estre veus de tous, ainsi le poëte nous depeint les freres Thebains s'affrontans portans leurs regards furieux à trauers les œilleres de leurs casques droict l'vn à l'encontre de l'autre.

—— Ignescentia cernunt
Per galeas odia, & vultus rimantur acerbo lumine.

Vois en dauantage sur le mot heaume.

MIRAILLÉ. Se dit du papillon qui a comme des miroirs sur les ailerons.

N. porte *de gueules au papillon de gueules miraillé d'argent.*

MITRE ornement de teste des Archeuesques, Euesques & Abbez, lors qu'il officient & font d'autres actes pontificaux, elle est faite en double pointe comme deux cornes, tellement que qui ne seroit tant soit peu versé en l'antiquité on pourroit se tromper en l'intelligence de cet autre vers du mesme Stace.

Indignata sequi tot quentem cornua mithram

Lequel se doit entendre du Soleil qualifié de tiltre mithras par les Perses: encore que la seule ortographe monstre la difference. Que si on luy donne des cornes, c'est à cause de ses rayons qui se dardent contre nous & sur la terre en forme de cornes & de pointes.

Mesmes du blond Soleil les flames brillonnantes
Ne sont vrayment rayons ains cornes rayonnantes.

Ay-ie dit autrefois en vn poëme entier sur vn sujet assez folastre, mais conuenable aux ieunes gens.

La mitre dont ie parle maintenant se met aussi bien sur les armes de l'Archeuesque, de l'Euesque & de l'Abbé comme sur leurs testes de la mesme sorte que la tiare ou triple couronne sur celles du Pape.

Au bas de la mitre parroissent deux banderolles de la mesme forme que les bouts d'vn manipule ou fanon, aussi sont ce les extremitez d'vne bande qui est au dedans & auec laquelle l'on serre la teste.

Les Phrygiens en portoient de pareilles suiuant ce vers de Virgile.

——— & gabant redimicula mitra,

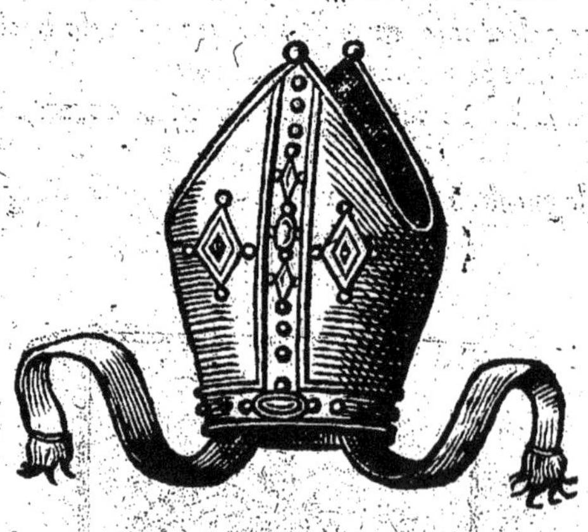

MOLETTE. Le terme est assez connu pour estre la piece principalle de l'esperon, ou plustost l'esperon mesme, le reste ne seruant qu'à soustenir, afin que plus commodement l'on puisse en picquer & esperonner les cheuaux.

Elle est garnie de raix en forme d'estoile, de laquelle elle differe en ce qu'elle est tousiours percée, là où l'estoille est sans aucune ouuerture. Pour le nombre des raix & pointes ie les treuue sans regle, quoy que quelques vns ne donnent que cinq pointes à la molette, & six huict ou seize raix à l'estoille.

Pierre le Goux Seigneur de la Berchere les merites duquel ont preuenu & deuancé l'âge pour le faire monter en la charge de Premier President au Parlement de Bourgongne en l'an 1631. & lequel comme il est vniuersel par l'honneur de sa conference a contribué à l'enrichissement de mon ouurage porte *d'argent à vne teste de more tortillée d'argent & accompagnée de 3. molettes de gueules.*

Les merites de ce Seigneur ont reueillé mes vieilles muses, qui m'ont dicté ce Scazon.

Miranda siquis, siquis & fidem supra
Cupit videre, si videre portenta,
Neutro sub arce transfretat maris tractus,
Hec sé ad remotas impiger ferat Terras.
Burgundionum sat sit ad solum vortat.
Primariæque visét incolas vrbis,
Quæ sempiternum de Dijs habet nomen.
Quid non videbit? mira, per iouem mira
Si BERCHERÆVM *viderit, alloquatur que,*
Te BERCHERÆE *sæculi decus nostri*
Te Gratiarum mista, alumne musarum,
Parens leporum, suada cui comes Pitho,
Ex cuis ore melle dulcius manat,
Fluitque verbum, scibile omne qui scisti,
Scientiarum circulum penes te arctans,
Qui erectus vt stas, sic & ambulas rectus
Per veritatis tramitem gradum flectens.
Sic vix ephebus consili Pater Magni
Rectos & inter rectus ipse sedisti.
Sic vix viriles, dotibus tot & tantis
Annos agebas, iustus & pius princeps
Cum te Senatus Principem, Patrem Patrum
Sufficit in locum Patris, vbi maiores
Brulartiorum Gentis inclitæ rami
Hunc ante sederant: ibi omnium plausit
Oraculorum iuris explicans scrupos
Miranda de te colloqui forum cogis.
Sic iure clamos publicus velut præco
Ad sæculares conuocans iocos plebem;
Venite vos, videte nemo quod vestrum
Nec vidit vnquam, quod videbit & numquam.

MONDE. C'est vne boule que l'on fait porter en main a quelques Empereurs, comme s'ils estoient dominateurs de tout le monde: l'on y adiouste vne croix dont elle est surmontée, & ce depuis le grand Constantin, qui ne se contenta pas de la faire grauer sur son bouclier, mais aussi en fit poser vne en relief, tantost sur son casque en forme de cimier, tantost à la sommité de sa couronne.

—— clypeorum insignia Christus.
Scripserat, ardebat summis crux addita cristis

MORNE. Voy embouté.

MONTANT. Se dit du croissant lors que ses cornes tournent en haut N. portoit *de gueules à 3. croissants montans d'argent mis en bande.*

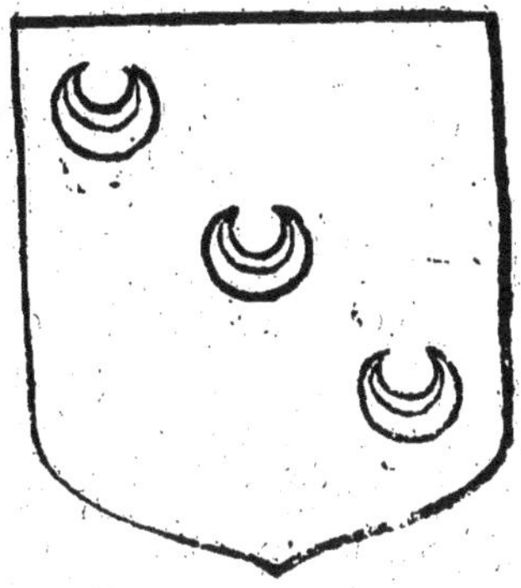

MORAILLES. Ce sont tenailles & serrans longs & cranelez dont l'on serre le nez du cheual pour en ioüir plus facilemét dans le trauail du mareschal. Le 16. & dernier quanton de l'Escu de Sauoye est *d'azur à 6. morailles d'or liées d'argent au chef d'argent chargé d'vn lyon naissant de gueules* qui est de Gez. I'aimerois mieux dire à 3. morailles, à cause que chacune moraille estant composée de deux pieces, deux morailles n'en font vrayment qu'vne.

MOVCHE. Si la douceur de ſon miel auoit coulé ſur ma plume, auſſi bien que ſur les leures de Platon. Ie raſcherois de luy en rendre icy vn rayon en recognoiſſance de cette faueur que ie crois eſtre des plus grandes entre les graces dont les hommes peuuent eſtre doüez naturellement. Car que ne peut la douceur d'vn diſcours d'vn poly. *Fili mi da mihi cor tuum.* Dieu nous demande ce que l'homme eloquent tire de nous contre noſtre volonté, nous ſommes portez à l'amour ou à la hayne par les douces contraintes d'vne langue diſerte, c'eſt la chaiſne de noſtre Hercule gaulois qui tiroit tant de miliers d'hommes par les oreilles : c'eſt le Moly que Mercure mit en la main d'Vlyſſe, & que ce Prince eloquent ſembloit auoir déja eu, quand par la force de ſon bien dire, il emporta les armes d'Achilles qui eſtoient deuës au courage d'Aiax. Ie dirois que la republique des abeilles a ſeruy de patron au gouuernement de tant d'Empires & de Royaumes que la clemence dont nos Roys ont vſé ſi ſouuent enuers nous, n'eſt qu'vn effect de la leçon qu'ils auoient appriſes du Prince de ce petit peuple, il n'a point d'aiguillon *Rex ipſe ſine aculeo eſt molun illum natura nec ſæuum eſſe nec vltionem petere, telum detraxit, & iram eius inermem reliquit exemplum hoc magnis regibus ingens eſt*, pour parler auec Seneque.

Noſtre Sainct Pere ce grand Pontife Vrbain VIII. eloquent, elegant nourry ſur la montagne d'Hymette, auſſi grand Poëte qu'il eſt bon Pere, porte comme ſes anceſtres de la maiſon des Barberins *d'azur à 3. mouches d'or ſymbole de ſa douceur enuers nous, & des vertus qui ſont naturelles en luy.*

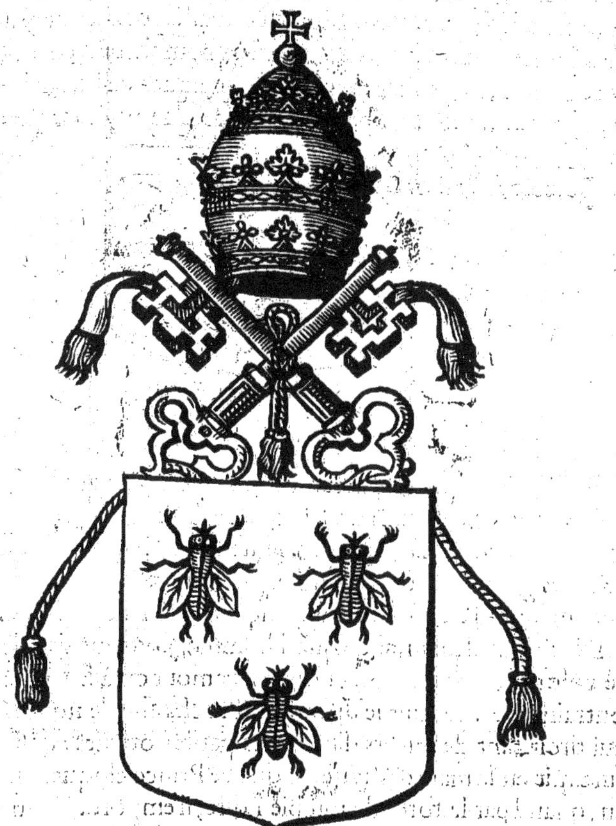

MOVCHETE'. Plumeté, decoupé est vne imitation des cizelures que l'on fait sur le satin & veloux ras, en petites figures sans nombre posées & distantes les vnes des autres, comme celles de l'hermine, leur forme est ainsi qu'vne tierce feüille renuersée, & qui a la queuë en haut.

N. portoit *d'argent moucheté de sinople.*

MOVLIN FER DE MOVLIN, ou CROIX DE MOVLIN. C'eſt ce fer qui ſe poſe au milieu de la meule comme deux anchres adorſées, & qui ſont iointes auec deux petites branches en telle diſtance qu'il ſe fait vne ouuerture quarrée au milieu. Quelques vns nomment cette croix anile, i'y treuue neantmnios la difference que i'ay marquée ſouz le mot anile.

N. portoit *de gueules à vn fer de moulin d'or.*

MOVVANT. Tirant de certain coſté de l'Eſcu vers vn autre.

N. portoit *d'argent au dextrochere de gueules armé d'vne maſſuë d'or aux pointes de ſable.*

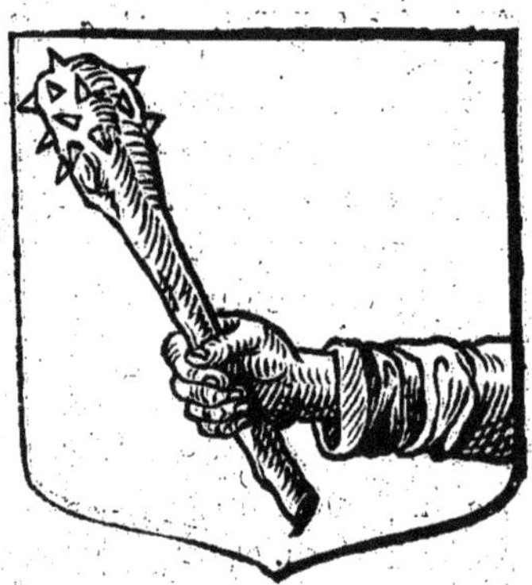

NAISSANT. Cy deuant parlant du lyon, & auparauant ſouz le mot ISSANT nous auons fait entendre en quelle poſture deuoit eſtre vn lyon pour le qualifier NAISSANT & quelle difference il y auoit entre le lyon naiſſant & le lyon yſſant, nous nous contenterons donc de reperer icy que le lyon naissant est celuy qui ne monstre sinon la teste les espaules les pieds & iambes deuant, auec le bout de la queuë : le reste du corps estant comme caché souz l'Escu du champ duquel il semble sortir & naistre ainsi.

Hilduinus natif de Germanie autrement nommé Vlricus grand Conseiller & Chancelier de Louys le debonnaire l'an 829. portoit *de gueules au lyon naissant d'argent couromé d'or.*

NAVIRE. Ce n'est pas d'auiourd'huy que l'on s'en sert en deuises, & armoiries principalement pour faire voir l'affinité de la republique, auec l'estat de la marine. Ainsi Iules Cæsar voulant monstrer le souuerain gouuernement de l'Empire, exprimoit en sa monnoye vn gouuernail auec vne anchre. Auguste vn monde & vn gouuernail à trauers : Tibere y adioustoit le Zodiaque & la ville capitale de ce grand Royaume, Paris a pris dés longtemps pour son simbole vn nauire qui flotte, comme estant (dit Marion ce poly & sçauant Aduocat general en son S. plaidoyé) la principale marque de son opulence, *fluctuat nec mergitur*, & ce à l'imitation de Ianus ancien Roy d'Italie, lequel fit empreindre en l'vn des costez de sa monnoye deux testes pour signe mystique de la prouidence, & de l'autre vn nauire denotant l'abondance que Saturne arriué par la mer y auoit apportée.

Et à ce propos Macrobe en ses Saturnales liure premier chapitre septiesme dit que de son temps les enfans iettans en l'air vne piece d'argent, s'inuitoient à predire le sort de la cheute sur l'vn des deux costez, en s'escriant tantost *Capita* tantost *Nauim*, ainsi qu'entre nous les reuers des monnoyes sont quelquefois appellées, l'vn du nom de la *Croix*, changé par religion au lieu des testes : l'autre du nom de *Pile*, qui en vieil François se prenoit pour *Nauire* comme encore auiourd'huy le mot Pilote signifie celuy qui en est le conducteur.

La Ville de Paris porte, *de gueules au Nauire freté, & armé d'argent.*

Lors qu'vn Nauire seruant de blason a les voiles d'vn autre esmail que le vaisseau l'on le qualifie habillé.

N. portoit *d'azur au Nauire d'or habillé d'argent*. C'est à dire qui a les voiles d'argent.

NELLE-NYLLE, ou NIGLE. C'est vne espece de croix ancrée mais beaucoup plus estroite que l'ordinaire, il semble que nille & anille soit vne mesme chose, puisque l'anile se confond aucunement auec le fer de moulin & que le fer de moulin est façonné à becs recourbez, comme deux ancres addorsez, sinon qu'il y a vn trou quarré au milieu.

Ie laisse ce nœud a dissoudre pour dire que,

NOVE'. Se prend en sa vraye signification, lors que nous blasonnons le lyon de Luxembourg à la queuë noüée & passée en sautoir, à cause que comme cette queuë est double, les deux pendants sont noüez l'vn auec l'autre, vn peu plus bas que le tronc au bout duquel elle se fourche, d'où vient qu'on la blasonne fourchuë.

Noué se prend aussi pour lié & entouré. Iean Chesnel Seigneur de la chappronnaye Autheur de l'Ordre de la Magdelaine en l'an 1614. portoit au 16. quartier *d'argent à deux fasces noüées de gueules*.

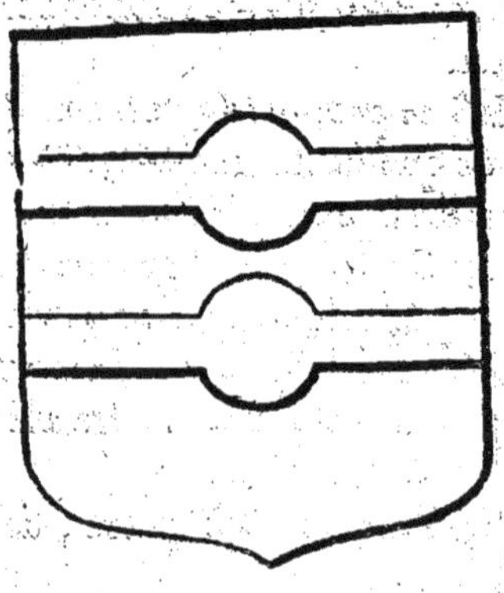

NOMBRIL. L'Escu se diuise en neuf pointes dont les 3. principaux sont la place du chef, la place de la fasce & celle de la pointe le bas du chef qui est le poinct ou le chef se ioint à la fasce s'appelle la place d'honneur, & le bas de la fasce, qui est le point ou la fasce se ioinct à la poincte est le poinct du nombril. Tellement que le nombril n'est pas le vray milieu de l'Escu comme les Grecs disoient que la Bœocie estoit le nombril du monde, & que le nombril est vrayment le milieu en la proportion du corps humain.

OILLET. Ce que l'œil est au corps humain, l'œillet l'est dans nos parterres : il y tient le premier rang de beauté, soit qn'on le considere en son genre, soit en ses especes, y en ayant de tant de couleurs que l'œillet seul est capable de diaprer vn parterre entier, sans le meslange d'aucune autre fleur. Chaque feüille est vn astre garny de ses rayons ; chaque œillet iette autant de parfuns & de bonnes odeurs, que l'Arabie heureuse en produict, & faut croire que si le Grand Alexandre en eust rencontré il en eust plustoist enuoyé à son precepteur que non pas de l'encens pour offrir à ses faux Dieux les nobles en enrichissent l'Escu de leurs armes.

François Blondeau vrayment noble en toutes ses actions President au Parlement de Mets porte *d'or au cheuron d'azur chargé en chef d'vn croissant montant d'argent, accompagné de 3. œillets de gueules feüillez de sinople*, qui est de Blondeau *escartelé de sable à vne croix ancrée d'argent*, qui est de Bonin Messignac.

OGOESSES. Quand nous auons parlé des bezans, nous auons fait sçauoir, qu'ils ne different des tourteaux, sinon qu'ils sont tousiours de metal de couleur. Nous adioustons, que bien qu'on les blasonne tousiours du nom de tourteaux, de quelque couleur qu'ils soient, si est-ce que l'on peut leur donner vne denomination particuliere, sçauoir quand ils sont de sable on les appelle ogoesses, quand de pourpre gulpes, quand de lacque ou couleur sanguine guses, & quand d'azur hurtes, & neantmoins ce sont tousiours tourteaux, & peut on sans contreuenir aux regles de l'art, les blasonnner simplement tourteaux. Voy tourteaux.

N. portoit *d'argent à 3. ogoesses de sable.*

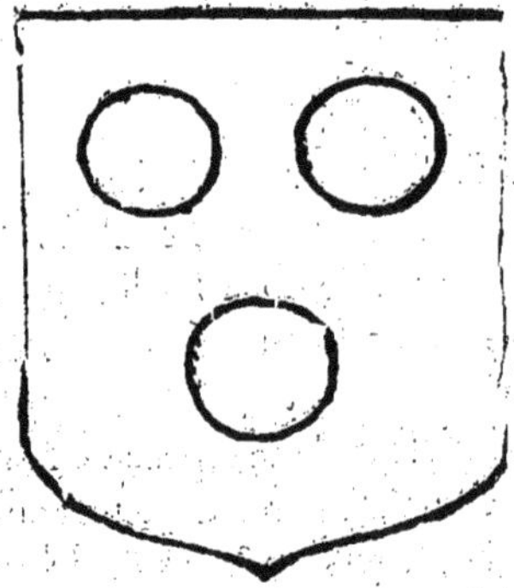

OYSEAVX. Sans profondes les raisons estalées par Plutarque, pour iuger quels animaux sont les plus aduisez. I'entreprendray de dire que ce sont les oyseaux; car autre l'industrie particuliere qu'ils ont tous a construire & bastir leurs nids, en sorte qu'il semble qu'ils nous ayent seruy de maistre maçons & Charpentiers pour dresser nos maisons: La nature en a donné quelques vns de cette grace particuliere, voire des plus petits, que non seulement ils degoisent mille chansons auec vn air beaucoup plus doux, plus musical & plus agreable que celuy des nymphes du far messin, le chant desquelles fut tant apprehendé par Vlysse.

Mais aussi il y en a qui imitent les tons articulez de nos paroles & font sçauoir de viue voix que ce qui nous separe des autres bestes, ils l'ont de commun auec nous la langue & la raison, c'est donc auec raison que tant de braues caualiers ont pris pour simbole & enseignement muets de leurs conceptions des oyseaux de toutes sortes, grands & petits, seuls ou en nombre qui se peuuent compter iusques à seize, lequel nombre est dans l'Escu de Montmorancy, au par dessus l'on dit semé de merlettes, aussi bien que de fleurs, lors qu'elles sont sans nombre,

N. portoit *d'or semé de merlettes d'azur.*

OMBRE OMBRE'. L'ombre n'est rien moins que le corps. La figure en approche dauantage celle icy en est la representation distinguée en toutes ses parties & marquée de tous ses lineamens. De cette sorte sont les armoiries qui ne consistent sinon en figures & pourtraits reuestus de leurs esmaux.

Quant à l'ombre qui n'est qu'vne espece de nuage, & qui treuue rarement place dans l'Escu, elle n'est parée d'aucuns esmaux, ains elle se represente par quelques traicts, legers, minces & deliez, tirez neantmoins & tracez suiuant la forme du corps, dont l'on entend qu'elle soit l'ombre, si bien que l'on voit à trauers les esmaux des vrayes figures qu'elle charge & sur lesquelles on la fait brocher, & peus asseurer n'auoir veu aucunes armoiries ou il y eust vn ombre, sinon en celles de Iean Baron de Transignies & de Silly, Cheualier de l'ordre de la Toison souz la maistrise de l'Empereur

Charles V. Roy d'Espagne : lesdites armes sont bandées d'or & d'azur de six pieces, à l'ombre d'vn lyon brochant sur le tout, à la bordure dentelée de gueules : ce que i'ay veu és memoires de Goulut par simple blason sans figure aucune, & plus intelligiblement en vn liure figuré à la main & orné de ses esmaux, contenant le recueil des armoiries de tous les Cheualiers de cet ordre, iusques en l'an 1630. lequel liure m'a esté communiqué par Iean François de Chanlecy Sieur de Sauigny Gentilhomme des plus curieux de telles raretez & entendu aux regles de l'art.

Du mot ombre est descendu ombré, qui veut dire ombrage, terme signifiant vn artifice pour releuer & faire paroistre comme en relief, ce qui est de plate peinture. *Vmbras faciunt Pictores vt imagines quæ plana sunt solidæ videantur, quod dicunt adumbrare*, lequel artifice n'est connu que par les maistres. *Quam multa vident pictores in vmbris & eminentia quæ nos non videmus*, dit Ciceron en ses Academiques.

Ce qui ne se pratique point regulierement és armoiries où il suffit de representer auec vn simple traict de burin, de plume, ou de pinceau. Les pieces qui seruent de blason, ausquelles puis apres l'ouurier donne les esmaux de la maison.

Il n'y a que les cigales les papillons, & quelques poissons qui s'ombragent en certains endroits, & de là ils sont qualifiez ombrez.

N. porte *d'argent à vn sautereau de sinople, ombré ou orné de pourpre & de sable.*

Le papillon se dit ombré & miraillé.

N. portoit *de pourpre à 3. papillons volans d'argent miraillez d'azur, & ombrez de gueules.*

Le poison se dit quelquefois ombré & escaillé.

N. portoit *d'azur à deux poissons d'argent ombrez de gueules*, c'est à dire que la separation des escailles est de gueules.

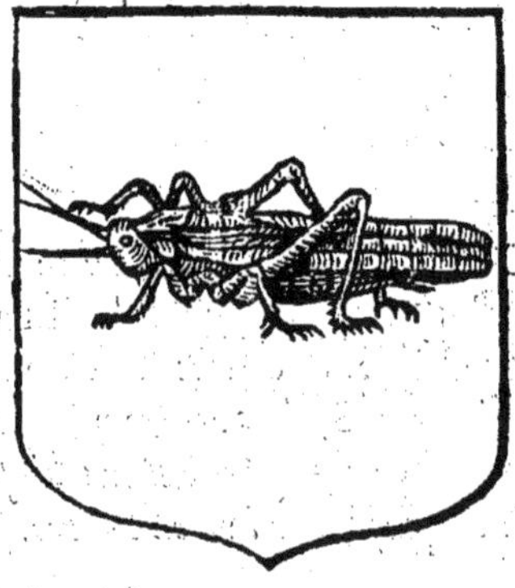

ONGLE' armé d'ongles ou de cornes de pied. Ega ou Eyna Duc & Maiſtre de la Cheualerie de France, du temps de Dagobert l'an 643. portoit *d'or au griffon de gueules, armé, onglé, couronné & lampaßé de ſinople.* Pierre de Loiſeleuch Chancelier de France l'an 1072. portoit *au 2. & 3. quartier d'argent au bœuf rampant de gueules, onglé, accorné, & accollé de ſable.*

OPPOSE'. Quand ſur vne piece coupée il y a deux pointes qui regardent, l'vne le haut & chef de l'Eſcu, & l'autre la pointe & bas d'iceluy: l'on dit que leſdites pointes ſont oppoſées, c'eſt à dire poſées au contraire l'vne de l'autre. Se dit autrement chappé & chauſſé

N. portoit *coupé que Bara blaſonne mal parti en faſce d'or & de gueules à pointes oppoſées de l'vn en l'autre.*

OR. L'or eſt entre les metaux. Ce que le Soleil eſt entre les aſtres: auſſi les chimiſtes luy baillent le nom de Soleil, & les Mages offrirent à Ieſus Chriſt nouueau né de l'or ſimbole de la Royauté. Les iuſtes ſont comparez à l'or, comme purifiez par les tribulations; ainſi que l'or l'eſt par le feu.

La proprieté de ce riche metal eſtant telle qu'en lieu que les autres ſe corrompent voire ſe conſomment dans le feu, il s'y purifie & en ce cas il eſt appellé par Pline *aurum obrizum*, *quaſi ſincerum* & par l'interprete de Daniel *mundiſſimum*, ce que les Eſcriuains Eccleſiaſtiques diſent eſtre l'or que les Hebrieux appellent ophir.

C'eſt le premier des deux metaux dont l'on ſe ſert au blaſon des armoiries, & duquel les fleurs delys ſont blaſonnées à cauſe des proprietez de l'or qui repreſente la ſageſſe, la temperance & autres vertus remarquées fort amplement par Viualdus. *In opere ſuo regio* & appropriées au naturel de nos Roys tres-Chreſtiens.

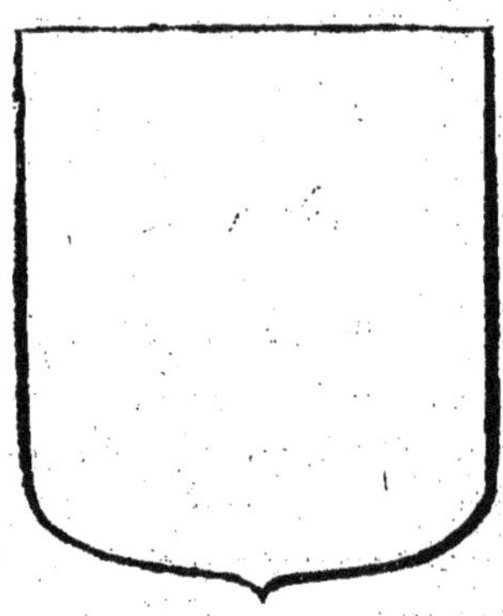

ORIFLAMBE ou ORIFLAMME. Banniere Sainct Denis differoit de la banniere de France : celle icy est de velouz violet bleu celeste a deux endroits semez de Fleurs de Lys d'or en broderie plus plein que vuide, là ou l'oriflambe estoit faite de sendal, c'est à dire de tafetas ou tissu de soye rouge aucunefois semée de flames d'or, d'ou elle prenoit le nom d'oriflambe. Differoit aussi en la forme, celle de France estoit toute quarrée sans aucune decoupure par le bas, non plus que les autres bannieres, penons enseignes & penonceaux ou panonceaux : Là où l'oriflamble estoit attachée au bout d'vne lance en guise de gonfanon à deux queuës ayant à l'entour des houpes de soye verte.

Par vne ancienne coustume quand nos Roys entreprenoient quelque voyage pour combattre leurs ennemis tant dedans que dehors le Royaume, ils faisoient benir la banniere S. Denis & la leuoient de dessus l'autel. Il y en a diuers exemples dans l'Abbé Sugger en la vie de Louys VII. souz l'année 1147.

En Rigordus Monachus ou il parle de Philippes Auguste, allant au voyage d'autre mer en l'an 1190. & encore du mesme Roy lors de la bataille du Pont de Bouines.

Sainct Louys la fit aussi porter en sa descente au port de Damiette. Depuis encore du regne de Charles VI. elle fut portée contre les Flamens reuoltez, souz la conduite d'Arteuelle tué en la bataille de Rosebec en 1382. & en l'année suiuante contre les Gantois.

Cette oriflambe se rapporte au LABARVM des Empereurs Romains qui estoit leur banniere imperiale, mais de forme differente, car le Labarum estoit quarré & se portoit au bout d'vn baston posé au milieu du drapeau, de mesme que les bannieres de nos Eglises : l'estoffe estoit de soye ou d'vn fin lin suiuant Tertulian *Syppara illa vexillorum & labarorum stolæ ; Sypparum quipe seu supparum teste Festo omne velum dicitur quod ex lino est.* Pour le temps, le commun le met seulement souz l'Empire de Constantin, mais il se voit des medailles d'Auguste representans d'vn costé son visage, auec cette inscription CÆSAR. AVGVSTVS. Au reuers de laquelle il y a vne victoire posée sur vn globe les ailes estenduës tenant de la main droicte vne couronne de laurier, & de l'autre le Labarum garny de franges par le bas auec cette autre inscription IMP. CÆSAR. La figure de cette medaille d'or se voit dans le discours de la religion des anciens Romains composé par du Choul Bailly des montagnes de Dauphiné : I'ay veu vne autre medaille d'argent du mesme Auguste, & vne de bronze de Ælius auec le reuers d'vne femme tenant la banniere auec ce mot PANNONIA sans aucun lettre dessus le drapeau, il y en a de pareilles d'Hadrian : il s'en voit aussi nombre de celles de Constantin le Grand de Crispus & du ieune Constantin, lesquelles sont ornees du labarum chargé de ces lettres VOT. XX. pour dire VOTA VICENNALIA, & vne dudit Constantin auec vn dragon trauersé d'vn labarum par le milieu du ventre. Occo & Baronnius d'autres encore de Constantius chargées de ces deux lettres grecques qui commencent le nom de Christus ☧, & en memoire de la croix que le grand Constantin son pere eut en vision, lors qu'il voulut combattre Maxentius, ainsi qu'Eusebe tesmoigne l'auoir appris de luy mesme, à quoy Nicephore en adiouste deux autres, l'vne en Thrace aprés auoir deffait Licinius, & la derniere quand il eut subiugué les Scythes. Toutes lesdites medailles à moy communiquées par Estienne de Loysie President en la chambre des Comptes à Dijon grandement curieux de telles raretez. Les armes duquel sont *d'azur à 3. lacets d'or à la bordure de mesme.* I'adiousteray que *Ioan. Hemelarius* qui a interpreté les medailles treuuées au cabinet du Duc d'Arschot, Charles de Croy en rapporte de Constantin auec les mesmes lettres qui denotent le nom de Christus: quoy que Anthon. Augustinus Archiep. Tarracon. au 1. dialogue des antiquitez Rom. & Espagnoles, dit qu'il ne s'en voit point de ce Grand Empereur là. Et de vray les Panegyriques que l'orateur Nazarius luy fit, n'en fait aucune mention, bien fait il estat du secours qui luy fut apporté du Ciel par des gend'armes inconnus. *Flagrabant verendum nescio quid vmbone corvsci & cælestium armorum lux terribilis ardebat tales enim venerant vt tui crederentur. Hæc ipsorum sermocinatio hoc inter audientes ferebant Constantinum petimus, Constantino imus auxilio.* Mais de la vision de la croix, il n'y en a pas vn mot, surquoy Beat. Rhenanus aduertit le lecteur que l'histoire Tripartite *refert vexillum crucis in sublimi conspectum.*

En ce qui est du mot labarum qui est le plus commun dont nous vsons quand nous voulons denoter cette figure Romaine, le docte Cuias interprete la rubrique *de propositis laborum lib.* 12. pour labororum apres S. Gregoire de Nazianze & Sozomene de cette enseigne, dit le mesme Cuias l'on ne se seruoit sinon *cum quæque pars in acie laborabat, in eam quasi auxilij & liberationis vim inferebant:* auquel mot *laborabat* ce grand personnage semble s'estre arresté pour le faire quadrer auec cet autre *laborum* au lieu de *labarum* aussi, dit-il, que *erat laborum solutio,* dequoy Gretherus lib. 2. de *cruce* cap. 25. s'estonne parce que ce drapeau quand il estoit arboré appelloit plustost au trauail qu'il ne le finissoit pas: Que si *a labore deductum est,* c'est parce que le soldat le voyant, s'escrioit *labor labor & hinc labarum quasi* λαβωρον comme l'escrit Sozomene Turnebe & autres. Au surplus tous ceux qui en ont escrit passent par dessus ce qui est representé dans les medailles, & dient que le Sacré nom de Christus estoit entouré d'vne riche couronné de pierres precieuses, & à ce suject le poëte Prudentius.

Christus purpureum gemmanti textus in auro
Signabat Labarum ------

Il estoit de couleur rouge à 2. queuës, & selon quelques vns semé de flames *vnde flammeum.* A quoy les medailles cy dessus repugnent ensemble les authoritez rapportées par *Ioan. Hemelarius de Imper. Rom. numism. aureis.* Nous ne laisserons pourtant d'en representer icy les figures.

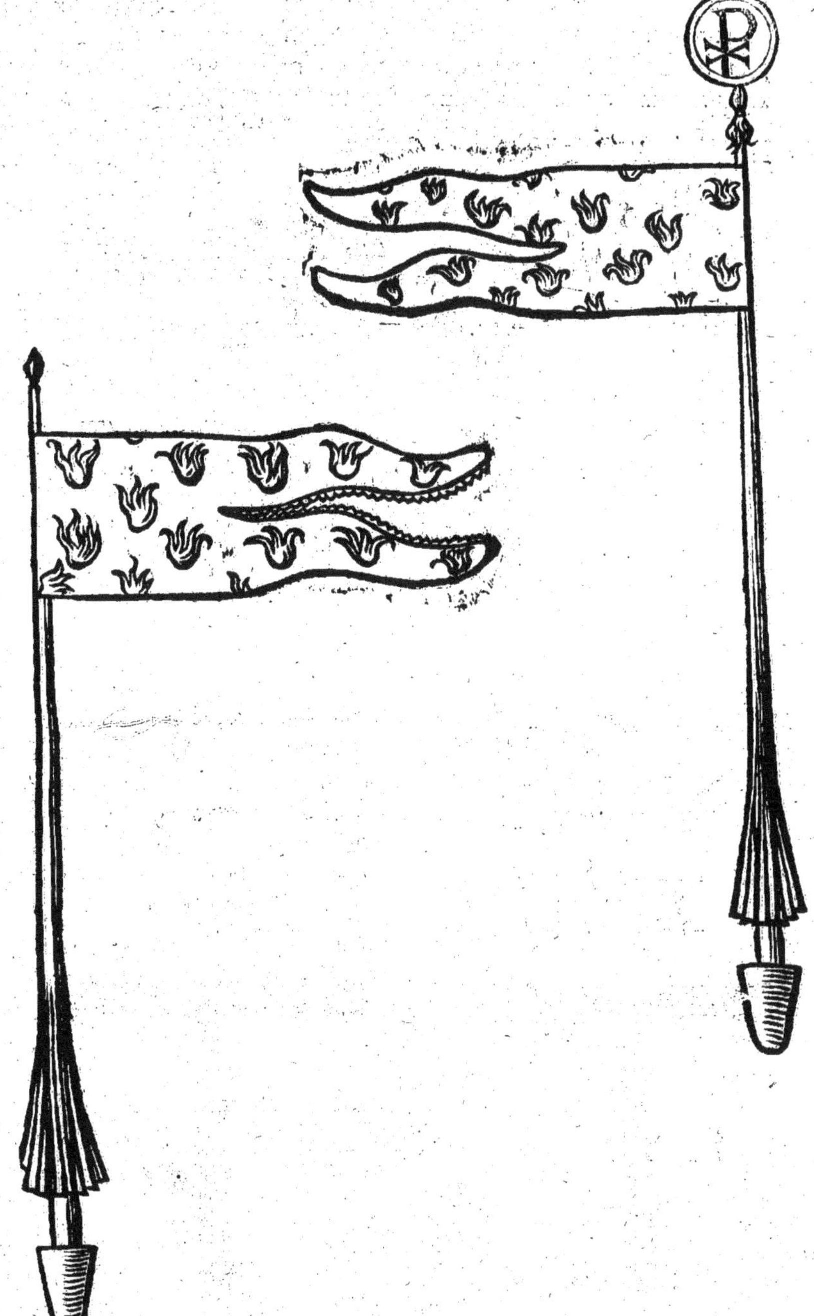

VOT.
XX

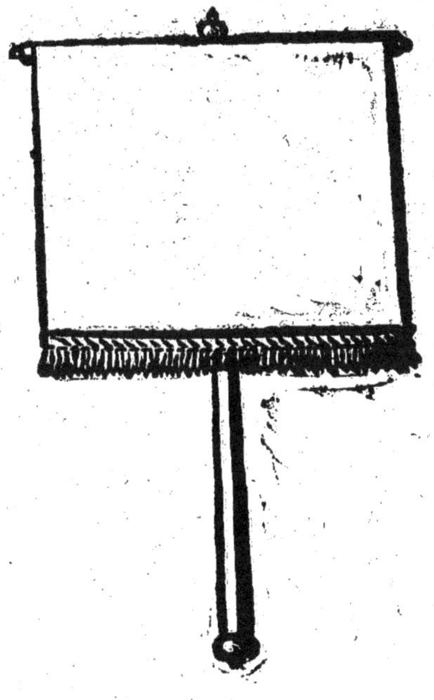

ORLE eſt plus eſtroite de moitié que la bordure : ſe poſe dans l'Eſcu en meſme forme. La difference eſt que la bordure touche le bord de l'Eſcu & l'orle en eſt eſloignée auec pareille diſtance que ſa largeur contient : l'on en en met quelquefois vne, deux, ou trois & quand il y en a trois, elles occupent tout l'Escu.

N. porte *de sable à vne orle de 3. pieces d'or.*

Par fois l'on vse de ce blason & de ce mot orle, quoy qu'il n'y ait aucune ligne tracée dans l'Escu du costé des bords, mais bien quand quelques pieces rangées de suite costoient lesdits bords, soit qu'il y ait d'autres figures au milieu du champ, soit qu'il n'y en ait point.

N. portoit *d'or à l'orle de 12. merlettes de gueules.*

Archambaut de Bourbon portoit *d'or au lyon de gueules à l'orle de dix coquilles d'azur.*

Il se fait des orles pareilles de bezans, tourteaux, croisettes &c.

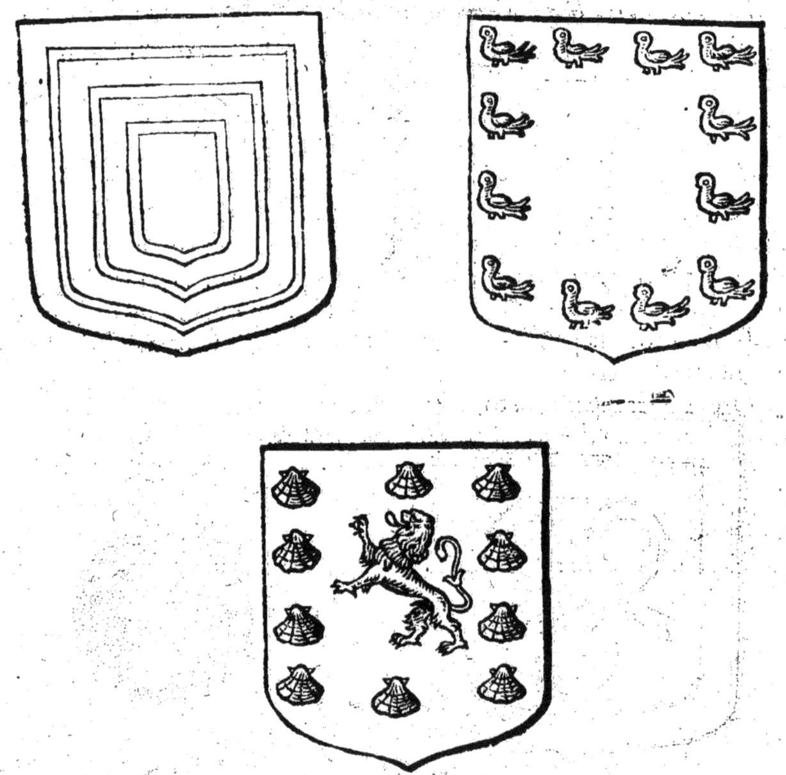

OTTELLE. C'est vne figure à fantaisie, laquelle approche disent quelques vns, d'vn fer de lance sans aucune ouuerture, s'eslargissant en rondeur sur le derriere & pointuë par le deuant. I'aimerois mieux dire, comme Scohier, que ce sont amandes, & de vray elles en approchent la figure.

D'ordinaire l'on en met quatre qui se posent en sautoir les pointes en dehors.

Iean Daudie Comte de Comminge, & Bastard d'Armignac Mareschal de France du temps du Roy Charles VII. & Louys XI. l'an 1448. portoit *contre escartelé de gueules à 4. ottelles d'argent passées en sautoir à la cottice de sable posée en barre.* Ie ne represente icy la cottice pour ne point corrompre les ottelles, & embarasser le lecteur en la vraye cognoissance de ce que ie luy veux enseigner.

En mesme temps Mathieu de Foix qui prenoit le mesme tiltre de Comte de Comminge, & qui fut des premiers Cheualiers de la Toison portoit *escartelé d'azur à 4. ottelles d'argent*, si bien qu'il semble que lesdites ottelles soient les armes de Comminge.

La difference n'est qu'aux champs, desquels l'vn est d'azur & l'autre de gueules.

OVRS. Nous ne donnons place en cet Indice à aucuns animaux sinon à ceux qui ont quelque assiette, ou autre posture particuliere.

L'OVRS ne monstre iamais qu'vn œil & vne oreille, ainsi que le lyon il se represente tantost passant, comme celuy qui est au bas du collier de l'ordre de Sainct Gal en Suisse, d'autrefois rampant comme en l'Escu de Berne, qui est *de gueules à la bande d'or chargée d'vn ours rampant de sable* armes qui chantent. Ber en Alemand signifie vn ours, d'ou vient le prouerbe il est souz la patte de l'ours, pour dire qu'il est souz la puissance de la Seigneurie de Berne.

Ores on les represente tout debout, comme és armes d'Apensel qui est le dernier canton *d'argent à l'ours debout de sable.*

Cet animal n'a rien de remarquable sinon ce que Sainct Ambroise tire de son part, pour nous apprendre qu'il ne suffit pas que nous mettions au monde des enfans, si nous n'auons le soin de les lecher pour les rendre parfaits en la science des lettres & politesse des meurs.

PAIR. Le mot de Pair signifie esgal, aussi tient on que les PAIRS DE FRANCE estoient esgaux en pouuoir, en quel temps & par qui ils furent instituez. Ceux qui en ont escrit ne s'accordent pas, & à la verité il n'y a aucune apparence de les faire remonter à Charlemagne dans le nombre de 12. ny souz les titres & qualitez de Ducs & Comtes que l'on donne aux six Pairs laics, parce que les terres dont on les rend Seigneurs n'estoient pas pour la pluspart ornées des dignitez qu'on leur attribue.

Car la Flandre n'estoit regie & gouuernée que par des Forestiers, le septiesme & dernier desquels fut Odoacre, decedé l'an 963. quarante huict ans apres le deceds de Charlemagne, & sur la fin du regne de Charles le Chauue, la fille duquel Iudith de France, dite la Belle vefue du Roy Edoüard d'Angleterre fut enleuée par Baudoüin bras de fer, en faueur duquel quoy que indigne, la Flandre fut erigée en Comté.

Pour celuy de Champagne le docte Pithou au liure 1. des Comtes de Champagne & de Brie, met pour le premier Comte hereditaire Robert souz le regne de Louys d'Outre-mer enuiron l'an 950. tous les precedans n'estans que simples gouuerneurs.

Le pays d'Aquitaine & la ville de Thoulouse appartenoient à vn seul, & partant ne pouuoit le Seigneur de ces lieux là porter deux charges, lesquelles pour parfaire le nombre destiné deuoient estre diuisées.

Quant à la Normandie elle fut seulement erigée en Duché souz Charles III. dit le simple, qui commença de regner en l'an 900. Tellement qu'il n'y auoit que nostre Bourgongne qui pût vray semblablement acquerir ce titre de Pairrie. Il faut donc suiure la resolution de Pasquier que ces Pairs ne furent instituez sinon par Hugues Capet, apres la mort de Charles de Lorraine son competiteur au Royaume. Cette institution prudemment inuentée, tant pour recompenser ses partisans que pour se les rendre plus fidelles, en la conseruation de la nouuelle conqueste.

Depuis comme ces grandes terres & Seigneuries ont esté vnies à la couronne, & que par ce moyen ces Pairries se sont euanouys, nos Roys erigeans d'autres terres particulieres en Duchez leur ont donné le titre de Pairries, & en suitte en leurs Sacres & Couronnemens, il se font assister de ces nouueaux Pairs par representation des anciens. Neantmoins quand l'on escrit des armoiries de Pairs de France, l'on represente tousiours celles de ces anciens là. Ainsi l'on dit que,

Le Duc de Bourgongne porte non pas suiuant Bara, d'azur à vne cotice d'or de trois pieces, mais *bandé d'or & d'azur de six pieces à la bordure de gueules.*

Le Duc de Normandie *de gueules à 2. leopards d'or l'vn sur l'autre.*

Le Duc de Guyenne *de gueules à vn leopard d'or.*

Le Comte de Flandres *d'or à vn lyon de sable armé & lampassé de gueules.*

Le Comte de Champagne *d'azur à la bande d'argent à deux doubles cotices potencées & contrepotencées d'or de 13. pieces.*

Le Comte de Thoulouze *de gueules à vne croix d'or clechée vuidée & bezantée de mesme en chacune des trois pointes, qui finissent ses quatre branches.*

L'Archeuesque & Duc de Rheims *semé de France à vne croix de gueules.*

L'Euesque & Duc de Langres *semé pareillement de France au sautoir de gueules.*

L'Euesque & Duc de Laon, idem *semé de France à vne crosse de gueules.*

L'Euesque & Comte de Beauuais *d'or à vne croix de gueules accompagnée de quatre clefs de mesme.*

L'Euesque & Comte de Noyon *semé de France à deux crosses addorsées ou opposées d'argent.*

L'Euesque & Comte de Chaalons *d'azur à vne croix d'argent accompagnée de quatre Fleurs de Lys d'or.*

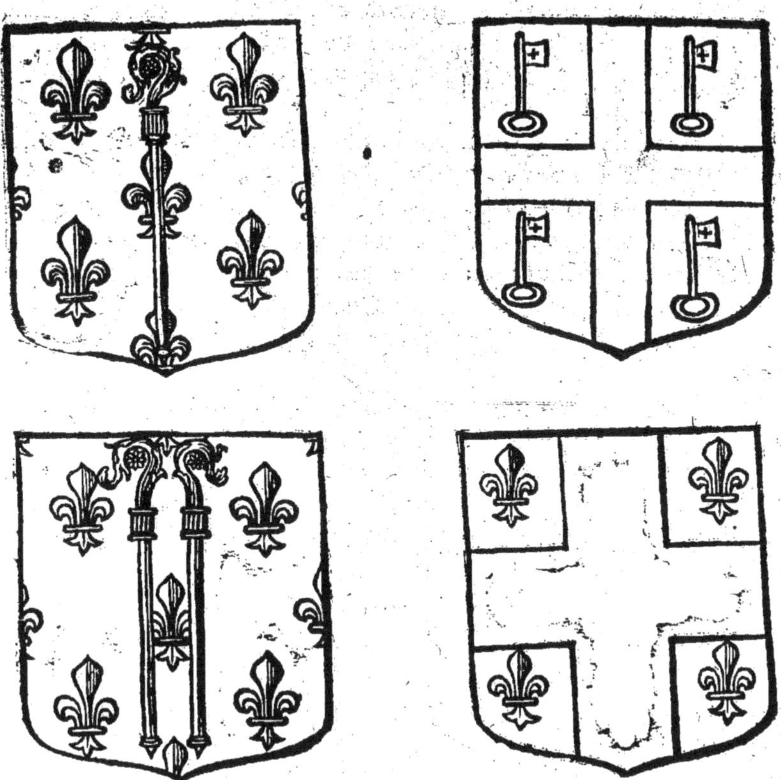

PAIRLE. C'est vne figure cõposée de 3. cotices mouuantes des deux coins du chef & de la pointe & se ioignantes au cœur de l'Escu en forme d'vn Y, sinon que la piece mouuante de la pointe est vn peu plus longue afin qu'elle s'esgale aux deux autres branches.

N. porte *d'or à vne pairle de sable.*

PAL en armoiries tire son nom de ce qu'il est en ouurage, pal, pali, pieu, vne liste ou lisse, longue, plate & large, debout au milieu de l'Escu & en toute la hauteur d'iceluy, depuis le dessus du chef iusques à la pointe.

C'est l'vne des pieces qualifiées honnorables ordinaires, il doit contenir en sa largeur le tiers de l'Escu quand il est seul.

N. portoit *de sinople au pal d'argent*

S'il y en a nombre, c'est pair ou nompair, si pair l'on le blasonne comme les bandes de Bourgongne ancienne.

Charles d'Amboise Seigneur de Chaumont grand Maistre de France souz Louys XII. en l'an 1510. portoit *palé d'or & de gueules de six pieces*.

Si impair, l'on y met vn champ, & dessus certain nombre de pals.

Arragon porte *d'or à 4. pals de gueules*.

Barcelonne & Prouence, de mesme le sujeċt en est remarquable, il a esté touché cy-dessus sur les mots armes, armoiries & Arragon.

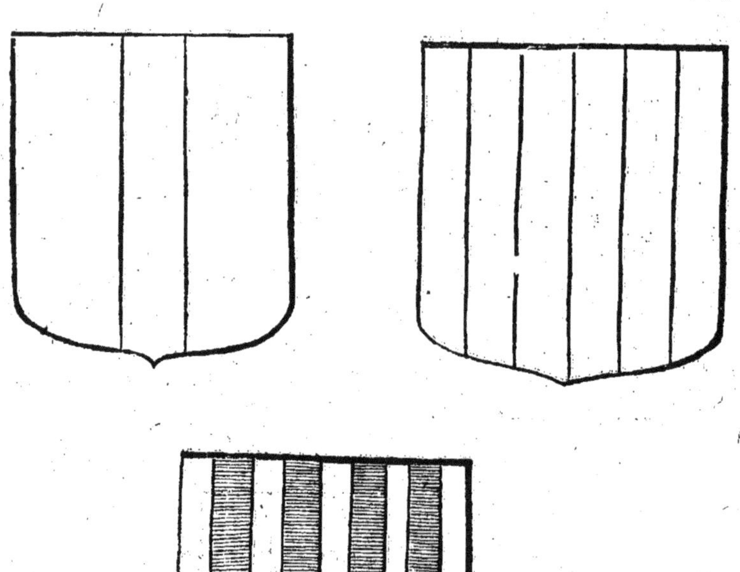

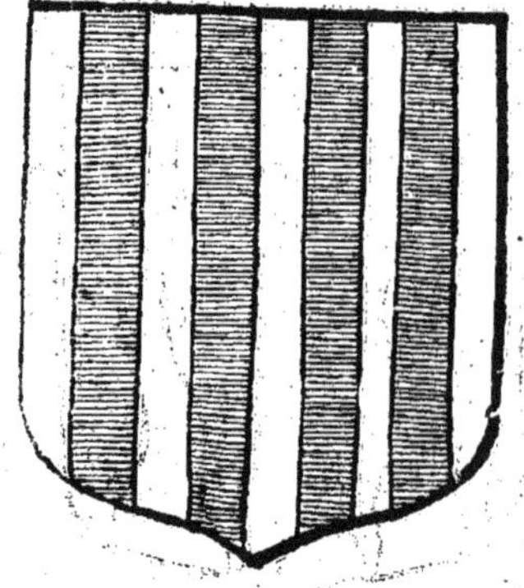

PALE' CONTREPALLE', se dit lors que l'Escu est coupé, & que les demi pals du chef, quoy que d'esmaux semblables à ceux de la pointe, sont neantmoins differents en leur rencontre, en ce que si le premier du chef est de metal, celuy qui est au dessouz & qui le supporte doit estre de couleur, & ainsi des autres

Fergus du Blant-lieu Cheualier de la Table Ronde, portoit *palé contrepalé d'argent & de gueules.*

PAL FLANCHE' creusé ou vuidé haut & bas.

N. porte *de gueules à vn pal flanché d'or.*

DEMI-PALS FLAMBOIANS. Ie tiens que c'est vne erreur au blasonnement des armes de Termes, de dire que Cæsar Auguste de Bellegarde Baron de Termes portoit au dernier quartier *d'azur à trois demi pals flamboyans d'argent partant du pied de l'Escu*, non seulement à cause que les armes de Paul de Termes Mareschal de France souz Henry II. sont blasonnées *de gueules à quatre flames d'or peries en pal*, & celles de Roger de Bellegarde, aussi Mareschal souz Henry III. *d'azur à quatre demy fusées d'argent.* Mais parce que ces figures montantes & descendantes en ondes, & se iettans & enclauans les vnes dans les autres, sont plustost emmanchées, ainsi que ie l'ay fait voir cy dessus souz le mot emanches, i'en laisse le iugement au lecteur.

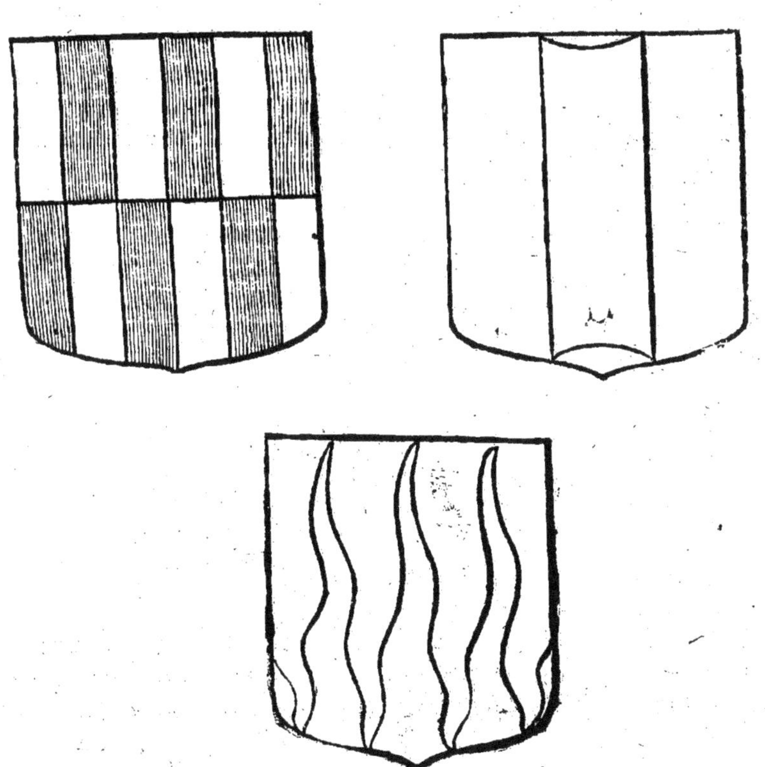

PAN-

PANNES ou PENNES. Fourrures ou doubleures ; il y en a de deux ſortes HERMINES ET VAIR. L'vn & l'autre ont l'argent pour metal, & pour couleur l'hermine a le ſable & le vair l'azur, partant quand cette regle y eſt obſeruée il ſuffit de dire, il porte d'hermines, il porte de vair : d'hermines comme le Duc de Bretagne, qui eſt vn Eſcu d'argent moucheté & tauelé de ſable, voy hermines.

Pour le vair ſi les eſmaux ſont autres que d'argent & d'azur il faut le ſpecifier. Voy cy apres vair.

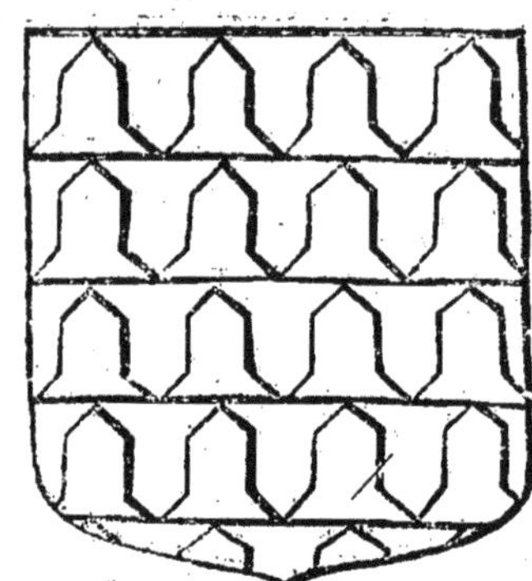

PAPILLON. Le hieroglyphe des amans, leſquels ſe brulent au feu qu'ils adorent. Il ſe figure en armoiries les ailerons ouuerts & eſtendus, & comme naturellement les ailerons de cet inſecte ſont peints en forme de miroirs, on blaſonne le papillon de ce mot miraillé.

N. porte *de pourpre à trois papillons d'argent, miraillez d'azur & ombrez de gueules.*

PAPELONNE'. Se repreſente en forme d'eſcailles ou demy cercles dont les bouts tirent contre-mont, & les demy cercles contre bas poſez par rangées les vns ſur les autres, ainſi que des tuiles ou ardoiſes rondes dont nous couurons quelque fois nos maisons : le plein de ces escailles tient lieu de champ & les bords de piece & d'ornement.

N. porte *de gueules papelonné d'or.*

Comme qui diroit papillonné ou papillotté, diapré de papillotes, ou ionché de menuës ailes de papillons.

PARTI. Terme general qui veut dire diuisé partagé ; en blason il se restraint au partage de l'Escu en deux portions, en pal & du haut en bas, comme l'on dit couppé ou party en fasce, tranché party en bande tirant de l'angle destre du chef au costé senestre de la pointe, & taillé party en barre, tirant de l'angle senestre du chef au costé destre de la pointe. Et lors que l'on diuise l'Escu en party coupé, c'est vrayment escartelé, & quand il est tranché taillé on peut le blasonner party en sautoir.

Charlemagne Empereur & Roy de France portoit *de l'Empire party de France.* C'est à dire qu'en la premiere partie de son Escu l'aigle de l'Empire y estoit figuré, & en la seconde les Fleurs de Lys de France.

Ainsi les femmes entrant par leurs mariages dans la maison & famile de leurs maris, portent les armes de leurs maris party de celles de leurs peres. Bien que quelques vns tiennent que les femmes n'en doiuent point auoir : ou bien si l'on veut leur en donner, leurs armes doiuent estre cachées souz celles de leurs maris, en telle sorte que l'on ne les voye sinon comme vne ombre, nous auons remarqué cy dessus que l'autheur du deguerpissement *rara auis in terris* en ce sujećt & en tous autres qu'il a traitez, dit auoir remarqué en quelques anciennes sepultures, les armoiries du mary estre tirées tout du long, & celle de la famille de la femme paroistre au dessouz par vn coin seulement comme couuertes des autres : Ce que nos peintres (adiouste-il) n'entendans pas, ils ont peint les armoiries des femmes comme parties & metoyennes, ioignant la moitié des leurs auec celles du mary, suiuant donc l'erreur commune qui a passé en vsage & tient maintenant lieu de loy par la disposition de la loy mesme *Error communis facit ius.* Voy le mot Escu.

Quelquefois l'on treuue des Escus partis de deux émaux differents, que sont fournis d'vne mesme figure, en chacun de leurs partages, & chacune desdites figures de l'esmail semblable au champ, qui partit celuy sur lequel elle est posée ce que l'on dit,

PARTI DE L'VN EN L'AVTRE.

La ville de Suze porte *party d'argent & de gueules en chacun vne tour de l'vn en autre*: c'est à dire qu'en la partie de l'Escu qui est d'argent il y a vne tour de gueules, & en l'autre partie qui est de gueules, il y a vne tour d'argent.

Cette ville qui a seruy de porte aux armes de nostre Roy victorieux Louys XIII. pour secourir le Duc de Mantoüe son vassal, à cause du Duché de Neuers, a esté souuent menacée d'estre retirée de ses mains notamment en l'an 1630. au mois de May sa Majesté estant à Dijon en intention de passer les monts vne seconde fois, on luy escriuit qu'elle estoit assiegée, ce qui me donna suject (prenant vn bon augure de l'etymologie de ce mot Suze qui en langue Persane signifie vn lys) de dresser vn epigramme Prophetique & excitatif pour ledit voyage, que cette porte demeureroit pour tousiours à la France.

Persequere, Italicis, Princeps, nec desice cœptis,
Tutela, quæ sunt mantuæ.
Persequere, & tibi per fastus Thrasonis Iberi,
Daucisque fraudes despice.
Qua data porta veni, susæ tibi mœnia surgunt,
Mensura in æuum lilio.
Persarum sic lingua docet præsaga futuri:
Sic SVSA LILIVM sonat.

Il y a des partages qui se font en trois, ce que l'on appelle tiercé.

N. portoit *d'argent à 3. estoilles de sable mises en pal, parti de gueules à vn bezan d'or, tiercé de sinople à la fasce d'argent.*

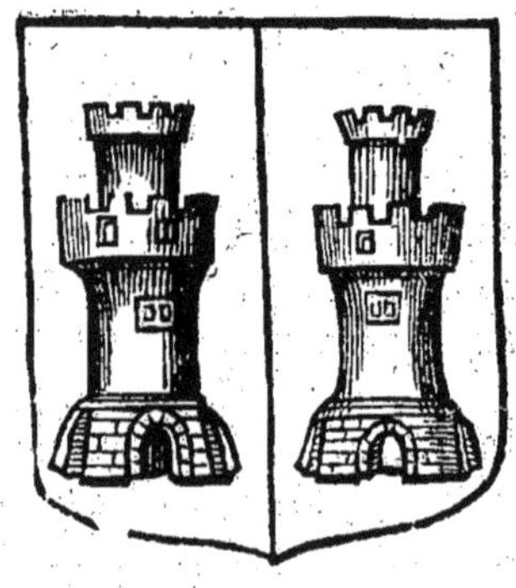

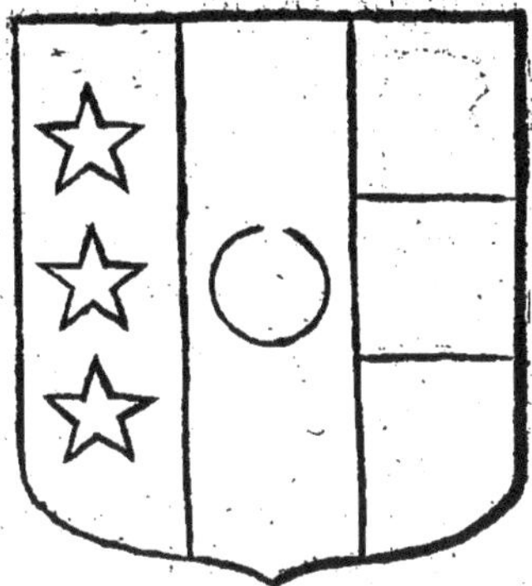

PASME' a gueule bee ou beante à guiſe d'eſuanouy ; ou expirant ſe dit du dauphin d'Auuergne, pour la difference de celuy de Viennois, qui eſt vif.

PASSANT, allant, marchant. C'eſt la poſture ordinaire de tout animal terreſtre qui marche, pour la diſtinction de celuy qui eſt rampant comme le chien paſſant d'Anubis fils d'Oſiris: le cerf des armes anciennes de Lorraine qui eſtoit au naturel: c'eſt à dire *de gueules ſommé d'or* ſans nombre en champ d'argent, dit le Feron parlant d'Eleuthere de Mozelane Duc de la Cheualerie de France l'an 600. du temps de Theodoric & Childebert enfans de Childebert Roy d'Auſtraſie.

Le leopard eſt touſiours paſſant, & tels en voit on és armes d'Angleterre, de Friſe, de Normandie, de Guyenne, toutefois en nombre different.

Charles de Quincarnon Eſcuyer, Sieur dudit lieu porte *d'or à deux leopards de gueules l'vn ſur l'autre.*

Que ſi le leopard eſt par fois rampant on le blaſonne leopard lyonné.

PASSE' EN SAVTOIR ou croix S. André, comme la queuë du lyon de Luxembourg, celle du lyon de Bartole & encore celle du lyon d'Almaury ou Almarich Comte de Montfort Cõnestable de France du temps de Louys VII. fils de Philippes Auguste & pere de S. Louys l'an 1219. il portoit *de gueules au lyon d'argent à la double queuë passée en saulteur.*

PATE' se dit du lyon, du griffon, de l'ours & autres animaux à quatre pieds, se dit aussi du perroquet.

Henry de Bourdeille Vicomte dudit lieu & Marquis d'Archiac porte *d'or à deux pattes dé griffon de gueules, onglées d'azur posées en contrebande,* cest à dire en bande mouuante du costé senextre.

De Norgallet Cheualier de la Table Ronde portoit *de gueules à trois pates de lyon d'or.*

PATE'. Comme croix patée, dont les branches s'eslargissent à mesure qu'elles sortent du cœur, en telle sorte que les extremitez sont flanquées & trois fois aussi larges que la racine.

Les Cheualiers de l'ordre de Sainct Iean de Hierusalem, institué en l'an 1104. & confirmé par Baudoüin I. du nom Roy de Hierusalem, depuis appellez Cheualiers de Rhodes à cause qu'ils s'y habituerent, apres s'en estre emparez dés l'an 1308. & à present on les nomme Cheualiers de Malte, parce qu'ayans esté dejettez de l'Isle de Rhodes en l'an 1623. l'Empereur Charles V. leur donna celle de Malte, scituée sur la mer Mediterranée. Ces Cheualiers portent la croix de cette sorte, dite croix patée, autrement à huict pointes à cause des huict beatitudes.

PAVILLON. C'est ce qui couure & enueloppe les armoiries de France, il est composé de deux parties, du comble qui est son chapeau & des courtines qui font le manteau ou mantelet. Les Ducs quoy que Souuerains ne couurent leur timbres & armoiries que de l'vn seulement; l'on a veu autrefois sur les armes des Ducs de Bretagne vn grand chapeau à larges bords retroussez au deuant & fourrez d'hermines, l'on a remarqué pareillement celles des Ducs de Lorraine & de Sauoye, estre enueloppées d'vn long manteau traisnant iusques a bas pour monstrer qu'ils ont seulement part à la dignité du Pauillon, lequel est reserué entier, & composé de toutes ses parties, pour les armes des Empereurs & des Roys.

PENDANT DE LAMBEL. N'est pas vn blason, ains simplement partie de blason que l'on attache au ba[illegible] du lambel en nombre, de 3. 4. ou 5. à iustes interuales. Il y en a que l'o[illegible]harge: voy cy dessus lambel ou lambeau.

PENNE. Voy PANNE.

PENNON espece de banniere. C'est proprement celle que nous appellons à present cornette ou guidon, qui se met au dessus des pauillons ou tentes, comme les giroüettes sur la maison des nobles. Voy cy-dessus banniere.

PENNETON la partie de la clef qui ioüe dans la serrure: ce mot ne doit point estre ignoré, puisqu'il y a des nobles maisons qui prennent des clefs pour leurs armes. Voy cy-dessus clef.

PERY. Est lors que quelque piece de blason est posée en telle sorte qu'elle ne touche point l'extremité de l'Escu comme on dit du baston de Bourbon PERY ou mis en abisme, ou des animaux lesquels sont representez contre leur naturel, ainsi qu'és armes de la maison des Chabots d'or

PERIS EN PAL. Cy deuant ſouz le mot d'Abiſme il a eſté monſtré qu'eſtre mis en abiſme & pery eſt vne meſme choſe, voy abiſme.

PICOTE'. Chargé de menues piqueures comme la truite, laquelle eſtant marquetée de ſon naturel ſe peint de cette meſme ſorte en armes, afin que l'on la puiſſe diſcerner d'vn autre poiſſon.

N. portoit *d'azur à vne truite d'argent picotée de gueules.*

PIED de l'Eſcu, c'eſt la pointe ou bas de l'Eſcu.

PIED COVPPE', OV PIED NOVRRI ſont ſinonimes. Se dit de la Fleur de Lys, quand il n'y a rien plus bas que le lien qui tient les trois fleurons, dont cette fleur eſt compoſée en blaſon. C'eſt à dire quand rien ne paroiſt; ſinon les parties ſuperieures des trois fleurons.

Hue Kyeret, ou Quyeret Admiral de France du temps de Philippes de Valois l'an 1339. portoit *d'hermines à trois Fleurs de Lys, au pied nourry ou couppé de gueules au baſton d'azur brochant ſur le tout*, Ie n'ay fait repreſenter ſinon les trois fleurs de lys,

Ce mot nourry ſemble eſtre adapté, comme s'il eſtoit caché dans la terre pour s'y nourrir.

PLATE

PLATE. Nous auons dit cy dessus qu'il y auoit des tourteaux, qui auoient leurs noms particuliers suiuant leurs couleurs : l'en dis autant pour le bezan qui est d'argent, lequel par quelques vns s'appelle plate.

N. portoit *de gueules à la plate ou bezan d'argent.*

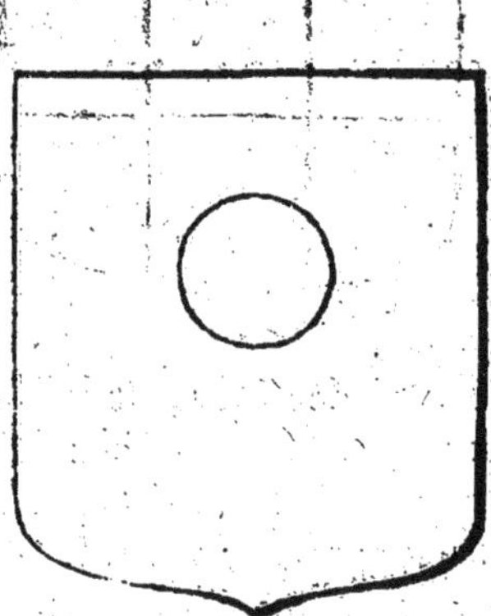

PLVMETE'. Moucheté, decoupé, sinonimes approchent de la penne ou fourrure d'hermines.

N. portoit *d'argent plumeté de sinople,*

POINT figure quarrée, comme celles d'vn eschiquier, il s'en met au nombre de neuf ny plus ny moins, qui toutes font vn autre quarré & dont les 5. sont d'vn esmail & les 4. d'vn autre.

Geneue qui est sur le tout de Chaalon & d'Orange porte *cinq points d'or equipollez à quatre d'azur*, & Salornay *cinq points d'or equipollez à quatre de gueules.*

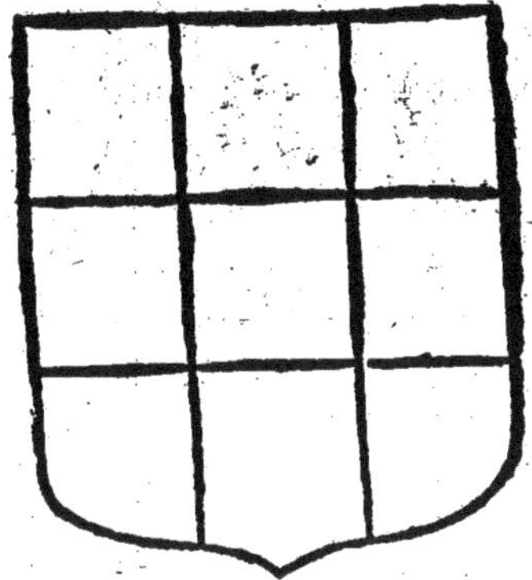

POINTE ou bien pied de l'Escu, est la plus basse partie de l'Escu, dite ainsi à cause que regulierement tout Escu doit estre fait en pointe, ny ayant que celuy des bannerets lequel est quarré & en forme de banniere. Elle est marquée en l'Escu cy apres par la lettre I.

POINTE. Piece de blason, monte du bas en hault de l'Escu & arreste sa pointe droict au cœur, iamais ny en doit auoir qu'vne en vn Escu simple.

Froyadus le Gay Cheualier de la Table Ronde portoit *vne pointe de gueules le maistre d'or.* C'est à dire le reste de l'Escu qui est au dessus.

POINTE RENVERSEE dite Pile par Bara est vne figure contraire à la precedente ou plustost la mesme, mais qui est moutiante du chef contre bas, & occupe les deux tiers de la largeur dudit chef, se diminuant en pointe a proportion qu'elle approche la pointe de l'Escu sans neantmoins la toucher:

N. porte *d'or à vne pointe renuersée de gueules.*

POINTE COVPEE ou POINTE EN POINTE, qui prend sa racine dans la pointe de l'Escu, ou plustost quand la pointe de l'Escu est coupée par vne figure semblable à cette pointe que nous venons de descrire.

Iean de Bourbon Seigneur de Rochefort second fils naturel de Iean de Bourbon Seigneur de Carency portoit *de France le baston de pourpre commençant au costé senestre de l'Escu la pointe de l'Escu coupée d'argent,* Bara l'appelle pointe en pointe.

Pointe en pointe se dit d'abondant de trois espées dont les gardes se rencontrent au cœur & centre de l'Escu & la pointe és pointes dudit Escu. Ainsi l'on dit.

N. portoit *d'or à trois espées de gueules aux gardes posées pointe en pointe.*

POINTES EN FASCE au nombre plurier, ce sont pointes de couleur & metal, qui se mettent & emmanchent les vnes dans les autres, & partant il vaut mieux les qualifier emmanches posées en fasce à la difference de celles qui se mettent en pal.

Pointes en fasce d'or & de gueules de cinq pieces chacune.

POINTE' marque de pointures ou piqueures se dit de la rose lors que les bouts & pointes des cinq pieces qui luy seruent de chasse, lors qu'elle est en bouton, parroissent outre & pardessus les bords des feüilles de la rose ouuerte & espanoüye.

Guillaume Iuuenal des Vrsins Baron de Trainel Chancelier de France l'an 1445. portoit *bandé d'argent & de gueules au chef d'argent chargé d'vne rose de gueules pointée d'or, soustenu de mesme qui est d'or.*

POISSONS. Momus n'a pas esté le seul Aristarque de la Nature. Plusieurs ont desiré auec luy, que le cœur de l'homme fust à descouuert, mais vn deffaut plus grand s'y fust rencontré, il n'est pas tousiours necessaire que l'on sçache toutes nos pensées : il suffit que la langue ne les demente pas. Ce seroit donc assez que nostre cœur fust tourné comme celuy des Poissons, la pointe contre la bouche, & qu'en parlant nous fissions entendre qu'vn peuple muet nous auroit appris cette leçon, remarque qui est suffisante pour auoir porté quelques Princes & Seigneurs à charger l'Escu de leurs armes de la figure, qui d'vn dauphin, qui d'vn barbeau, qui d'vn chabot, qui d'vn autre poisson pour nous faire sçauoir que rien ne sortoit de leur bouche, que ce que la pointe de leur cœur y poussoit, plustost que de s'estre arrestez à l'equiuoque de leurs noms.

Ces poissons de blason se mettent en pal ou en fasce, iusques à seize.

Les dauphins de Vienne, d'Auuergne, & de Forests, voy cy-dessus dauphin.

Les Bars ou Barbeaux addorsez du Duché de Bar.

Les Chabots peris en pal, de la maison des Chabots, & les deux poissons d'argent mis en fasce, l'vn sur l'autre comme nageans sur la surface azurée de l'estang du Sieur Euesque de Carcassonne, Prelat associé à l'ordre du Sainct Esprit en l'an 1619.

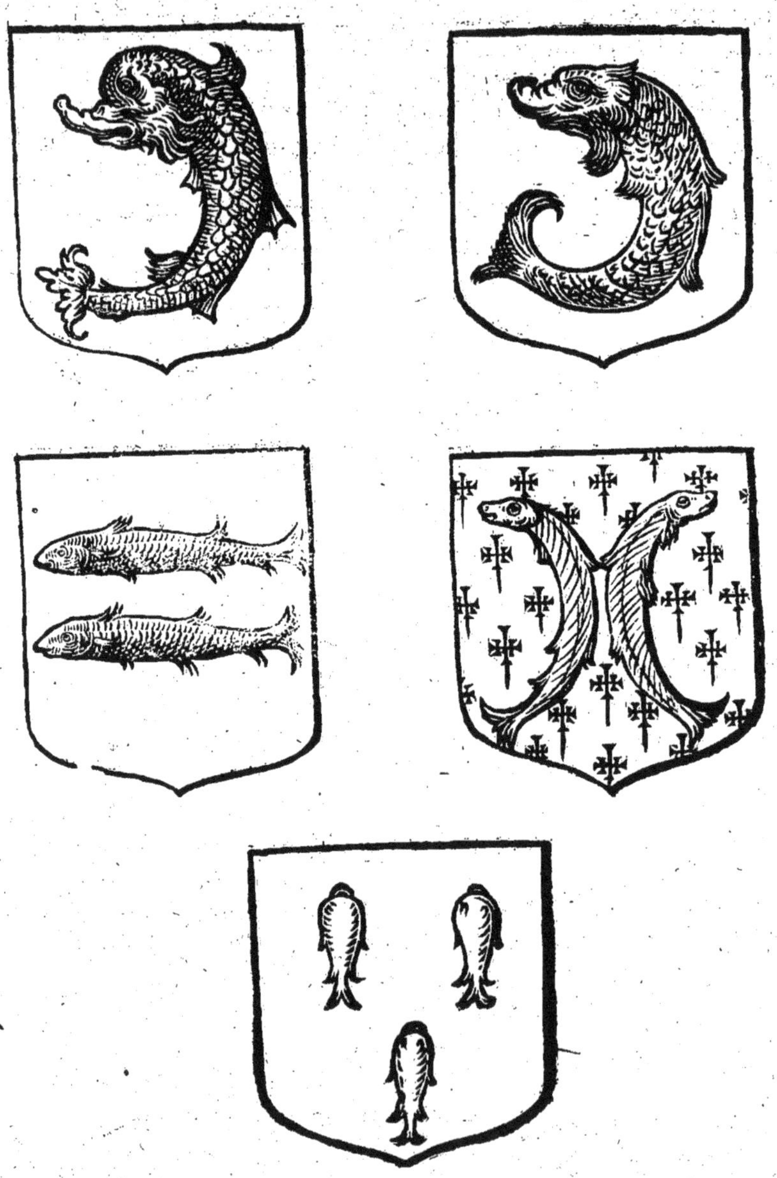

POMME. Ce fruict est aussi rare en blason que les pommes des Hesperides parmy les autres fruicts : on ne laisse pourtant de se seruir de ces mots qui en sont deriuez.

POMMÉ POMMETÉ. Ce qui se dit de la croix, quand elle a ses extremitez rondes en forme d'vne boule, & tout ainsi qu'vn bourdon tel que nous en voyons dans les bourdons, d'ou vient que l'on appel le aussi croix bourdonnée.

N. portoit *de sinople à la croix pommetée d'argent.*

L'on se sert pareillement de ce terme pommeté, pour diuiser & blasonner les armes de Cleues qui sont *de gueules à vn Escusson d'argent chargé d'vn lyon de sable, aux raix d'escarboucle percez pommetez & fleuronnez.* Ie ne represente point l'Escu ny le lyon comme inutiles.

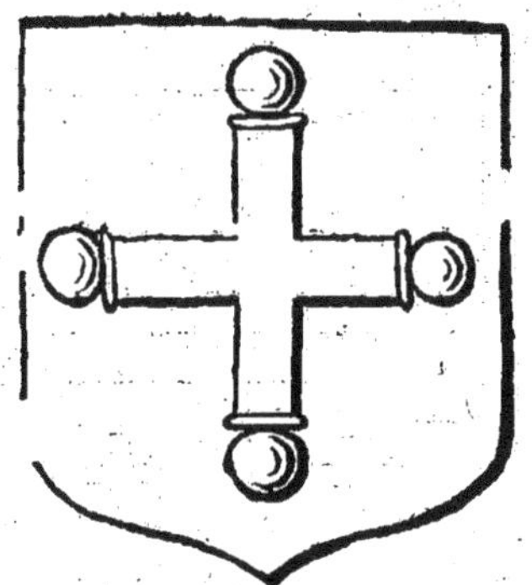

POTENCE. Voy cy-dessus escarre.

PETENCÉ fait en forme de potence croix potencée qui a ses bouts faits en potence, comme la grand croix de Hierusalem prise par Godefroy de Boüillon, & moulée sur le gonfanon que Thomas Patriarche de Hierusalem enuoya à Charlemagne l'an 799.

C'estoit vne banniere & drappeau quarré de sendal, c'est à dire de soye blanche tissue à vne croix potencée, cantonnée de quatre croisettes alaizées de soye rouge, pareillement tissue, representans les cinq playes du Sauueur du monde.

Les armes des Comtes de Champagne, sont garnies de petites potences, ils portoient & le pays qui est pairrie les retient encore, *d'azur à vne bande d'argent à deux doubles cottices potencées & contrepotencées d'or de 13. pieces.*

Pithou au liure premier des Comtes de Champagne & de Brie, apres auoir fait vne enumeration des sept Comtes Pairs de Champagne, Ioigny Retest ou Rhetel, Brenne ou Brienne, Roucy, Braine, Grand pré & Barsurseine, dit qu'à ce nombre des sept pairs plusieurs ont voulu rapporter sept pieces d'or contrepotencées en vne bande d'argent qu'ils mettent en champ d'azur, lesquels toutefois adiouste-il, se blasonnent par les plus modernes à bandes d'argent contre-potencées d'or à 13. pieces: mais le Roman du petit Seintre, auquel pour son ancienneté, il dit deferer quelque chose en tels doutes, fait porter à vn Iean de Champagne d'azur à vne bande d'argent à deux cottices ou fretaux d'or potencées contrepotencees, sans les nombrer autrement. Voila ce que dit Pithou, mais nous voyons non seulement sept potences en ladite bande ; mais iusques à 13. qui est le vray nombre des Comtes qui sont en Champagne, quoy que P. de S. Iulien en ses meslanges historiales souz le titre des antiques armes des vieux Roys, & Princes de Bourgongne, rapporte que Louys XI. dans ses escritures contre Marie de Bourgongne touchant nostre Duché parlant des armes des enfans de France, dit que le Comte de Champagne portoit *d'azur potencé en bandes de 14. potences d'or.*

POVRPRE. Ceux qui mettent cinq couleurs en armoiries y comprennent le pourpre, non pas pour couleur simplement, mais pour vn esmail metoyen entre la couleur & le metal, tellement qu'en ce cas, on le peut mettre sur l'vn & sur l'autre sans faulseté, c'est à dire comme couleur sur metal, & comme metal sur couleur, quoy que Fauin repugne à cela, & dit suiuant vn sien manuscrit que le pourpre n'est mie couleur.

Toutefois nous en voyons en des armes de personnages qualifiez: Benigne Iacqueron Sieur de la Motte President en la chambre des Comtes à Dijon, qui fut fait Cheualier en l'an 1543. portoit *d'azur à la fasce de pourpre, chargée d'vn croissant d'argent & accompagnée de 3. roses de mesme deux en chef & vne en pointe.* Encore que a prendre cette fasce de pourpre soit pour metal, soit pour couleur, ces armes là sont tousiours fauces car si pour couleur elle est posée sur vn champ d'azur, si pour metal elle est chargée d'vn croissant d'argent.

Et Anthoine Potier Sieur de Sceaux, Greffier des ordres du Roy en l'an 1619. portoit au deuxiesme quartier de ses armes *d'azur à la cottice de pourpre, accompagnée de deux ampsysteres ou serpents ailez d'or*, qui est des Baillets de Paris.

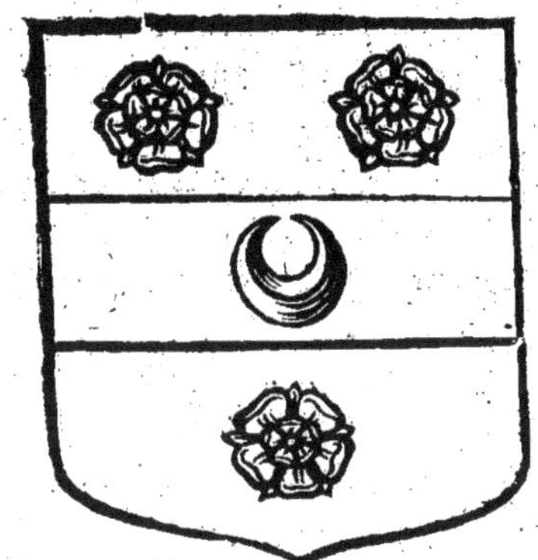

QVARTE FEVILLE DOVBLE qui a huict feüilles, il y à vne figure dans Bara *de gueules au canton droict d'argent chargé d'vne double quinte feüille de pourpre.*

QVARTIER est à proprement parler la quatriesme partie de l'Escu, lors qu'il est escartelé & diuisé en quatre parties esgales, l'on appelle de mesme les diuisions du contre escartelé, & quand il y a d'autres subdiuisions l'on dit quelquefois tiercé, d'autrefois couppé de huict pieces, & ainsi suiuant la diuersité ou des terres ou des alliances.

Voy cy-dessus Escu escartelé contre escartelé.

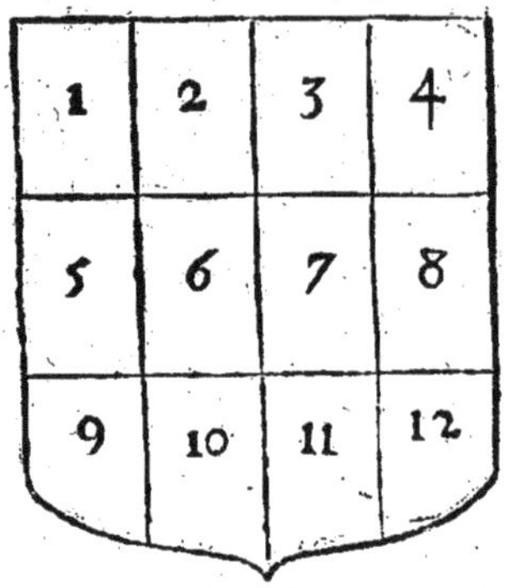

1	2	3	4
5	6	7	8
9	10	11	12

QVEVE. La plusspart des peintres graueurs, & autres ne font aucune difference, entre la queuë du lyon & celle du leopard, sinon qu'ils font à quelques lyons là queuë double ou fourchuë comme au lyon de Luxembourg à celuy de Almaurry Comte de Montfort, & à celuy de Bartole que ce docteur appelle à deux queuës, comme on la remarqué en diuers endroits cy dessus, souz les mots fourché ou fourchu noüé passé en sautoir: par effect l'on blasonne cette double queuë fourchue ou noüée & passée en sautoir.

I'ay remarqué que d'autres peintres & graueurs plus exacts, ont tourné le bout de la queüe du lyon, d'autre sorte que celle du leopard sçauoir contre le dos la faisant recourber de ce costé là, & celle du leopard en dehors.

Ceux qui ont graué les planches des armoiries de la Royale maison de Bourbon ont obserué cette particulaaité par l'industrie de l'historiographe comme il est à croire & si exactemeut qu'en vn seul Escu, l'on remarque cette difference, c'est au feüillet 19. és armes de Iean I. du nom Comte d'Armaignac qui portoit *escartelé au 1. & 4. d'or au lyon de gueules, au 2. & 3. de gueules au leopard lyonné d'or armé & lampassé d'azur.* Le mesme se treuue auoir esté obserué en tous les lyons qui sont és armes des Cheualiers de la Toison d'or, au cœur de la Saincte Chappelle du Roy à Dijon, & en trois tombeaux qui sont ioignans l'vn l'autre au cloistre de l'Abbaye de S. Benigne en la mesme ville. Le lyon des armes de Ville Comte à la queue tournée contre le dos. En l'Eglise des Iacobins & autres il y a des sepultures de mesme.

Le Feron qui auoit veu les armes de Ieanou Ianus de Caraciolo Duc d'Arscoly Prince de Melphe Mareschal de France du temps de François I. dit qu'il portoit d'or au lyon d'azur la queue retournée vers le dos, ce qui n'estoit pas necessaire d'exprimer, puisque tous les lyons doiuent auoir la queue de la sorte pour la difference des leopards, neantmoins le graueur n'a pas obserué cette particularité, qui estoit necessaire, attendu que la lettre l'y obligeoit, & que d'ailleurs comme il faut plus de force en l'animal pour faire retourner ſa queue au dedans, c'eſt vne marque de la force du lyon par deſſus celle du leopard que de l'y repreſenter de la ſorte.

QVINTE-FEVILLE. Herbe qui a cinq feüilles, comme son nom le porte disposées en rond, percées au milieu & quelquefois nom.

La maison de Vergy finie en la personne de Vergy Comte de Champlite, Gouuerneur du Comté de Bourgongne, pour les Archiducs d'Austriche du regne de Louys le iuste Roy de France.

Cette maison de Vergy estoit des plus anciennes de l'vne & l'autre Bourgongne & portoit *de gueules à 3. quinte feüilles d'or.*

André du Chesne Historiographe du Roy, & grand Genealogiste des premieres maisons de France, en a composé vn volume entier.

Ceux de Baissey portoient *d'azur à 3. quintefeüilles d'argent.*

RACOVRSI. Couppé, abbaissé, alizé, ou alaizé vne croix, vn sautoir racoursi qui ne touche pas les bords de l'Escu.

Guillaume de l'Aubespine, Sieur de Chasteau-neuf, & Charles de l'Aubespine, Sieur de Preaux pere & fils Chanceliers des Ordres, portoient *d'aZur au sautoir alizé d'or, accompagné de quatre billettes de mesme.*

La croix racoursie est de la mesme sorte.

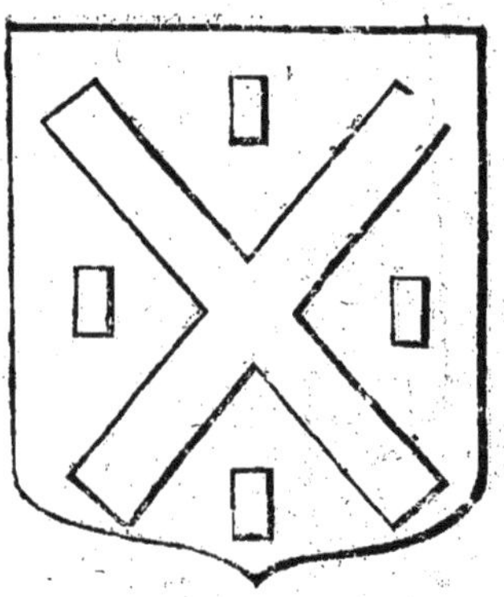

RAMPANT se dit d'vn animal terrestre, qui monte & se dresse, comme du lyon & du loup se dit autrement.

RAVISSANT

L'escart des armes de Charles Sire de Crequy, Mareschal de France en l'an 1622. est *d'or au loup rauissant d'azur, armé de gueules*, qui est d'Agoult.

RAMES ou RAMVRES. Ce sont les cornes des cerfs: Quelquefois on met les cors sans nombre, d'autrefois on les specifie, car souuent le nombre fait la difference.

Iacques de Frasans antique Vicomte Majeur de Dijon portoit *d'or au cerf au naturel sommé sans nombre de mesme.*

Iean Bertrand Premier President de Paris, & depuis Chancelier de France & Cardinal souz Henry II. portoit *d'azur au cerf d'or sommé de 13. cors au naturel, onglé de mesme au chef d'argent,*

RANGIER ou RANCHIER par A est le fer d'vne faux à faucher de l'herbe, telle qu'on la donne à Saturne le Temps qui couppe, & faulche tout.

Bolinain du Bois Cheualier de la Table Ronde portoit *d'argent à vn rangier de gueules armé de sable*, ou au manche de sable.

RENCHIER par E est vne espece de cerf, mais beaucoup plus grand, tant du corps que des cornes, qui sont larges & plattes à la façon de celles du dain. Il se voit vne figure de renchier, au portail de la Saincte Chappelle de Bourges, au collier duquel est escrit qu'il auoit vescu trois cens ans.

François de la Grange Baron de Montigny Mareschal de France en l'an 1616. portoit *d'azur à 3. renchiers d'or* on les blasonne passans, ce que ie ne treuue pas necessaire, parce que c'est sa posture naturelle aussi bien que du cerf.

RATE. Voy icy bas rustre.

REBATEMENS ce sont diuerses sortes de blasons, dont les figures se font à fantaisie, peu vsitées en France & beaucoup en Alemagne: Les principales sont vne dextre pointe, vne plaine, vne champagne, vne pointe en pointe, des goussets, vne goire, vne billette renuersée, vn Escusson renuersé dans vn autre.

I'ay vn manuscrit ou il y a diuerses autres figures de la qualité des precedentes, tranché & enclaué, tranche enté, chaussé & engreslé, taillé & enclaué. Couppé au pied party, chappé & enclaué, chappé simplement, vestu chappé & chaussé. Party & enclaué, escartelé & flanché, chappé & escartelé chappé & carnelé. Party & chappé, chaussé en chef à vne pointe, chappé sur fascé, chappé sur pallé.

Tranché & endenté, emmanché, escartelé, & flanché. Pallé contrepallé, fascé contrefascé, couppé, & enté, & autres semblables.

Ces figures comme il est à croire s'appellent rebatemens à cause qu'elles sont apposites & semblent se rebattre l'vne l'autre.

Il y a des representations de la plus part sur chaque mot.

N. portoit *d'azur à la champagne d'or.*

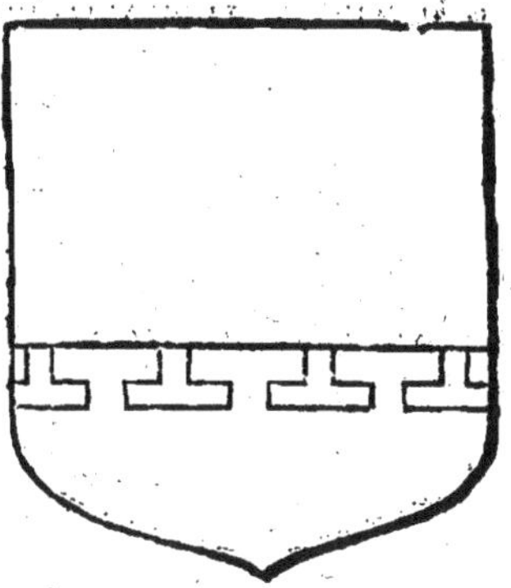

RECROISETE' ne se dit sinon de la croix, laquelle à vne petite branche trauersiere approchant les extremitez de ses propres branches, ce qui fait quatre autres croix, outre la principalle, elle s'appelle à ce sujet recroisetée, comme redoublée & chargée d'autres croix, ou plustost croisettes.

Iacques de Touteuille Preuost de Paris souz Louys XI. en l'an 1479. portoit au troisiesme quartier *d'azur a la croix d'argent accompagnée, ou cantonnée de 20. croix recroisetées d'or.*

RESARCELÉ se dit aussi de la croix.

Tous ceux qui en ont representé la figure conuiennent en vne chose, ils tirent vn filet au dehors & sur les flancs de la croix, & non point par les bouts, en sorte qu'entre la croix & le filet, il y a vn vuide, qui fait paroistre vn autre esmail que celuy de la croix & du filet, il n'y a que le Feron lequel s'est contrarié, car en lieu de suiure cette regle qu'il a luy mesme obseruée és armes de Iacques de Marcilly Mareschal de France, l'an 1356. du temps du Roy Iean: Il s'est contenté ou plustost son graueur de figurer la croix des armes de Heymard Chancelier de France souz Charles le Gros l'an 884. auec vne simple bordure, & neantmoins il qualifie l'vne & l'autre croix resarcelée, qui est comme ie pense plustost la faute du graueur, que non pas de l'autheur.

Ie treuue vne autre contrarieté entre Bara, & tous les autres entre lesquels est mon manuscrit touchant le nombre des esmaux qu'ils mettent en l'Escu de la croix resarcelée. Tous se contentent de deux & disent *d'or à la croix resarcelée de gueules*, là où Bara blasonne *d'or à vne croix de gueules resarcelée d'argent*, enquoy il y a grande difference, car pour n'y mettre que deux esmaux, il faut que le vuide qui est entre le corps de la croix, & le filet soit du mesme esmail que le champ. C'est à dire d'or & que le filet soit aussi du mesme esmail que la croix, c'est à dire de gueules: là où y mettant trois esmaux comme fait Bara, quand il dit d'or à vne croix de gueules, resarcelée d'argent, il faudroit definir la croix resarcelée, celle qui est garnie d'vne orle ou d'vn filet approchant ses bords, ce que ie ne pense pas, croyant que nous deuons nous contenter de deux esmaux, & dire que la resarcelure est le filet qui se met au dehors de la croix & accosté des flancs d'icelle & non pas dessus comme si c'estoit vne orle.

ROC ROCHER. Il se figure diuersement, tantost comme le roc des eschecs, auec quelque regle & proportion, ainsi qu'vn pilier garny de sa plinte, d'vn ou deux cordons, & deux pointes recourbées à son sommet de mesme qu'au premier quartier des armes de Anthoine de Roquelaure Mareschal de France en l'an 1615. qui estoient *d'azur à 3. rocs d'argent*, tantost on represente le rocher en son naturel rude & raboteux, fort large par le bas & pointu en sa sommité, comme és armes de Christophe de l'Estang Euesque de Carcassonne qui portoit és 2. & 3. quartier de sable, au rocher d'or, & encore comme Michel de l'Hospital, aussi bon Poëte Latin que grand Chancelier, pendant les premieres guerres ciuiles souz Charles IX. il portoit *d'azur à vne tour plantée sur vn roc d'argent, au chef cousu de gueules, chargé de 3. estoilles d'or.*

I'ay baillé au chef cet epithete cousu, pour leuer le scrupule qu'a eu l'autheur du supplement du Feron, qu'il n'y eust fauseté & couleur sur couleur. Voy chef cousu.

ROMPV, armes rompues, ou brisées : Voy cy-dessus brisures.

ROSE. Nulle rose sans espines sinon en armoiries : Ie veux dire en peinture : ie faux il y a des espines par tout, tant de braues Caualiers, qui ont merité l'honneur d'auoir droict de banniere, & de porter des Escus armoyez, ne les ont ils pas acquis au prix de leur sang ? est-ce pas l'espine des fatigues qui les a picquez auant que d'auoir peu cueillir la rose, recompense de leurs trauaux. Sainct Basile dit bien qu'à la naissance du monde les roses estoient sans espines, & que depuis elles eurent des pointes, à mesure que les hommes commencerent à mespriser sa beauté : mais qui ne voit que c'est vne saincte fiction, pour nous apprendre que lors que nous abusons des graces que Dieu nous fait, nous deuons à l'instant estre picquez du repentir : ou bien pour nous faire entendre qu'il n'y a point de medaille qui n'ait son reuers point de contentement qui nous puisse arriuer, que nous ne ressentions au mesme temps quelque desplaisir.

La rose se figure en armoiries par fois auec la queue & alors on l'appelle rose soustenue, tantost sans queue, mais tousiours espanouye & ouuerte : ores les feüilles d'vn esmail & le cœur d'vn autre, & quelquefois le tout d'vn seul esmail, & tantost auec les pointes de la chasse d'vn esmail different des feüilles.

N. portoit *d'argent à la rose de gueules soustenuë de sinople* ou auec la queue de sinople.

François de Bonnes Duc de l'Esdiguieres Connestable de France en l'an 1622. portoit *de gueules au lyon d'or armé & lampassé d'azur au chef cousu d'azur chargé de 3. roses d'argent.*

Iean de Gannay Chancelier de France du temps de Louys XII. 1509. portoit *d'argent à la fasce de gueules chargée de 3. roses pointées ou quantonnées d'or, costoyées de 2. coquilles de mesme.*

ROVGE. Les heraults & Roys d'armes appellent cette couleur de quatre diuers noms, cinabre, belic ou belif, gueules & riche couleur, à cause de son esclat, & qu'elle n'estoit portée que par les seuls Empereurs Romains & autres destinez à l'Empire, & n'estoit permis à qui que ce fust de la prendre, que par leur concession & priuilege : Voy cy dessus gueules, qui est le vray terme, dont l'on se sert à blasonner.

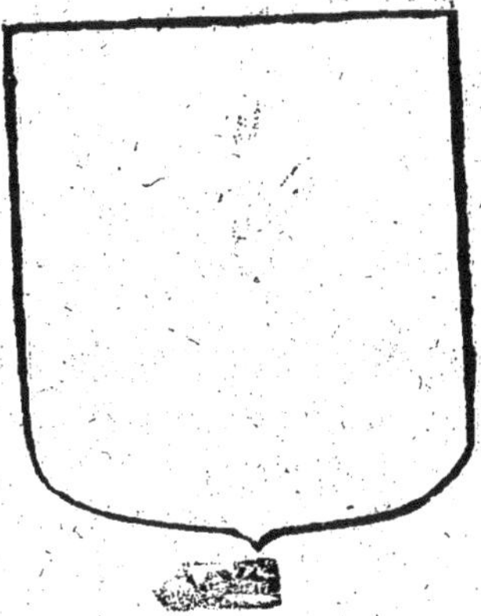

ROVRE espece de chesne Robur. Voy cy dessus chesne.

RVSTRE cy deuant, souz le mot lozange, il a esté remarqué, que le rustre & la macle sont especes de lozanges, estans toutes trois de mesme forme, figurées à lignes droictes & à quatre angles, vn peu plus longue & hautes que larges, & à la proportion de cinq à sept.

La difference qu'il y a entre ces trois blasons est que la lozange est plaine & sans ouuertures là ou la macle est percée en sa forme & figure de lozange & le rustre en rond.

N. portoit *de gueules à 3. rustres d'or mis en pal.*

François de Nagu Marquis de Varennes, Cheualier des Ordres du Roy Gouuerneur d'Aignes mortes portoit *de gueules à 3. lozanges d'argent mis en fasce.*

N. portoit *d'azur à 3. macles d'or 2. & 1.*

SABLE. C'est la couleur noire dont l'on se sert à blasonner: elle est non seulement le symbole, mais aussi la marque oculaire de la tristesse, cette couleur attristant ceux qui la contemplent attentiuement. A ce sujet nous noircissons nos habillemens de dueil, & tous les paremens des obseques iusques aux litres & ceintures funebres, & si tout ce que l'on dit est veritable les Venitiens & tous les voisins du Pau en apporterent l'vsage pour plorer la mort de Phaeton.

En cette année 1633. que i'escry, ie porte ces tristes liurées là par la dure perte de ma chaste & chere moitié, à la memoire de laquelle ie consacre dans l'airain eternel de ce liure, ce distique dressé sur son anagramme latin.

Maria Chifferet.
Cara mihi res est.
Cara mihi res est vxor castißima, cara.
Dum moritur flenti mortua carior est.

Les armes de sa famille des plus anciennes dans nostre ville estoient de sable en l'vn de leurs principaux blasons *d'azur à 3. poix chiches coßez d'or*, Ciceres Ciceronis, *party d'argent à 3. testes humaines de sable*, autrement *à 3. testes de Negres couronnées d'or.*

Ces poix chiches tels que ce grand Orateur estant questeur & surintendant des finances en Sicile, en fit grauer en vn vase d'argent, dont il fit offrande aux Dieux, apres ses deux premiers noms *Marcus Tullius*, sans autrement exprimer celuy de la maison, sinon par la representation d'vn poix chiche.

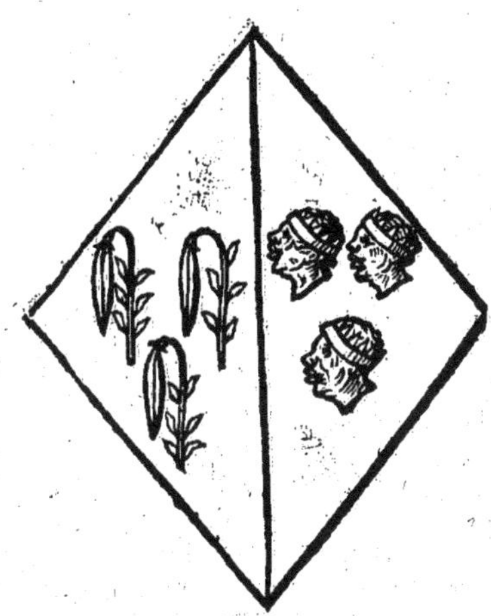

Cette couleur est aussi le hieroglyphe de la perseuerance & de la penitence, toutes les autres changent & se font ou plus claires ou plus sombres par leur meslange.

Les Ægyptiens vestoient la colombe des plumes du corbeau, croyans qu'ayant perdu son masle elle ne receuoit plus d'autre accouplement, non plus que la tourterelle. Les mesmes dedioient le corbeau au Soleil en consideration de ce que tous les corps humains noircissent aux rayons du Soleil au contraire de la cire & de la toile, qui s'y blanchissent, *si non capillus niger fuerit*, dans le leuitique s'interprete s'il n'a donné aucun signe de penitence comme voulant dire que dans la contrition, aussi bien que dans le dueil de la perte des nostres, nos habits doiuent estre noirs, cette couleur neantmoins n'a pas laissé de treuuer sa place dans les armoiries, & principalement pour le champ, à cause comme il est à croire des boucliers & Escus, qui estoient de fer naturellement noir.

Protadius quatriesme Connestable de France l'an 610. portoit au 1. & quatriesme quartier *de sable au saulteur d'or accomppagné de quatre roses mesme.*

Imbert de Beaujeu, aussi Connestable l'an 1274. du temps de Philippes fils de Sainct Louys, portoit *d'or au lyon de sable au lambel de de gueules.*

SANGLIER ne monstre qu'vn œil & vne oreille : est tousiours passant, à la teste baissée suiuant son naturel. Aussi ne luy voit on iamais tourner ny d'vn costé ny d'autre, ains il marche droict & se pousse auant tant que chemin luy dure, comme dit le prouerbe. Ce grand Empereur Charles le Quint Roy des Espagnes, prit pour le corps de sa deuise le sanglier, & les deux colomnes d'Hercule auec ce mot *vlterius* pour faire entendre que ses desseins estoient pareils à ses conquestes.

Brallain le Cheualier aux deux espées portoit *d'argent à vn sanglier de sable accompagné de 3. estoilles d'azur 2. en chef & 1. en pointe.*

L'on represente aussi en armes la hure seule du sanglier, tantost dans l'Escu & tantost pour cimier.

N. portoit *d'argent à 3. hures de sanglier de sable.*

SAVTANT. Se dit du belier comme rampant du lyon.

Schaffhause 12. canton de Suisse porte *d'or à vn belier sautant de sable accorné d'argent.*

SAVTOIR SAVTEVR SAVTOVR. Est l'vne des pieces blasonnées honnorables ordinaires, composée de deux longues listes plates, dont l'vne tire du costé destre du chef, au senestre de la pointe, & l'autre trauerse de l'angle senestre du chef, au costé destre de la pointe. C'est vne espece de croix que nous appellons communement croix Bourguignotte, ou de Bourgongne, & à ce sujet peut estre le Duc Iean second de la derniere race, mit en cette forme deux bastons noüeux & vn rabbot en cœur pour les rabotter, & applanir contre les desseins de Louys Duc d'Orleans.

D'autres, & plus communement l'appellent croix Sainct André, ce que Fauin n'appreuue pas pour auoir veu à ce qu'il dit à Sainct Victor de Marseille, la croix en laquelle Sainct André fust crucifié du tout semblable à celles où souffrirent le SAVVEVR du monde Sainct Pierre & autres Martyrs.

Neantmoins ie puis dire qu'en la Saincte Chappelle du Roy à Dijon fondées par Hugues III. du nom de la seconde race en l'an 1172. Il y a vn autel dedié à Dieu souz le vocable de Sainct André où l'image de cet Apostre est en relief, tenant vne croix en sautoir *crucem decussatam*, & au iour que l'Eglise celebre sa natiuité il y a vne grande ceremonie, comme estant la feste des Bourguignons.

Cette croix a esté tant cherie par nos Ducs, qu'entre les articles du traité d'Arras passé en l'an 1435. le Duc Philippes II. stipula que ses sujets ne seroient tenus d'aller à la guerre pour le Roy de France, si le Duc auoit affaire d'eux; & que quand ils iroient en France, ils ne seroient contraints de porter autre croix que celle de Bourgongne.

Il y a des sautoirs simples, & qui vont iusques aux bords de l'Escu.

Charles d'Angennes Marquis de Ramboüillet & de Pisany portoit *de sable au sautoir d'argent*.

Il y en d'autres qui sont alaizez & couppez. Louys Seguier Baron de Sainct Brisson, & garde de la Preuosté de Paris souz Louys le iuste porte au 3. quartier du chef, *d'azur à 3. sautoirs d'argent au chef d'or chargé de 3. sautoirs d'azur.*

Il se voit des sautoirs chargez; d'autres qui sont de pannes, aussi bien que des croix.

SEANTES PARTITIONS. Ce sont armoiries qui sont composées de croix, ou de fasces, ou de sautoirs, & de pareilles pieces principales, autour desquelles l'on met d'autres figures dont on les accompagne.

Ceux de Choiseul ancienne maison de Bourgongne & de laquelle sont les Sieurs de Langues Clemont, Cheuigny la Meure, le sieur Mareschal de Pralin, portent *d'azur à vne croix d'or, accompagnée de 20. billettes d'or.* Au cœur de l'Eglise Nostre Dame de Dijon contre vn pilier il y a vn tableau où est la representation d'vn homme à genoux, armé de toutes pieces fors à la teste & aux mains, lesquelles sont d'autre peinture que le reste, & appliquées dans le bois par vne forme d'enture, & au bas sont escrits ces mots.

CY GIST NOBLE ET PVISSANT SIEVR PHILIBERT, IADIS SIEVR DE CHANTE-MERLE ET DE LA CLAYETE, CON-SEILLER ET PREMIER CHAMBELLAN, DE TRES-EXCELLENT PRINCE MONSIEVR LE DVC PHILIPPES DE BOVRGONGNE ET DE BRABANT. IL TRESPASSA LE 17. DECEMBRE 1419.

Es quatre coins de ce tableau, il y a quatre Escus le premiers desquels est escartelé les 1. & dernier sont *d'argent au sautoir d'azur, les 2. & 3. d'or à 2. fasces de gueules accompagnée de neuf merlettes de mesme* 4. 2. & 3. & y a au dessus escrit Chantemerle: Les 3. autres Escus sont de Vichy, Bresoles & Mornay.

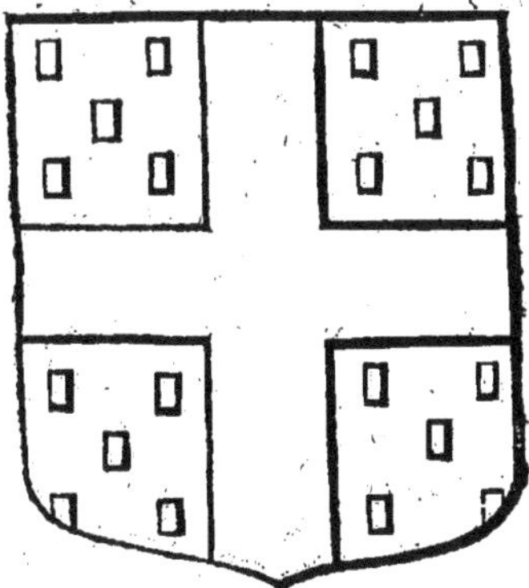

SEME'. Se dit lors que l'on met dans vn Escu quelques pieces sans nombre, comme l'ancien Escu de France qui estoit *d'azur semé de Fleurs de Lys d'or.*

L'on ne laisse pas d'vser de ce mot semé, quand des oyseaux, ou autres pieces qui ne se sement pas, remplissent sans nombre vn Escu.

N. portoit *de gueules semé de coquilles d'argent.*

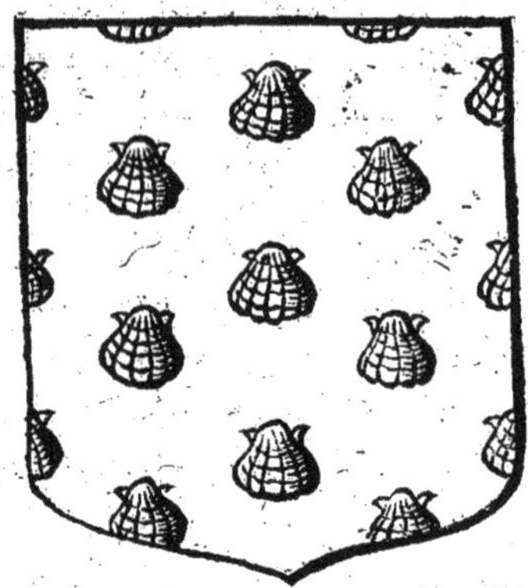

SENESTRE. C'eſt la gauche, & de ce mot gauche l'on ne ſe ſert point en blaſonnant, non plus que de celuy de droicte, ains l'on dit, dextre ſeneſtre le bras dextre ou dextrochere de Villiers. Voy cy deſſus dextrochere, le coſté dextre, le coſté ſeneſtre.

SENESTRE'. Qui eſt accompagné à gauche ou ſeneſtre.

Anthoine Arnauld de Pardaillan Seigneur de Gondrin Monteſpan portoit au dernier quartier *d'or à 3. tourteaux de gueules ſeneſtrez d'vne clef de meſme perie en pal*, qui eſt du Vicomte d'Autain, on dit auſſi,

SINISTRE' mis en la gauche, lors qu'vn Eſcu eſt party en pal, & que les deux tiers du coſté dextre ſont d'vn eſmail, & le tiers reſtant mis à la ſeneſtre eſt d'vn autre eſmail l'on dit

N. portoit *d'or ſiniſtré de ſinople*.

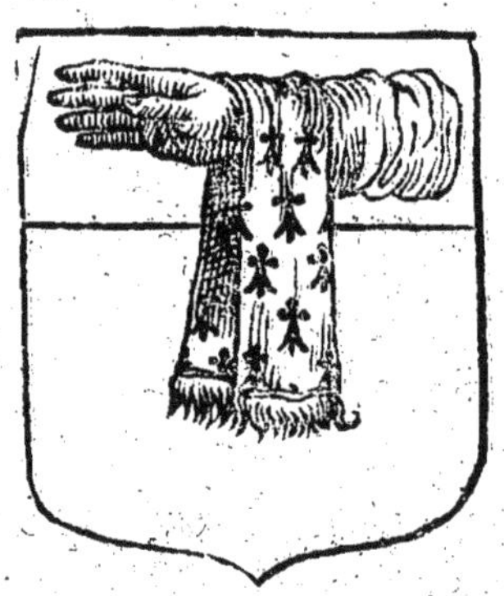

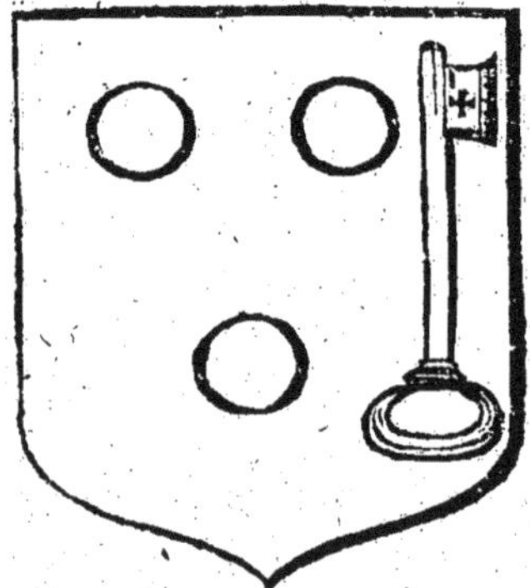

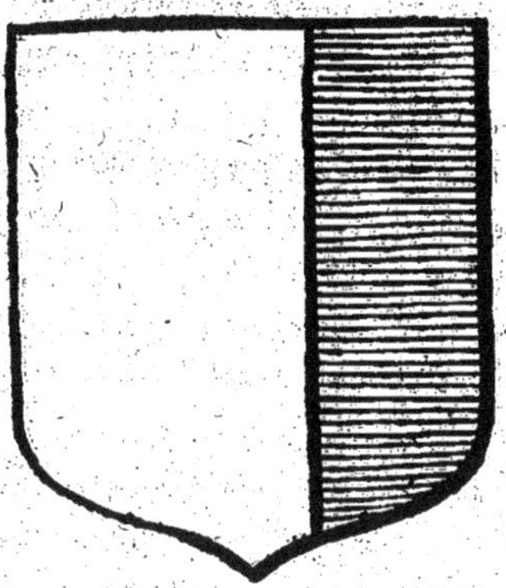

SICAMOR. C'est vn cercle lié comme celuy d'vn tonneau.

Artus le Petit, Cheualier de la Table Ronde, portoit *d'azur à vn ſicamor d'or.*

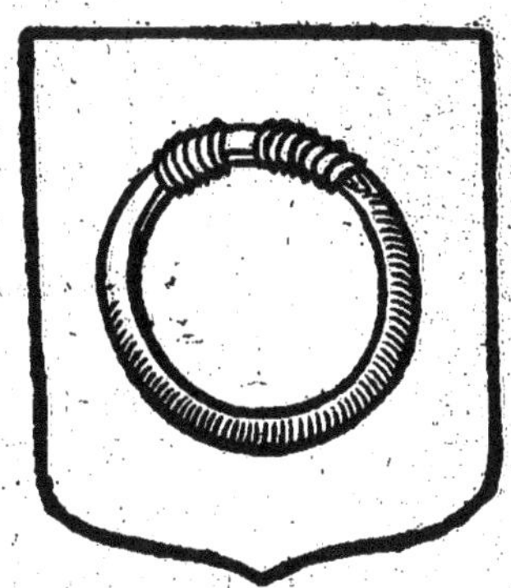

SOLEIL. Ce ſeroit abuſer de la lumiere, & apporter vne chandelle en plain midy, que de vouloir mettre au iour la grandeur du Soleil, & l'vtilité que nous en receuons, il voit tout, il oit tout, il nourrit tout, dit Homere. C'eſt l'œil du grand Iupiter, voire le ſeul œil du monde, le Mithra des Perſes.

Et vaga teſtatur voluentem ſydera mithram.

Dit Claudian : C'eſt ſuiuant l'opinion de Platon cette chaiſne d'or que le grand Homere fait ſuſpendre du Ciel en terre, c'eſt le fer chaud & brillant d'Anaxagoras, la gerbe d'or de ſon diſciple Euripide, le hieroglyphe des mariez. Celuy duquel la Lune emprunte ſa clarté. Cet Apollon dont les Fleches rayonneuſes donnent & gariſſent les maladies, comme la lance de Teliphe. Auſſi les Sainctes lettres l'ont pris pour la figure de IESVS-CHRIST Sauueur de nos ames.

In hoc poſuit tabernaculum ſuum.

Sa representation est diuerse pour le nombre des rayons. Les vns luy en donnnent 16. d'autres huict, & s'il s'en treuue moins ou dauantage, il les faut specifier.

Bara donne à Iosué vn *Escu d'argent* (encore que les blasons ne fussent pas reglez en ce temps là) *à vn fouldre de gueules aile & eslancé d'azur chargé d'vn soleil d'or à 24. rayons.*

Gaufridus Chancelier de France du temps de Philippes Auguste 1195. portoit *de sable au triangle d'or figuré d'vn soleil d'azur enuironné de 3. estoilles* Ce Soleil à 16. raix sans les exprimer.

Quant à ceux qui sont és armes de Philippes Huraut Comte de Chiuerny aussi Chancelier souz Henry IIII. ils n'en ont que sept qui est comme ie crois vne faute du graueur, ie l'ay fait representer à huict.

Il portoit *d'or à la croix d'azur accompagnée de quatre Soleils de gueules.*

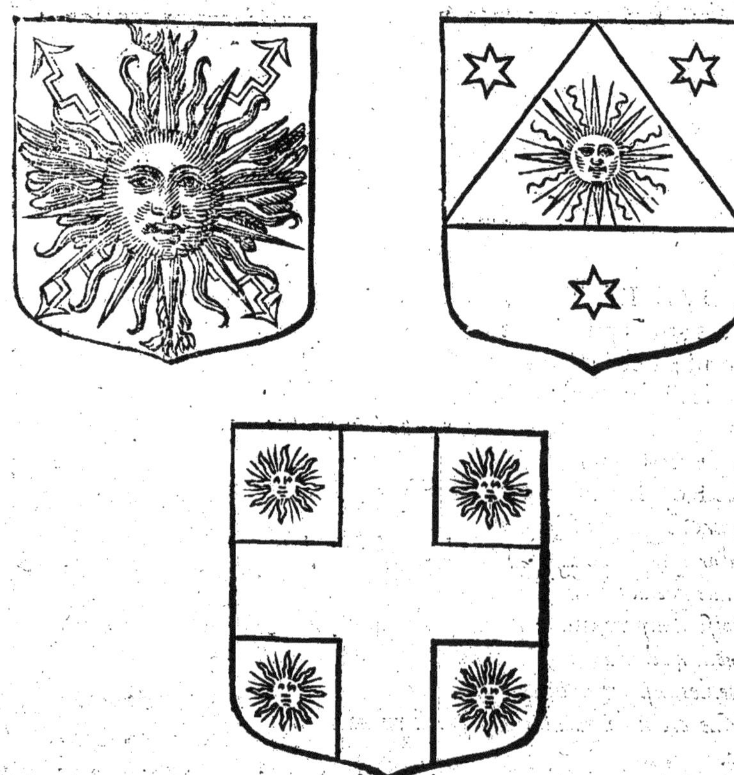

SOMME'. Terme de finances, lors qu'apres auoir calculé diuerses petites sommes, l'on les arreste à vne plus grande. L'on se sert de ce mot, en venerie & blason quand l'on parle de la ramure du cerf, à cause des cors qui y sont, lesquels pas fois l'on met sans nombre, & par fois on les compte.

Sommé se prend aussi pour sommité, & pour tout ce qui est au dessus & au sommité de quelque chose, comme les cornes qui sont au dessus de la teste du cerf, & vne petite tour au sommet d'vne grosse, ce qu'on dit donjonné. Eleuther Chancelier de France l'an 693. portoit *d'argent au cerf de gueules sommé d'or sans nombre.*

Alphonse d'Ornano Mareschal de France portoit *de gueules à la tour sommée d'vn autre tour d'or.*

SOVZ LE TOVT. C'est lors qu'en la pointe de l'Escu & tout au bas des armes principales & de tous les autres cantons ou quartiers qui y peuuent estre, l'on en met vn dernier dont le champ contient toute la largeur de l'Escu & n'a pour hauteur sinon l'espace dans lequel l'Escu commence à se courber pour se terminer en pointe, qui est vrayment vne espece de rebatement appellée *en plaine souz le tout.*

Le Roy de Dannemarc Nordueque & Sclauonie, porte au 1. *d'or semé de cœurs de gueules à 3. lyons leopardez de sinople armez lampassez & couronnez d'or* qui est de Dannemarc.

2. *de gueules à vn lyon d'or armé & couronné de mesmes tenant vne hache Danoise d'argent* qui est de Nordueque 3. *d'azur à 3. couronnes d'or qui est de Suede* 4. *d'or à vn lyon leopardé de sinople armé & couronné d'or & 10. cœurs de gueules dessouz en deux rangs.*

Vne croix de gueules chargée d'vn autre croix d'argent, separant ce que dessus.

Vn plaine SOVZ LE TOVT *de gueules à vn dragon à ailes estendues d'or armé & couronné de mesmes.*

Il y a sur les quatre cantons cy dessus vn autre Escu escartelé chargé d'vn troisiesme que ie ne say point representer icy non plus que les autres armes cy dessus specifiées, ains seulement la double croix, me contentant d'y auoir mis ce qui sert pour l'instruction du lecteur, qui ne doit estre en cet endroit sinon la cognoissance de ces mots *souz le tout*.

Il y a des cantons d'armoiries que l'on met aussi à la pointe de l'Escu, non pas entierement souz le tout, mais seulement en partie ce que l'on appelle enté en pointe. Voy cy dessus enté.

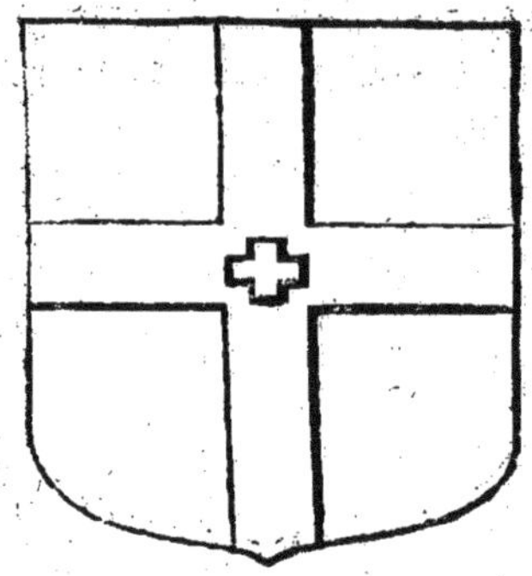

SOVSTENV. Voy supporté

STANGVE c'est le bois ou baston qui entre dans le fer de l'ancre, & qui est garny par le dessus d'vn autre bois trauersier en forme de potence, qui s'appelle trabe : cette stangue est quelquefois d'autre esmail que les autres parties, & par fois d'vn mesme que le totage. Voy ancre.

SVPPORTS SVPPOSTS ou tenans qui tiennent & supportent l'Escu des armories, ce qu'il ne faut pas entendre d'vn simple support, dont quelques vns se sont seruis, attachans ou suspendans leurs armes tantost à vn arbre, ou verdoyant & au naturel, ou tronçonné, & quelquefois celles gaignées sur leurs ennemis.

Indutosque iubet truncos hostilibus armis
Ipsos ferres Duces inimicaque nomina figi
Virgil.

Le vray support est quand l'Escu est porté par vn seul animal, & le plus communement par deux, ce qui n'est permis qu'aux Roys, Princes & grands Seigneurs : & n'y a que nos Roys tres-Chrestiens qui ayent cette prerogatiue de faire supporter l'Escu de France par deux Anges, ores armez comme Sainct Michel affublez de cottes d'armes, auec leurs ailes estendues ores reuestus d'vne dalmatique robbe de paix, pour monstrer que les Anges sont les genies & appuits des armes de nos Roys, les tenans & gardiens de leur couronne : aussi les Anges ont esté les Herauts & porteurs des Fleurs de Lys.

Fauin veut que non ſeulement nos Roys, mais auſſi les Princes du ſang ayent les meſmes ſuppots, & ſe fonde ſur ce qu'il dit en auoir veu en la Chappelle de Bourbon prez le Louure,

Contre cet ordinaire Charles VI. fit ſupporter ſon Eſcu par deux cerfs volans en lieu de deux Anges, (il en chargea dit Froiſſard deux cerfs volans en ſa deuiſe à porter.) *Le ſujet en vient d'vn ſonge que ce Roy fit, croyant eſtre en la foreſt de Senlis, ou il tenoit vn faulcon pellerin ſur ſon poing, & l'ayant jetté il en abattit grand nombre de herons, mais il vola ſi haut que le Roy ne le pût plus choiſir, & l'euſt perdu ſans l'aide d'vn cerf ailé, ſur lequel il monta, & ayant reclamé ſon oyſeau il reuint comme bien duit ſur ſon poing, ou le Roy le retint par ſes longes a ſon deuoir, à quoy il prit vn ſingulier plaiſir. Ce fut* (adiouſte cet Autheur) *vn preſage de la victoire qu'il obtint depuis contre les Flamens, en la bataille de Roſebecque en l'an* 1382.

D'autres baillent vne autre origine à ces ſupports, car s'arreſtans à ce que dit Pline de Iules Cæſar, qui auoit appris d'Alexandre d'attacher au col des cerfs, & daims de petits eſcriteaux contenans ces mots, *Noli me tangere quia Cæſaris ſum*, puis leur donnoit la clef des champs.

Il dit que le Roy Charles VI. choiſit la deuiſe des cerfs, pour ſupporter ſes armes, parce qu'il en auoit rencontré vn à la chaſſe, ayant vn collier d'airain auec cette inſcription *hoc me Cæſar donauit*: mais la premiere opinion ſemble eſtre la meilleure, & faut adjouſter plus de foy, au liure de Froiſſard, puiſque nous ſommes aſſeurez que les armes de ce Roy eſtoient ſupportées, comme furent auſſi celles de Charles VII. ſon fils par deux cerfs ailez, celuy de Cæſar n'ayant aucunes ailes.

Lovys XII. retint pareillement le corps de la deuiſe de Charles Duc d'Orleans ſon pere Autheur de l'Ordre du porc eſpic, changeant l'ame, & prenant ces mots. *Vltus auos Troiæ*, au lieu de ces autres *Cominus, & Eminus*, mais qu'il ſ'en ſoit ſeruy pour ſupport de ſes armes, rien moins: non plus qu'on ne peut le dire de la Salemandre de François.

Pluſieurs font leurs ſupports, qui du principal blaſon de leurs armoiries, que de la deuiſe de leurs ordres, qui de leurs bannieres & enſeignes, telles ſont les ſupports d'Angleterre d'vn leopard & dragon: Ce dernier à cauſe de la banniere du dragon que les Roys ont parmy leurs enſeignes, à l'honneur de Sainct George Patron des Cheualiers du Bleu Iartier, & qui tua le dragon.

En quelques vnes ſe voit vn limier à cauſe des dogues que l'Angleterre nourrit, à l'aide deſquels les Gentilshommes Anglois en ont chaſſé les loups.

Les Roys d'Eſcoſſe ſe ſeruent de lyonnes, accornées, & accollées d'or.

L'Eſcu de Naples eſt coſtoié de deux ſereines, à cauſe comme il eſt à croire de Parthenope Sereine, dont la ville de Naples a eſté autrefois renommée.

Philippes Moreau l'vn des rares esprits de son temps, des mieux versez aux langues & en l'histoire, à l'aide de sa memoire prodigieuse, bon Peintre, & bon Poëte & auquel pendant mes estudes en droict, en l'an 1599. luy estant déja aduancé au Barreau, en recompense du portraict de Ronsard qu'il me donna tiré de sa main à la plume, ie rendis ce quatrain.

Moreau puis qu'en tes vers ie reconnoy l'image.
De l'Esprit de Ronsard: pour monstrer tes efforts,
Qu'estoit il de besoin de tirer son visage,
Qui peint bien vn Esprit, il peut bien peindre vn corps.

Ce gentil Esprit dy ie, parlant de la ville de sa naissance que i'appellois en ce temps là,

BRAVE DOVS par anagramme, s'imagine doctement, que les anciennes armes de Bourdeaux estoient des Beliers, puisqu'aujourd'huy elle en a deux, pour supports, & que Bourges, qui autre fois estoit vne mesme Prouince auec la Guienne, comme encores à present leurs Archeuesques disputent a l'enuy la qualité de Primat d'Aquitaine, les retient encore.

Bituricis veruex Heduis dat sucula signum.

A cause de ces especes de bestail qui si nourrissent: ce qu'il adjouste d'Auignon, est bien vray: l'autre n'estant que vray semblable, car cette ville qui appartient au S. Siege porte trois clefs peries en fasce, en lieu du gerfaut ou faucon ou plustost de l'aigle qui luy seruoit d'enseigne, lors qu'elle estoit, du domaine de l'Empire, & maintenant cet oyseau tient son Escu du bec & des griffes, pour monstrer de qu'elle affection, elle supporte en ce changement la domination du Sainct Siege.

Anne Duchesse de Bretagne, comme fille vnique de François II. & de Marguerite de Foix, femme en premieres nopces de Charles VIII. & en second mariage de Louys XII. Roys de France qui portoit de Bretagne, qui est la peau panne ou fourrure d'hermine, supporté des hermines mesmes, mais depuis que ce Duché fut vny à la couronne de France, à l'instance des estats du pays, par vne declaration de l'an 1532. emanée de l'authorité du grand Roy Francois, mary de Claude de France, issuë dudit second mariage, l'on graua au seau du Parlement seant à Rennes les armes de France, & la peau des hermines és costez, pour seruir de memoire à l'auenir, que les armes de Bretagne estoient les hermines.

René Duc de Bar pris prisonnier par André de Touloujon Mareschal de Bourgongne, auoit pour supports deux aigles au naturel, accollez d'vne couronne d'or, l'estomach chargé d'vne croix patriarchale d'argent, ses armes sont supportées de cette sorte, és vitres d'vne Chappelle par luy fondée en la Saincte Chappelle du Roy à Dijon, comme nous l'auons remarqué plus particulierement cy deuant souz le mot croix patriarchale.

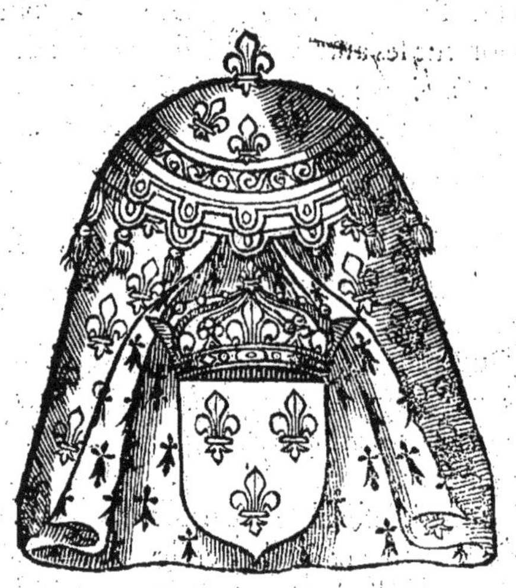

SVPPORTANT. Se dit de la fasce, lors qu'au chef de l'Escu il y a quelque animal qui semble estre supporté ou soustenu par la fasce, en ce cas ladite fasce est qualifiée supportante.

Il y a difference entre supportant & chargé, en ce que la fasce se dit chargée, lors qu'il y a quelque piece dessus ou plustost au dedans d'icelle : Là ou quand elle supporte, la figure est plus haut & dans le champ de l'Escu, à l'endroit du chef.

N. portoit *d'argent à la fasce de gueules supportant vn leopard de sable.*

N. portoit *d'or à la fasce de sable, chargée de trois coquilles d'argent.*

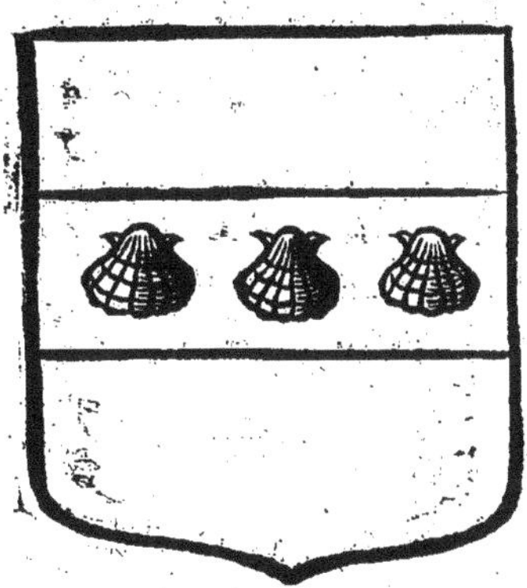

SVPPORTE' SOVSTENV. Se dit des armes qui ont trois ou quatre quartiers au haut de l'Escu & autres en bas vers la pointe, comme ceux qui sont en bas supportent les autres, on blasonne ceux du haut supportez,

N. porte *couppé de six pieces: la 1. du chef est d'azur à vne estoile d'or, party d'argent à la bande de sinople, tiercé de gueules à la molette d'or: supportez le 1. de sable à la fasce d'argent, le 2. d'azur au croissant d'or, & le dernier d'argent au pal de gueules.*

SVPPORTE' s'entend d'abondant, lors que le chef est de deux émaux, & que l'esmail de la partie superieure occupe les deux tiers, on le blasonne soustenu ou supporté de l'autre tiers.

Les Chanceliers Guillaume & Iuuenal des Vrsins, s'ils ont esté deux de ce nom, portoient *bandé d'argent & de gueules de six pieces, au chef d'argent chargé d'vne rose de gueules, pointée d'or & soustenue de mesme.*

Le contraire de soustenu est.

SVRMONTE' quand l'esmail de la partie inferieure du chef excede le reste, l'on dit François le Perilleux ou de Perilleuse, Admiral de France du temps du Roy Charles V. en l'an 1369. portoit *de gueules à 2. cheurons d'argent, au chef de mesme surmonté de gueules brisé d'vn croissant d'azur mouuant du premier canton.* Voy sommé.

Le sceptre d'Osiris surmonté d'vn œil : celuy de France surmonté d'vne Fleur de Lys.

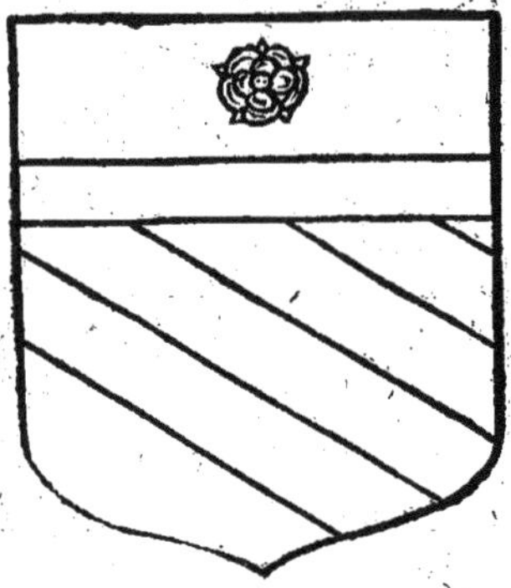

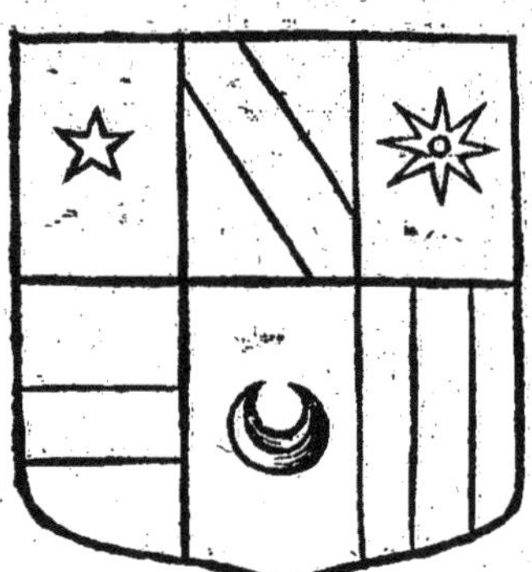

SVR LE TOVT. Qui est autant que SVRCHARGE.

Iacques Chabot Comte de Charny, porte escartelé au premier & dernier de Chabot, au deuxiesme de Luxembourg, au troisiesme des Baux, & sur le tout de Charny, qui est de gueules à 3. Escussons d'argent.

SVR LE TOVT. Se dit aussi de l'ancien baston de Bourbon, qui brochoit sur le tout, & du filet de bastardise qui passoit de mesme.

SYNOPLE ou SINOPE.

C'eſt le verd, la couleur praſine, l'vne des cinq couleurs dont l'on ſe ſert en armoiries, par aucuns tenuë la moins noble, c'eſt le ſymbole de l'Eſperance, à cauſe des feüilles des arbres qui ſont verdes, à la reſerue du ſaule, de l'oliuier, & de quelques autres, on le repreſente quelquefois l'Emeraude, la plus agreable à l'œil de toutes les pierres precieuſes, elle le recrée & le remet en ſon naturel, quand il eſt las & trauaillé d'auoir regardé attentiuement quelque choſe, au contraire de la couleur blanche, laquelle dans la neige, eſgare voire eſboüyt la veuë.

Les Turcs tiennent d'vne ferme creance que Mahomet leur grand Prophete ſe plaiſoit d'eſtre habillé de verd, & que ſes deſcendans, & les Othomans ſeuls ont particulierement le pouuoir de porter cette couleur en leurs turbans, ſultanes ou ſoutanes : Il ſemble que ce mot ſultane vienne de Sultan l'vn de leurs Empereurs, tels priuileges n'eſtant permis a d'autres quels qu'ils ſoient, s'ils ne ſont de l'eſtre des Othomans, ou de la race de cet impoſteur ſignalé.

L'enſeigne verde eſt la colonelle de l'Empire Turqueſque & la liurée du grand Turc, lequel voulant honnorer ſes fauoris d'vne faueur particuliere & extraordinaire leur donne vn baſton d'or à la cornette verde marque de commandement abſolu en iuſtice & en guerre.

Ce que Mahomet a preferé cette couleur à toutes autres eſt, de ce qu'ayant mis le ſouuerain bien de ſa damnable doctrine, au plaiſir de la chair il a pris le drapeau de la Deeſſe qui preſide aux amourettes, qui eſt le verd, appellé par martial couleur d'herbes, quand parlant à vn verd galland amoureux touchant ſon habit, il luy dit,

Herbarum fueras inductus baſſe colores.

Auſſi voyons nous aſſez bon nombre des Cheualiers de la Table Ronde, les vrays Cheualiers des Dames, blaſonner leurs armes de ſinople, entre eux le Roy Meladius qui portoit purement de ſinople ſans aucune charge.

Lorigine de ce mot sinopé est inconnue, si ce n'estoit qu'entre les diuerses sortes de verds, il y en eust quelqu'vn qui se tirast de cette ville de Pont, dont parle Valerius Flaccus.

Assyrios Complexa sinus stat opima Sinope,

Aussi bien que l'on en a tiréiadis de la craye rouge *Rubricam sinopicam*, ainsi appellée pour la mesme raison que l'on nomme entre nous le brum d'Auxerre.

Mais il ne se lit point ny dans Pline qui fait mention de cette terre ny dans aucun autre Autheur, qu'on y ait oncques rencontré du verd pour nous faire croire que le verd de blason, & qui est le sinople, ait pris de là sa denomination.

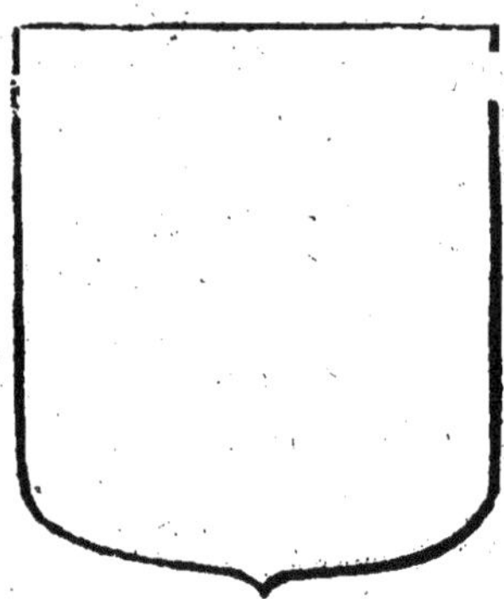

T. ou TAV. Il y a vne espece de croix de cette forme que l'on appelle autrement potencée. Voy cy dessus croix potencée : il y a des Religieux de l'Ordre Sainct Anthoine, qui en portent vne pareille d'azur sur leur robbe à l'endroit du cœur,

TABLE D'ATTENTE. Ce sont Escus d'vn seul esmail, soit couleur, soit metal, sans estre remplis ny chargez d'aucune figure, ce qui est fort rare.

Armand Armanjeu Seigneur d'Albret portoit d'Albret qui est de gueules, il espousa en l'an 1368. souz Charles V. Marguerite de Bourbon, fille de Pierre premier du nom Duc de Bourbon, & en faueur de cette alliance Charles VI. luy permit d'escarteler ses armes au quartier d'honneur de l'Escu de France.

L'Escu simplement de gueules de cet Armanjeu, se voit parmy les alliances de Bourbon & l'escartelage entre les armes des Connestables souz le nom de Charles d'Albret Comte de Dreux Seigneur de Suilly & de Craon Connestable de France, qui portoit *semé de France escartelé de gueules.*

Armand & Charles de Gontaud de Byron pere & fils, Mareschaux de France porttoient *escartelé d'or & de gueules* en banniere, qui sont armes imparfaites.

Il y en a d'autres qui ont l'vn des cantons d'autre esmail que tout le reste. Ce que Scohier appelle leueure de quartier, & en rapporte la figure en la page septiesme nombre 24. qui est vn Escu plein chargé d'hermines au premier quartier, mais cette figure contrarie au texte page 10. ou il blasonne l'Escu d'argent à la leueure du 1. canton remply d'azur, ou bien d'argent au franc quartier d'azur.

Dijon ma ville natalle portoit autrefois de gueules seulement : mais Philippes le Hardy fils du Roy Iean, qui portoit escartelé au 1. & dernier de Bourgongne moderne, & au 2. & 3. de l'ancienne, par ses lettres patentes du 22. de Septembre 1391. donna pouuoir au corps des habitans de Dijon, de porter en bataille, & en tous autres lieux priuez & publics l'Escu de gueules tout plein, qu'ils auoient d'ancienneté, & le charger du chef de ses propres armes, ainsi Dijon porte les deux premiers quartiers, le reste du bas vuide est tousiours de gueules, sans aucun ornement.

Quant aux filles qui meurent sans alliances, c'est à dire sans estre mariées, Scohier dit, qu'en quelques Prouinces l'on laisse la moitié dextre de leur Escu en blanc & tout vuide, comme vne table d'attente, pour la remplir des armes du mary, & en l'autre moitié senestre, l'on y met les armes de leur pere : feignons que Isabelle fust fille de Philippes de Creue-cœur, Mareschal de France en l'an 1483. & quelle soit decedée auant qu'estre mariée, nous blasonnerons les armes de cette sorte, elle portoit l'Escu vuide & en table d'attente party de Creue-cœur qui est de gueules à trois cheurons d'or le premier brisé d'vn croissant montant d'azur alias de gueules dit le Feron.

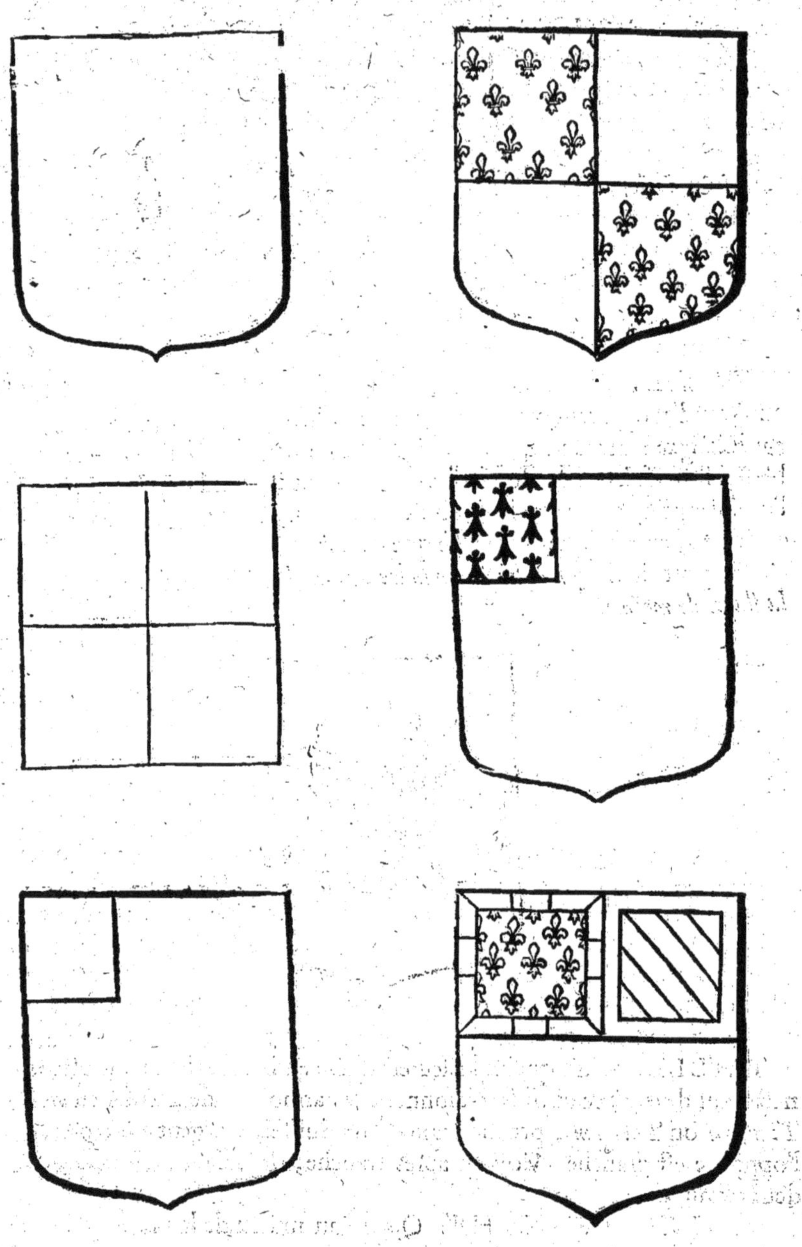

TACHETE' & coulоré, ſe dit de la Salemandre qui a ſeruy de deuiſe au Grand Roy François, auec ces mots Italiens de ſon inuention *Nutriſco & Extinguo* : on tient que cet animal eſt de nature ſi froide, que ſans ſe bleſſer il paſſe à trauers des flames de feu, dont il prend nourriture, ce que l'on interprete auoir eſté le ſymbole de la vertu, & du genereux courage de ce Prince, en quelque entrepriſe que ce fuſt.

N. portoit *d'azur à la Salemandre d'or tachetée & colorée de gueules, la flame de meſme.*

TAILLE'. Se dit quand l'Eſcu eſt diuiſé en barre, tirant du coſté ſeneſtre au dextre, & ainſi ſe blaſonnent les armoiries de Zurich en latin *Tigurum* ou *Turigum*, premier canton de Suiſſe, d'argent taillé d'azur: l'oppoſite eſt tranché. Voy cy apres tranché, on ioint quelquefois ces deux & dit on,

TAILLE' TRANCHE'. Quand au milieu de la taille il y a vne petite tranche,

De la meſme ſorte l'on dit,

TRANCHE TAILLE. Quand ſur la tranche il y a vne petite taille, ou a plus proprement parler vne entaille.

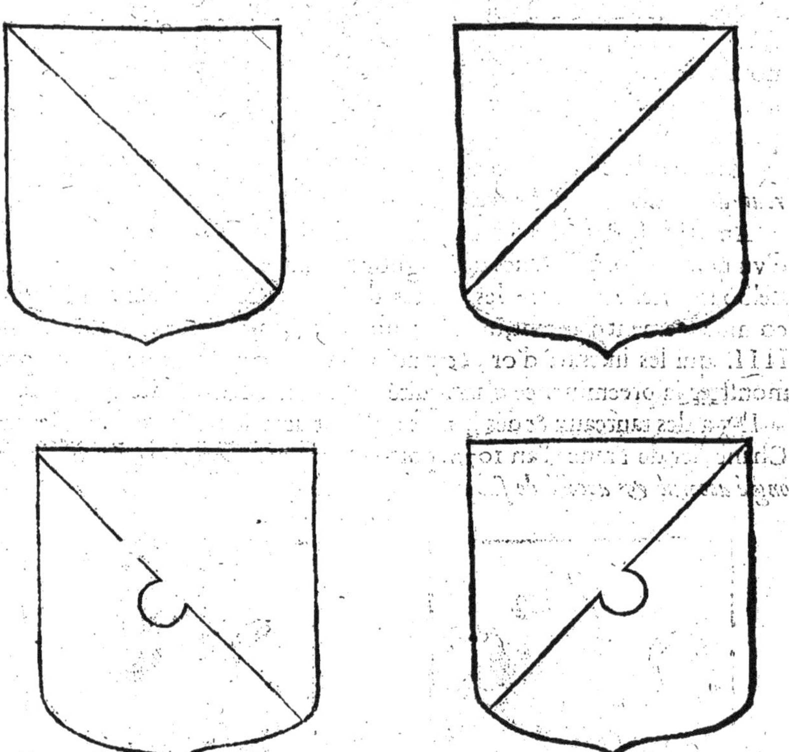

TARRER ou tourner : tarrer le heaume, ou timbre de front ou de coſté & en pourfil. A qui il appartient de le tarrer de front. Voy le ſur les mots heaume timbre.

TAVELE' ou moucheté : Voy cy deſſus moucheté.

TAVREAV. Entre le taureau & le bœuf de blaſon , il n'y a point de difference, bien y en a il auec la vache, le taureau ſe repreſentant le muzeau gros & court, & vn floquet de poil entre les cornes : là ou la vache a le muſeau plus long & ſans floquet.

Cet animal eſt le ſimbole du trauail & de la continence : Patere & abſtiné ſuiuant la doctrine d'Epithete : il ne touche iamais à ſa femelle quand elle a conceu, il eſt non ſeulement vtil, mais auſſi neceſſaire au labourage ce qu'il a par deſſus tous les autres animaux, c'eſt, qu'il nous ſert & vif &

mort : là ou les vns ne sont que nuisibles, & de ceux qui sont vtils & profitables aux hommes, il y en a qui le sont seulement apres leur mort, comme le pourceau, d'autres qui ne le sont sinon viuans comme le cheual. D'autres encore qui nous donnent de la laine, ou du laict, comme le mouton, la brebis, la cheure, mais sans trauail : là ou le taureau & le beuf nous aident à cultiuer nos terres, autant & plus vtilement que le cheual & de plus nous repaissent de leur chair, & nous accommodent de leur peau.

Argahac le Beau, Cheualier de la Table Ronde, portoit *d'or à vn taureau de gueules langué d'azur.*

Antyrius I. Roy des Vandales, portoit en son Enseigne de mer, la teste d'vn taureau dont les Ducs de Magnopoles appellez à present Ducs de Mekelbourg vsent encore : les cornes de cette teste de taureau estoient du commencement d'argent, mais le blason fut changé par l'Empereur Charles IIII. qui les institua d'or, & y adiousta vne couronne de mesme pour monstrer la preeminence d'antiquité de la lignee Royale des Vandales.

Il y a des taureaux & des bœufs qui sont accollez. Pierre de Loiseleuch Chancelier de France l'an 1072. portoit *d'argent au bœuf rampant de gueules, onglé accorné & accollé de sable.*

TENANS nous auons monstré cy dessus que c'estoient les supports des Escus armoyez. I'adiousteray que les de Berbisey, ou Berbily, qui est sans contredit la plus ancienne maison de Dijon, laquelle s'est maintenuë dans les offices depuis deux cens & tant d'annees, y ayant eu nombre de Conseilliers, Presidents & Procureurs Generaux au Parlement, portoient d'azur à la brebis d'argent, & qu'ils auoient pour tenant vne sireine escheuelée ayant l'vne des mains garnie d'vn peigne, & l'autre d'vn miroir, lequel tenant seruoit autrefois d'armoiries à vne autre maison, de laquelle ils se dient estre sortis par vne femme du nom de Poissonnier, ce qui se verifie par des uitres qui sont en l'Eglise Nostre Dame, où l'on voit deux Escus, l'vn d'azur remply d'vne sireine d'argent à la bordure endentée de gueules, & l'autre pareillement, d'azur à la brebis d'argent, & ayant pour tenant vne sireine.

TESTE. Comme la teste ne peut estre separée du corps, sinon en l'arrachant, ou bien en la coupant, l'on en represente en armes de ces deux sortes. Les arrachées sont celles des oyseaux ou des insectes, lesquelles peuuent estre facilement arrachées, mais des animaux à quatre pieds qui sont forts & puissants, l'on ne peut pas vser de ce terme là que de les qualifier arrachées, comme fait le supplément du Feron, parlant des armes de Louys de la Chastre Mareschal de France qu'il dit estre l'escart *de gueules à 3. testes de loup arrachées d'argent*, & de vray elles sont representées comme coupées, à cause que le poil est coupé net auec la peau & la chair, que si l'on vouloit les blasonner arrachées, il faudroit que le poil passast par dessus la chair & la couurist, comme *és 3. testes de lyon d'or lampassées de sable*, qui remplissent l'Escu d'azur de George de Montagu Grand Maistre de France du temps de Charles VIII. Les vrayes testes arrachées sont celles des oyseaux, comme les 3. *testes de perdrix arrachees d'or* qui accompagnent le cheuron de mesme, qui remplit le champ d'azur de l'Escu de Benigne de Machecot Conseiller au Parlement de Dijon, qui a pour cousins germains issus des Machecots Iean Denys & Victor Boutilliers, l'vn Secretaire d'Estat & Surintendant des finances de France, l'autre Conseiller d'Estat, & le tiers Archeuesque de Tours, qui portent *d'azur a 3. fusees d'or mises en fasce.*

Il ne s'en peut pas dire de mesme des testes de leopards à cause que se posans en pleine fasce, l'on ne peut voir la taille du col qui est couuerte par la teste, comme des armes de Messire Charles Coutier Sieur de Iully, dit le Cheualier de Flauigny homme sçauant & poly, lequel portoit *de gueules à vne fasce d'or, accompagnee de 3. testes de leopard de mesme lampassees de gueules.*

L'on represente aussi en armes la hure du sanglier seule.

Iean du May Sieur de Lee Conseiller au Grand Conseil, & Paul du May Conseiller au Parlement de Dijon, portoient *d'azur à vn baston noüeux d'or posé en fasce, trois sautoirs en chef, & en pointe vne hure de sanglier arrachée de mesme armée d'argent.*

TIERCES ou TIERCHES. Ce sont fasces en deuise qui se mettent trois à trois comme les iumelles deux à deux. Les trois fasces n'estans comptées que pour vne.

N. portoit *d'argent à deux tierces de sable.*

Comme les armes des Gouffiers qui sont, *d'or à trois iumelles ou gemelles de sable.*

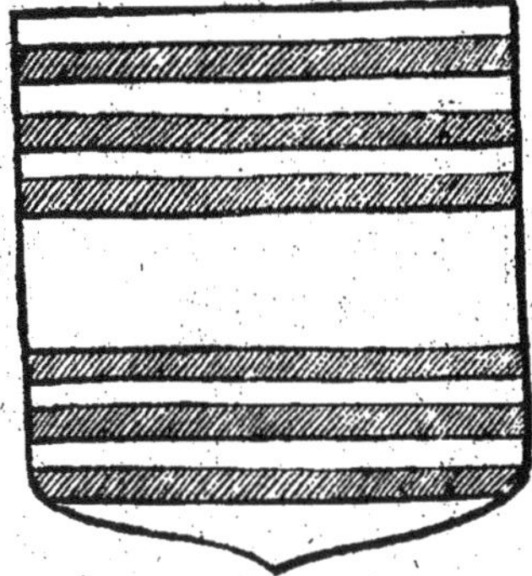

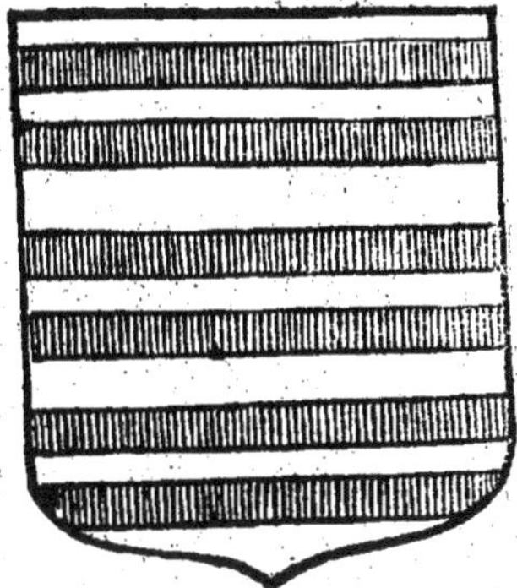

TIERCE' se dit de l'Escu, quand il est diuisé en trois parties, soit en pal, soit en bande : en pal l'on dit.

N. portoit *d'azur au cheuron d'or, party d'or à la fasce de gueules, tiercé d'argent à la bande de sinople.*

Tiercé en bande est lors que l'Escu est diuisé en trois parties esgales comme en trois bandes faites de trois esmaux differents sans autre champ ny figure.

François Nompar de Caumont Comte de Lauzun, portoit *tiercé en bande d'or de gueules & d'azur.* Armes prises par l'vn de ses predecesseurs Richard de Caumont, à cause d'vn duel, ou plustost combat inegal, & nompair qu'il liura à deux Geans Sarrazins Nurgales, & Golias lesquels il tua de sa main.

Les anciennes armes de ce Richard estoient *de gueules à deux leopards d'or l'vn sur l'autre à la bordure d'argent* (dit Fauin:) mais l'Autheur du supplement du Feron, blasonne d'autre sorte celles de Iacques de Caumont Marquis de la Force Mareschal de France depuis l'an 1622. luy donnant *d'azur à trois leopards d'or.*

TIERCES FEVILLES. Voy treffles.

TOISON. C'est la peau du mouton garnie de sa laine, & bien que Bara dit que ce mot se prend quelquefois pour la laine seule, ie n'ay point veu d'armoiries ou il y ait de la laine sans peau. Aussi ceux qui ont voulu donner à Iason la toison d'or pour armes, ont depeint non pas de la laine seule mais vne peau, voire le mouton entier.

Nostre Bon Duc Philippes, instituant l'ordre de la Toison d'or en l'an 1429. En fit de mesme faisant porter à ses Cheualiers, au bas de leur collier, la representation d'vn mouton semblable à celuy de Colchos. Quoy qu'il eust deu se contenter de la laine, si tant est que le sujet qu'il prit de qualifier son ordre, l'ordre de la toison soit veritable, quelques vns ayant escrit qu'il affecta de luy donner ce tiltre, en faueur d'vne Dame de Bruges qu'il gouuernoit auec beaucoup de priuauté, si qu'estant vn matin entré dans sa chambre, & ayant treuué sur sa toilette de la toison de son pays d'embas, dont cette Dame mal soigneuse donna sujet de rire aux Gentils hommes de la suite du Duc. Ce Prince pour couurir ce mystere, fit serment que tel s'estoit mocqué de cette toison là, qui n'auroit pas l'honneur de porter vn collier de la toison qu'il desseignoit d'establir pour l'amour de sa Dame. Ce qu'il auroit fait à l'imitation d'Edoüard III. du nom Roy d'Angleterre, lequel en l'an 1347. auoit institué l'ordre de la iartiere bleuë, en faueur de la belle Alix, Comtesse de Sarisbery, la iartiere bleüe, laquelle estant tombée sur son patin, Edoüard prompt à la releuer & seruir sa Dame,

Et si nullus erit paluis tamen excute nullum:
Quæ libet officio causa sit apta tuo,

Leua par mesme moyen la chemise si haut que les Courtisans l'ayans veüe, ne se peurent tenir de rire, ce qui occasionna le Roy pour s'excuser de dire en ces mots françois, *honny soit qui mal y pense*, & dés lors il fit vn pareil serment que celuy que le Duc de Bourgongne fit depuis.

Que l'amour ait seruy de sujet à d'autres ordres de Cheualerie, celuy de Sauoye, qualifié du commencement l'ordre du lacs d'amour, ou de Sainct Maurice en fait foy par ce mot F. E. R. T. Chacune lettre duquel seruant de capitale à vn mot particulier signifioit, Frappez, Entrez, Rompez, Tout.

Amedée V. dit le Verd Comte de Sauoye, institua cet ordre en l'an 1355. pour perpetuer la memoire d'vn brasselet de cheueux tressez & cordonnez en lacs d'amour, dont sa Dame l'auoit fauorisé. Ce qui fut changé en l'an 1434. par Amedée VII. du nom & premier Duc, qui tint depuis le Sainct Siege souz le nom de Felix V. & le fit appeller l'ordre de l'Annonciade, la figure de laquelle, en lieu de l'image de Sainct Maurice. Il mit au bas du collier dudit ordre, composé de cordelieres en lieu de lacs d'amour, & tousiours auec ces mesmes lettres F. E. R. T. ausquelles continuant son changement, il donna l'interpretation d'Amedée le Grand. *Fortitudo eius Rhodum tenuit*, sa force soustint Rhodes, parce que peu auparauant il auoit assisté de ses forces, & de sa personne les Cheualiers de Rhodes contre la puissance du Turc.

Quand à l'ordre de la Toison, il y en a qui luy donnent pour subject la fertilité des pays que possedoit le bon Duc Philippes, ce qui luy auroit fait prendre la toison conquise par IASON chacune lettre du nom duquel commence les noms de cinq mois qui se suiuent, & pendant lesquels l'on leue tous les fruicts, Iuillet, Aoust, Septembre, Octobre, Nouembre, s'il est bien rencontré ie m'en rapporte, aussi bien que des autres: Quoy qu'il en soit, cet ordre de la toison a esté tant estimé qu'encore a present les Roys d'Espagne descendus en ligne directe de Marie de Bourgongne fille vnique de Charles dernier Duc, n'en a point d'autre.

Il fut du commencement composé de 24. Cheualiers, outre le Duc chef de l'ordre, & peu a peu ce nombre fut augmenté en sorte qu'en l'an 1445. il y en auoit 30. dont les armes ornées de leurs heaumes & cimiers, & marquez de leurs noms, terres & Seigneuries, se voyent encore à present fort entieres en des tableaux, posez sur les sieges des Chanoines de la Saincte Chappelle du Roy à Dijon, & celles du Duc seules sur la place du Doyen de ladite Eglise.

Et au costé de la main droicte auec distance neantmoins de sieges sont les armes d'Aphonse Roy d'Arragon.

Le collier de cet ordre est composé de fusils & de pierres à feu, & au bas il y a vn mouton d'or tout entier: Les armes de ce Duc sont couuertes d'vn timbre ou heaume.

TORQVE. C'est vn bourlet de figure ronde, tant en sa circonference qu'en son tortil, estant composé d'estoffe tortillée, comme le bandeau dont l'on charge la teste des mores de blason, cette torque ou bourlet est le moins noble de tous les enrichissemens qui se posent sur le heaume pour cimier, ce qui a fait dire à Scohier chap. 12. sur la fin, parlant du desordre, qu'il y auoit de son temps au comportement des armes, & qui s'augmente tous les iours. *Tel* (dit-il) *porte auiourd'huy couronne sur son heaume, timbré, duquel les ancestres ne l'ont iamais porté, mesmement aucuns nouuelliers changent le tymbre ancien de leur maison, pour y mettre vne couronne, au lieu que leurs ancestres portoient la torque seule.*

Cette torque est tousiours des deux principaux émaux, qui sont le gros des armoiries, aussi bien que les lambrequins.

TORTILLE'. Bandé ou lié, nous venons de faire entendre que c'est que le tortil ou bandeau qui se met sur les testes mores, puisque il est du tout semblable au bourlet, qui sert quelquefois de tymbre : la teste qui porte le tortil, s'appelle tortillée. Le Royaume de Sardaigne, dit Bara, porte *d'or à vne croix de gueules, accompagnée de quatre testes de mores de sable tortillées d'argent.*

Il semble que puisque tous les mores sont noirs, il est inutil en blasonnant leurs testes de les blasonner de sable, toutefois l'vsage a gaigné cela, il est vray qu'il se peut corriger retranchant ce qui est superflu comme l'on a déja fait parlant du champ, en ce qu'en lieu de dire comme l'on faisoit autrefois, il porte *vne teste de more de sable en champ d'argent* nous disons *il porte d'argent à vne teste de more.*

TORTEAV ou plustost TOVRTEAV à cause du tour de sa rondeur, il est plein comme le bezan, ie veux dire sans aucune ouuerture, autrement ce seroit vn cercle, ou vn anneau : Il differe neantmoins du besan, en ce seulement qu'il est tousiours de metal d'or ou d'argent. Il y en a qui donnent des noms & blasons particuliers au tourteaux, suiuant leur couleur.

Ogoesses à ceux qui sont de sable.

Gulpes à ceux de pourpre

Guses à ceux qui sont de lacque, couleur sanguine ou de gueules.

Heurtes à ceux d'azur, & pommes à ceux, qui sont colorez de sinople.

Medicis porte *d'or à cinq tourteaux de gueules, & vn en chef, d'azur à 3. de Lys d'or.*

Le nombre ne doit exceder huict.

Iean de Melun Sieur d'Autoing portoit *d'azur au chef d'or à 7. besans de mesme 3. 3. & 1.*

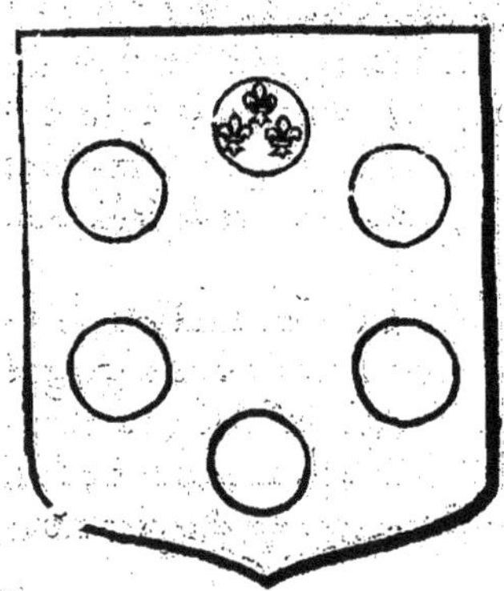

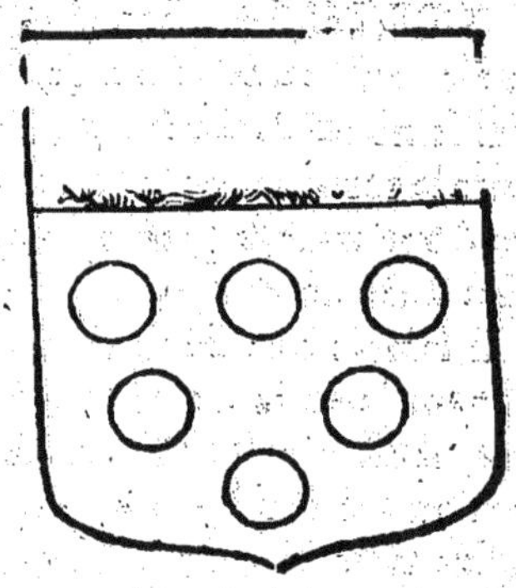

TOVRNE' ou CONTOVRNE' ayant la face tournée au rebours de sa posture ordinaire, parce que tout animal doit regarder, & toute figure auoir son aspect du costé dextre de l'Escu. Quand on leur donne vne autre assiette & qu'on les tourne du costé senestre, on les blasonne tournez ou contournez.

Le cheual ou poulain gay d'argent en champ de gueules, qui se voit au 1. canton de l'Escu de Sauoye tiré de Saxe, se dit tourné, parce qu'il regarde du costé senestre, il en est de mesme du lyon de Gueldres *d'or armé & couronné de gueules en champ d'azur*, & nombre d'autres, principallement d'Allemagne, qui sont plus coustumiers de tourner à la senestre les animaux de leurs armes, que non pas de leur donner la dextre, ainsi que quelques vns l'ont remarqué.

Les croissans regulierement doiuent auoir les cornes en haut, ce qui se dit montant, s'ils les ont de costé on les blasonne tournez. Voy cy dessus croissant.

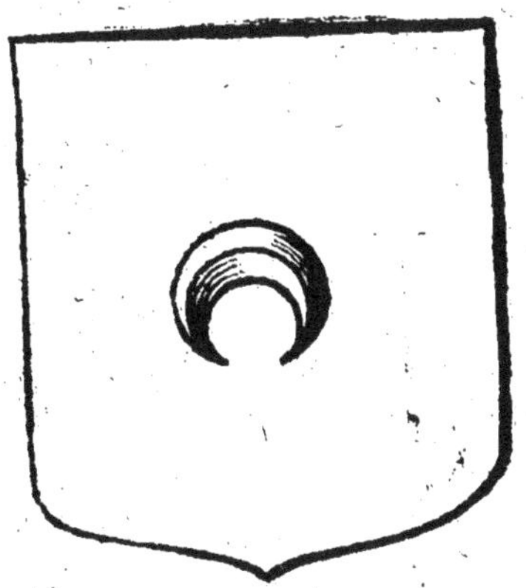

TOVR TOVRNELLE. Les tours se figurent de diuerses sortes, les vnes sont rondes, les autres quarrées, les vnes crenelées, carnelées ou carnelées & quelquefois auec vn nombre arresté de craneaux, d'autres ont des fenestres, aucunes point de portes, celles icy ont la porte grilée, celles là sont a diuers pans, & quelques vnes sont sommées de giroüettes: D'en representer icy toutes les figures. Il n'est pas necessaire d'autant que les descriptions cy dessus sont assez claires & intelligibles.

La tour de la maison de la Tour anciens Vicomtes de Turenne, dont a present est chef le Duc de Boüillon, est ronde & cranelée, & pourtant l'on ne parle point des craneaux, ains on blasonne seulement.

Henry de la Tour portoit *d'azur à la tour d'argent l'Escu semé de Fleurs de Lys d'or.*

Alphonse d'Ornano Mareschal de France portoit *de gueules à la tour donjonnée d'or.* C'est à dire qui est sommée d'vne petite tour qui sert comme de donjon & forteresse particuliere.

TRABE. C'est la partie de l'ancre, qui trauerse la stanguë par le hault, comme fait la partie superieure d'vne potence : Voy le mot ancre.

TRABE, s'entend aussi du baston qui supporte l'enseigne & la banniere.

TRAICT. C'est vn rang de quarrez d'eschiquier.

L'on ne se sert point de ce terme, quand l'eschiquier est entier, ains l'on dit simplement il porte eschiqueté d'or & d'azur: mais bien lors qu'il n'y a que deux ou trois rangs de hauteur l'on blasonne.

Robert de la MARK Seigneur de Sedan, Mareschal de France souz Henry II. portoit *d'or à la fasce eschiquetée d'argent & de gueules de trois traicts*. Ce Robert posa *le lyon naissant de gueules*, que Robert de la MARK son pere, Seigneur de Fleurange, & de Sedan aussi Mareschal, & son ayeul portoient en chef.

Sainct Bernard portoit *de sable à la bande eschiquetée d'or & de gueules de deux traicts.*

Lors qu'en toute quarrure, il n'y a que 3. traicts qui font en tout neuf quarrez d'eschiquier on dit.

Salornay portoit *quatre points d'eschiquier d'or equipollez à cinq points de gueules.*

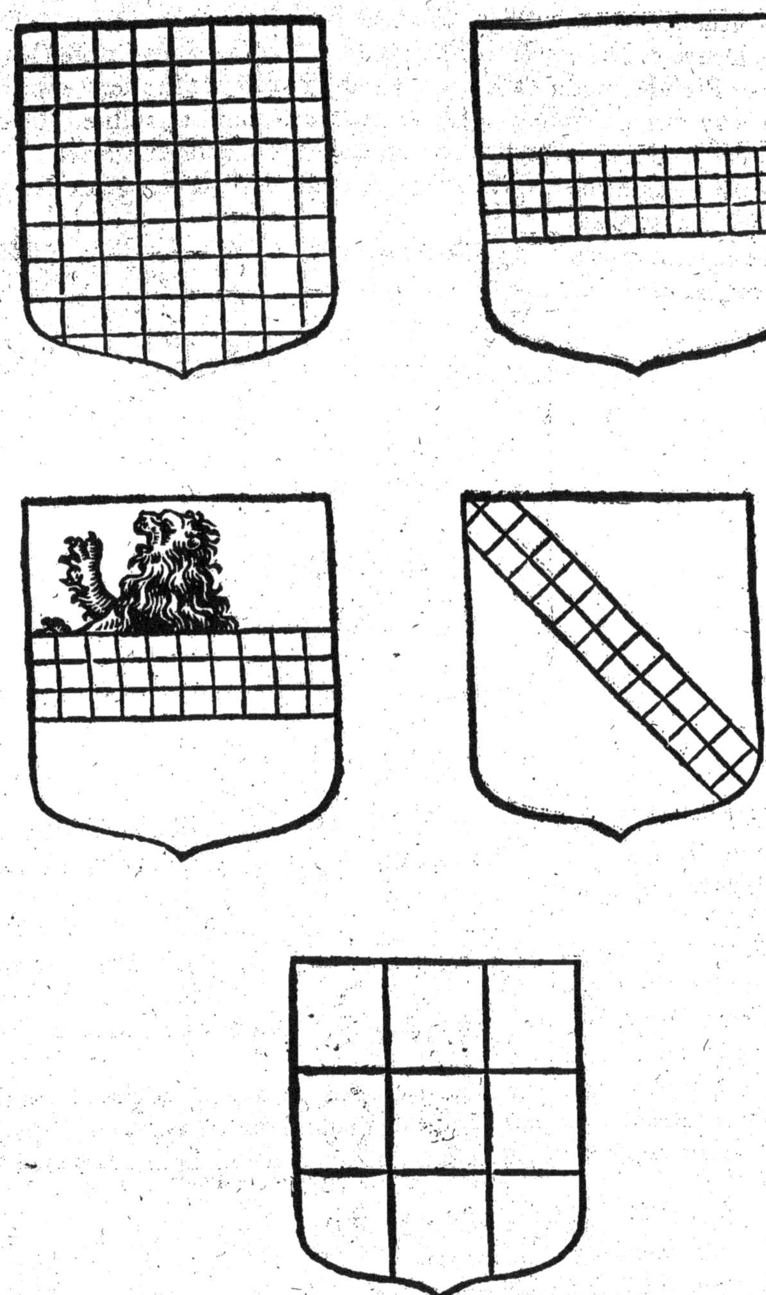

TRAISNEE. Ie n'ay point veu ce mot seruir en blason, sinon és armes de la maison des Brularts, tenus pour les plus anciens de la robbe, & du nom desquels il y a eu en France des Chanceliers, Secretaires d'Estat Procureurs Generaux à Paris, Premiers Presidents au Parlement de Dijon, Denys & Nicolas Brulart pere & fils : & auiourd'huy encore Denys Brulart President audit Parlement, & Noel Brulart Maistre des Requestes & à vray dire c'est vne traisnée de poudre d'amorce, aussi est elle de sable, & les barrillets qui l'accompagnent en sont aussi en memoire d'vn de leurs predecesseurs, que i'ay appris auoir porté la charge de Grand Maistre de l'Artillerie.

Ils portent *de gueules à vne bande d'or chargée de cinq barrillets de sable, à la traisnée de mesme.*

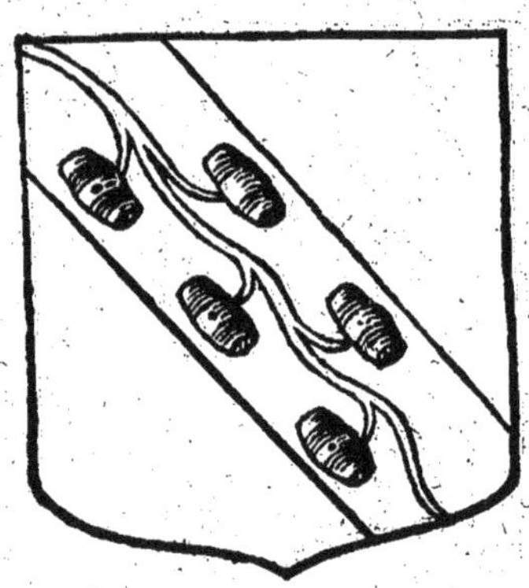

TRANCHE', diuisé & party en bande, en sorte que la moitié plus haute de l'Escu, qui commence au costé dextre du chef est d'vn esmail, & la plus basse d'vn autre.

TRANCHE' TAILLE'. Voy cy dessus taillé tranché.

TRANCHE' ENDENTE', est lors qu'en lieu que le tranché simplement ne se figure que par vn filet qui se tire en bande, le tranché endenté est quand en lieu dudit filet, les deux parties de l'Escu entrent l'vne dans l'autre, ainsi qu'auec des dents.

Comme ces compartimens sont vsitez en Alemagne, & peu ou point en France, nous ne treuuons point de maisons qui en ayent pris parmy nous, ie me contenteray donc d'en rapporter icy les figures sans exemple.

N. porte *d'or tranché de sinople.*

N. porte *tranché & taillé d'argent sur sable.*

N. porte *de sinople tranché endenté d'or.*

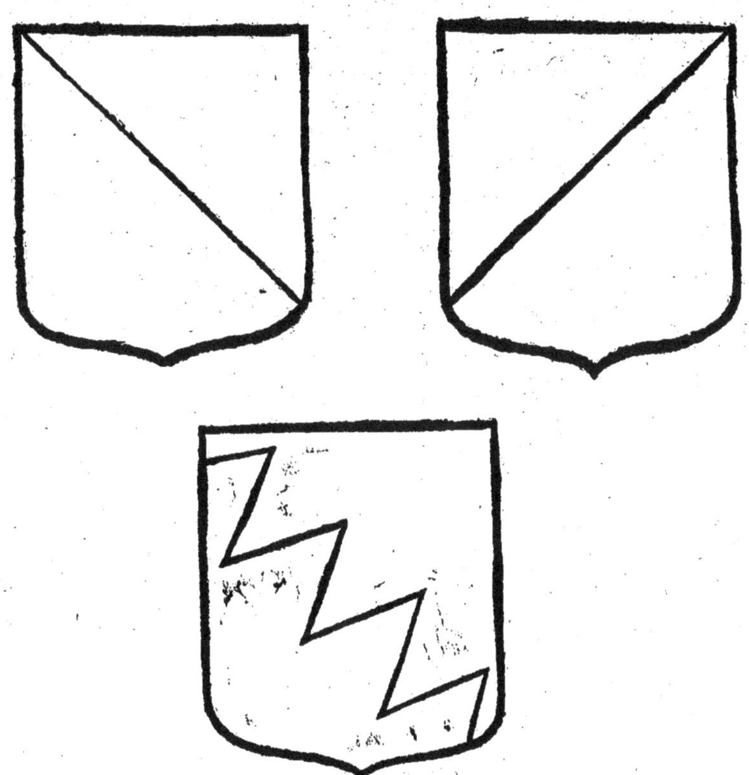

TREFFLE TIERCE FEVILLE. C'est vne herbe à trois feüilles que l'on represente le plus souuent auec vne queuë, sans toutefois l'exprimer.

Anthoine du Prat Premier President au Parlement de Paris, depuis Archeuesque de Sens, Euesque d'Alby, & Chancelier de France du temps du Roy François I. en l'an 1515. du regne duquel pour auoir le chappeau de Cardinal, il procura le concordat, derogeant à la pragmatique sanction, notamment pour ce qui est des eslections aux benefices, ce qui a fait esgarer & comme sortir hors de soy, ce grand docteur du siecle dernier Genebrard, au traité qu'il a fait *de Electionibus*, ou il a impieusement inuectiué contre l'honneur de tous nos Roys, de la branche derniere de Valois.

Ce Chancelier du Prat portoit *d'or à la fasce de sable accompagnée de 3. trefles de sinople.*

Ces treffles, aussi bien que celles qui accompagnent vne pareille fasce, dans l'Escu de Pompone de Bellieure, pareillement Chancelier souz Henry le le grand ont queuës, & pourtant ceux qui les ont blasonnées n'en font point mention,

Bara en rapporte sans queuës qu'il blasonne, *d'argent à trois tierces feüilles de gueules.*

TREILLIS espece de fretes, dont ils different seulement, en ce que les fretes ne sont point clouées, ains les listes ou bastons, qui se trauersans en sautoir, les composent, sont posez nuement les vns sur les autres, là où les treillis sont garnis de cloux, dans le solide & és endroits, ou les listes & bastons se rencontrent, & en cette difference seule, ie m'accorde auec Bara ne pouuant soubscrire à son opinion, quand il fait les treillis quarrez & à angles droicts, aussi n'en represente il point de figure bien de l'autre sorte à la suite des fretes.

Ioinct que les treillis sont si rares, qu'entre les armes de tous les Officiers de la couronne & Cheualiers anciens & modernes, il ne se voit nuls Escus qui en soient garnys. Au contraire l'on en voit plusieurs qui sont fretez, ie ne laisseray pourtant de mettre icy la figure qui est dans Bara, *d'azur à vn treillis d'argent cloüé de pourpre.* Voy freté.

TREILLIS se prend aussi pour le grillage, qui est en la visiere des Casques & Heaumes, qui seruent de timbre aux armoiries, & ce iusques à vn nombre proportionné, aux qualitez de ceux qui les portent. Voy Heaume.

TRESCHEVR ou ESSONNIER. C'est vne espece d'orle, comme il se voit dans l'Escu du Royaume d'Escosse, qui est *d'or au lyon de gueules, auec le double essonnier ou trescheur fleuré & contrefleuré de gueules.*

Gourdon de Beaulande Connestable de France souz Louys le debonnaire portoit *d'or au double trescheur flouré de sinople au saulteur de gueules brochant sur le tout.* Voy cy dessus essonnier.

TIMBRE. A proprement parler, c'est tout ce qui se met sur l'Escu, soit heaume, soit cimier, soit couronne, soit bourlet, soit pennache, en vn mot tout ce qui sert d'ornement aux armoiries, d'où vient que l'on dit communement, *timbrer ses armes, armes timbrées*, pour couurir & orner l'Escu de ses armes: Encore que par fois l'on entende par ce mot timbre, le casque & heaume plus particulierement que tous les autres enrichissemens. Voy chacune de ces pieces en leur ordre.

VACHE. Se tire en armoiries auec le museau long & delié, sans aucun poil eminent entre les deux cornes, en quoy elle differe du taureau, qui a le le museau plus court, & vn gros floquet de poil entre les deux cornes.

Ce que vray semblablement n'estoit pas connu par les Mareschaux de Camp dont parle Poge Florentin, lesquels estant pris pour iuges d'vne difficulté suruenuë entre deux Gentilshommes touchant leurs armes, que l'vn & l'autre pretendoient estre trois testes de bœuf. Ils adiugerent à l'vn les trois testes de Vache par forme de raillerie, dit cet autheur railleur, ce qu'ils n'eussent point fait de la sorte, s'ils eussent sceu la difference qu'il y a entre la teste de bœuf & la teste de vache.

Ains ils eussent rendu leur iugement suiuant ladite difference s'il y en eust eu és armes que portoient les contendans, n'estant pas incompatible que deux Gentilshommes quoy que de diuers noms & familles portent de mesmes armes, ainsi que Scohier le monstre chap. La principauté de Bearn porte *d'or à 2. vaches de gueules, accollées, accornées, & clarinées d'azur*. I'ay osté le mot passantes que l'on y adiouste d'ordinaire. Parce que le naturel de la vache qui est doux la rend passante, aussi bien que le beuf, comme au contraire le lyon farouche, veut qu'on le represente rampant ou rauissant & le taureau furieux.

Ces armes furent prises par les Princes de Bearn, à cause de la fertilité de leurs terres.

Elles entrerent auec celles de Foix en la maison de Nauarre, lors que Eleonor Reyne de Nauarre, Espousa Gaston IIII. du nom Comte de Foix & Prince de Bearn, duquel mariage sortit François Phœbus Comte de Foix & Roy de Nauarre, lequel mourant sans enfans delaissa toutes ses terres à Catherine de Foix sa sœur, femme de Iean d'Albret, le Royaume duquel fut vsurpé par Fedinand Roy d'Arragon, en l'an 1513. apres l'interdit du Pape Iules II.

VAIR. Il n'y a que de deux sortes de pannes vsitées en armoiries l'hermine & le vair.

La forme du vair est comme vne cloche ou vn chappeau assez haut & à petits bors, figuré de telle sorte, que l'vn estant debout & l'autre renuersé, ils se ioignent & se mettent si bien l'vn dans l'autre que par leur multiplication ils remplissent tout l'Escu, sans que l'on puisse dire qu'il y ait autre champ ny aucune piece de blason, que ces figures là.

Pour les esmaux ils sont d'argent & d'azur, ainsi que l'hermine est composée d'argent & de sable, & comme quand l'on blasonne l'hermine, on dit seulement il porte d'hermines sans particulariser les esmaux, de mesme en fait on du vair, lors qu'il est d'argent & d'azur.

Guillaume de Nongaret de Sainct Felix portoit *de vair au chef de gueules chargé d'vne selle ou bast d'or.* C'est ce sçauant hardy & courageux Chancelier, lequel pour vanger l'injure faite à son maistre, rongna sa robbe, vestit le corcelet & entra en armes dans la ville de Rome, ou il prit prisonnier le Pape Boniface VIII. qui auoit excommunié le Roy Philippes le Bel: C'est le plus commun de l'histoire que cette prise se fit dans Rome mais Papirius Masson en la vie de ce Pape, suiuant Petrarque *lib 7. rerum senilium in Epistola ad Vrbanum* V. tient que ce fut dans la ville d'Anagni,

——— *Quos diues Anagnia pascit.*

(Dit Virgile) lieu de la naissance de ce Pape, & ou il s'estoit retiré, & qu'il ne fut prisonnier que trois iours, d'ou sorty il retourna à Rome ou il mourut le 12. d'Octobre 1303. d'vne maladie si violente, qu'il se rongeoit les membres: Genebrard en sa Chronologie le fait mourir en prison, & escrit que c'est à ce sujet que l'on a dit de luy. *Intrauit vt vulpes regnauit vt leo, mortuus est vt canis.*

VAIRE'. Comme qui diroit varié, est lors que les figures du vair, sont d'autres esmaux que le vair mesme, & en ce cas il faut designer specifiquement lesdits emaux, ceux de Beauffremont ancienne maison de la Prouince de Bourgongne portent vairé d'or & de gueules.

Ces armes se voyent parmy celles des Cheualiers de l'Ordre du Sainct Esprit creez en l'an 1619. souz le nom de Henry de Beauffremont Marquis de Senecey Gentilhomme de tel merite, qu'il fut choisi pour presider en la Chambre de la Noblesse aux estats generaux, tenus à Paris en l'an 1614. comme Claude de Beauffremunt son pere, auoit fait aux estats commencez à Blois en l'an 1588. & son ayeul Nicolas de Bauffremont aux autres estats de Blois du resultat, desquels nous auons les belles & Sainctes ordonnances publiees en l'an 1579. honneur qui ne se treuue de cette suite en nulle maison de France, & il y a de l'esperance qu'il continuera en la personne de Henry Claude Roger de Beauffremont, fils de Henry à present Lieutenant au Gouuernement de Bourgongne, lequel pour les vertus qui parroissent au dessus de la portée de son âge, qui n'est pas d'vne pleine puberté, à ja esté receu dans ladite charge iusques à la seance, vn peu extraordinaire à l'audiance du Parlement de Dijon au mois d'Aoust de l'année presente 1633.

Ces mesmes armes parroissent escartelées de gueules à 3. quinte-feüilles d'or, qui est de Vergy, & sur le tout de Charny, qui est de gueules à 3. Escussons d'argent l'Escu enrichy de l'ordre de la toison d'or au rang des armes des autres Cheualiers auec cette inscription au bas, Pierre de Bauffremont Comte de Charny, c'est celuy lequel en l'an 1443. à l'exemple des anciens Preux fit publier par toute la Chrestienté, que douze Cauaiiers auec luy garderoient vn pas à vne lieuë de la ville de Dijon, proche vn arbre appellé l'arbre Charlemagne, en la charme de Marcennay proche le Chasteau de Couchey, & que qui voudroit s'y treuuer il seroit le bien receu. A c'est arbre il fit pendre deux boucliers, l'vn violet semé de larmes noires, l'autre noir semé de larmes d'or, auec cet aduertissement, que celuy des Cauaiiers estrãgers & suruenans, qui toucheroit l'Escu violet seroit obligé de se battre a pied, & qui le noir à cheual & qui les deux & à cheual & à pied. Pour l'ornemẽt du lieu, il fit couurir d'vne voute de pierre de taille, vne fontaine apellée encore a present la fontaine Charles, à la bordure de laquelle voute, y auoit en relief les armes tant dudit Seigneur de Charny non encore Comte, que des 12. Champions qui l'assistoient. Sa terre fut erigée en Comté 1456. en faueur de son mariage auec Marie de Bourgongne, donnée du Bon Duc Philippes, contracté dés l'an 1447. ce que i'ay apris par les pieces produites au procez touchant la substitution dudit Comté adiugée sur mes escritures à Françoise de Bernard de Montessut Dame de Charrots, Baliste de Iacques Chabot son fils, & arriere fils de Philippes Chabot Admiral de France donataire dudit Comté, par la liberalité de Philiberte de Luxembourg Princesse d'Orange: Les vns & les autres descendus des filles desdits de Bauffremont & Marie de Bourgongne decedez sans masles: Ladite adiudication faite par arrest du Parlement de Grenoble en l'an 1632. 9. de Iuillet mesme iour que cette terre auoit esté erigée en Comté en 1456. & me souuiens auoir veu en mes ieunes ans lesdites armes en estat, & y seroient encore, si du temps du gouuernement de Charles de Gontault de Biron, Mareschal de France, cette voute là n'eust esté ruinée: Les noms de ces braues hommes qui receurent tous venans & combattirent les estrangers, qui se representerent, comme on le voit dans les memoires de Oliuier de la Marche, sont bien rapportez par cet autheur, & non pas les armoiries que i'ay par le nombre, & par celles dudit Pierre de Bauffremont estre peintes aux deux costez de l'Escu dudit Duc Philippes sur la porte du vieil hospital du Sainct Esprit és Fauxbourgs Douche à Dijon.

Leurs noms sont tels dans Oliuier de la Marche,

Pierre de Bauffremont Seigneur de Charny, il portoit de Bauffremont *vairé d'or & de gueules*, escartelé de Vergy qui est *de gueules à 3. quinte-feüilles d'or percées*, & sur le tout de Charny *à l'Escu de gueules chargé de 3. Escussons d'argent*.

Guillaume de Bauffremont Sieur de Sey & de Sombernon son frere, portoit de mesme sans aucune difference.

Le Comte d'Albert Sieur de Valengin *d'or au pal de gueules chargé de 3. cheurons d'argent.*

Guillaume Sieur de Chamdiners *d'or au cheuron d'azur.*

Guillaume de Vaudrey Sieur de Corlaou *emmanché d'or & d'azur*, ou selon Sainct Iulien de gueules & d'argent.

Anthoine de Vaudrey Sieur de l'aigle de mesme au lambel de

Amé Rabustin Sieur d'Espiry *escartelé*

Guillaume de Vienne Sieur de Mombis, *de gueules à l'aigle d'or,*

Thibaud Seigneur de Rougemont, *d'or à l'aigle de gueules becqué & membré d'azur.*

Iean Sieur de Ru, *d'azur à la bande d'or accompagnée de 7. croisetes recroisetées au pied fiché.*

Iean de Cicon *d'or à la fasce de sable au lambeau de*

Iean Chanuergis portoit de

Iean de Chalant Sieur de Mauille portoit de

Il y en a qui font d'autres differences entre le vair, le vairé & le menu vair, mettans le vair a grandes figures & petit nombre de traicts, ou rangs, ce que ie n'appreuue point aussi les autheurs de ces differences n'en apportent point d'exemples.

VAIR CONTREVAIR. Se dit lors que les pointes ou le dessus des figures sont posez les vns contre les autres, Gilbert de la Fayette Mareschal de France souz les Roys Charles VI. & VII. portoit *de gueules à la bande d'or, à la bordure de vair contreuair.*

Il se voit des croix vairées, c'est à dire chargées de vair, aussi bien que des bordures.

Claude & Louys de la Chastre pere & fils, tous deux Mareschaux de France souz nos Roys Henry IV. & Louys XIII. portoient *de gueules à la croix ancrée & vairée.*

VAIR AFFRONTE',

Claude de Hennebaut Admiral de France souz les Roys François I. & II. portoit *de gueules à la croix de vair affronté*, c'est à dire dont les beffrois ont leurs pointes tendantes au cœur de la croix.

Quelques vns ont escrit que les premiers qui se treuuent auoir porté de vair, sont les Seigneurs de Coucy, en memoire d'vne hazardeuse bataille par eux gaignée contre les Turcs en l'an 1080. apres auoir rallié leurs troupes esparses, souz des cornettes & guidons façonnez sur le champ des lambeaux de leurs manteaux d'escarlatte fourrez de vair.

Par effect le Feron dit que Enguerrand III. du nom Sire de Coucy premier Admiral de France portoit *de gueules à 3. fasces de vair*, mais longtemps auant & en l'an 632. Robert Chancelier de France portoit *de gueules à 3. cheurons d'or au chef de vair.*

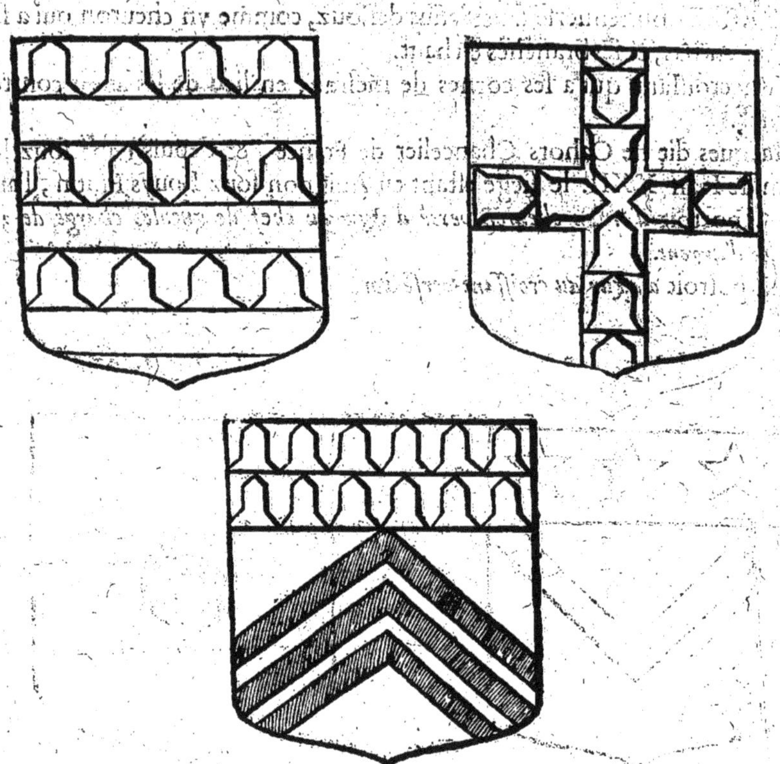

VANNET, Petit van à vanner le grain, Pere de S. Iulien en ses meslanges historiales, appelle ainsi les coquilles, quand il parle des armes de la Magdelaine Raguy *d'argent semé d'hermines à 3. bandes de gueules, celle du milieu occupée*, faut dire *chargée de cinq vannets ou coquilles d'or les autres de 3. seulement.*

VERSE' ou renuersé sans dessus dessouz, comme vn cheuron qui a sa pointe en bas, & ses branches en haut.

Vn croissant qui a ses cornes de mesme, en lieu de les auoir contre le chef.

Iacques dit de Cahors Chancelier de France, & depuis Pape souz le nom de Iean XXII. le siege estant en Auignon souz Louys Hutin, l'an 1316. portoit *d'or au cheuron versé d'azur au chef de gueules chargé de 3. estoiles d'argent.*

N. portoit *d'azur au croissant versé d'or.*

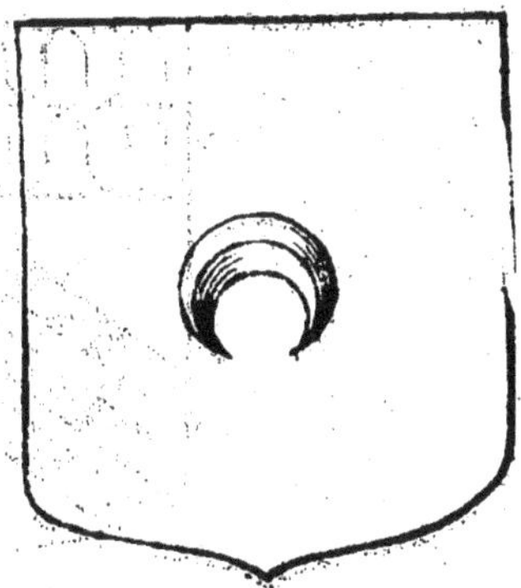

VESTV. C'est vne espece de rebattement, quand l'Escu est remply d'vn quarré posé en forme d'vne lozange, dont les 4. pointes touchent les bords. Ce quarré là tient lieu de champ, & les 4. cantons qui restent és 4. flancs du quarré donnent à l'Escu la qualité de vestu, ainsi l'on dit il porte d'or vestu de sinople.

Ce mot de vestu vient de ce que le chappé & chaussé se rencontrent en telle figure, le chappé ou couuert comme d'vne chappe, par le haut, & le chaussé par le bas, lesquelles deux figures couurent, habillent & vestent la partie du champ, qui reste en cette forme quarrée. Ce qui se dit vestu.

Toute la difference qu'il y a entre le vestu, & le chappé chaussé est que celuy cy est diuisé par vn filet en fasce, & souuent de deux esmaux, & le vestu est entier & sans aucune diuision. Ainsi l'on dit.

N. portoit *chappé-chaussé d'argent & de gueules de l'vn en l'autre.*

VILENIE. Lyon ſans VILENIE ou euiré, eſt celuy, qui ne monſtre point de verge, & à la verité c'eſt vne vilenie & n'auoir point de honte, que de faire parade de ſes parties honteuſes: Adam noſtre premier pere les cacha auec vne feüille de figuier, qui ſembloit auoir eſté naturellement taillée à ce ſujeċt. Cæſar eut le ſoin de les cacher, tombant du vingt-deuxieſme coup de poignard, qu'il receut au milieu du ſenat, Cham fut maudit de ſon pere, pour s'eſtre mocqué de ſa nudité, & quelque liberté que l'on ait donnée à nos Poëtes, ils ne deuoient point ſi licencieuſement eſleuer des autels au dieu des iardins, & Iunon meſme auoit merité d'eſtre vne ſeconde fois ſuſpenduë au Ciel par ſon Iupiter, pour auoir diffamé la candeur des Lys, enfermant au milieu de ſes fleurons, ce que l'aſne d'Apulée craignoit de perdre afin de mourir tout entier.

Si moriturus ſaltem moriturus integer.

Tomyris Reyne des Maſſagetes portoit *de ſinople à vn lyon ſans vilenie d'argent, couronné de laurier d'or à vne bordure crenelée d'or & de gueules, chargée de huiċt tierces feüilles à la queuë d'argent.*

VILLE. Si Orphée & Amphion n'auoient eu autre moyen que leur lire, pour bastir les villes, nous ne serions pas en peine de monstrer comment il faut les blasonner, ny de dire que l'on en represente de simplement closes d'autres aux murailles crenelées, qui garnies de quantité de tours: aucunes aux portes ouuertes, autres fermées a portes d'vn esmail particulier, & maçonnées d'autre couleur ou metal.

Le Royaume de Valence porte *de gueules à vne ville close, de murs, tournelles & portes d'argent, maçonnée de sable.*

VIROLLE VIROLLÉ. C'est le cercle qui est aux extremitez du cornet, ou de la trompe de blason, dont neantmoins on ne parle point, si ce n'est que la virolle soit d'autre esmail que la trompe.

La principauté d'Orange porte *d'or à vn cor d'azur lié ou enguiché de gueules.*

Iacques de la Guesle Procureur General au Parlement de Paris, portoit *d'or à 3. trompes de sable virolées d'argent, auec les pendans & cheuron rompu de gueules* (dit vn moderne en lieu de blasonner en cette sorte) il portoit *d'or au cheuron de gueules accõpagné de 3. trompes de sable, virolées d'argẽt & enguichées de gueules.*

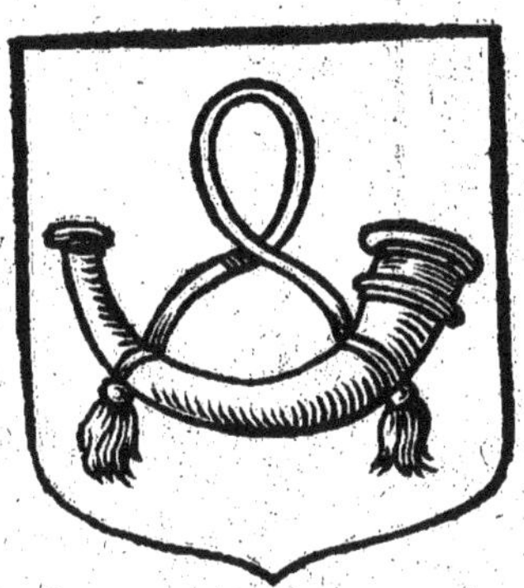

VIVRE. C'est vn serpent tortueux, autrement guiure ou giure. Voy cy dessus giure.

Il y a des fasces & des bandes VIVREES, qui sont sinneuses, ou plustost endentées auec des entailles obtuses & fort esloignées les vnes des autres.

Iean de la Baume Chambellan du Roy Charles VI. & Preuost de Paris portoit *d'or à la bande viurée d'azur*, qui est comme il faut blasonner, & non pas qualifier vne pareille bande viure mise en bande, comme l'on a fait en l'escart des armes de Guillaume de Hautemer, Sieur de Fernagues Mareschal de France souz Henry IIII.

N. portoit *de sinople à vne fasce viurée d'argent.*

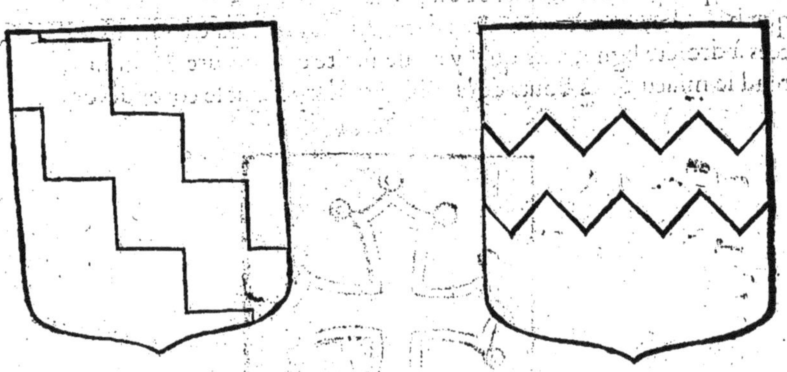

VOL. Ce sont deux ailes, cōme vne aile seule se blasonne DEMY-VOL.

Pierre Doriole Chancelier de France du temps du Roy Charles VIII. portoit *d'azur à la fasce ondée d'argent, à 3. vols d'or liez de mesme.*

N. portoit *de gueules au demy vol d'argent.*

VVIDE'. C'est autant à propos, que ce mot se rencontre le dernier pour vuider la fusée de mon ouurage, & terminer ce liuret, comme celuy d'Abisme se presenta le premier pour faire entendre que l'art heraldique, que nous auions à traiter, estoit vn abisme, duquel on ne voyoit point le fond, & par effect ie puis asseurer que plus i'ay leu les autheurs, qui en ont traité, & veu auec beaucoup de curiosité, les Eglises Monasteres, maisons royales, & autres lieux publiques & particuliers, capables de m'instruire tant plus y ay-ie treuué de remarques à faire.

Vuidé donc veut dire eschancré, enfoncé aucunement au dedans, d'vne entailleure proportionnée au huictiesme d'vn rond: l'exemple le fera mieux reconnoistre par la croix du Comté de Thoulouse, qui est *d'or clechée vuidée, & bezantée, en chacune des 3. pointes qui finissent ses quatre branches en champ de gueules.* Car que l'on prenne garde és flancs & costez de chaque branche, & aux extremitez d'icelle, l'on verra qu'elles ne sont pas tracées à droicte ligne, ains qu'il y a vne petite enfonceure & encaueure, qui rend le milieu & les bouts de la croix plus larges que le corps des branches.

Ainsi ie finy par la croix, & par ce passage de Rupertus *lib. 6. de Diuinis officijs cap. 21. Adoramus in cruce opportunam, vt ait Paulus gloriam, salutem acquisitam, reducem, vitam saluationem perfectam, liberationem perpetuam. Adoramus crucem Fidei præsidium, spei firmamentum, Charitatis solium, misericordiæ titulum, Pietatis argumentum*, PACIS VEXILLVM.

L'ENSEIGNE de la Paix, le BOVCLIER & L'ESCV de la Foy, les ARMES des Chrestiens offenciues & deffenciues.

IN HOC SIGNO VINCES.

www.ingramcontent.com/pod-product-compliance
Ingram Content Group UK Ltd.
Pitfield, Milton Keynes, MK11 3LW, UK
UKHW012152240726
13966UKWH00002B/275